U0511412

文史哲丛刊（第二辑）
主编　王学典

传统与现代：重估儒学价值

李　梅　编

商务印书馆
创于1897　The Commercial Press

2019年·北京

图书在版编目（CIP）数据

传统与现代：重估儒学价值 / 李梅编. — 北京：
商务印书馆，2019
（文史哲丛刊. 第二辑）
ISBN 978-7-100-16381-1

Ⅰ. ①传⋯ Ⅱ. ①李⋯ Ⅲ. ①儒学－研究 Ⅳ. ①B222.5

中国版本图书馆CIP数据核字（2018）第160094号

权利保留，侵权必究。

文史哲丛刊
（第二辑）
传统与现代：重估儒学价值
李 梅 编

商 务 印 书 馆 出 版
（北京王府井大街36号　邮政编码 100710）
商 务 印 书 馆 发 行
三河市尚艺印装有限公司印刷
ISBN 978 - 7 - 100 - 16381 - 1

2019年3月第1版　　　　开本 880×1230　1/32
2019年3月第1次印刷　　印张 13 1/4

定价：58.00元

出版说明

　　《文史哲》杂志创办于 1951 年 5 月，起初是同人杂志，自办发行，山东大学文史两系的陆侃如、冯沅君、高亨、萧涤非、杨向奎、童书业、王仲荦、张维华、黄云眉、郑鹤声、赵俪生等先生构成了最初的编辑班底，1953 年成为山东大学文科学报之一，迄今已走过六十年的历史行程。

　　由于一直走专家办刊、学术立刊之路，《文史哲》杂志甫一创刊便名重士林，驰誉中外，在数代读书人心目中享有不可忽略的地位。她所刊布的一篇又一篇集功力与见识于一体的精湛力作，不断推动着当代学术的演化。新中国学术范型的几次更替，文化界若干波澜与事件的发生，一系列重大学术理论问题的提出与讨论，都与这份杂志密切相关。《文史哲》杂志向有与著名出版机构合作，将文章按专题结集成册的历史与传统：早在 1957 年，就曾与中华书局合作，以"文史哲丛刊"为名，推出过《中国古代文学论丛》、《语言论丛》、《中国古史分期问题论丛》、《司马迁与史记》等；后又与齐鲁书社合作，推出过《治学之道》等。今者编辑部再度与商务印书馆携手，推出新一系列的《文史哲丛刊》，所收诸文，多为学术史上不可遗忘之作，望学界垂爱。

文史哲编辑部

商务印书馆

2009 年 10 月

《文史哲丛刊》第二辑
编辑工作委员会

顾　问　孔　繁　刘光裕　丁冠之
　　　　韩凌轩　蔡德贵　陈　炎
主　编　王学典
副主编　周广璜　刘京希　李扬眉
编委会（按姓氏笔画为序）
　　　　王大建　王学典　王绍樱　刘　培
　　　　刘丽丽　刘京希　孙　齐　李　梅
　　　　李扬眉　邹晓东　陈绍燕　范学辉
　　　　周广璜　孟巍隆　贺立华　曹　峰

目　录

儒学与基督教：人类危机与世界文明对话（笔谈）

主张对话、反对冲突是时代的最强音

许嘉璐

当今世界需要对话，尤其是不同文明之间的对话。通过对话，可以懂得对方、欣赏对方、学习对方，增进友谊，和睦相处。对话的对应物是对立，是冲突；冲突的最高形式就是可怕而可恶的战争，冲突的原因，除了经济寡头无止境的贪欲之外，其社会基础则是普遍存在的误解和偏见。在对话和冲突当中，人民自然选择前者。

在经济全球化的推动下，现在世界各国都面临着自然环境恶化、收入差距拉大、人心浮躁、社会动荡、道德沦丧等共同的难题。在经济全球化的今天，这些问题是每个国家都无法独自解决的，这就进一步加大了国际对话与合作的必要性和紧迫性。面对人类的共同困境，各国的人们无奈或惧怕者有之，麻木而躲闪者有之，渴望并加剧危机者也有之。但是，希望就在于警醒并遏制这种不良事态者，虽然我们不能直接做出影响国际关系的政治决策，甚至有的朋友认为，思想界、舆论界主张对话的声音是微弱的，呼喊者是寂寞而痛苦的，但是，在社会、责任观念普遍淡薄之际，我们可以做出一种理性的思考，并用实际行动进行展示，可以唤起人们沉睡已久的良知，可以在各种文明的对话中发现普遍，可以制衡乃至遏制走向文明冲突的势头。我们并不孤独，因为我们的主张符合人类发展成长的规律，符合绝大多数人的愿望，符合不同文明先圣先知的教导，在我们身后，有着亿万善良的人们渴望友谊和平、安定幸福的无声的诉说和无助的眼神。

尼山是孔夫子的诞生地，曲阜和泗水是他生活时间最长的地区。山东作为中国人口第二大省，除了诞育了千古伟人孔夫子，在中国古代思想最为活跃、伟大哲人纷出的战国时代，还是学术最发达、学者最集中的地方。战国时代虽然距今两千多年，但是那时所绽放的中华民族的智慧之光至今仍然照耀着中国人治国的思路，活生生地存在于人们的生活中。这些伟大哲人的遗踪和遗迹还保存在山东省的地上和地下。凝望着郁郁葱葱的尼山，或许可以想象出两千五百年前孔夫子为什么在他的家乡发出"逝者如斯夫，不舍昼夜"（《论语·子罕》）、"登东山而小鲁，登泰山而小天下"（《孟子·尽心上》）、"知者乐水，仁者乐山"（《论语·雍也》）的感慨和议论，以及人们所熟悉的许多伟大的教条，或许我们可以想见他为了天下苍生站在没有减振器和滚珠轴承的木板车上，在古代坎坷的土路上颠簸，向各诸侯国呼吁"仁政"和治国的真谛。也可以想象，他的道得不到实行，于是退而在曲阜进行讲学，寄希望于学生把自己那超越当时当地涵盖古今宇宙的学说传承下去，这是非常人所能有的刚毅和坚韧。这样的时代感、历史感，对于我们思考当下的世界是很重要的。

儒家文明和基督教文明都为人类做出了极其伟大的贡献，至今还在影响着地球上大多数人，有人断言，这二者的激烈冲突是不可避免的。如果真是那样的话，必然造成人类又一次巨大的灾难。我们当然不同意这一观点。这种理论是着眼于二者之异，没有考虑不同事物之间总有着许多共同点和关联。二者是可以沟通的，是可以互为补充的。而且，我们不能抛弃了文明一直在流动，自它发生之日起就没有停止过演进、丰富、完善，以适应不同时代的事实。在这漫长的过程中，任何文明都在异质文明中寻找适合自己并且有用的内容作为自己进步的营养。我们不回避儒家和基督教之间的差异，因为差异，所以多元，所以双方都有持续前进的外部动力。只有理解彼此之异，才能找到彼此之同。

不同文明间的对话，可以论证多元的历史经验、时代特征和对人类发展的重要意义，可以产生这样一些议题或思想：文明多元化是人类的共同财产；文明的多样性；不同文明之间的差异不应成为世界冲突的根源，而应是世界交流与合作的动力与起点；学术界应该倡导和保护世界文化多样性，推进不同文明之间的对话；坚持文明多元化、坚持不同文明间对话，互相尊重、互相理解、互相倾听、互相学习，是形成国际民主、建立公正合理的国际新秩序的重要内容；坚持以对话、商谈方式处理国际事务，维护各国特别是广大发展中国家的根本利益；坚持通过文明对话消弭误解和分歧，是为人类建设可持续未来的必经之路；等等。

不论何种文明，都认同仁爱、诚信、包容、和谐等思想与精神，例如《论语》所倡导的"和为贵"（《论语·学而》）、"和而不同"（《论语·子路》）、"民无信不立"（《论语·颜渊》）、"三人行必有我师焉"（《论语·述而》）等名言就完美地体现了这些理念。而基督教文明，就像《圣经》里所说的，"像神爱人类那样爱所有的人"，"要爱人如己"，"你们愿意人怎样待你们，你们也要怎样待人"，"人在最小的事上忠心，

在大事上也忠心"，等等，同样是在追求至善、至美、至真，企盼社会
安宁、人生幸福、天下太平。儒家文明和基督教文明是当今世界两个影
响力巨大的文明，开展这两大文明的对话与交流在今天具有突出的意义
和时代紧迫性，今后应该进一步加强沟通和了解，在新的基点上建立起
彼此相互尊重、欣赏而又和睦通融的新型文明关系。

儒家文化和基督教文化的不同在于对终极真理、第一推动力、宇宙
本体的不同态度和认识，在于由此而形成的思维方法的差异。

儒家——进而影响、扩展到几乎全体中国人，对思辨抽象的本体
没有兴趣，把宇宙的来源归结为"自然"，或曰"本然"，视宇宙为一
个生生不息的圆融的整体，人是宇宙的一个组成部分，是其中最高贵
的一员，与万物为一体。由此而形成的思维方式则是一元的、综合的；
"一"分为"二"，这个"二"相互依存、相互转化，然后合"二"为
"一"；处事则不取两端而主"中道"。基督教——进而扩展到整个欧
罗巴、美利坚乃至世界相当广泛的地区，基于信仰而形成的思维方式则
为二元对立的、非此即彼的、分析的。正是基于各自的哲学理念，所以
儒家对于不同的观念是包容的，而基督教的教义则具有一定的排他性。

中国的哲学理念保障了中华民族数千年的繁衍发展和相对稳定，造
就了古代科技、经济、文化的辉煌，但同时也留下了历代帝王利用儒学
维护利益集团统治、对儒学进行扭曲以及后世儒学过于偏重于把"心"
作为本源而产生种种弊病的后门；基督教哲学激励了人们对平等的追
求，促进了近代科学技术的突飞猛进，加深了人类对物质、地球和宇宙
构成的认识，改变了世界的物质层面的面貌，但也不是完美的。不但在
越来越多的科学领域二元论遇到了物质世界并不领情、与之相矛盾的现
象，而且二元对立的绝对性，为后来的种族优越论、单一世界论以及视

冲突为必然奠定了思想和理论基础。

因此我认为，无论是儒家文明还是基督教文明，当下都有一个共同的、重要的任务，这就是要对自己所信奉的经典做 21 世纪的重新阐释。我们所应该做的是回到两千五百年前的智者那里汲取智慧，弄明白他们的智慧。在弄明白他们的智慧、传达他们的智慧的过程中我们就是在创造，现在首先要做的不是急于建立 21 世纪的所谓新体系。

儒家文明与基督教文明两种哲学都是历代人们思考人生和未来的智慧结晶，思考的对象都是人和人所生存的环境，追求的都是人类为了幸福而应该具有的道德。这就是二者最大的共同点。我读《圣经》，常常感觉几乎就和读孔夫子关于仁、义、礼、智、信的教导一样，感受到先知先圣所期望于人类的、我们理当遵循的规范原则，至今温习这些教导就好像我的父兄昨天在对我进行谆谆教导。因而，这些教导当然适用于当代。今天人心、社会和世界的混乱，归根结底就是人们忘记了、抛弃了、背叛了先圣先哲的一再告诫。

中国有宗教吗？中国人有信仰吗？答案自然是肯定的。在我看来，信仰就是对当下现实中并不存在、未来也无法达到的某种精神和能力的信任、仰慕和希求。中国人在世俗层面上最根本的信仰是"天道"或曰"天理"，这是经由祖父辈、父辈传下来的古老的教导，而这教导的源头则是先圣先哲，先圣先哲的智慧则来自于《易传·系辞上》所说的"仰以观于天文，俯以察于地理，是故知幽明之故，原始反终，故知死生之说"。换句话说，中国人的信仰是由"近取诸身，远取诸物"而获得的。中国人崇尚"德"，德的支柱是"仁、义、礼、智"，这就是孟子所说的人之"四端"，后来又加上了一个"信"，形成了"仁、义、礼、智、信"。这种信仰并不妨碍很多中国人同时相信鬼神，信仰佛陀，信仰基督，信仰安拉，甚至于一个人兼信两种或三种。在中国有不少家庭，家庭的成员分别有不同的信仰，但是全家一直和睦相处。这是很值得研究的现象。这种现象存在的原因之一是中国人在现世中以德为上，是因为有人对死亡还有恐惧，或者希望摆脱现实中的一些迷惑与羁绊，或对是否有来世存有疑虑，于是寄托于某种超越的存在。儒家信仰和其他信仰能够并存于一身或一家，就是因为在现世人生精神的提升中各种信仰有许多共同之处，再加上儒家的"君子和而不同"的包容性。这说明，对于中国的过去和现在来说，那种认为一神教是高级宗教，多神教基本属于"原始宗教"，以及只有信仰唯一的、超越的、绝对的、先验的神才是信仰的主张和标准，并不适用。基于对这种情况的了解，外国朋友在观照现实的中国时，有许多现象——包括经济的、政治的、社会的——就容易了然，中国和其他各国学者讨论不同文明的同和不同的时候，可能障碍也就少了一些。

希望主张对话、反对冲突的话语能成为我们这个时代的最强音！希望人类的智慧之光能够穿透笼罩于人类自身之上的物质与贪欲的迷雾，让人类看到湛蓝的天空！

"善"与"善的生活"：孔子与基督

〔美〕谢大卫 撰　冯传涛 译

五四运动时期所排斥的儒学似乎并不等同于孔子本人的思想。新儒家在二战前已被提倡，在 20 世纪二三十年代儒学被抨击为反现代思想的过程中成型，在 21 世纪以令人震惊的方式被演绎和重塑①，把儒学当作一个统一的思想实体已变得不可能。这样的事情也发生在基督教身上。耶稣没有写书，甚至没有编辑整理他之前的犹太教书籍。他的思想，乃是他的学生的口头阐述，而这些又被解释并由四福音的作者们应用于不同的文化背景中。基督教源于西亚，但西亚文化也许仅仅对于理解亚洲思维的一些因素以及耶稣教导的习俗方面起部分作用。至于欧洲和美国，融合（syncretism）是一个因素。可以说，中国基督教的独特风格部分是受到了儒学和道家的影响，同时，似乎是非常深远地受到了马克思主义的影响。

严格地说，耶稣和孔子都不是现代意义上的哲学家。伦理，才是他们密切关注的，并在他们的思想中处于首要地位。耶稣和孔子经常受到比较的伦理观点是他们各自有关"黄金规则"的论述：对孔子而言，是"己所不欲，勿施于人"（《论语·颜渊》）；对耶稣而言，是"你们愿意人怎样待你们，你们也要怎样待人"（《圣经·路加福音》6：31）。耶稣积极意义上的规则与孔子消极意义上的规则，以箴言的形式表达了同样的实质。在深层意义上，这两个规则展现了本体论意义上的差别，也因此表明了在他们各自的语境中关于人们如何认识智慧的终极本质上的不同。

《论语·卫灵公》中，这一原则被重申，表明"恕"（reciprocity）的合乎礼仪性。这一"恕"的规则的本质是实用主义对和谐的关怀，这

---

① Leonard Swidler, "Confucianism for Modern Persons in Dialogue with Christianity and Modernity," *Journal of Ecumenical Studies* 40（2003），12-25; Daniel A. Bell, *China's New Confucianism: Politics and Everyday Life in a Changing Society*, Princeton: Princeton University Press, 2008.

一和谐基于深思熟虑的自我利益。孔子所要表达的对"善行"的追求，正是古希腊学者所谓的"*eudaimonia*"，远远超出了那隐晦的黄金规则所涵盖的范围。曾参用"忠""恕"概括孔子一以贯之的"道"(《论语·里仁》)。这已足够说明他的思想的鲜明特点是一种社会智慧，一种互相负有责任的礼仪(decorum)，在这种礼仪中，善的行为造就好的品德，这不仅是箴言，更是一种习惯性的和人所需要践行的实践。它是一种适用于王侯、君子和学者的政治智慧。

类似说法，耶稣是给他的门徒说的，他的门徒不是王侯，而是在那些通常是骄横的王侯统治下、没有任何门路进入上层的农民。他们被这样训导，"你们的仇敌，要爱他"，"恨你们的，要待他好"(《路加福音》6：27—28)，当"有人夺你的东西去，不用再要回来"(《路加福音》6：29—30)。这显然不是一个规范的政治建议，亦非耶稣提供给统治者(他很少关注的一个阶层)的智慧。在这里，黄金规则在任何意义上都不是"恕"或者相互看顾。恰恰是通过这样的行为，他的弟子们才能成为"至高者的儿子"，因为至高者同样也是"恩待那忘恩的和作恶的"(《路加福音》6：35)。对于耶稣而言，"爱人如己"，"他人"中包含着敌人。因此，这两个看似相似的规则，深深植根于各自的社会结构以及伦理环境中。一种是通过对政治的仁的张扬来提倡社会的和谐，另一种是提倡与"至高者"(或如孔子所言之"天命")的和谐，它是通过对压迫者的顺从甚至主动地对之仁慈这样的一种哲学的张扬而达到的。通过相互了解和同情，这两种智慧的传统是能够得到相互提升的。

基督教中用于描述自我奉献的"爱"(*agape/agapetos*)通常指一种强烈的，有时是全心的爱；而儒学中的核心概念"仁"是一个基于团体的概念，来源于人们对自己氏族的忠和孝，它通常是指一种淡定，虽然它也崇尚那种人生的期冀都达到后的处之泰然的状态。

《论语》中"仁"的美德由有价值的或"幸福的"人生所构成。一个道德的、雄辩的"君子"仍有可能缺乏"仁"（goodness）的品质。"仁"在这里指的是一种心灵品质或者存在状态，用以与对仁的追求区别开来。实现仁对于年轻的统治者而言是一个激励，他们伴随着接近仁而成长，逐渐会成为柏拉图所说的哲学王。仁会在热爱它的人的行动中，而非言语中反映出来，因此我们认为孔子的黄金规则是一个人行为端正地践行这一德性生活的结果，"己所不欲，勿施于人"（《论语·颜渊》）。

爱与仁的关系在耶稣的教导中表现得更加明显。如使徒约翰所说，他的楷模式的德行，本身就是对"上帝就是爱"（《约翰一书》4：8，16）的一种证明。人的善的生活就是与上帝在创造中所表达出来的善保持和谐一致，对上帝的"福"（goodness）的感激使得人在生活的各个领域成为善得以可能的条件（《诗篇》122：9，128：5；《箴言》19：8；《传道书》3：12—13）。"上帝是善的"是《诗篇》反复强调的一个主题（《诗篇》100：5；106：1；107：1；118：1），对于人而言的"善"被认为与上帝或"至善"有某种和谐的呼应关系。在《旧约》中，它不仅包括对律法的遵从，还指按照上帝的福的见证而进行的生命的实践："世人哪，耶和华已指示你何为善，他向你所要的是什么呢？只要你行公义，好怜悯，存谦卑的心，与你的上帝同行。"（《弥迦书》6：8）

耶稣在具体的社会维度，扩大了"爱"（*agape*）和"福"的内涵。在世俗事务中忽视耶稣所称的"天国的财宝"是愚蠢的，"天国的财宝"是对善的敬重行为的神圣的认同。忽视把自己富足的财产分给贫困的人这一责任，既是对"仁"（benevolence）的违背，也是对践行共同的善的疏忽（《路加福音》12：15—21）。耶稣强调"人的生命不在乎家道丰富"（《路加福音》12：15），这里谴责的并不是财主的财富，而是他对财富的敬拜和对上帝的忽视。

区分开世俗的财物（goods）与真正的善（Good），我们可以更好地理解"善行"（beatitudes）或者在《路加福音》中所说的关于"善行"（good life）的语句了。"有福了"（blessed）这个词语在希腊语中是"*makarios/makariotes*"，在古典希腊文本语境中，它的含义近于"幸福"（happiness），甚至表示与神和谐相处，达至一种客观的"幸福生活"或曰"善行"（good life，*eudaimonia*）。但《新约》则认为：谁是有福的？穷人。因为上帝的国是他们的。"你们饥饿的人有福了，因为你们将要饱足；你们哀哭的人有福了，因为你们将要喜笑；人为人子恨恶你们，拒绝你们，辱骂你们，弃掉你们的名，以为是恶，你们就有福了。"（《路加福音》6：21—22）不是悲伤于他们被压迫的处境，而是应该为之喜悦，因为通过对精神而非物质上的善的追求，他们将获得永恒的奖赏。与《路加福音》中的"四福"对应的是"四祸"，它们属于希腊语所称的"*kakodaimonia*"，具有讽刺意味的是，这些祸却接近于世俗标准中的"幸福生活"，至少在希腊化时期的大多数的《路加福音》的读者这样理解[1]。耶稣对穷人的关注，也许是他的伦理道德中最特别的部分，至少在这一点上，他与马克思而非孔子有更多的共同之处。事实上，孔子认为："君子周急不继富。"（《论语·雍也》）按照耶稣的说法，来源于善的智慧要求爱穷人，如同《论语》中一定语境下的仁，这种智慧要求它

---

[1]　Hesiod, *Works and Days*, ed. With Prolegomena and Commentary, M. L. West, Oxford: Clarendon Press, 1978.

必须具有普遍适用性，并不仅仅局限于一个家庭或者民族。至此，有这样一组近似的对比：孔子要求"贫而乐，富而好礼"（《论语·学而》），这一教导在一定程度上接近于"善"（beatitudes），但由于缺少命运的最终倒转——天国的奖赏这个维度，它表现的是对社会现状接受的态度。

正如孔子和耶稣所做的那样，在个人的生活或者行为中寻求善，关联性（relational）这一因素不能被忽略。或许正如 An Yanming 所言，儒学把关联性压缩为家庭中的爱，它是如此排外以至于"让父亲把给予他自己的孩子的爱同样地给予其他家庭的孩子，是没有任何自然根基的"[1]，这种阶层式、家长式的特点使儒学不能完全与基督教或者任何注重普世的文化形式相比较[2]。这里耶稣的教导是一个警醒：一个人要追求天国（他用来描述善的高层次的概念）应该抛弃他的家庭（《路加福音》14：26）。正如 Pilgrim W. K. Lo 所指出的，"国家"（the state）这一概念在汉语中由"国"（land）与"家"（family）组成[3]，而"上帝之家"（family of God）这个概念，来源于耶稣所教导的"上帝是我们共同的父"，它也许能帮助我们避开对不太人性化的国家利益的追求，从而更倾向于去满足那构成国家和一个更为广阔世界的人们的需要。

同耶稣一样，孔子清楚地表明了他对天的道德规则的强烈的信仰。对现在的儒学——并且在一定程度上对基督教而言，部分问题在于，近来，家庭作为一个更大社团的根基这一观念已经淡薄，儒学在这一点上需要更正。

---

[1]　An Yanming, "Family Love in Confucius and Mencius," *Dao: A Journal of Comparative Philosophy* 7. 1（2008），52.

[2]　Swidler, 20.

[3]　Lo, 175.

中国古代宗教有一个关于"仁"的神圣来源的一神论概念[①]。Clark
认为，这一神圣的概念后来变得比儒学中的"天"更富人性和更缺乏
抽象性。在基督教中，随着《旧约》的展开，人性的因素进一步增强。
Swidler 等学者认为"作为具体的人的拿撒勒的耶稣"是这一进程的顶点，
而这正是吸引"在第三个千年的中国"的地方[②]。同样，孔子也吸引着受
耶稣影响的西方人，他们积极关注孔子的智慧以及孔子对仁的不懈追求。
在相互尊重的前提下，对于信奉儒学以及那些皈依耶稣的人们而言，还
有值得进一步探讨的空间，我希望这篇文章在没有充分夸大相互联系和相
互启发的情况下，能为此提供一些思路。要实现"求同存异"，需要我们
展现以耶稣为榜样的超越的爱，同时还要努力成为君子。正如孔子所言：
"君子和而不同，小人同而不和。"（《论语·子路》）如果我们沿着这条相
互尊重之路成为君子，那么在我们这个地球村中，它将会结出累累硕果。

和合与对话

张立文

在世界经济全球化、网络普及化的情境下，人们生存世界的信息
空间和时间愈来愈缩小，其所面临的冲突和危机的共同性、普遍性在增

---

① Kelly Clark, "The Gods of Abraham, Isaiah, and Confucius," *Dao: A Journal of Comparative Philosophy* 5.1（2005）：109-136.

② Swidler, "What Christianity can offer China in the Third Millennium," *Journal of Ecumenical Studies* 40（2003）：153-154.

长，其所化解冲突和危机的认同性、共识性在加强。尽管如此，各国、各民族、各地区强弱贫富、价值观念、宗教信仰各有不同，以致矛盾重重，势不两立，但互相交流、对话、理解，以达和合，则是化解各个国家、民族、宗教、文明之间的冲突和危机的有效方法和最佳选择。

所谓和合，是指自然、社会、人际、心灵、文明中诸多形相、无形相的互相冲突、融合，与在冲突、融合的动态变易过程中诸多形相、无形相和合为新结构方式、新事物、新生命的总和。和合学是指研究在自然、社会、人际、人自身心灵及不同文明中存在的和合现象，并以和合的义理为皈归，以及既涵摄又度越冲突、融合的学问。

和合之所以是化解各种冲突和危机的有效方法和最佳选择，是因为和合是中华人文精神的精髓和首要价值，是传统文化思想的精粹和生命智慧，是中华民族五千年来形成的价值观念、精神理念、道德信仰，并渗透积淀在大众的日常生活之中，而成为中华心、民族魂，同时，还因为和合在以下五个方面体现了中华民族的基本精神。

一是人道。孔子说："己所不欲，勿施于人。"（《论语·颜渊》）这是普遍运用于化解自然、社会、人际、心灵、文明同冲突和危机的指导原则。子贡说："我不欲人之加诸我也，吾亦欲无加诸人。"（《论语·公冶长》）指出了人与人之间的人道主义原则。国家、民族、种族、宗教、集团、个人，都应该得到人道的对待，这是人所应具的尊严。无论是他人、他家、他国，还是他民族、他宗教、他文明、他集团，都应该是我所不欲要的，也不欲加给他者，譬如我不希望人加给我战争，我亦不把战争加给他人；我希望幸福，我亦希望他人幸福。因为战争使人民家破人亡，遭受失业、衣食无着、卖儿卖女的苦难。如果战争发动者换位想一想，自己的家人亲戚由于战争而陷入悲惨的情境，那么，自己有何感想？战争的发动者，便是"己所不欲，要施于人"的非人道主义，对待他国、他民族、他宗教、他种族，其结果是害人害己，既损害了他人，亦害了本身和本国人民。

二是差分精神。和合首先承认差分，尊重差分，有差分而有冲突，有冲突而有融合，有融合而有和合。《易传·系辞下》说"天地絪缊，万物化醇；男女构精，万物化生"。天地男女是阴阳二极，是矛盾冲突的，冲突并不一定导向非此即彼的二元对立，而可以导向和而不同的和平、合作。絪缊、构精就是天地、男女的阴阳两极矛盾对待的融合、结婚，然后化生新事物、新生儿等和合体，即构成了冲突—融合—新生儿的和合体诞生。这便是中华民族对于天地万物从哪里来的思议。这个思议说明和而不同地对待各方是互相承认并尊重其不同的。不同的价值观、宗教观、道德观、人生观、习俗观，在世界多元文化情境下，可以互相了解、交流、互动。换言之，不断谈判、互动，互相谅解、妥协，而达到互信、合作的结果。合作而产生新成果，怀胎而诞生新生命，差分是成功之母，无差分就无所谓双赢。

三是包容精神。尊重差分，包容多样，才能海纳百川，有容乃大。百川是差分，是矛盾，是冲突，百家争鸣，百花齐放。包容不同的价值观念、宗教信仰、社会制度、生活习惯，必须建构在"以他平他谓之和"的基础上，即他与他之间是平等的，建立一种互相理解、互相信任、互相尊重的关系，要像尊重、关心、爱护自己一样，尊重、关心、爱护他者。他与他之间互利共赢，和衷共济，才能共同渡过急流险滩，否则社会之船，就会被礁石碰得粉身碎骨。只有合作、合力，才能共克时艰。包容就要消除对他者的成见、偏见、误见，或先入为主之见，或善恶的先见，或先在的破见，要以一种清净心、平常心、不迷心来看待、理解、谅解他者，唯有如此，才能取得和的成果。

四是生生精神。《易传·系辞下》讲"天地之大德曰生"，"生生之谓易"，生命是天地万物之所以存在的基础。张载说："为天地立心，为生民立命。"① 天地作为自然界哪有什么心！天地以人之心为心，天地由于人的存在，才显示其价值；无人的生命存在的需要，天地的价值就无所谓价值。当人未发现火的时候，不知道火的价值。当人生活在刀耕火耨的时代，石油对人就无所谓价值，作为自然资源石油的价值是人赋予的。《国语·郑语》说："先王以土与金木水火杂，以成百物。"韦昭注："杂，合也。"金木水火土相生相克，杂合而成天地万物。推而可知自然、社会、人际、国家、民族、种族、党派、宗教，都是融突而和合的生命体，生生精神的最低限度是尊重生命，自然、社会、民族、宗教都有其生存的权利。各个生命自我主体与他者生命主体，如何才能保障生生不息？唯有和合。和合是保障、保护和养育各生命体的最佳途径。"致中和，天地位焉，万物育焉。"（《礼记·中庸》）天地自然、人类社会、国家政党、宗教团体都有其自身生长、演化的规则，尊重其生生不息的生命，就要像尊重人的自我生命一样，尊重自然、他人、他国、他家、他宗教。如此，世界才能生生不息，大化流行。

五是和爱精神。孔子曰："泛爱众，而亲仁。"（《论语·学而》）墨子亦云："兼相爱，交相利。"（《墨子·兼爱》）人道精神、差分精神、包容精神、生生精神，其基础是和爱精神。大爱无疆，和爱是人类的生命智慧、智能创造的火焰和力量，是各个生命主体与他者生命主体之所以大化流行、生生不息的根源，是他与他互相尊重的因缘所在，也是

---

① 黄宗羲原著，全祖望补修：《宋元学案》（一），中华书局1986年版，第664页。

世界文明以及他与他者之间对话、互动之所以达到和平、合作价值目标的前提。其实世界各大宗教都讲爱，爱是其共识，基督教讲博爱，佛教讲慈悲、普度众生，伊斯兰教讲普爱草木人物，儒教讲泛爱众。爱是普遍价值。和合的和爱精神是他与他者之间对话、理解、谅解、互信、互济、合作、共赢的价值基础。和爱像甘露，滋润人的心田，使人平静、理性，使人解迷自悟，以营造安身立命之所。

文明对话的生命活力只有在和合的怀抱里孕育，只有在和爱的氛围里成长，只有在互相尊重中壮大，只有在"以他平他谓之和"中结果。当前人类共同面临着人与自然、人与社会、人与人、文明与文明之间的冲突和紧张，以及由此带来的生态危机、社会人文危机、道德危机、精神危机和价值危机。换言之，当下的自然、社会、人际、心灵、文明都处于病态之中，这种病态严重损害着每个人的身心健康，损害每个国家、民族的持续发展，以致损害我们的子孙后代的健康。人类所共同面临的严重威胁，是对于这种病态的恐惧。环境的污染、战争的恐怖、人际的疏离、信仰的危机、文明的紧张、生存环境的恶化，严重威胁每个人的心身，引起人们的恐惧。恐惧是各宗教的缘起之因。佛教恐惧生老病死等痛苦，为解脱苦海红尘，通达阿弥陀佛净土，而敬畏佛祖，崇拜佛教。基督教恐惧思恶、作恶而激怒上帝，上帝降洪水毁灭一切有生之类；为解脱再次作恶犯罪，便要不断忏悔、救赎自身，以便到达天国。伊斯兰教恐惧不信道而犯罪，不义而不敬畏真主，就会受到真主的惩罚，到不了天堂乐园。为化解威胁，拯救恐惧，这是每个宗教的缘起。任何宗教都是对生命拯救的一种形式。

当前化解人类所共同面临的各种冲突与危机的最佳选择，拯救病态而获得人与自然、社会、人际、心灵、文明健康的道路，便是和合。和合是一种终极的关切，是人类共享的精神家园。

天地和合则美，万物和合则生，人身和合则康，人人和合则善，心灵和合则静，家庭和合则兴，社会和合则安，国家和合则强，世界和合则宁，文明和合则谐。

儒耶之间对话的可能性

〔美〕白诗朗 撰　王强伟 译

如何鼓励一场积极的基督徒与儒教徒之间的约谈？这是一个两难的问题。目前，在基督徒一方有一种与日俱增的进行信仰间对话的兴趣。虽然这样，但还存在一个历史问题即基督徒所指"对话"到底意味着什么？或者基督徒将会承认他们的宗教仅仅是上帝对人类慷慨恩典的诸多启示之一种吗？有一种神学解释对于亚伯拉罕主义传统的信徒而言或许是可行的。例如，犹太教学者认为，上帝为正义和虔诚的异教徒在来世预留了位置，但不是犹太人去告诉一个基督徒或儒教徒要怎样才能参与到上帝的末世盛宴中来。对犹太人来说，尽力做一个虔诚的、有学问的犹太人就足够了。或许将来有一天大多数基督徒将会持有类似的观点。

这在神学上是如何实现的呢？实际上存在多种途径。例如，圣灵降临教派的神学家致力于信仰之间对话的理论建构与实践，他们对圣灵角色的强调也许会为基督教如何考虑其他信仰人群提示一条道路。如果天上有许多大厦，并且圣灵会在每个渴望的灵魂中运行，那么圣灵将使这些人以及整个群体的生活与工作充满活力与生气，而这些人或人群已经超出了基督徒运动的范围限制。总而言之，基督教神学家是有途径来形成不同的并且积极的有关其他宗教的观点的。我认为这种对其他宗教的神学上的重估成为"新宗教改革"运动的一部分。

我同样也相信，这种可能的"新宗教改革"并不只是概念上的，这种努力对于睿智与广博的基督徒来说非常重要。我认为朱熹"格物"的例子是道德上进行自我修养过程中的重要部分。朱子并不仅仅将他在《大学》中发掘出的这个重要概念解释为要我们走出去考察这个世界中的物理对象，尽管他强调这是"格物"一个不可或缺的部分。我们还必须了解并回应我们的周围世界，包括与自然的关系，与他人的关系，与别种文化的关系以及与其他宗教传统的关系。考察这个世界是进行精神上自我修养的一个非常重要的部分。当然，朱熹坚信他所服膺的"道学"已经是对所有人最优越的教导。然而，另外一些伟大的儒家学者如宋代的苏轼（1037—1101）和明代的王阳明（1472—1529）则坦诚地承认，一个儒者实际上还有很多东西需要学，例如向佛教学习。

在我们的世界中实现任何形式的和谐都需要对宗教进行严肃认真的研究。杰出的德国神学家汉斯·昆提出，如果世界上各种宗教之间不先实现和平，那么世界各国、各地区之间便不会出现和平。真正关心全球和谐的人，必须将这种对和平或和谐的希望，起码是在一定程度上，建立在宗教间的相互理解实现了极大增进的基础之上。

第二个问题针对新儒家，在 21 世纪，一个重生的、复兴的和改革的儒家传统是什么样子[1]？世界各地 —— 中国、韩国、日本，甚至现在

---

[1]　关于英语世界对新儒学的讨论可以参看 Makeham 2008; Metzger 1977, 2005, and Bresciani 2001。

美国的波士顿等地，已经出现对儒学研究复兴的极大兴趣与热情。然而，在新儒学将成为一种哲学或社会实践这一点上并没有达成共识。对一些人来说，儒学的复兴根本不是一种好想法，因为他们相信无论过去这种传统有什么优点，而今 21 世纪的中国文化革新都不需要儒家思想作为其中之一部分。这些关于儒学复兴性质的多样化观点，引起了关心新儒学的人的激烈争论与对话，范围遍及当前流行的大众文化市场以及学院内的学术研究。

不论 21 世纪的新儒学以何种创造性的形式出现，都有一些当前流行的西方哲学与神学论述可以作为其富有成效的对话伙伴①。我的第一个建议可能会令读者感到奇怪，那就是与称作决疑论的西方伦理学系统对话。这是一种非常重要的古典与近代早期伦理学论证形式，已于 17 世纪衰落。其合理之处在于，决疑论作为一种伦理学论证形式，指出道德执行者需要了解各种因素构成的复杂系统以及伦理问题需求解决的情形。不同于 20 世纪晚期的基督教情境伦理学，细心的决疑论学者在考察了问题的来龙去脉之后，还将尊重其历史传统中著名的伦理学教义。这一点，值得引起基督教历史上的伦理学思考。传统作为智慧之人如何应对类似问题的一种记忆积淀非常重要，但是要承认在某些情形下传统不会给出完美的答案，而此时人类理性必须在解决复杂的伦理问题过程中发挥决定性作用。我提及决疑论传统的原因在于，

---

① 就像没有人能够说出新儒学在现代中国将如何展现自身一样，我们也难以精确地描述将会出现什么样的比较哲学对话。在英文文献中，你会发现哲学家描写儒学时用到了大陆哲学、分析哲学、诠释学、美学、德性伦理、社会文化史、实用主义、自然主义、过程思想、女权主义、解构主义等诸多视角。这还仅仅是当前比较流行的一些形式。令人激动的是，我们发现不同的哲学家对儒家思想，以及中国古典哲学时期的其他思想产生越来越浓厚的兴趣。

这与儒学的伦理论证具有很强的家族相似性。儒学的这种伦理论证在现代复兴过程中将实用主义、德性论、后果论，甚至义务论等各种元素融合进其复杂的思想形式，而成为一种吸引人的新形式。当多数研究儒学伦理学的学者禁不住想要给他们的传统德性伦理学贴上标签的时候①，我则建议通过多途径进入到当前儒学伦理系统与西方伦理学思想家的对话中来。

这种建议的原因之一，也是我相信儒耶对话存在另外一个天生搭档，即受到过程哲学与神学的相关学派（与 Alfred North Whitehead 和 Charles Hartshorne 等人有关，参见 Berthrong 1994, 2006）以及自然主义的实用主义（与 Charles Pierce，William James，John Dewey，George Herbert Mead 和 Justus Buchler 等人有关）影响的现代西方神学家。我指出这些思想家及不同思想学派的原因在于，他们在各自的宇宙理论中都为作为重要主题的过程找到了一席之地。无论新儒学将来如何发展，非常明确的是其重要人物都要确认过程在儒学传统中担负的重要角色，这种传统始自《周易》，传到宋代新儒家，再传至 20 世纪现代新儒学传统的创始人那里。最为显著的被新儒家引用的语句出自《周易》：生生不息。这个关于繁衍过程的术语吸引人之处在于，它涉及个人乃至一个传统随着时间的推移而发生变化，因为宇宙论是由过程构成的，包括了人类的知识与道德愿景。宇宙与我们一样都在变化，而我们变化的途径之一便是对话。如果对话是一种互助的变化，那么我们可以展望对话平台

---

① Rosalind Hursthouse（1999）对西方传统中的德性伦理学的历史及其最近三十年来的复兴做出了细致的梳理。而大多数现代西方哲学家并未意识到中国的儒学思想家们同时也在进行着一种德性伦理学。我们只能期望这两种伟大德性伦理学传统之间尽快开展更多的对话，很明显双方存在很多需要向对方学习之处。

将表达一种文化间的和谐相处，而不是在 21 世纪人与人、国家与国家之间关系的完全一致性。

在哲学意义上，接下来的一种方式或许包含了 Justus Buchler（1974，1990）一种所谓的平等的哲学而非一种优先的哲学。Buchler 的意思是在一种平等的哲学中，我们接受任何事情都是"真实的"，并且这种哲学还赋予我们尝试着判断我们经验中的某个或某些元素是否更为真实，以及决定我们生活中可能遇到的其他一些事情的机会。例如他指出，有时一种可能性就像真的一样，或者可能比某些经验事实更为重要，比如我们面前的道路中间的一块石头。朱熹似乎一直在寻求证明这样一个论点，即一种恰当的道德行为就如同可以在具体存在物的经验世界中找到的东西那样"真实"。另一方面，优先的哲学则驶入另外一个不同的方向，即寻求将某些真实定义为"确实为真的"。因此，在这种情况下，一个人可能是一个理想主义者，坚持不变的形式或"理"或者模型才是"确实为真的"，而这些形式或原则之经验的、变化的显现，在本体论或宇宙论模式下相较前者是不够"真实"的。我突然想到对"和而不同"的一种理解方式，将是对一种平等的哲学的认可，也就是说我们将认可任何事物的价值与实在性，就像肯定某些内在的真实价值及这些事物本身。如果这种对话的平等是合理可信的，那么我们就应该接受某种形式的和谐，这种和谐认为差异恰是基督徒与儒教徒之间开展对话的一个绝佳话题。适宜的结局，引用穆斯林的比喻，将是一种稳健的、卓有成效的追求善举的比赛，一个充满仁慈的世界，基督徒称之为可爱的社区。在儒学语境中，这将是一项任务，即用真理转化"仁"与"勇"，以"智"来识别这种奇妙的创造性、生成的平等性，这些都将是真诚对话开展的潜在力量。

宽容和多元：基督教和儒学传统中的良知自由

〔美〕大卫·利特尔 撰　安乐　田芳 译

本文比较儒学和基督教传统各自对良知自由学说，也就是对宽容和多元文化的贡献，结论是：两种传统主要的区别在于，清教徒基督教发展出了保护良知自由的宪法和法律，而儒学则没有。我对儒学传统中良知自由主题的了解来自两部论著，一是马来西亚华人彼得·张的博士论文[①]，二是哥伦比亚大学西奥多·德·巴里教授所著的《儒学的困境》[②]。德·巴里将彼得·张对王阳明的讨论放置在了一个更为广阔的背景下，他强调，从孔子开始，天赋人权的思想就被重构成了君子们（morally noble persons）"对人类事业在最广意义上的个人委身和使命"。他说，那变成了一种"对他们个人政治和道德良知"的要求，"那是对良知和理想标准的一种让人无法抵挡的号召，它被冠以'天命'的称谓，是人类事务的最终标准和审判"。

彼得·张描述了王阳明对孟子之"心"的补充。"心"是指一种明辨是非的内在能力，王阳明用新词"良知"对其进行了补充。良知，就是依据基础道德真理对自身进行监察的能力。王阳明进而发展了一种关于良知的非常复杂的观点，用以作为个人道德自治的基础，同时也作为广泛而高度升华的个人道德反省形式的基础。王阳明的想法所带来的

---

① 　Peter Chang, "A Comparative Study of Bishop Joseph Butler's and Wang Yang Ming's Conception of Conscience." 比较宗教神学博士学位论文，哈佛大学，2008 年。

② 　Wm. Theodore de Bary, *The Trouble with Confucianism*, Cambridge and London: Harvard University Press, 1991.

特有好处是使得他赞成一种能包容明代所出现的各种信仰传统的宽大胸襟。"在不违背先天知识的条件下，人们可以自由地表达各自观点。"这里包含着良知自由观的重要成分，据此，每个人的良知准则都具有相同的优先权，应该得到同样的尊重。这种观点对于一种宽容和多元化的文化明显具有积极的暗示作用。

然而，彼得·张指出，王阳明深受自己思想的折磨。由于为一位同僚辩解，他得罪了强大的宫廷，遭受了刑罚和流放。彼得·张做出了一个概括性的论断：与17世纪的英国不同，在明代以及以后的时代，中国都没有出现个人的良知自由权利思想，也没有将之上升为对个人良知准则不受政权侵害的法律保护。有趣的是，德·巴里主要关心的是儒学传统没能产生"人民有权改变和废黜"政府的思想（按照美国《独立宣言》中的说法），而这种权利在美国的开国者们看来，是同良知自由一样的不可剥夺的个人权利。

德·巴里的要点在于，在儒学传统中，存在着一种对"王权至上"的长久承诺，而在犹太教—基督教传统中，这种程度的承诺并不存在。尽管儒家同样认为道德真理是先天的，并且是可获得的，但是人们"仍然要依照天命顺从统治者"。儒家圣人辅佐统治者，给予统治者道德建议、指导，甚至批评，但这并不代表人民的权利（或他们的个人权利）是独立于和先在于君权的东西，这些并不能成为与法制理念一致的、对君权施以宪法化约束的基础。与儒家不同，在希伯来圣典中，"人民"直接进入一种与上帝间的契约关系，这种关系先于统治存在，而这构成了一种对政权施以合法约束的形式。

在此，我要说明美洲殖民地的新教基督徒——即所谓的"清教徒"——的思想对美国的法律思想与实践的影响，特别是其对良知自由的影响。并非所有现代立宪政体的定义性特征都完全出现在了早期清教徒的纲领中，但所出现的那些已足以展现一种紧密的家族相似性。这些特征可列举如下：一部先于政府存在，被理解为基础法律的成文法典，并以政府所代表的"人民"的一种"自觉的"、"直接而明确的"行为为基础；政治与法律权威的归属，包括权力的限制和分配，诸如所列限制之外的政府行为是一种对"无权之力"的使用，并且如有需要，要对其加以强制性约束；一套独立的司法制度来对成文法进行解释，并评定其合宪法性；以及对一系列不可剥夺的个人权利的法规化，其执行被视作合法政府的一个决定性条件。

早期清教徒文件中的观点很好地捕捉了清教徒思想中潜在的契约假设，其中之一提出，殖民地成员"在上帝和彼此面前庄严缔约，将我们自己结合成为一个公民政体，以使我们可以达至更好的秩序，更好地生存下去，并……不时制定和构建公正、公平的法律、条例、法案、宪法和政务机构，这些将被视作是最符合并最方便于殖民地的共同利益的"①。

在这些具有其时代特征的言辞中，我们可以看到现代立宪政体的关键特征的明确体现：一种由"人民"施行的"自觉的""直接而明确的行为"，界定了政府的公职以及这些公职的宪法限制，并且这是建立在"一部先于政府存在，被理解为基础法律的成文法典"的基础上的。

现代立宪政体的一个关键特征便是对一系列不可剥夺的个人权利的法规化，而这是清教徒制宪经验中的一个核心方面。1641 年，马萨

---

① "The Mayflower Compact," in Williston Walker, *The Creeds and Platforms of Congregationalism*, Boston: Pilgrim Press, 1960, p.92.

诸塞湾殖民地采纳了一份名为《各类自由之主体》（*Body of Liberties*）的文件，其核心特征是，对所谓宗教信仰和实践的"完全自由"权利——实际上，这就是良知自由——的保护。问题在于，在马萨诸塞湾和其他大部分的殖民地中，信仰和实践自由受到了严格的限制，以至于只有那些被"正统的"权威所信任的个人才具有依其意愿去信仰和实践的自由，所有其他人都将被惩罚或驱逐，或二者兼有。官方的理由是，正统的宗教信仰和实践对公共秩序而言是必不可少的。因此，出于对殖民地的和平与繁荣的考虑，加强特定的宗教信仰和实践成为占据支配地位的权威的职责所在。

一位名叫罗杰·威廉姆斯（Roger Williams）的清教徒，对马萨诸塞湾的立场提出了坚决的反对。他认为那样的观点大大地误解了基督教的教义和人类理性与经验的本性。对他而言，所有人类都应当自由地遵从他们所持有的良知，这种良知应当适应于某些特定的宽泛限度，这些限度，如他所宣称的，将会比马萨诸塞湾和其他大多数殖民地许可更高的宽容性和多元性。由于他的这些观点，威廉姆斯被驱逐出了殖民地，后来在一些美洲土著朋友的帮助下，他购买了土地，并于1635年开始了罗得岛殖民地的建立。

与其他殖民地类似，罗得岛采取了一种在很大程度上与其邻邦相似的宪法，但它们之间存在着一个决定性的差别。罗得岛的宪法包含了对良知自由的规定，这种宽容在当时是独一无二的。它欢迎所有那些在其他殖民地通常会受到惩罚或驱逐的人——那些我们所知的浸礼会教友和贵格会教徒、英国国教教徒和犹太人，威廉姆斯甚至会为天主教徒、穆斯林、美洲土著和无神论者的权利申辩。

威廉姆斯对他所称的"灵魂自由"有着一种激进的承诺，而这些行为正是对其承诺的表述。他的立场只是对基督教传统中内部评判（internal forum）与外部评判（external forum）间，或者说是良知与公民权威间的区分，做了发挥与再诠释，若加以不同的管理与强制，二者在某些方面是平行的，一者受"心灵之律法"的支配，另一者则由"剑之律法"管辖。

在威廉姆斯的思想中，这一区分有着数重基础。其一明显是宗教性的。他花费了相当多的时间来诠释基督教的经典，特别是耶稣的形象与影响，来证明真正的基督教赞成一种剑与心灵的区分。但他同样信任理性与经验。他相信良知的本质是建立在对真理与权利的坚定信念基础上的内心赞同。这是一种身体力量无法产生的东西。强力无法强迫信仰，因为信仰依赖于由论证与证据构成的理性。如在抢劫或强奸中的强力威胁，并不是一种本来意义上的理性，因为它缺少一种正当的辩护。在内部评判中，唯一可以被恰当利用的"武器"是"精神上的"，也就是服从于通常所理解的规范标准的恳求与论证，其目标是一致达成的或衷心的协定。因此，公民对良知的强制性努力所导致的，要么是轻视及流血与折磨的可能性，要么是伪善，二者均无法对良知有所促进。

威廉姆斯援用了一种无视宗教身份，且对所有人有效的道德法律的理念，作为保护全体公民的"共同权利、和平与安全"的恰当基础。这些标准在可容忍的宗教实践上加置了重要的限制。威廉姆斯坚持公民执法官应被赋予权力，去惩罚那些违反了他所认为的公共安全与秩序之基本条件的宗教授权行为。例如，他赞同，即便是出于信仰目的的人殉也应当被视作违法。

除了对于所有公民的"共同权利、和平与安全"的保护外，威廉姆斯在17世纪中叶的美洲殖民地展示并促进了一种很高程度的宗教和文化宽容的制度化。他说，"成千上万"的穆斯林、罗马天主教徒和异教徒（意指美洲土著）"就其本人而言，同他们所居住的国土中的任何国民，在本性上都同样的文明、开化和平和"。

威廉姆斯的理念对美国的法律思想和实践有着深远的影响，关键在于，威廉姆斯关于良知自由的理念被明文昭示在了一个为良知的自由实践权利提供了保证的现代宪法系统之中。这一约定是建立在致力于保护"人民的权利"——包括他们影响政府的个人权利——的法制理念基础上的。

尽管我们尝试性地提出，儒家体系中的许多组成部分也同样深刻地构成了关于良知自由的教条，但是，依照德·巴里的观点，决定性的区别或许在于，儒教并没有发展出诸如良知自由等个人权利的法律条文，也没有发展出现代立宪制的基础。

《中庸》君子论：困境和出路

谢文郁

君子理念在中国文化中一直扮演着重要角色。《礼记·中庸》从"率性之谓道"出发，展现了这样一种君子生存：适当地按照天命所赋予的本性为人处事。进一步，过一种君子的生活，其关键点在于诚实地面对自己。这是一条以诚为本的君子之道。

《中庸》在讨论"诚"这种情感倾向时涉及了两种"善"："本性之善"和"善观念"。关于这个"本性之善"，《中庸》说："诚身有道：不明乎善，不诚乎身矣。"这里，"明乎善"和"诚乎身"是在同一层次上说的。"明"是一种自我呈现，而不是概念表达。因此，在"诚"中"明善"也就是呈现本性或生存本身。也就是说，这个"善"和概念中表达的善是完全不同的东西，因而不受到任何善恶观念的影响。在这个意义上，在"诚"中所呈现的善就是生存自身的冲动，因而是绝对的善。

但是，人不是一种依靠本能而活的动物。他有自我意识，并在此基础上进行判断并选择。就人的实际生活来看，在"诚"中所呈现的善必须上升为一种意识，并作为一种意识参与到人的判断和选择活动中。也就是说，在"诚"中所看到的善必须概念化，成为一个观念，引导人的判断和选择。《中庸》在谈到这一点时指出："诚之者，择善而固执之者也。"这里描述的生存是一种从"诚"出发的生存，即"诚之者"。在"诚"这种生存状态中，善（即生存本身冲动）自然呈现。面对这个"善"，人开始把它概念化，即"择善"，并把概念化的"善"作为生存选择的指导原则，这便是"固执"。于是，赤裸裸的生存冲动之善便转化为一种善观念。人的判断和选择都是在某种善观念中进行的。

问题在于，人的善观念是否正确地把握了本性之善呢？对此，《中庸》采取了一种"不断完善"的说法。在"诚"中所表达的本性之善乃是生存冲动本身，因而是一种绝对的善。但是，当一个人进行"择善"而把它概念化时，在不同的经验背景和概念思维水平中，所形成的善观念是不同的。作为观念中的善，存在着不同角度和不同水平等方面的差异。比如，对于同一件事，在不同的生活阶段，同一个人会有不同的评价，并且对自己以前做出的评价（或善观念）有后悔的感觉。后悔这种感情的出现表明，人的善观念是一个不断完善的过程。《中庸》用"弗措也"这种语言强调这个完善过程。

我们看到，在《中庸》看来，这两种善的分化是人的生存的显著特征。对于一个在本能中生存的动物来说，它完全遵循自己的本性冲动，没有判断和选择，因而也就不需要所谓的善观念。因此，一般动物的生存乃是一个简单的遵循本性过程，也是一种"诚"。但是，人的成长过程是在"诚"中实现的。就文字而言，"诚"由"言"和"成"组成。"言"涉及人的语言和意识。在"诚"中的成长过程是"善观念"对"本性之善"之体会、判断和表达的不断完善化的过程。这就是修身养性的过程。

不难指出，"本性之善"在这个成长过程中每一次被概念化，所形成的善观念总是不充分、不准确的。只要在"诚"中，"本性之善"就会呈现在生存中，并对当下的"善观念"施加压力，要求它完善自身。不过，在这个逐步完善的过程中，随时都可能出现这种事：人在择善固执时把这个尚待完善的"善观念"当作是绝对的善，并以此作为他的生存出发点。也就是说，这个"善观念"不但是当下的判断选择的根据，而且是永恒不变的根据。一旦这样做，他的"诚"被遮蔽，"本性之善"无法呈现，而他的"善观念"的完善过程就停止了。《中庸》称这样的生存为"小人"，属于顽固不化的人。

小人作为一种生存状态，其特征是把某种善观念绝对化，使之等同于真理，并以此为标准作为生存判断和选择之根据。于是，任何与之相左的立场观点就都会被判为错误。在待人接物上，小人自以为是，"而无忌惮"（《礼记·中庸》）；在行动上，为达目的（在他的善观念中判断为善的目的），无所不用其极，"行险以徼幸"（《礼记·中庸》）。这是一种被某种善观念所控制的生存。我们认为，任何善观念都局限在某种视角中。只要角度转换，这个善观念也可以被判断为恶的。因此，《中庸》认为，小人的所作所为只是得一时之利"而无忌惮"，终究为害。小人之路使人远离天命本性，破坏生存。

不难看到，小人和君子只有一步之差。小人把绝对性赋予某种善观念，压抑本性之善，从而终止了善观念的完善过程。修身养性因此不再是必要的。人们在心理上有这种倾向：当一种善观念形成之后，作为善恶判断的出发点，它不会把自己判断为不善。因此，善观念对于持有者来说有着深刻的情感支持。也就是说，如果我们持定一种善观念，我们在情感上不希望其中有任何差错，即它应该是真正的善。实际上，一旦发现它的错误，我们就会放弃它。我们在情感上有把善观念绝对化的倾向。

我们需要关注小人问题。作为比较，我这里引进基督教关于罪人的一些说法。基督教的为人之道有两个重点，即罪人概念和拯救概念。在基督教语境里，"罪"指的是"违背神的旨意"。一般来说，一个人能够遵守法律是因为他知道法律。如果他对法律无知，他就无法守法。基督教谈论的罪涉及神的旨意，以神的旨意为标准判别一个人是否犯罪。如果一个人不知道神的旨意，他就无法遵守神的旨意，因而已经生活在罪中。因此，认识神的旨意乃是关键所在。但是，他如何才能够知道神的旨意呢？在基督教的说法中，始祖亚当、夏娃在伊甸园违背耶和华的旨意而吃了禁果，从此自己拥有了善恶观念。我们称这个故事为"堕落故事"。堕落后的人拥有善恶观念，并以此来判断一切事物的好坏，神的旨意也不例外。对于人来说，自己所拥有的善恶观念乃是终极的判断标准。如果神的旨意符合了他的善恶观念，人就判断为好并加以接受；如果不符，人就判断为坏并加以拒绝。在人的善恶判断中，神的旨意失去了它的主导性。

基督教的罪人概念要强调的是，人无法依靠自己来遵循神的旨意。我们这样看，对于基督教来说，好的生存是在神的旨意中的生存。好人就是那些遵循神的旨意而生活的人。如果人能够完全按照自己的能力来遵守神的旨意，人就不会走向犯罪的道路而成为坏人。亚当、夏娃在伊甸园生存时，他们一直是按照神的旨意做事的。这是一种好的生活。他们也许做了很长时间的好人。不过，在堕落之后，人类就只能根据自己的善观念进行判断—选择。这是一个现实的生存。这个生存是罪人的生存。在这个语境中，基督教关心的就是如何脱离这个罪的生存。这种意识称为罪人意识。

人在堕落后已经对神的旨意无知，因而没有能力遵守神的旨意。这是一种罪人生存。而且，罪人无法依靠自己的内在力量来寻找神的旨意。因此，在基督教看来，罪人需要一种外在的力量来使他摆脱罪的生活。如果这一外在力量是在神之外的其他力量，人仍然无法认识神的旨意并遵循之。因此，这个外在力量除了神自己之外，不可能是其他力量。这种从神自己而来的力量，一旦进入罪人的生存，就成了这个人的拯救力量。这便是基督教的拯救概念。这里，神被理解为一种全能全善的力量。

神的力量进入人的生存是建立在信任情感这一基础之上的。信任是一种情感。当我们在某件事情上相信一个人的时候，等于心甘情愿地在这件事情上把判断权交给了这个人。他的心思意念以及他的判断通过我们的信心而完全转移到我们的生存中，并至少在这件事情上，他的心思意念就成了我们的心思意念，他的判断也成了我们的判断。基督教关于神的拯救的说法与此类似：基督徒在信心中把主权交给神，让神的旨意取替他们的心思意念。于是，神的力量在信心中成为他们的生存力量。

基督徒在进行决策时相信他正在做出的决定是符合神的旨意的。一方面，他根据他现有的理解力尽可能充分地进行判断，并在此基础上做出最佳决策。这是一个正常人的理性活动。他的决策完全受制于他的理解力。也就是说，对于决策者来说，有什么样的理解力，就会给出什么样的判断和决策，他不可能超出他的理解力进行决策。但是，另一方面，这里的判断决策是在他的信心中给出的。他相信神拥有绝对主权。这个主权是对一切事物的主权，包括周围环境、心思意念，以及过去和将来事件等。在这个信心中，他相信他的判断决策完全在神的掌控之下。这是一种信任情感。需要强调的是，这里的信任情感不是一种判断。他相信（而不是理性判断）他的决策符合神的旨意。他在信心中已经交出了判断权。因此，他已经没有主权对他的决策是否符合神的旨意这一点进行判断。

对于当事人来说，在信心中，他当然希望自己的计划能够成功。而且，在他的理性判断中，他努力地把各种可行性因素考虑了进去。但是，既然交出了判断权，这件事之成功与否就不是自己说了算。如果神愿意它失败，神自然有他的理由。如果神愿意它成功，神也有他的理由。无论成功失败，神都有他的理由。当事人交出了判断权，目的是要让神的旨意引导自己的生存。因此，他在行动中无论成功失败，他都要感谢神，因为这是神所愿意的。更重要的是，他还必须在成功或失败中寻求神的旨意。一件事成功了，神为什么让它成功？失败了，神为什么让它失败？在寻求神的旨意中，当事人就可以摆脱成功的负担和走出失败的苦难。这是基督徒的实际生存过程：无论出了什么事，都有神的旨意；他要做的事是，寻求神的旨意。神的旨意是在基督徒的生存过程中彰显的。

这便是罪人得到拯救的生存过程。我们看到，这个生存过程始于对自己的罪人地位的感受。认罪培养了一种堕落意识，认识到自己的思想观念缺乏真正的善性，缺乏真理。这种堕落意识也称为忏悔意识。在此基础上，人的自以为是的态度受到冲击。于是，他希望摆脱自己的罪人地位，得到拯救。我们认为，基督事件在这种忏悔意识中移植了一种信任情感：相信耶稣是神的独生子，能够带领人摆脱罪人地位，领受神的祝福。于是，在人类社会中出现了一种在信心中顺服神的旨意的基督徒生存。在这种生存中，神的旨意始终是主导力量。

综上，从儒家的角度看，基督教的"罪人—拯救"说法乃是一种重视小人问题的思路，我们认为，重视小人问题并不是劝做小人，而是要走出君子困境。这里的比较还是相当顺畅的。首先，罪人和小人都自以为是，拒绝神的旨意或天命，因而不是一种好的生存状态。其次，基督徒和君子则引导一种好的生存状态。前者顺从神的旨意，后者顺从天命之性。神的旨意也就是神对一个人一生的设计和安排；而天命之性则是天赋予人的生存基础。然而，儒家所提倡的修身养性淡化了小人问题，终于导致在实际生活中深深陷入君子困境。基督教的堕落意识和认罪意识呼唤罪人的信心（相信耶稣是救主），从而在信任情感中指出一条接受拯救之路。我想，走出君子困境而成全君子之道，基督教的"罪人—拯救"说法是值得认真思考的。

儒家文明与基督教文明：和平、富足与和谐

〔美〕霍普金斯

儒家文明和基督教文明是人类历史上最重要的两种文明。要理解西方的传统，就必须了解和研究基督教。同样，要欣赏中国丰富的文化遗产，就必须认真对待儒家的生活方式。基督教追求的是在对神的信仰关

系中治愈人和解放人，儒家则是通过修身的方法来实现健康的自我、家庭和政府，两种文明都能在人们的生活中通过填补精神、情感和智慧的空虚来稳定社会，对建立一个健康、和谐的世界都有实际的效果。为了地球上 60 亿人口的幸福生活，我们需要和平（也就是自我的内在和平与国家之间的外在和平），我们需要富足（也就是美德的自我培养），我们需要和谐（也就是家庭和政府中的和谐）。

和平可以从两个不同的方面进行描述。一方面是集中在自我的内在和平，一个人如何使内在的情感、心理和精神存在于个体的物质身体之中？换句话说，如何处理内在自我的碎片？另一方面，可以把和平描述为世界上不同国家之间没有暴力和摩擦的状态。在这里，和平强调的是世界剧场中仇恨和侵略的减少，迎来的是不同国家间的相互学习。本文讲的就是这两方面的和平，特别要讲的是和平的正面效应。如果个体内在的能量是平衡与和谐的，那么这个人就过得和平。因此，一个内在和谐的和平不是无作为的状态。相反，一个内在和平的平衡是个体身体外在平和的积极动力。

在儒家的《论语》中，我们可以发现修身的智慧。《论语·卫灵公》："子曰：君子求诸己，小人求诸人。"君子寻求自我内在的平衡与和谐，而小人则寻求他人给予的平衡。然而，孔子并没有完全否定与他人的关系。相反，他提倡的是对家庭、政府和社会的积极参与。在这里他所强调的是自我内在处理的优先权，然后参与到外在的社会当中，能够极大地帮助一个国家的内在和平。

再举《论语·子罕》中的一个例子，"子曰：知者不惑，仁者不忧，勇者不惧"，除了焦虑（与仁者相关）、害怕（与勇者相关），孔子又增加了一个概念——疑惑（与智者相关）。困惑的状态就像个体迷失在内在混乱的云雾中，因此，疑惑暗示着平衡的失去以及自我的失去。尽管它对于物质身体只是暗示，但是在这一意义上，疑惑增加了存在或者个体存在的问题。因此，我们要辨别一个本体论的问题，也就是说，存在的种类和本质是什么。健康和积极的存在使得一个智者能够产生对实践的清晰认知。当个体有内在和平时（没有焦虑、害怕或者疑惑），人就会感觉到和表现出沉着与满足。

基督教文明也讲到民族的和平，尤其是它的创建者耶稣。《马太福音》开篇讲道："耶稣受了洗，随即从水里上来。天忽然为他开了，他就看见神的灵，仿佛鸽子降下，落在他身上。"在基督教的传统中，鸽子的出现暗示一个人有内在的和平。世界的所有干扰都不再决定一个人身体的平衡。鸽子标志着人类精神安慰的迫切需要。如果人类的内在条件是平衡的，那么世界上各种噪音和分歧就不能够战胜人类意志的平衡状态。在这种意义上，基督教要求的是整体的内在自我与灵魂、意志、情感、身体、心情保持和谐，因此和平是自我存在的一种健康状态。

在基督教的文化中，和平同样与洗礼仪式联系在一起。水中的完全沉浸能够清洁自我的内在。一个人清除身体和情感上的所有疾病为的不是逃避世界，相反，洗礼仪式能增强人的情感状态，以向外释放自信、和平来改变世界。在耶稣受洗的故事中，他从水中升起，进入世界，治愈受伤的生命，把那些病人重新带回他们的家庭，使受压迫的个人和社会得到解放。鸽子和受洗仪式的欣慰把人带到一个和平的世界。

儒家文明和基督教文明之间的第二个共同点就是富足。通常我们想到的富足与物质的数量或者可见财产的数量相联系，但是儒家和基督教把富足看作是个体为成为完满的人所拥有的一套美德。一个富足的人拥有社会关系中完整的人类能力，会促进家庭或社会中的和谐。

孔子提出的"仁"类似于富足的概念。《论语·里仁》中有"君子去仁，恶乎成名？君子无终食之间违仁，造次必于是，颠沛必于是"。美德就是"仁"，违背美德就是违背"仁"。即使在物质诱惑下或困难条件下，一个人也应该遵循美德和"仁"。不是财富的积累，也不是贫穷的生活来最终决定一个人是否为君子；拥有美德和仁义，才是一个完满的人。

怎样才能使美德和仁义看起来一样？《论语·公冶长》说："有君子之道四焉：其行己也恭，其事上也敬，其养民也惠，其使民也义。"第一，在美德和仁义的意义上君子要让自身谦恭庄重，去除炫耀的行为；第二，君子要对那些位高权重者表示恭敬，职位是通过智慧和经历获得的，恭敬能促进家庭和社会关系中的秩序和责任；第三，君子要表现出对民众的怜悯和恩惠；第四，君子使役民众要合乎公义。君子坚持这四个处事原则，通过在交往中的正确表现，促进社会系统的功能。

在基督教中，我们也能找到与儒家所强调的仁义美德相类似的东西。同样，基督教并不把富足、成功等同于物质财富的拥有，而是更多指向美德的拥有。美德使自我与社会相联系。耶稣使他的门徒的视线、想象以及生活的方式超越物质和世俗。《马太福音》说："所以我告诉你们，不要为生命忧虑吃什么喝什么，为身体忧虑穿什么，生命不胜于饮食吗？身体不胜于衣裳吗？"耶稣指示他的门徒不去忧虑吃的、喝的或者穿的，他主要指示的是生存的质量，这些能够帮助他们成为完满的人。因此，他主张他的每一个门徒成为超越物质生活的、拥有一系列美德的成功人士。

和孔子一样，耶稣提供了一个完美的德行。他说："你们愿意人怎样待你们，你们也要怎样待人。因为这就是律法和先知的道理。"（《马太福音》）虽然孔子与耶稣相差五百多年，但是他们都描述了作为自我意识的律法和对他人无私的完美德行。

和平和富足会带来和谐，这里我们要讨论和谐是如何影响家庭和政府之稳定的。《论语》提到了传统家庭与和谐关系的重要性。《论语·学而》中，孔子弟子有若认为"孝弟"是人为善的基础，他说："君子务本，本立而道生。孝弟也者，其为仁之本与！"我们能够通过一个人与父母、兄弟、姐妹的关系来观察个体的幸福。不协调的家庭会清晰地反映出个体遭遇的问题。相反在和谐的家庭中，联系是积极与肯定的。如果这种和谐关系扩及整个国家，如果每个国家都能自觉地追求和保持内在的和谐，那么世界和平与繁荣产生的可能性就更大。

与孔子相类似，耶稣也强调家庭关系导致和谐。《马太福音》说："神说，当孝敬父母。又说，咒骂父母的，必治死他。"耶稣特定的道德律法调整着家庭互动中的健康与和谐。耶稣也提到孩子的神圣性。他强调父母和家庭在保护和培育孩子过程中的重要地位，孩子需要从道德和物质影响中得到保护。整体的和谐和平，能够在一个国家对下一代培养的财富分配态度上得到反映。关于政府的和谐，《马太福音》说："耶稣对他说，你要尽心、尽性、尽意，爱主你的神。这是诫命之第一，且是最大的。其次也相仿，就是要爱人如己。这两条诫命，是律法和先知一切道理的总纲。"在第二条诫命中，我们遇到了处理人与人之间和谐关系的可能性。这里耶稣要求全世界的人爱别人。这种爱不是感情用事，而是清醒明白的。这种爱包括了国家之间的正义关系。正义需要更高的道德准则和规范的伦理行为，来对照国家的言与行并区别对与错。

本文对儒家文明和基督教文明之间的共同点做出了概括。与那种否定的"要么……要么"的视角不同，我们对不同国家之间的假设建立在积极肯定的"都……"的视角之上。为了实现这样的前景，儒家文明和基督教文明描绘了两种整个世界都可以学习的文化。我们从中提出了三种要学习的类型。第一，和平概念。每个人需要精神和物质两个层面的身体的内在和平，这种和平可以不断地推及他人。第二，富足概念。人应拥有的美德或特殊人性。第三，和谐概念。孔子和耶稣为我们提供了关于家庭和政府和谐方面的道德视线。

因此，在 21 世纪的曙光中，我们有丰富的东西方道德及文化资源，来共同铸造更加和平、繁荣与和谐的世界。

后现代文明与儒教的宗教性

〔韩〕崔英辰撰　邢丽菊译

儒教是否为宗教？为了回答这一问题，我们必须首先对宗教的概念下一个定义。关于宗教的定义非常多样，如同宗教学者的数量一般，可谓众说纷纭，莫衷一是，在《围绕宗教定义的诸问题》一书中，共收录了多达 104 条的定义。《美国英语传统词典》一书这样描述宗教："作为宇宙的创造者和统帅者，它是人类对某种被设定的超人类力量的信任和敬畏。"[1] 这是以信奉唯一神的基督教或伊斯兰教为模型而言的。若据此来看，则儒教的宗教性就会被否定。我们否定或者怀疑儒教的宗教性的

---

[1]　William Morris ed.，*The American Heritage Dictionary of the English Language*, New Boston Houghton Mifflin Co., 1978.

原因正是由于受此一般论的影响。但现在以近代性为指向的人类文明已经显示出了其局限性，我们面临着一个新的时局转换，若不从根本上修订这一既存的概念和判断标准是不行的，因此就需要对一直以来被视为普遍价值的近代西方科学技术文明观以及在此基础上建立的机械论式的自然观和科学的合理性、产业社会的开发以及成长意识形态等做一个新的规定。这是不可回避的事实。人类历史已经从前近代社会发展至近代社会，现在也正处于"从近代向脱近代"的历史转换期。

"从近代向脱近代"这一时代转换以及与之相伴随的后现代主义、文化多元主义等都渗透着对宗教的认识，这需要从根本上反思西方基督教神学排他性的真理观，并探索新的宗教观。宗教哲学者、神学者所讨论的"神观的脱西方化""神学的脱西方化"等问题便是此问题的一个表露和象征。他们的诸多尝试可以概括为"宗教多元主义"和"宗教观的脱西方化"。以这种认识转换为基础，我们就会开启讨论儒教宗教性的一个新局面，其中代表性的例子便是对"超越性"的认识变化。如今，随着从只承认"启示（revelation）宗教"[①]为宗教的神学性排他主义向肯定多种宗教真理性的多元主义的转换，传统的宗教观正在从根本上发生着改变。但若消除各种宗教所追求的"超越性"，那么宗教便不能作为宗教而存在。学者们在这一点上的认识是一致的，即超越性才是宗教之所以成为宗教的本质。各派宗教根据自己的逻辑体系也提出了一系列不同的走向超越世界的道路。传统的唯神论从空间上来理解超越性，将其认为是"其上面""其外面"的构造。而与此不同，现代的宗教哲

[①]　所谓的"启示宗教"，指的是以神对人的恩宠为基础的宗教，如基督教、犹太教、伊斯兰教等。

学者则将超越性内面化，强调其内在的超越性。

宗教的本质是对终极存在（Ultimate Reality）的终极关心。儒教是在对终极世界的坚定信念的基础上确立了现世的道德价值体系。因此我们从儒教所关注的终极存在、终极关心的主体——人、追求与终极存在实现一体的终极变化、流露出终极关怀的祭礼仪式和祭礼的实践团体——信仰共同体中都可以找到儒教的宗教性。

儒教的终极存在根据观点的不同而有不同的名称。程伊川认为终极存在是天、道、帝、鬼、神、乾等。殷商时代甲骨文和《诗经》《书经》等初期儒教经典中把终极存在表述为上帝和天所代表的"最高神"。作为终极存在的天和上帝从根本上具有可进行知觉活动的"灵明性"与生成人类和自然万物并使之和谐相处而进行支配的"主宰性"。天与上帝虽然是无法通过感官体验来认识的超越性存在，但是其同时又是人格性的存在。天怜惜并爱护一切生命，这充分体现了它的情感性。因此，人应该像对待父母般对待天，对天保持敬畏。所以"事天"和"事亲"可以从同一脉络来理解。天虽然不是由无来创造的存在，但它是生养万物的始源性存在。就像孔子所说的"天何言哉，四时行焉，百物生焉，天何言哉"（《论语·阳货》），天通过四时的变化来实施调和，是绝对性的存在。因此，儒教教导我们，即使在不被看见、不被听见的地方也要"慎独"。

从终极关心和终极存在来探讨儒教的宗教性时，我们就有必要来关注 Frederick Streng 对宗教的定义，他指出："所谓的宗教是致力于实现终极变化的过程和方法（ultimate transformation）。"在他看来，儒教的修养是成为圣人的必经过程，而且只有圣人这种人格体才最明显地体现了这种终极变化。换言之，儒教的目标是通过修养这一终极变化来实

现与天、理和太极等终极存在的一体化。性理学者认为人心中内在着理
（太极）这一本性，但这种理受气禀和人欲的影响而不能发挥其绝对善
性，因此心性之间就会有间隙，我们就需要变化气质、驱除人欲来缩小
间隙，最终达到心性一致。

　　人与天地、鬼神等终极存在本来是一体的，但是，人因为肉体和
各自的条件而有不同的变化，这就需要持续不断的修养来除掉这些不利
条件以实现与终极存在的一体化。这种修养方法就是《中庸》所提到的
"慎独"，其核心就是"敬"。朱熹在《敬斋箴》中所说的"正其衣冠，
尊其瞻视，潜心以居，对越上帝"[①]，便很明显地体现了这一点。

　　儒教中对终极存在的终极关心是通过"祭祀"这一宗教性的仪礼
来体现的。祭祀根据天神、地祇、人鬼等对象的不同而分为很多类。祭
祀的根本目的是对生命之源的报答。万物源于天，人以祖先为本，这
是"事天"的依据。祭祀中所体现的"报本反始"是报答生育生命的根
源性存在并回归其源头，实现与终极存在即天和上帝的一致。人通过祭
祀的过程来完成其仪礼步骤，同时切身体验与终极对象的合一。在儒教
中，祭祀的对象是赋予我血脉的祖先，而祖先生命的源泉是天。因此祭
祀就与生死观密切相关。生与死是气这一现象的两个方面，即"聚与
散"。死不是无化，而是无形化，延续着气的原始同一性，而以气的这
种连续性为媒介，生命也得以存续。祖先的气通过子孙来延续，祖先的
身体也通过子孙的身体来延续。我的身体可以追溯到我的父母、祖父母
甚至数百代祖先的身体，并且会无限延续到子孙后代。子孙通过祭祀可
以看到自己生命的根源即祖先之面目，并听到其声音，以此得知祖先与

---

① 朱熹：《敬斋箴》，载《朱子文集》，商务印书馆1937年版，第493页。

自己同在。

　　生与死作为如同昼夜般的同一事物的两个方面，以气的连续性为基础来保障生命的延续性。祖先之气被子孙所继承、延续，祖先之身便是子孙之身。正是在这种原初的同质性基础上，通过祭祀之过程，生者与死者之间才会实现感通，而此处很明显地体现了儒教的宗教性。

　　在儒教看来，奉行祭祀仪礼的人的心态比祭祀的形式更为重要。祭祀祖先时，要极尽孝心，只有这样才会体验到与祖先的合一。子孙通过祭祀可以看到自己生命的根源——祖先之面目，并听到其声音，以此得知祖先与自己同在。此处我们应该注意的一点便是"竭尽孝心"。这句话蕴涵着"若不竭尽孝心则无法与祖先的声容接触"之含义。不仅是祭祀祖先，而且祭祀山、天、社稷之神时，若不极尽精诚，神灵也不会降临。"神的存在与否取决于心的诚否"之主张，即"诚心所至，神则存在，诚心所去，神则不在"。这一主张是以《礼记·大学》的"心不在焉，视而不见，听而不闻，食而不知其味"与《礼记·中庸》中的"不诚无物"中所示的儒教的基本立场为基础的，说明了神不是空间的、对象的，而是存在于人的内面的、主体的存在，即只有在没有一丝一毫虚假的、至诚的人身上神才会存在。

　　　　　　　　　　　　　　　（原载《文史哲》2011年第4、6期）

儒学、自由主义的人性论与政治观（笔谈）

儒家乌托邦传统与近代中国的激进主义

萧功秦

我要说的第一个问题是，中国文化中的性善论导致了用道德主义解决一切问题的政治哲学。西方文明与儒家文明对人性的预设确实有所不同。西方基督教文明主张性恶论，这是关于人性的悲观主义的理解。既然人性是恶的，就不可能单纯通过道德教化来改造，西方文明因而发展出一整套基于历史经验的制度与法律，来约束人性中的恶。相反，儒家文化中的性善论则是关于人性的乐观主义预设。儒家相信人性本善，认为通过道德的涵育与教化，就可以把人内在的善的潜质（即儒家所谓的"性"）显扬出来，通过"道之以德""齐之以礼"，就可以让人皆有之的内在的善的资源充沛于全身。如果全社会的人都能通过修养与教化，修炼成具有完善人格的君子，那么，理想社会就会到来。

儒家执着于道德治国。儒家经典中的"三代"，实乃由儒家所肯定的道德原则建构起来的乌托邦世界，它与夏、商、周的历史事实相距甚远，只是儒家知识分子心目中的道德理想国的投影。儒家根据德治的原则，建构起一系列理想化的古代制度，并把这种制度附丽到"三代"上去。这种乌托邦建构的过程，类似于现代建构理性主义的思维过程。在后者看来，良好的制度可以经由人的理性，根据"第一原理"与道德原则设计出来。这一建构过程是纯理性的，与经验事实无关，与人在适应环境挑战过程中的经验与试错无关。这种思维方式也可称为"儒家道德建构主义"。

儒家通过它所描绘的"三代"告诉世人，先人曾经生活在非常完美的过去，只要按"三代"的制度去做，什么问题都可以解决。自秦汉以来，人们真以为历史上的"三代"就是曾经出现过的理想社会。儒家的这种道德建构主义，如同人类各民族的乌托邦理想一样，像黑暗世界的一盏明灯，确实起到了用理想世界来批判不公正的世俗生活的作用。然而，这种建构主义思维模式，也成为中国乌托邦主义的根源。西汉末年的王莽与那个时代的人们一样，对三代美好社会信以为真，于是他力图运用自己取得的至高权势，在现实生活中复古改制，结果造成了社会的大灾难。王莽的悲剧是乌托邦理想付诸实践而形成的悲剧。20世纪30年代，著名思想家萧公权先生认为，王莽改制是最古老的社会主义试验。同时，我们也可以说，它是中国乌托邦主义政治实践最早的惨痛失败。

我要说的第二个问题是，康有为的乐观主义的人性论导致了乌托邦主义。康有为的大同思想，其深层的思维句法结构，可以说与儒家文化中的道德建构主义一脉相承。在《大同书》中，家庭、私有财产、国家、阶级、婚姻等，举凡一切在适应环境挑战过程中形成的集体经验的产物，都被认为是罪恶的，或至少是不完美的。康有为认为有必要凭着人类自己的理性，按照他心目中的道德理想的原则，去设计一些人造的完美制度。在康有为看来，既然人类凭自己的理性可以发明精美的机器，为什么就不能发明适合于人性的好的社会制度？用完美来取代不完美，用无缺陷来取代罪恶与缺陷，被认为是毋庸置疑的天经地义。康有为大同思想就是以这种乐观主义的逻辑为基础的。

在康有为看来，作为千百年来人类在现实生活中形成的国家、家庭、婚姻及种种传统习俗既然充满缺陷，那么，最理想的、最适合人类生活的社会就应该取消这些东西，而代之以他头脑中想象出来的、没有缺点的人造新制度。康有为在《大同书》里认定，因为国家之间会发生战争，所以要取消国家，代之以"世界政府"。因为阶级制度会导致社会不平等，所以要取消阶级。因为家庭导致婆媳争吵、兄弟打斗，是自私的温床、罪恶之源，只会带来无穷的痛苦，所以可以而且有必要取消家庭，代之以"公养""公教""公恤"。又因为婚姻造成事实上的女子不平等地位，所以要取消婚姻，代之以一个月至一年为期的男女合同制，等等。

康有为的自信，源于他的理性万能信念。他认为，经验会犯错误，理性则如同公理几何，不会出错。但事实上，康有为在运用他的理性时就出了问题。他把黑人诊断为"劣等种族"，继而主张：采用"黑白杂婚之法"，男性黑人必须与女性白人结婚，女性黑人必须嫁给男性白人，以便在"七百年至一千年"内，使黑人化为白人。这一荒唐的例子足以证明，观念人所信托的理性本身具有缺陷。

毫无疑问，这种以性善论为基础的政治逻辑势必导致一种乌托邦倾向。康有为正是基于这一倾向，建构了通过对人进行教化以达到无私社会的政治哲学。

这种理想主义的社会蓝图，必然导致政治上的激进主义。谭嗣同的"冲决网罗"是20世纪激进反传统主义的先声。在他看来，传统就是"网罗"，就是束缚人性的东西，要实现一个符合人性与道德的社会，就必须冲决这些"网罗"，用观念中的完美主义世界取代现实。可以说，谭嗣同是中国近代以来第一个把传统"妖魔化"的知识分子。当然，传统中有许多必须批判的东西，但"冲决网罗"则把传统符号化，使之被解释为没有积极意义与正面社会功能的东西。"五四"以后，全盘反传统主义取得优势话语权。谭嗣同的"冲决网罗论"为20世纪中国观念人的大量出现开辟了道路。

更严重的问题还在于，对"善"的理解是因人而异的。不同的时代、教养、性格、经历，特别是经受过不同挫折与痛苦的人们，会在自己头脑中形成不同的"善"的世界愿景。人们会以自己所理解的主观的"善"为标尺，对世界现行秩序进行重新建构。受这种乌托邦理念与思维模式支配的人们，存在着一种强大的重构人类新秩序的道德冲动。由此而产生的道德优越感、斗争意识与正邪二值分类，是激进主义政治哲学的基础。

事实上，用自己有缺陷的理性，去设计社会改造的蓝图，强行挑战人类千百年的集体经验 —— 这种行事模式，正是近代以来激进主义的巨大悲剧之一。对康有为的《大同书》进行深入分析，有助于理解20世纪激进主义的哲学基础与内涵。

我要说的第三个问题是，古代、近代知识分子与现代知识分子具有深层同构性，都是用道德建构主义重建世界。孔子、康有为、"五四"以后的中国知识分子，虽然时代不同，价值观不同，但在思维方式上，却存在一脉相承的"道德理想国"传统。在儒家那里，道德王国在过去，即三代；在康有为与"五四"以后的中国激进知识分子那里，道德王国则在未来。这三者具体取向不同，但思维方式却颇具深层的同构性与延续性。他们都崇尚人类经验世界中并不存在理想王国，都不承认现实中的社会是人类集体经验的产物，不承认这种历史产物是一方水土上生活着的人们在适应自身环境挑战中形成的。并且，他们都相信，可以用自己体认的道德理性原则来重塑新世界，前者的榜样在过去，因此趋向于复古，后者的榜样在未来，因此趋向于激进地反对传统。

以道德建构主义为基础的中国知识谱系，本能地拒斥经验主义思维方式。虽然中国民间文化中也有朴素的经验主义传统，但作为精英主流文化的儒家思想，却缺乏西方意义上的那种以人类集体经验为基础的经验主义政治哲学。美国学者墨子刻曾这样评论道："在西方经验主义者看来，历史始终是一个神魔混杂的过程，社会中始终有着很多与人类理想相矛盾的成分。人类的生活一方面并不完美，另一方面也还是很有价值的，这个世界还是很值得留恋，是有趣味的。世界既不完美也还值得活下去，人们还有希望使世界变得比它原来的样子更好一些。既然人们对生活的要求既不太高，又不满足，这就不会走极端，就能心平气和地考虑这个世界的种种问题，如果人们认同这样一个前提，那么，无论是要保守传统，还是要改革传统，都是对方可以理解与体谅的。"①

墨子刻还认为，在保守主义者看来，"改革传统，是因为传统并不完美，保守传统，是因为传统值得我们留恋。它既不坏到哪里，也不好到哪里，这样，知识分子与国民就会形成一种保守主义与改革主义之间的持续的对话"②。这就是西方意义上的保守主义。西方的保守主义并不反对变革，但反对以人的理性去设计建构一个新社会，反对以这种想当然的"新社会"模式来取代现实社会。而儒家的道德建构主义却相反，

---

① 参见萧功秦：《一个美国保守主义者眼中的中国改革》，载《中国的大转型》，新星出版社2008年版，第307页。
② 萧功秦：《一个美国保守主义者眼中的中国改革》，载《中国的大转型》，第307页。

以道德理想国设计为好社会的蓝本。到了近代，这种思维模式与思维"句法结构"，自然而然与激进主义合流。一切激进主义都采取经验的反叛者姿态，以自己心目中的道德意象为楷模，试图从根本上颠覆、否定现存秩序。

我要说的第四个问题是，对极左思潮的反思：乌托邦主义为什么在中国盛行？ 20世纪六七十年代的"文化大革命"是中国的大灾难，这场灾难的发生有政治、历史与文化多方面的原因。在这里，我们可以从与本文有关的角度，对"文化大革命"极左思潮的观念逻辑做大概的解析。这种极左思潮鼓吹"斗私批修"与"灵魂深处闹革命"，这种观念背后隐含着一种特殊的"道德建构主义"逻辑。这种建构主义的逻辑是：现行体制下之所以仍然出现"官僚主义"，问题不在所有制，因为所有制改造已经完成了；人的"私心"不是来自所有制这一经济基础，而只能来自"腐朽的资本主义的上层建筑"，因此只有进行"上层建筑的革命"，才能解决"上层建筑与经济基础相适应"的问题。而在极左思潮的观念中，"上层建筑革命"的核心就是"斗私批修"，就是"在灵魂深处进行革命"。而要推行极左的道德教化，那就要"破私立公"，就要在"灵魂深处"进行"狠斗私字一闪念"的革命。只有这样，才能造就"新人"，只有当这样的"上层建筑革命"完成了，革命才能实现最终的目标。

意味深长的是，早在七百年前的元代理学家吴澄的文集中，我们赫然发现"破私立公"这四个字。这种字句上的巧合并非偶然，而是表明极左思潮的道德建构主义，与理学家的道德建构主义之间，存在深层次的逻辑同构关系。正因为如此，当我们研究儒家思想时，提倡儒学的学者一定要注意到这些层面的问题。儒家的道德建构主义有着发展为文化浪漫主义的潜质。

中国的自由主义学者与中国的新"左"派学者，其价值取向虽然各异，思维方式中却都不自觉地存在着我所说的道德建构主义。这或许与人们不自觉地承继了传统文化的深层结构有关。要克服思想中的片面性，还是要回到经验主义上去，限于篇幅，对此就不再展开了。

要之，性善论具有多面性。必须承认，对于中国这样一个缺乏制度性宗教信仰的民族，性善论在历史上也曾起到社会道德标尺的作用，它有着激励社会成员通过合理教化，获得积极向上的人生价值的社会功能。性善论与道德建构主义的关系，以及道德建构主义与乌托邦的关系，是思想史研究中一个值得注意的问题。在这里初步提出一些看法，供大家思考。从儒家文化中获取积极的精神资源，扬弃儒家传统中的乌托邦主义，是值得当今中国思想界关注的课题。

人性善恶与民主、专制关系的再认识

方朝晖

关于儒家人性论及其与民主、专制的关系问题，目前存在许多严重的误解。这里想重点澄清如下几个重要事实：

第一，性善不等于性本善，性恶不等于性本恶。很多人从现代汉语的习惯出发，认为：儒家的性善论主张人性本质上是善的，相反，性恶论则主张人性本质上是恶的；前者以孟子为代表，后者以荀子为代表。这一说法严格说来并不成立。

　　首先，无论孟子还是荀子，都没有使用过"性本善"或"性本恶"这样的表述。孟子的典型说法是"性善"，荀子的典型说法是"性恶"。须知，"性善"与"性本善"、"性恶"与"性本恶"一字之差，却有着非常重要的含义之别。因为"性本善 / 恶"很容易被理解为"人性本质上是善 / 恶的"，"本"在现代汉语中极容易被理解为"本质"。

　　笔者在其他地方曾指出，古汉语中没有"本质"一词，现代汉语中的"本质"一词严格说来来源于希腊哲学。按照亚里士多德的说法，"本质"一词指存在于事物背后，代表一事物成为该事物的属性（"是其所是"，to ti en einai 等）。在希腊哲学中，"本质"代表变化不定的现象背后永恒不变的实体。然而，在古汉语中，"本"有两个基本含义，均与西方的"本质"概念差别甚大：一是指根本，甲骨文中相当于树的根部；二是指开端，比如"本来"、"原本"之类。因此，虽然古人后来也有了"性本善"的说法，但是古汉语中的"性本善"却是指"开端是善的"。比如《三字经》中的"性本善"，如果联系上下文来看正是这个意思，丝毫没有"人性本质上是善的"意思。

　　其次，古汉语中的"性"，虽有很多定义，但大体上是指人天生就有的属性；由于天生的属性很多，所以"性"不能理解为"本性"，或者说，不是指本质。《孟子》中有"山之性""水之性""牛之性""犬之性""杞柳之性""食色性也"之类的用法，《荀子》从生理机能（如"目可见""耳可闻"）、生理欲望（如"饥欲饱""寒欲暖"）、好利疾恶和好声色等角度理解"性"。从这些用法可以发现，孟、荀所讲的"性"均不是指现代人所谓的本质或本性。这一点，英国学者葛瑞汉（A. C. Graham）早在 20 世纪 60 年代末就已明确指出，并特别强调用现代英语中的 human nature 来翻译先秦汉语中的"性"存在片面性，其后夏

威夷大学安乐哲（Roger T. Ames）一再论证不能用西方语言中的 human
nature 来翻译古汉语中的"性"。他们的看法正是基于古汉语中的"性"
不代表本质或本性这一点。

换言之，既然"性"在孟子、荀子那里不是指人的本质或本性，而
只是指生来就有的一些属性，那么，所谓"性善""性恶"也就只是指
这些属性之善恶，而不涉及人的本质或本性是善还是恶。把"性善／恶"
理解为"人的本性善／恶"，或"人性本质上是善／恶的"，并不符合
古人的原意。把性善论理解为人性本质上是善的，很容易得出结论说，
这是对人性过度理想化的认识。

第二，性善论是否是儒家人性论的基本立场？由于宋明理学在元代
以降居于官方统治地位，在宋明理学中性善论又得到极高的推崇，很多
人认为，过去两千多年来性善论代表儒家人性论的基本立场。现在需要
追问的是：在孔子以来的儒学史上，性善论是不是一直处于主流地位？
中国历史上的绝大多数儒生都主张人性善吗？只要我们认真考证一下即
可发现，所谓性善论代表儒家人性论主流的说法恐怕是有问题的，至少
在多数历史时期并不成立。

首先，没有证据表明，在先秦儒学中，性善论占主导地位。孔子本
人主张"性相近，习相远"，没有说过"性善"。根据王充《论衡》介
绍，先秦儒生周人世子硕、宓子贱、漆雕开、公孙尼子皆主张"性有善
有不善"。荀子也明确批评孟子性善说。在先秦儒学中，恐怕只有思孟
一派支持性善论。

其次，汉代儒生基本都不主张性善论，甚至明确反对之。董仲舒、
荀悦、王充皆明确批评孟子的性善论。扬雄明确提出"人性善恶混"
（《法言·修身》）的主张，影响甚大。从汉代到唐代，没有文献证明多

数儒者主张性善论。即使是被公认为后世理学道统说之祖、对孟子评价极高的韩愈，也在《原性》中明确提出性三品说，显然并未完全接受孟子的性善论。

再次，宋代可能是明确批评孟子性善论最多的一个朝代。早在北宋时期，王安石、司马光、苏轼皆对孟子的性善论提出明确批评。虽然程朱理学在宋代开始兴起，但是他们所代表的"道学"并不占统治地位，甚至还是官方打压、禁止的对象，所以不能说性善论是宋代的主流观点。即使在宋代程朱理学谱系内部，也没有形成支持性善论的明确共识。相反，程朱理学谱系内反对性善论的人并不少，比如胡安国、胡宏、黄震等与叶适一样明确反对性善论。

最后，有清一代，虽然支持性善论的人仍不少，但由于汉学大明，在乾嘉汉学内部，恐怕也不能说性善论就很稳固。严格说来，从王夫之到戴震、阮元等人，荀子式人性观反而成为理解孟子人性论的基础。其中，孙星衍、俞樾就明确反对性善论，清末三大儒康有为、梁启超、章太炎均明确表示不接受性善论。康有为倾向于认为人性有善也有恶（接近于扬雄），梁启超更倾向于接受告子性无善无不善之说，章太炎认为孟、荀人性论各执一偏，皆不如孔子"性近习远"之说为妥。

综上所述，在两千五百多年的儒学史上，只有在元初（公元1315年）到清末（1911年）这大约六百年时间里，由于程朱理学为官方正统，可以说性善论占主导地位；但在其余的绝大多数时间里，性善论并不占主导地位。而且，在程朱理学处于正统的这段时间里，性善论也在儒家内部受到了明确挑战，清代（1644—1911）二百多年间尤其如此。到了清末，性善论更是近于崩溃。严格来说，性善论只在元明时期330多年间居统治地位。虽然笔者基本上接受性善论，但是不敢说性善论在儒学史上多数时间里居于主流。

第三，关于人性善恶与民主、专制关系的问题。还有一种常见的观点认为，性善论更有利于专制，性恶论更有利于民主。理由是：性善论对人性持过于乐观的态度，因而不注重从制度上限制权力，由于一味寄望于道德而容易成为专制的帮凶；相反，性恶论对人性持相当怀疑的态度，因而注重从制度上制衡权力，由于一直寄望于制度而容易促进民主的发展。然而，历史的事实却正好相反。在中国历史上，主张性善论的孟子、程朱理学家都是反对专制、独裁的急先锋，主张性恶论的韩非子、李斯等法家人物莫不成了专制、集权的倡导者。同样的情况也发生在西方历史上。我们都知道，西方主张性恶论的马基雅维利、霍布斯明确支持君主专制。相反，西方提倡民主政治的洛克、孟德斯鸠、卢梭等人皆从"自然状态"说出发，持一种近于人性善的立场。

具体来说，首先，现代自由民主制之父洛克（1632—1704）在《政府论》中驳斥时人以《圣经》等为据否认"人生来是自由的"从而为君主专制张本的论调。该书下篇则一开篇就从自然状态切入，提出：（1）在自然状态时，每个人都千篇一律地是上帝的创造物，因而都是完全平等的，没有任何人有高于其他人的特权，也没有任何人可以说生来从属于他人。（2）在自然状态，每个人都是自由的，但这种自由不是任性，即没有人有权力根据自己的私人欲望随意处置他人。因为人人都知道，如果你不希望别人随意剥夺你的自由，你自然也不能随意剥夺别人的自由。（3）在自然状态，人人都听凭自己的理性和良心的指示，而不是凭着情感和一时冲动来支配他人[①]。上述三条特别是其中第三条，是否

[①] 参见〔英〕洛克：《政府论》下篇，叶启芳、瞿菊农译，商务印书馆1964年版，第5—7页。

可看成一种性善论呢？

其次，孟德斯鸠（1689—1755）在《论法的精神》中，明确批评了霍布斯预设人性自然恶的立场。他指出，霍布斯认为人类在自然状态下处于战争状态，这一观点如果成立，就否定了自然法的合理性。他强调，人类最初的状态并不是相互征服，而是相反。他说：

> 霍布斯认为，人类最初的愿望是互相征服，这是不合理的。权力和统治的思想是由许多其他的思想所组成，并且是依赖于许多其他的思想的，因此，不会是人类最初的思想。
>
> 霍布斯问："如果人类不是自然就处于战争状态的话，为什么他们老是带着武装？为什么他们要有关门的钥匙？"但是霍布斯没有感觉到，他是把只有在社会建立以后才能发生的事情加在社会建立以前的人类的身上。自从建立了社会，人类才有互相攻打和自卫的理由。①

再次，卢梭（1712—1778）在《论人类不平等的起源和基础》中假想人类在原始自然状态中没有恶的本性，而是相反，人人对他人充满了怜悯和关爱，人与人之间的关系也完全平等。人性的一切堕落、邪恶都是在进入文明状态后才出现的。他正是从这一自然状态说出发，提出了"天赋人权"说。所谓天赋人权，即是说自由和人权符合人天生就有的、自然而然的本性。

最后要指出，严格说来，从人性是善还是恶，推不出人类应建立

———————
① 〔法〕孟德斯鸠：《论法的精神》上册，张雁深译，商务印书馆 1961 年版，第 4 页。

什么具体的制度，无论是民主还是专制的制度。这不仅是因为人性是善是恶本来就不可能确定，更是因为人们认识到政治制度的基础远非某种人性论或意识形态的产物。所以到了柏克（1729—1797）、托克维尔（1805—1859），特别是哈耶克（1899—1992），思想家们越来越不从抽象人性论出发为自由民主制度立论了。

但是，如果像时下流行的那样，硬要把人性善恶与专制、民主联系起来，则会发现：历史上多数主张君主专制的学者主张或倾向于人性恶，多数主张自由民主制的学者主张或倾向于人性善。为什么会这样呢？根源在于：从人性善的立场更容易推出反对专制的政治制度来，这是因为它相信并尊重人的自我主宰能力。这就是洛克、卢梭、孟德斯鸠等人皆从人的自由是天赋且神圣不可侵犯的角度来为其自由民主制立论的原因。相反，从人性恶出发，固然会想办法用制度限制权力，但是一种靠丑陋反对丑陋、阴暗限制阴暗来运行的制度，是没有生气和希望的。其对人性根深蒂固的不信任，更容易给独裁、集权以理由，因为制度终究必须靠人来运行！

自由主义的人性论问题

高全喜

很高兴能够参加《文史哲》编辑部召开的这个有关人性论与自由主义和儒家的对话会。说起来，这是一个大问题，古往今来，聚讼纷纭，莫衷一是，目前也还没有了结。我想《文史哲》发起这个论坛，未必是打算在理论上对此有一个总结，而是抛出一个话题，引发诸位的争鸣，由此活跃一下中国思想界的氛围。确实，人性论本身就是一个话题，再加上把自由主义和儒家思想纠缠在一起，置于当今中国的特殊政治语境下，旧调新弹，颇值得玩味。我想从两个方面简单表述一下对此问题的看法。

第一，流俗观点的再认识。《文史哲》首先提出了一个看法，即自由主义一般主张人性恶，儒家思想大多主张人性善，由此把两家召集在一起，相互做个辩驳。作为杂志这样做，当然没有问题，理论争鸣嘛，越辩越清晰。但是，这个基本预设，似乎并没有得到多少认同。大家在发言中都认为，前些年关于自由主义和儒家传统思想的认识，存在一定的教条主义谬误。那种认为自由主义主张人性恶、儒家主张人性善，所以两派的政治观、社会观等两相对立的看法，是一种流俗之见，可能具有相对的合理性与论辩价值，但肯定存在重大偏颇。例如，儒家对于人性的看法，并非只有性善论这一派。告子、荀子，乃至孔子，就从来没有把人性善视为社会观、政治观的出发点和归结点。

自由主义就更是如此了。自由主义主要是一种政治、经济与法制理论，属于社会科学的范畴。它们集中关注制度层面的事务，尤其关注政治制度、经济制度和社会制度方面的个人与秩序之间的关系问题。其价值诉求是政治自由与规则之治，采取的主要是个人主义的方法论。自由、民主、宪政是其核心价值。这些制度方面的理论分析和价值诉求，与哲学人性论之间并没有太多的因果关系，也不必然主张人性恶。例如，苏格兰启蒙思想作为自由主义思想理论谱系的一支，就与法国启蒙思想（自由主义思想谱系的另一支）关于人性的看法大有不同，其与德国启蒙思想就更不同了。而即便是在英国（包括苏格兰）思想谱系中，曼德维尔、边沁与哈奇逊、亚当·斯密、休谟关于人性的看法，也有重大分歧。此外，关于自由主义，还有古典自由主义与现代自由主义的差别。这些我都不细说了。总之，那种认为自由主义主张人性恶，因此才需要法制、宪政和市场经济的看法，是非常简单与片面的。以此来与儒家人性善思想辩论，认为儒家主张善治、德政、王道等是基于性善论，等等，诸如此类的看法，大体上属于流俗之见。

不过，在讨论了与会学者的上述共识以后，我倒是想再回过头来重新分析一下这个问题，即流俗之见仅仅是流俗？如果仅仅是就哲学认识论来分析，那么上述的流俗看法是流俗的、不得要领的。但是，如果就政治事务来说，尤其是就如何构建一个正义的社会制度来看，预设人性恶就是必要的，至少要比预设人性善更助益于建立一个正义的制度。或许，这个制度只是一个较不坏的制度，不是一个美好的社会制度，但它要比那些沉迷于人性善而冀望于圣王明君开万世太平的奢想，更为现实和可靠。这也就是现代自由主义与古代的哲学王之类的古典美德主义的根本区别。在这一点上，东西方皆是如此。性善德性论陈词太高（万世太平的理想国），其结果是专制主义，自由宪政论只求底线（最不坏的制度），其结果反而是"三代之治在英美"。

如此看来，关于人的性善性恶，在此就不是哲学的认识论问题，不是真与假的求真问题，而是预设问题。也就是说，自由主义如果主张人性恶，那也只是一种预设，而且这个预设还有严格的限定，即：仅仅就政治制度、经济制度和法律制度的人间秩序构建来说，要追求一种正义的制度，那么预设人性恶比预设人性善，更有益于建立一套正义、自由，甚至美好的社会制度。英国保守主义思想家奥克萧特曾经指出，人性论问题只有置于政治理性的范式下才有意义。或者说，在政治领域，且仅仅在政治领域，人性恶的假设才是成立的。如果我们把自由主义视为一套政治理论，那么预设人性恶就比预设人性善在理论上更为可欲。至于哲学、伦理学、道德学层面的关于人性问题的探讨，则是另外一回事了。不过，上述人性恶的预设只是自由主义的一种理论方式，自由主义还有其他论述政治的方式，例如，基督教神学上的原罪论，以及历史主义的关于人性的演变论，甚至来自古典亚里士多德的德性论，等等，都可以成为现代自由主义政治理论的思想渊源。

第二，中国自由主义与儒家思想接榫的可能途径。在笔者看来，在社会政治领域，人性论的观点并不占有核心地位。即便是试图构建一整套学说的思想流派，其关于人性善恶的观点，一旦涉及社会法政领域，其内在的逻辑理路也不是平铺直叙、一竿子到底的，而是需要一种方法论的重大转化。政法事务是人类共同体要处理的一个特殊事务，不同于道德乃至伦理领域中的人际关系事务，其中制度设置具有重大的作用。一个优良的政体可以让恶人变成好人（至少在行为层面），一个败坏的政体可以让好人做出诸多恶行。翻检中外历史，这一点随处可见。

其实，思想家们对此早有洞察，并没有多少固执一词的教条主义。说起来，自由主义有多种形态，儒家也有多种形态。就人性论而言，各家各派固然有不同的偏重点，但相同之处也很多。例如，英国的自由主义的主流思想理论，与传统的儒家思想多有契合，有关社会事务的看法多有一致之处。相形之下，中国先秦乃至汉代儒家的思想与德国的哲学思辨，反而隔膜甚远。至于宋代理学，虽然接引佛老，与德国思想旨趣有些相投，但其义理之辨的形而上背景还是大为不同的。德国思想中的历史主义有一个神学超验论的大帽子，而中国儒家的历史主义则是文史之道，超验论色彩并不凸显。总的来说，中国儒家一脉，从周孔之道直至晚清公羊学，就其呈现出来的经验论、不可知论、文明演进论、良善社会论，等等，与英国的自由主义，例如洛克、穆勒，尤其是苏格兰思想一脉，有着很密切的相关性和契合性，它们之间有着相当多的思想理论的公约数。

就人性预设来看，例如，休谟和斯密，就持有与孔子相似的看法：人性中有同情、仁爱的种子，但人性中也有自私自利的成分。但在社会政治领域，最重要的是如何塑造社会秩序，如孔子所谓的周礼秩序，使得人性的光辉得到发扬，人性的卑鄙受到约束。这就不是单纯的人性善恶本身所能解决的了，而是需要另外一些东西。在英国自由主义看来，这另外的东西就是文明的演化，尤其是经济、法律、道德等方面的规则与习俗的扩展，它们形成了一个抽象的大社会，在其中，每个人的德性和动机之良善与否，并不至关重要，遵循规则、尊重他人，才是最为根本性的。在其中，方法论的个人主义与方法论的集体主义也并非你死我活地非要斗争，这里的关键是不能以道德优势驱使公权力强迫他人，当然，更不能为恶人提供使用公权力满足私欲的空间。所以，这个抽象社会，必然是一个公共社会、法制社会、宪章社会，其最大的敌人，是公权力的私用。

或许，就是在这个方面，儒家思想与自由主义出现了差别。儒家没有发现这个关于人性论的政治领域的方法论转型，而还是一竿子到底的逻辑，以为圣徒、明君或士君子可以以德治天下。在古典社会或许还有部分的可能性，因为那时的社会大体是小社会、熟人社会或亲缘关系递减的小型共同体。但对于一个扩展的大社会来说，德治以及人性善的政治观，则是要出问题的，因为约束公权力恣意妄为的制度难以建立。周孔之道与英国自由主义，都认同文明的力量，认为文明可以使社会政治实现昌明和廉洁，人民福祉得到保障。但是，文明的力量要扩展起来，靠的是什么？仅仅是教化吗？仅仅是大学之道吗？英国自由主义并不这样认为。他们认为，更为关键的是相信每个人获取自由的诉求与努力，这些或许在圣贤眼里是微不足道的，但正是这些力量塑造出来一个正义的扩展的秩序结构，其中包含宪制秩序、经济秩序和法制秩序。上述这些秩序，与人性论的善恶预设并不对峙，可以接纳德政，接纳人性中蕴含的仁、义、礼、智、信，给它们足够的发扬空间，同时也接纳人性恶，但可以抵制这种恶通过驱使公权力或秩序力量来实现自己的私利企图。

这便是保守的自由主义的思想观点，它们是自由主义社会政治理论的核心，来自英美思想谱系，例如，英国的普通法传统、苏格兰启蒙思想、美国立宪主义等。正是在上述基点上，笔者认为自由主义与儒家思想是可以找到接榫之处的。这种自由主义，对于儒家思想和儒家传统，大致是赞同的，是可以合作的。在当今中国社会的大转型中，自由主义与儒家，应该合作，相互吸收，相互融汇，共同建立中国的自由主义政治理论。所谓中国化，其实就是儒家传统的现代转型，换个角度看也即自由主义包容中国传统，共同构建中国的宪制国家、法制政府与公民社会。

总的来说，自由主义需要中国化，需要进一步置身于中国传统，在传统中国的变法维新、移风易俗中获得生命的根基。儒家思想也要与时俱进，不能固守古代旧制，拘泥于章句钩沉，而是必须面向中国社会的大转型，实现方法论的转变，从人性论的一竿子到底的逻辑定式中走出来，寻求复古更新之路。而英美自由主义则是儒家最有助益的拐杖。

权利政治与责任政治

谢文郁

　　这里要提出两种政治的划分，即：权利政治和责任政治。在当代政治学范畴中，我们有两个基本概念：权利与责任。简单来说，权利常常称为自由，指的是一个人拥有自主权进行独立的判断选择；责任指的是一个人在进行判断选择时必须考虑并接受外在因素制约。关于这两个概念在界定上的详细讨论，可参阅我的一篇长文《自由与责任：一种政治哲学的分析》[①]。在西方自由主义思潮的阴影中，人们往往只是从权利出发谈论权利与责任的关系（即：没自由，则没责任），并在政治上以权利为基础（通过宪法设定基本权利）来建构政治制度。这种"权利在先—责任在后"的说法及其实践，可以称为"权利政治"或"宪政"。然而，我们还可以从责任出发谈论责任与权利之间的关系，强调人是在一定的责任意识中行使权利的，因而首先需要培养人的责任意识，以便融入社会，并在社会生活中尽职尽责。这是一种"责任在先—权利在后"的政治模式，可以称为"责任政治"。

　　观察当下政治类型，大致可作如下划分：西方发达国家目前基本上属于权利政治（即西方宪政）；中国的传统儒家则采用责任政治（也称为儒家仁政）。受西方宪政和儒家仁政的双重影响，当今中国政治仍然在变化过程中。本文在此只是提供一种相关的概念分析，或许有助于我们认清当今中国政治现状，并进一步思考其未来走向。

---

① 　谢文郁：《自由与责任：一种政治哲学的分析》，《浙江大学学报》2010 年第 1 期。

我们先来追踪权利政治的观念史。权利政治是在自由主义引导下设计出来的。近代以来，西方思想界出现了两种自由主义形态。一种是古典自由主义，由霍布斯、洛克、卢梭等人提出的权利概念所主导，并在密尔的《论自由》中得到较为完整的表达。古典自由主义更多的是政治学理论。在此基础上，罗尔斯的《正义论》试图为当代社会提供一个完整的政治治理蓝图。另一种是当代经济学上的自由主义。从亚当·斯密的《财富论》重视"劳动"和信奉自由市场中的"看不见的手"开始，西方经济学一直企图在私有制观念基础上寻找合适的经济秩序。经济学上的自由主义是以政治学上的自由主义为基础的。这两种自由主义都对当代中国社会发生重大影响。这里的讨论仅限于后者。

理解古典自由主义需要处理两个概念，一个是洛克的"基本权利"，一个是卢梭的"人权"。洛克在他的《政府论》下篇中提出了基本权利概念。我们知道，霍布斯在《利维坦》一书中把人的生存状态分为两种：自然状态和社会状态，进而认为人是在自然状态中通过契约而进入社会状态的，即：为了保护生存和某些更为重要的权利而交出一些权利。洛克在这种契约思路中进一步提出基本权利问题，即：人在契约中有一些权利是绝不可能交出的，比如财产权和人身自由权，这些权利必须在宪法中加以规定和保护。不过，这里的财产权（私有制的基础）的原始性一直受到诘问。在洛克的思路中，任何一种权利，一旦被确认为基本权利，就必须受到宪法的保护。但是，如何确认基本权利呢？

卢梭在基本权利思路中发现，人在契约中进入社会，原则上，他可以放弃任何权利，包括财产权和人身自由权。但是，他注意到，有一个权利绝对不可能交出，那就是他的契约权。如果他缺乏这个权利，他就无法在契约中交出他的其他权利。这个契约权，卢梭称之为"人权"。正是因为拥有这个权利，人能够放弃其他任何权利，也能够回收其他任何权利。人无法交出这个交出权利的权利。不过，人们往往不知道自己拥有这个权利，因而闲置不用。比如，奴隶不知道自己仍然拥有这个权利，因而甘愿继续做奴隶。因此，关键在于让每一个人都知道自己拥有这个无法剥夺的权利。这个想法乃是启蒙运动的杠杆。就政治而言，在卢梭看来，宪法必须首先确认并保护这个权利。进一步推论，为了让它能够充分行使，宪法需要进一步保护一些必要的权利如言论权、财产权等。

在自由主义的权利意识推动下，西方开始走上以宪法规定基本权利，以法律保护这些基本权利的宪政实践。宪政的着眼点是权利保护，特别是要防范政府或强者对个人权利的侵犯。维护个人的宪法权利是这种政治运作的中心。近代以来，这种权利政治在西方社会中的运作相当成功。

我们还需要注意西方社会治理的另一个基础性因素。权利是中性的，是由那些拥有一定责任意识的人来行使的。比如，在美国宪政实践中，行使权利的主体是在基督教教会中成长起来的信徒，他们的责任意识是在教会中建立起来的。英国基督教教会，不仅提供了公民从小到大的责任意识培养机制，而且还对现任政治家进行道德监督和咨询，继续培养他们的责任意识，规范他们的道德行为。美国政治上强调权利，而道德意识的培养则依赖于教会。两者合力是美国社会治理的关键所在。再次强调：人在行使权利之初就已经拥有一定的责任意识。同样一个权利，比如言论自由，拥有不同的责任意识，可以有完全不同的使用，对社会造成的影响也会完全不同。

过去一百多年来，中国精英们面对强势的西方政治、军事、经济、文化，偏激地认为儒家仁政在体制上不及西方宪政，从而一而再，再而三地努力取消这种责任政治。然而，百年宪政实践表明，取消儒家仁政无异于自毁根基。1905 年的清朝开始实施宪政；1919 年的五四运动进一步企图通过文化运动启蒙中国人的权利意识；20 世纪 80 年代有人鼓吹自由化，试图引进西方宪政实践；等等。这些做法追求用西方宪政取替儒家仁政，盲目认为西方一切都好，然而，过去一百多年的宪政实践把中国社会政治引入混乱，时至今日，困局犹在。我认为，原因就在于我们对权利政治与责任政治之间的内在差异缺乏基本的认识，从而导致西方宪政在中国政治土壤中水土不服。因此，有必要深入分析这两种政治的基本思路，考察其中异同，进而在此基础上探索当前中国政治路向，布局未来世界政治秩序。

在过去几千年的历史中，中国社会的政治治理是如何进行的？我们注意到，中国人拥有一种天下情怀，强调在人情中建立天下秩序。其基本思路是，基于血缘关系的孝、悌、慈是人人皆有的基本情感；它们是群体生活的原始情感，因而也是政治生活的基础。在此基础上，朋友之间的信任情感渐发，成为连接非血缘关系的人和人的情感纽带；而幼者对长者、下级对上级的尊敬情感渐长，则推动建构稳定的社会尊卑结构。与此同时，由此成长起来的长者和尊者必然拥有仁者情怀，并在处理人和人的关系上展示仁爱之心。这种以情感为基础的政治思路，我称为责任政治思路。它要求在上的执政者对孝、悌、慈、诚信、敬畏、体恤等情感有深刻体会，并对自己所处位置的职责有深入认识，在情感和知识上不断培养自己的责任意识，做好本职工作。于是，在这个社会关系网络中，每一个人都占据一个位置，尽职尽责。这种责任政治思路也称为儒家仁政思路。

社会是有秩序的。每个人在社会秩序中都占据一个位置。每个位置都包含着社会赋予的职责。找到适合自己本性的位置，并培养相应的责任意识，做好本职工作，乃是一种天然的要求。在这种政治生活中，每个人从小开始培养某种责任意识（家教），接受群体的调节和培养（礼教），在成年时即会拥有一定的与社会期望相向的责任意识，并进而在这种责任意识中处理人际关系，为人处事。像"先天下之忧而忧，后天下之乐而乐"，"在其位则谋其政，不在其位则不谋其政"，"国家兴亡，匹夫有责"，等等，这类说法其实都是在谈论责任政治中的人的责任意识。

这种政治强调责任意识的培养，注重在礼教中修身养性。这种思路对人的权利有压抑和排斥的倾向。一个人抱怨自己的权利受到侵害，人们会解释说，这个人的修养不足，需要继续提高。人融入社会，就当如鱼可以在水中游行自如而不觉受限一样。因此，传统儒家仁政在政治体制上对个人权利不设保护机制。换句话说，它要求个人不要强化自己的权利意识，而要不断培养自己的责任意识，使自己对自己的社会地位有更加明确的认识，并尽职尽责。

儒家仁政对于财产权、言论权、结社权这些在西方权利政治中十分强调的基本权利似乎并不太关心。比如，关于财产权，中国传统社会实行使用占有权（谁使用，谁占有）。至于言论权，慎言慎语是修身养性的基本要求；在语言上过于表现自己，被认为是不合适的做法。在政治上虽然任命谏官，但谏官的权利并没有得到绝对保护。关于结社权的态度则是分化的。如果结党营私，那是受批评和压制的；如果只是兴趣爱好，则随意而行。这些权利大多以自然法的形式得到肯定，并没有法律明文保护。然而，儒家仁政十分强调在修身养性中追求立德、立功、立言"三不朽"，鼓励并保护人追求"三不朽"的平等权。每个人都拥有天命之性，究竟一个人的天命之性是什么？——这只能由当事人自己在修身养性中将它彰显出来。因此，每个人都可以通过自己的努力，寻求自己的位置，包括取得官位和皇位。政府则对任何愿意接受王道的外族人，采取无歧视的教化—同化做法。这一点与西方权利政治中的平等权是相吻合的。而且，儒家仁政还十分强调自卫权，指责任何伤害人身的动作。但总的来说，儒家仁政并不鼓励固化人的权利意识（这与西方权利政治的做法相反）。而且，即使人们对一些权利拥有共识（基本权利），但却并不在法律上加以规定和保护。

更为重要的是，在儒家仁政中，权利（包括基本权利）不是绝对的。随着人的责任意识的变化，人对自己的权利的使用会发生变化，对待他人权利的态度也会发生变化。比如，对于一个在责任政治中的官员来说，他在任职时就已经拥有了一定的责任意识；而在任职期间，他还需要不断地发展和丰富他的责任意识。他所做的一切事情都是从他的责任意识出发，责任被置于优先地位。当然，他在相应的位置上享受某些权利；但是，这些权利都是附属于责任的。在大多数情况下，官员的责任意识愈是成熟和完整，他就愈发无视自己的权利。在大是大非问题上，为了大局，他可以放弃自己的权利，由己及人，他还可能开始轻视他人的权利。这位官员这样做时，并不认为自己做了什么错事；相反，他认为自己在为社会做一件善事。就历史教训而言，在责任政治中，践踏人权现象往往都出现在领袖人物的理想追求过程中。就此而言，责任政治容易走向极权专制。

作为比较，在权利政治中，宪法明确规定了公民的一系列权利。公民的宪法权利受到法律的绝对保护。法官为了保护公民的权利，甚至可以无视负面的社会后果。比如，一个杀人犯的权利如果在被起诉时未能在程序上得到应有的保护，法官可以完全不顾他是否杀了人这个事实而当场释放他。在这种权利政治中，权利是至上的，而责任是随后的。对于那些顽固坚持自己的权利而不顾社会后果的人，权利政治仍然必须严格予以保护，因而常常显得束手无策。

再次强调，任何权利的使用，都是在使用者一定的责任意识中进行的。缺乏相应的责任意识的辅助，权利政治寸步难行。这也是许多国家在引进权利政治后并没有给社会带来福祉的根本原因。在一些重大社会事件中，如果坚持个人权利必将危害社会，那么，解决的办法只能是：或者唤起当事人的责任意识而让他主动放弃权利，或者破坏当事人的权利而强行实施。然而，这两种做法都是违反权利政治原则的。美国的权利政治之所以得以成功运行，关键就在于这个社会一直得到基督教教会的全力支持。教会源源不断地输出行使权利的责任意识。显然，健全的权利政治需要一种辅助性机构，独立地培养公民的责任意识，从而让公民自觉地制约自己的权利行使。

考虑到传统文化对政治运作的巨大惯性力，笔者认为，一方面，中国的未来政治，就其现实运作而言，将走向一种儒家式的责任政治，培养社会成员的责任意识因而仍将是政治的主要导向。另一方面，我希望这个政治能够包容个人的权利意识，并在法律和制度上设置基本权利保护机制。我们期望，未来中国政治能够拥有充分而平衡的责任意识和权利意识。这应该是一种健康的责任政治。

（原载《文史哲》2016 年第 1 期）

儒家与自由主义：人性论分野及其历史文化后果

何中华

儒家与西方的自由主义在人性论上的异同，历来是一个聚讼纷纭的问题。它既关乎对儒家思想与自由主义思潮各自实质的恰当理解，也涉及如何诠释中西历史上政治制度及其变迁的不同传统之成因的思想史背景。因此，有必要对其加以重新审视。

一、人性论问题：规范的抑或描述的

一个前提性的问题是：人性论究竟是一个什么性质的问题？它是规范性的，还是描述性的？性质不同，得到的答案也迥异。

如果把人性论当作描述性问题来处理，那么它所能捕捉到的就只能是经验事实。从经验归纳的角度说，现实生活中的大多数人都是自私的，雷锋式的人物不过是极少数。马斯洛的需要层次论也表明，追求物质欲望的满足这类最低层次需要的人，在数量上占有统计学上的优势。

因此，在描述性的意义上，我们只能说人性是自私的，从而性恶论才是真实的。但问题在于，性恶论的判断固然合乎事实，但它却既不恰当也不真实。因为性恶论及其体现的描述视野所能够发现的规定，完全遮蔽并抹杀了人性的超越性维度。人性只有在人对自然存在的超越中才能被彰显出来并被确立起来。在这个意义上，它不是实然的规定，而只能是应然的规定。

宋儒朱熹曾批评道："荀子只见得不好人底性，便说做恶。杨子见半善半恶底人，便说善恶混。韩子见天下有许多般人，所以立为三品之说。"[1] 看见事实上人是什么样子的，就把它说成是人性，这种囿于经验的事实加以指认的做法，绝不可能捕捉到人的那个应当如此者。荀况、杨朱、韩非的人性论之偏至处，恰恰在于它们皆局限于经验判断，即事实上如何，而不是应当如何，不是由应然判断得出的规范性结论。把人性问题当作描述性的问题来处理，正是其致命的失足之处。

人性论问题说到底不是描述性的，而是规范性的。何以如此？朱熹说得好："性，不是有一个物事在里面唤做性，只是理所当然者便是性，只是人合当如此做底便是性。"[2] 对人而言，性即应当如此者（当然）；对于物而言，性即不得不如此者（必然）。只有做这样一种区分，人作为一道德人格或责任主体才有可能从学理上被真正建构起来。朱熹还说："性者，人之所得于天之理也。"天之理或天之道落实于人，即为人之性；落实于自然界，即为物之理。他强调："性，形而上者也；气，形而下者也。"这个说法凸显了人之性理对于物理世界的超越关系。朱

---

① 黎靖德编，王星贤点校：《朱子语类》第 1 册，中华书局 1994 年版，第 78 页。
② 黎靖德编，王星贤点校：《朱子语类》第 4 册，第 1426 页。

熹又说："以气言之，则知觉运动，人与物若不异也；以理言之，则仁义礼智之禀，岂物之所得而全哉？此人之性所以无不善，而为万物之灵也。"①按程颐的说法，顺应人性之要求而活动便是善，即所谓"圣人因其善也，则为仁义礼智信以名之"②。这意味着，从气的层面看，人物"不异"，皆属"形而下者"，都不过是一经验世界的存在者，两者具有连续性。但从理的层面看，人有仁义礼智之道德禀赋，物无从与之相比，不能像人那样"得而全"，即不能够既有肉体，又有超越的道德，人物因此相异，两者具有断裂性。

西哲康德同样强调人性的应然性特征，正如卡西尔所言："在人性中，真正长驻不变的，并不是任何它曾一度存在于此的状态或者由此沉沦的状态，而是那种它为此并且向此前进的目标。康德不是在人之已是之中寻求永恒性，而是在人之应是之中寻求它。"③在康德那里，追问人性所得到的答案只能是一种先验的承诺，而不能是对经验事实的归纳或刻画。唯其如此，它才能避免沦为一个假问题。规范属于信仰领域而非知识范畴。伯林说："规范不需要证明，而正是规范被用来证明其他的东西，因为规范是最根本的东西。"④人性论预设属于信而不属于知，相信并不等于知道。由此也就不难理解，康德当年何以把保留"信仰地盘"作为道德的根基。因为只有信仰才能为道德提供理由和合法性。正

① 朱熹：《孟子集注·告子章句上》，载《四书章句集注》，中华书局 2011 年版，第 326 页。
② 程颢、程颐著，王孝鱼点校：《河南程氏遗书》卷二十五，载《二程集》，中华书局 1981 年版，第 318 页。
③ 〔德〕卡西尔：《卢梭·康德·歌德》，刘东译，生活·读书·新知三联书店 1992 年版，第 24 页。
④ 〔伊朗〕拉明·贾汉贝格鲁：《伯林谈话录》，杨祯钦译，译林出版社 2002 年版，第 106 页。

因此，康德将上帝、永生和积极的自由作为使道德大厦赖以成立的三个悬设，这三者皆非知的问题，而是信的问题。一般认为："在中国认识论与道德、伦理学说结合在一起，根本没有独立出来，认识论非常不明显。"① 中国传统思想中何以没有认识论，或者说中国古代认识论为何不发达（没有独立的地位）？究其原因，就在于中国文化所注重者，大抵在于道德人格的成就，而不太在意对自然界的认知，从而无需认识论框架为其提供前设。这一文化史事实也从另一个侧面表明，对人性的把握不是一个认知的问题，而是一个信仰的问题。

赫舍尔强调："我们问：人是什么？然而真正的问题应该是：人是谁？"② 在西方，由于海德格尔所揭示的"在的遗忘"之误区，近代以来对人性的追问遂误入歧途。"人是什么"取代了"人是谁"，性恶论的形而上学基础从根本上说就在于存在论的这个误区。追问"人是什么"，所期待的答案已然是一个科学可以刻画的经验事实了；而追问"人是谁"，所期待的答案则是一个作为主格的存在所特有的规定。把人当作一个"在者"来确认和看待，他就只能被建构成一个科学认知的对象、一个经验的存在物、一种生物学事实。这种看待方式，必然会先行地湮灭人性的超越性质。作为一种逻辑上的要求，性善论预设是把人规范为一种超越性存在的需要，它试图把握的仅仅是应当如此者，而非事实如此者。因此，人性问题只是关乎应否如此，而不涉及是否如此。可见，恰当的人性论预设当是应然的判断，而非实然的判断。

既然是规范性的，就不可能通过对实有层的对象加以描述的路径揭

---

① 汤一介：《对中国传统哲学的哲学思考》，载谢龙编：《中西哲学与文化比较新论 —— 北京大学名教授演讲录》，人民出版社 1995 年版，第 73 页。

② 〔美〕赫舍尔：《人是谁》，隗仁莲译，贵州人民出版社 1994 年版，第 25 页。

示，只有借助于人的内省才是可能的。《论语》载："子贡曰：'夫子之文章，可得而闻也；夫子之言性与天道，不可得而闻也。'"（《论语·公冶长》[1]）此言并非神秘主义，实因"性与天道"不是知识论把握的对象，无法用"可得而闻"的知识论手法把捉到。孟子尝言："君子所性，仁义礼智根于心。"（《孟子·尽心上》[2]）这是因为"仁义礼智，非由外铄我也，我固有之也"（《孟子·告子上》）。所谓"性与天道，不可得而闻"，意味着人性作为规范性的问题不属于闻见之知，不能被人们作为认知对象加以考察、归纳、描述，进行一种知识论建构。宋儒明确区分德性之知和闻见之知，其真正意义就在于昭示了人性觉解同知识论建构的根本分殊。程颐说："闻见之知非德性之知。物交物则知之，非内也，今之所谓博物多能者是也。德性之知，不假闻见。"[3] 对人而言，何谓内，何谓外？这是判定人性的关键所在。人作为经验事实，作为肉体存在物，究竟是属于人的"内"还是人的"外"呢？人作为超越自然之规定，其肉体存在不过是一直观的经验事实，于人而言不具有内在的性质，只能属于人之外，不过是"外铄"之规定，它仅仅是大写的"人"的物质承担者罢了。对于人来说，只有应然的人性之规定才是其内在的本质特征和属性。

告子认为"人性之无分于善与不善也，犹水无分于东西也"（《孟子·告子下》），从而忽视了人性之落实于人所具有的当然性质（儒家所谓的天落实于物，具有必然之义）。既然是当然，亦即应当如此者，它

---

[1] 杨伯峻：《论语译注》，中华书局 2011 年版，第 45 页。本文所引《论语》，均为此版本，以下仅于引文后括注篇名，不另出注。

[2] 杨伯峻：《孟子译注》，中华书局 2005 年版，第 309 页。本文所引《孟子》，均为此版本，以下仅于引文后括注篇名，不另出注。

[3] 程颢、程颐著，王孝鱼点校：《河南程氏遗书》卷二十五，载《二程集》，第 317 页。

就是可以违背的。对其遵循与否，表征为两可性，由此显示出道德责任的来源和根据。告子的混淆在于，把人性遮蔽的情形也视作人性本身了。其实，不善恰恰是违拗人性的结果，而非人性之贯彻和体现。告子把人的选择的两可性都当作人性的表达，未曾澄清在人同物之间存在的当然与必然之分野。这是他的失足之处。明儒罗钦顺说："天之道莫非自然，人之道皆是当然；凡其所当然者，皆其自然之不可违者也。"[①]孔子在人性论上强调凡是应当的也就是能够的，所谓"为仁由己"（《论语·颜渊》），所谓"我欲仁，斯仁至矣"（《论语·述而》）。他反对和拒绝外部环境对人的道德意志的决定和宰制。这非常类似于康德的有关思想。

孔子有言："己所不欲，勿施于人。"（《论语·颜渊》）西晋傅玄曰："夫仁者，盖推己以及人也，故己不欲，勿施于人，推己所欲，以及天下。"[②]此所谓"推己及人"，是否彰显了道德命令的普遍有效性？"推己及人"的关键在于"推"，其可能性源自孟子所说的那个"心之所同然者"（《孟子·告子上》）。问题在于，这一切也可以被用来说明人的肉体性质。那么，如此一来，人的道德超越性又何以体现和落实呢？这就需要进一步明确当然与必然的分野。孔子说的"杀身以成仁"（《论语·卫灵公》），孟子说的"舍生以取义"（《孟子·告子上》），无疑是抑制并超越了生物学逻辑所决定的求生本能对人的支配。身与仁、生与义在特定条件下的不可兼得，意味着自然律（必然）与道德律（当然）之间的紧张和冲突。孟子说："人之所以异于禽兽者几希，庶民去之，

① 罗钦顺：《困知记》卷上，山东友谊出版社 1992 年影印北京图书馆藏明刻本，第 285 页。
② 傅玄：《仁论》，载严可均辑，何宛屏等审订：《全晋文》上册，商务印书馆 1999 年版，第 485 页。

君子存之。"（《孟子·离娄下》）去存之间，方乃彰显出人格意义上的人与非人的天壤之别。存乃顺应人性之内在要求所做的选择，去则是违逆人性之内在要求所做的选择。善与不善便是人性的这种存去之别。人所必然遭遇的这种两可性，决定了人要生存就必须先行地做出抉择，这是人所不得不面对的宿命。人的一生始终处在这种善与恶的博弈中，它归根到底是由人的存在的二重化决定的。正是这种博弈关系，才使得教化既成为必要的，同时也成为可能的。

孟子尝言："口之于味也，有同耆焉；耳之于声也，有同听焉；目之于色也，有同美焉。至于心，独无所同然乎？心之所同然者何也？谓理也，义也。圣人先得我心之所同然耳。故理义之悦我心，犹刍豢之悦我口。"（《孟子·告子上》）孟子于此将生物学事实同伦理学规范相类比，强调二者的相似性，只是为了说明在道德判断上那个"心之所同然者"的存在罢了，但他尚未甄别"必然"与"当然"的差异。其实，孟子的旨趣在于凸显人对动物性的超越关系，譬如他说过，"人之所以异于禽兽者几希"（《孟子·离娄下》），唯独人才有良知和良能。孟子质疑并诘问告子："犬之性犹牛之性，牛之性犹人之性与？"因为告子认为，对人来说，"食色，性也"（《孟子·告子上》）。

在孟子看来，人性之规范面临着被违背的可能性，从而存在着两可的情况。因此，他认为，人之性不可谓之命，因为命乃不可违背者。孟子说："口之于味也，目之于色也，耳之于声也，鼻之于臭也，四肢之于安佚也，性也，有命焉，君子不谓性也。仁之于父子也，义之于君臣也，礼之于宾主也，知之于贤者也，圣人之于天道也，命也，有性焉，君子不谓命也。"（《孟子·尽心下》）必然者不谓性，而谓命；当然者不谓命，而谓性。孟子对必然和当然的进一步甄别，表明人性之诉求作为当然之则所具有的两可性特征。他说："求则得之，舍则失之，是求有益于得也，求在我者也。求之有道，得之有命，是求无益于得也，求在外者也。"（《孟子·尽心上》）显然，求舍、得失之间，是两可的。而求即可得，故求在我。求在我有助于得，求在外则无益于得。因为后者属于自然律所必然地制约和支配的状态，它只蕴含唯一的可能性，从而迥异于人性之要求所面临的两可性。在孟子那里，这两者有着清晰的分界。孟子说："人之所以异于禽兽者几希，庶民去之，君子存之。"（《孟子·离娄下》）去存之别，正是对人性之固然要求的顺逆之异。这种两可性，意味着人性所内在地要求于人的，是可以违背的，正因此才有善恶之别，才有君子小人之辨。一个人倘若违逆了人性之要求，那就同禽兽无异，此正所谓"人之有道也，饱食暖衣逸居而无教，则近于禽兽"（《孟子·滕文公上》）。如果一个人仅仅满足于自己的肉体需求，这不过是屈从于生物学逻辑的支配罢了，它不可能凸显人对动物性的超越性，故近于禽兽。正如程颐所言："自性而行，皆善也。"[1] 反之，逆性而行，皆恶也。此所谓性，亦即人之所以成其为人的本然之性。孔子所谓杀身成仁和求生害仁的分野，孟子所谓舍生取义与求生害义的分野，其吃紧处均在此。

二、儒家与自由主义在人性论上的异质性

儒家的人性论假设在总体上是性善论的。诚如钱穆先生所认为的那样，"性善论实在是儒家思想一个中心的柱石"[2]。虽然有荀子的性恶论主

---

[1]　程颢、程颐著，王孝鱼点校：《河南程氏遗书》卷二十五，载《二程集》，第318页。
[2]　钱穆：《中国学术思想史论丛》第2辑，东大图书有限公司1980年版，第242页。

张，但从儒家思想的主流看，它并不占支配地位。因此，"性善论终究是儒学正论，则可无疑"[①]。

儒家的性善论，当以孟子的人性论立场最为鲜明，最为典型。孟子说："人之所不学而能者，其良能也；所不虑而知者，其良知也。"(《孟子·尽心上》)值得辨析的是，这里所谓的良知和良能，虽不学、不虑即可得，但它却不是生物学意义上的本能，而只是伦理学意义上的似本能，即孔子所说的"直在其中矣"的"直"。孔子说："子为父隐，父为子隐。直在其中矣。"(《论语·子路》)这恰好契合了"德"之古字"悳"的义涵。德者，直心而已。直心即本心，或曰人的本然之心。之所以谓之"直"，乃是为了彰显其本然性而已。在孟子看来，由于人们"放其本心"，故要"求其放心"，亦即要回到人的本然之心上来。所以，他认为，"君子所以异于人者，以其存心也"(《孟子·离娄上》)。与孟子相类似，陆象山也有所谓"发明本心"之说。

在中国文化语境中，对人性的觉解和充实，是超越经验的考量的。董仲舒说："正其谊不谋其利，明其道不计其功。"(《汉书·董仲舒传》)陆象山也说："学问须论是非，不论效验。如告子先孟子不动心，其效先于孟子，然毕竟告子不是。"[②]这些论述都表明，善恶的判断全然与经验上的得失这类功利判断无关，它仅仅取决于人性论上的应当与否，因此是超验性的。

孔子强调仁的内在性，即仁之所以成立的理由源于人之为人的内在诉求，而不取决于经验世界的任何外在规定。就此而言，德性是纯

---

① 钱穆：《中国学术思想史论丛》第 2 辑，第 243 页。
② 陆九渊著，王佃利、白如祥译注：《象山语录》，山东友谊出版社 2001 年版，第 322 页。

粹的，是不包含任何经验的成分的。孔子所谓的"为仁由己"、"我欲仁，斯仁至矣"，都意味着这一点。孔子所说的"克己复礼"，其中的克己即是去私，这里的己不过是由身和生决定的，也就是由人作为肉体存在物的生物学性质所给出的虚假的自我。所以，孔子讲"杀身成仁"，孟子讲"舍生取义"。在抽象的意义上，复礼亦即回复到礼的规范所要求的状态上来。作为伦理规范，礼不过是人的本然之性、固然之理、当然之则的贯彻和外在体现罢了。可见，"为仁由己"之己乃是人的大我，而"克己复礼"之己则是人的小我，二者判然有别，不可混淆。

　　西方的自由主义并非铁板一块，而是有其内部的不同传统。按照哈耶克的划分，它大体上包括欧洲大陆的唯理论自由主义和英美的经验论自由主义。哈耶克揭示了两者的哲学基础：英美自由主义传统"可直接归因于一种本质上的经验主义世界观在英国处于支配地位，而唯理主义思维进路则在法国处于压倒之势。这两种完全不同的进路导致了实际上完全不同的结论"[1]。本文只选取英美传统的自由主义作为比较的对象。在这个传统中，经验论同自由主义之间的确存在着某种内在的联系。麦基指出："在欧洲思想的发展中，自由主义形成于与经验主义哲学、科学方法的紧密联系之中。这三个主义有一个共同的口号，即'不要以既定权威的话为凭证，而要观察事实，做出自己的判断'。"[2]在这个意义上，经验论和自由主义都特别地从属于盎格鲁·撒克逊传统。譬如，伯

---

[1]　〔英〕弗里德利希·冯·哈耶克：《自由秩序原理》上册，邓正来译，生活·读书·新知三联书店 1997 年版，第 64 页。

[2]　〔英〕布莱恩·麦基编：《思想家——当代哲学的创造者们》，周穗明等译，生活·读书·新知三联书店 1987 年版，第 334 页。

林的自由主义立场同其哲学上的经验论背景就具有某种内在关联。伯林曾公开承认："我是英国经验主义的产物。"① 其实，约翰·斯冈亚特·穆勒、哈耶克、波普尔等莫不如此。对此，乔姆斯基也承认："有一点很正确：自由主义是在经验主义的智慧背景 —— 对权威的否定、对感觉经验的信赖等 —— 中生长起来的。"② 经验主义对于感性杂多的推崇，极容易导致相对主义信念的确立。英式自由主义一般是同这种强调相对性的立场相一致的。

在经验论自由主义传统中，自由往往被理解为对权威的蔑视，但这种蔑视又面临着一种危险，即陷入某种失衡。因为必要的权威是避免自由信念沦为任性亦即自由被滥用的重要的免疫剂。而权威的解构者在哲学上的一个重要来源，就是经验主义的怀疑论立场。从历史上看，每一次权威的颠覆，往往是伴随着一个礼崩乐坏的时代，古今中外概莫能外。其实，这也不是偶然的。雅斯贝尔斯指出："自由与权威之间的张力在于，双方都是以对方为存在的依据，失去任何一方，那么自由就将转换成混乱，而权威则意味着专制。"③ 在他看来，一个人"为了习得传承的内涵而与权威联系起来"④，因为"这种传承只能在权威性人物的思想中才能找到坚实的存在基础"⑤。雅斯贝尔斯认为，离开了对权威的认同，就不可避免地走向虚无主义。

以中国的情形为例，当章学诚提出"六经皆史"的说法之后，"做

---

① 〔伊朗〕拉明·贾汉贝格鲁：《伯林谈话录》，第 112 页。
② 〔英〕布莱恩·麦基编：《思想家 —— 当代哲学的创造者们》，第 335 页。
③ 〔德〕雅斯贝尔斯：《什么是教育》，邹进译，生活·读书·新知三联书店 1991 年版，第 79 页。
④ 〔德〕雅斯贝尔斯：《什么是教育》，第 80 页。
⑤ 〔德〕雅斯贝尔斯：《什么是教育》，第 79 页。

经学的人只是考古，并非希圣，说得明明白白"①。把"六经"归结为"历史"，其用意在于强调"经典"的相对性，从而破除其权威性和神圣性，以矫正人们对经典的迷信和崇拜心态。清代朴学大盛，理学式微，然学问又陷入琐屑，在拯救世道人心方面显得苍白乏力、束手无策。顾颉刚先生在检讨清代与民国之交道德败坏的原因时，曾指出，"打倒理学本没要紧，但是要撤销旧道德，总要建设新道德"②，但"旧道德已经废去，新道德还没有建设起来"，于是，便有一种"桀黠变诈的人，他在学问上得不着什么人生的归宿观念，以为道德是没有的事情，放着胆子胡乱去做"；如此一来，"大家拿势利主义去做事，道德便一层层地堕落"。朴学作为具有"科学精神"的方法，缺乏为道德奠定合法性基础的能力。在顾颉刚看来，清代朴学虽然并不直接导致科学方法，却培养了正视西方近代文化之实践后果的态度和取向。"清代朴学家……肯就实物考察，做精密的说明；又因为好古，所以要别伪存真……寻根讨原，证之实境，务极尽而后止。"所以，"清代朴学家所学的只是一个'求是主义'"。这种考据方法及其所体现的精神，同科学方法和精神在抽象的意义上的确具有某种亲和性。正因如此，"后来科学知识灌输进来，中国的学人对他很表景仰，就是顽固的人也得说声'西学为用'，这便是清代朴学的功效"。关于朴学同科学的关联，梁启超和胡适也有类似论述。朴学方法科学固然科学矣，却于体认人性无所助益，相反倒带来了遮蔽。对旧有权威的消解，对于道德的衰弱和败坏，朴学方法难辞其咎。"愤激的理学家说'洪杨之难为朴学所造成'，这虽是责

---

① 顾颉刚：《中国近来学术思想界的变迁观》，《中国哲学》第 11 辑，人民出版社 1984 年版，第 307 页。

② 顾颉刚：《中国近来学术思想界的变迁观》，《中国哲学》第 11 辑，第 308 页。

非其罪，但是他们能破坏旧道德而确实不能创造新道德，以致大家漂泊无归，是实有的事情。"就像顾颉刚所引刘孚京之言，"以更张为任事"，"以守经为迂儒"。① 清季朴学无法为道德提供一合法性依据和理由，从而不能胜任张载所谓的"为天地立心，为生民立道，为往圣继绝学，为万世开太平"② 的使命。教化需义理。这从一个否定的方面凸显出权威对于道德之建构的重要性和前提意义，更凸显出应然的规范而不是实然的描述方能给出道德之成立的理由。可见，一个时代一旦失去权威，其道德衰颓便在所难免。当然，对于一个时代的道德建构而言，权威只是一必要条件，而非充分必要条件。仅仅有权威尚不足以给出道德的理由和根据。朴学本身也曾经成为权威，但它在学理上却无力为新道德的建立提供合法性根基，这是那个时代的尴尬。

在西方，文艺复兴和启蒙运动时代的人性论学说，大致有一共同特点，即把人性降低至生物性来确认。"文艺复兴时代尽管有许许多多交叉的、相反的倾向，却完完全全是一个肉欲的时代。"③ 除了"肉欲之外，文艺复兴时代的人们无法想象其他任何东西。它是时代唯一的理性"④。作为一个"肉欲的时代"，它所注重的不过是人的经验存在及其生物学性质。随着 17 世纪近代科学的昌明，特别是启蒙时代的来临，"英国经验主义哲学家们的著作逐渐统治了欧洲人的思想"⑤。经验主义视野中的

---

① 顾颉刚：《中国近来学术思想界的变迁观》，《中国哲学》第 11 辑，第 308、303、304、304、308—309、309 页。

② 张载：《近思录拾遗》，载《张载集》，中华书局 1978 年版，第 376 页。

③ 〔德〕爱德华·傅克斯：《欧洲风化史·文艺复兴时代》，侯焕闳译，辽宁教育出版社 2000 年版，第 108 页。

④ 〔德〕爱德华·傅克斯：《欧洲风化史·文艺复兴时代》，侯焕闳译，第 109 页。

⑤ 〔英〕伯林：《启蒙的时代——十八世纪哲学家》，孙尚扬等译，第 8 页。

人及其本性，不可避免地沦为知识论审视并建构的对象，由此得出的人性论结论也就可想而知了。正如周辅成先生所指出的，"十七八世纪人道主义者所讲的人性，和文艺复兴时期人道主义者所讲的人性一样，都是抽象的人性。这种抽象的人性，终于把人的社会性降低为人的生物性，用人的生物学要求来说明人的社会要求，社会观点与生物观点混淆不清"①。

　　一般认为，在人性论上，霍布斯是性恶论的，而洛克则是性善论的。这一判断实则存在误解。洛克虽然主张人的自然状态是自由和谐的，认为"同种和同等的人们既毫无差别地生来就享有自然的一切同样的有利条件，能够运用相同的身心能力，就应该人人平等，不存在从属或受制关系"②。但要注意，人人平等在他那里其实不过是个应然的问题，而且，洛克在描述这种自然状态时也不得不承认，"大部分人并不严格遵守公道和正义"③。否则，也就不存在由自然状态向国家过渡的必要性了。可见，从洛克关于人类自然状态的和谐预设，无法推出其人性论即为性善论的结论。

　　基于经验论立场，洛克特别强调道德原则的非天赋性质，认为它不过是后天灌输的结果。他明确指出："我们看到，道德的原则更是（引者注：相对于'思辨的原则'而言）不配称为天赋的。"④ 在洛克看来，因为道德规则是有待证明和需要理由的，亦即可怀疑的，所以它并不是自明的。如果是"天赋的"，那么它就一定具有自明性。洛克写道："道

---

① 周辅成：《论人和人的解放》，华东师范大学出版社 1997 年版，第 476 页。
② 〔英〕洛克：《政府论》下篇，叶启芳、瞿菊农译，商务印书馆 1964 年版，第 5 页。
③ 〔英〕洛克：《政府论》下篇，第 77 页。
④ 〔英〕洛克：《人类理解论》上册，关文运译，商务印书馆 1959 年版，第 26 页。

德的规则需要一个证明，因此它们不是天赋的 —— 此外，还有一种理由亦使我们怀疑任何天赋的实践原则；因为我想，任何道德原则在一提出来之后，人们都可以合理地请问一个所以然的理由。"①洛克据此否认道德规则是天赋的。如此一来，在洛克的人性思想中，人性本善就值得怀疑了。

洛克认为，人的德行是为赢得利益，而德行作为克制欲望的能力，只是来自习惯和实践。按照洛克的观点，人的道德规则是无法从人性中内在地引申出来的。依据他的解释，"人们所以普遍地来赞同德性，不是因为它是天赋的，乃是因为它是有利的"②。有利与否的选择，乃属于后天的而非先天的判断。这种观点显然剥夺了良知之于人的内在性，所以洛克在解释人的良心时，就只能诉诸后天的教育之类的"外铄"工夫。这在洛克的《教育漫话》中也有明显的体现，例如他说："我觉得一切德行与美善原则当然在于克制理智所不容许的欲望的能力。这种能力的获得和增进靠习惯，而使这种能力容易地、熟练地发挥，则靠及早实践。"③所有这些思想，都没有把德性置于人性的内在要求的范畴之内，而是把它视为外在的赋予。洛克认为，任何原则都不过是后天灌输和习惯积累的结果，其基础在于后天经验。它一经形成，人们在反省时，就将其误认为是天赋的了，即所谓"被人认为是不可怀疑的、自明的天赋真理了"④。

洛克还强调人的实践原则的多元性，这也同样植根于他的经验论立场。"各人的实践原则是相反的……在一个地方人们所提到的或想到

---

① 〔英〕洛克：《人类理解论》上册，第28页。
② 〔英〕洛克：《人类理解论》上册，第29页。
③ 〔英〕洛克：《教育漫话》，傅任敢译，人民教育出版社1963年版，第28页。
④ 〔英〕洛克：《人类理解论》上册，第43页。

的道德原则，几乎没有一个不是在其他地方，为其他全社会的风俗所忽略、所鄙弃的，因为后一种人所遵守的生活的实践意见和规则，正是与前一种人相反的。"而且，"人们虽主张有天赋的实践原则，可是并不能告诉我们什么是天赋的实践原则 —— 各人的实践原则是有很大差异的"①。在更深刻的意义上，洛克的这种多元论立场植根于商品经济这一世俗基础。耐人寻味的是，从历史上看，自由主义首先是经济自由主义，这绝非偶然。因为正是商品经济及其市场逻辑，孕育了自由主义的观念。正如麦克法兰所言："法律保护财产的私有权，这一强有力的原则被约翰·洛克视为英格兰自由的根基。"② 由"产权"到"法权"进而至"人权"这一谱系，既体现着时间上的发生学脉络，也表征着逻辑上的递进关系。

　　与洛克相类似，休谟在人性论上的经验论立场也至为明显。他宣称："我们不能超越经验，这一点仍然是确定的；凡自命为发现人性终极的原始性质的任何假设，一下子就应该被认为狂妄和虚幻，予以摒弃。"③ 因为休谟坚信："关于人的科学是其他科学的唯一牢固的基础，而我们对这个科学本身所能给予的唯一牢固的基础，又必须建立在经验和观察之上。"④ 休谟深受牛顿的自然科学方法的影响，不再信任形而上学，而是试图以科学的方式把握并阐释人性。他写道："我们承认人们有某种程度的自私；因为我们知道，自私是和人性不可分离的，并且是我们的组织和结构中所固有的。"⑤ 由这种经验论的哲学立场出发，所能发现

---

① 〔英〕洛克：《人类理解论》上册，第 33、37 页。
② 〔英〕麦克法兰：《现代世界的诞生》，管可秾译，上海人民出版社 2013 年版，第 58 页。
③ 〔英〕休谟：《人性论》上册，关文运译，商务印书馆 1980 年版，第 9 页。
④ 〔英〕休谟：《人性论》上册，第 8 页。
⑤ 〔英〕休谟：《人性论》下册，第 625 页。

的往往是人的自私，而且把自私作为人性的内在规定。如此一来，人性也就被贬低为动物性了。由此可见，休谟的这种人性观未曾超出现代性偏好所能够给予他的想象力。

边沁认为："快乐本身便是善，撇开免却痛苦不谈，甚至是唯一的善。"[①]这里的"快乐"，说到底无非就是由肉体原则决定的那个功利原理所肯定的状态。穆勒评论道："他（引者注：指边沁）的头脑基本上是务实的。""边沁对人类天性的知识……完全是经验主义的。"边沁的人性论预设所提供的只是人们"能够"做的事情，正如穆勒所说："边沁的哲学……等于任何人们能理解或不顾道德影响能做的事情。"这种"能够"做的事并不具有道德含义，因为它在道德上是中立的。在人类事务中（在自然界领域，它由科学来保障），商业行为是其典型的形式。所以，"他（引者注：指边沁）犯了把人类事务的商业部分设想为整个人类事务的错误"[②]。正如马克思所批评的那样，在边沁那里，"一切现存的关系都被完全纳入功利关系，而这种功利关系被无条件地推崇为其他一切关系的唯一内容"[③]。

杜威提出："根据经验主义的哲学，科学为我们认识人类以及人所生活的世界提供了唯一的方法。"[④]宾克莱甚至夸大其词地说："杜威是把科学的见解运用于研究人类行为的先驱。"[⑤]从科学视野出发研究人类

---

① 〔英〕边沁：《道德与立法原理导论》，时殷弘译，商务印书馆 2000 年版，第 151 页。

② 〔英〕约翰·穆勒：《论边沁与柯勒律治》，余廷明译，中国文学出版社 2000 年版，第 50、69、81、81 页。

③ 〔德〕马克思、恩格斯：《德意志意识形态》（节选本），人民出版社 2003 年版，第 118 页。

④ 〔美〕杜威：《人的问题》，傅统先等译，上海人民出版社 1965 年版，第 132 页。

⑤ 〔美〕宾克莱：《理想的冲突——西方社会中变化着的价值观念》，马元德等译，商务印书馆 1983 年版，第 32 页。

行为，所能够发现的性质，只能是一个事实判断。由此也就不难理解，秉承杜威哲学的胡适，在 20 世纪 20 年代初中国学术界爆发的"科玄论战"中，何以力主以科学解释人生观的立场了。杜威的确揭示了经验主义立场同那种试图以科学来审视和把握人性的方式之间的内在关联。通过以上简单地梳理经验论自由主义的这段关键的历史，我们就不难发现，经验论及其基础上的科学认知方式所捕捉到的人性，只能是人作为肉体存在物所具有的属性，由此决定了它所得出的结论只能是性恶论。

作为科学家的达尔文，在其《人类由来及性选择》中，试图"仅从生物学的方面接近这个问题（引者注：即道德义务的本质）"。他为自己规定的任务是，"企图从低等动物的研究，看它对于人的最高的心理能力之一的解释，有多少帮助"[①]。赫胥黎比达尔文高明之处在于他看到了自然界的逻辑同人的逻辑之间的断裂性的一面。这从一个侧面也折射并凸显出达尔文进化论单纯强调连续性一面的偏颇。赫胥黎认为："伦理本性虽然是宇宙本性的产物，但它必然是与宇宙本性相对抗的。"[②] 因此，在他看来，"对伦理上最好的东西（即所谓善或美德）的实践包括一种行为的途径，这种行为的途径在各方面都是同在宇宙生存斗争中导致成功的那种行径对立的。……它否定格斗的生存理论"[③]。由此决定了"猿与虎的生存斗争方法与健全的伦理原则是不可调和的"[④]。赫胥黎清醒地看到了达尔文生物进化论在解释人类行为和人类文明演化时所具有的

---

① 周辅成编：《西方伦理学名著选辑》下卷，商务印书馆 1987 年版，第 272 页。
② 〔英〕赫胥黎：《进化论与伦理学》，本书翻译组译，科学出版社 1971 年版，第 3 页。
③ 〔英〕赫胥黎：《进化论与伦理学》，第 57—58 页。
④ 〔英〕赫胥黎：《进化论与伦理学》，第 37 页。

局限性，这是他的卓越之处。值得追问的是，当年赫胥黎何以要用伦理学来补充进化论？其根本原因就在于进化论无法真正揭示人性，它只能解释作为肉体存在这一生物学事实的人的本质，却不能解释作为道德主体这一价值论事实的人的本质。

三、人性论差异导致不同的历史文化后果

一个人怎样理解自己就怎样塑造自己，所以人的自我塑造取决于人的自我理解。赫舍尔指出："自我认识是我们存在的一部分。"① 正如个体的人的自我理解决定他"是其所是"一样，一个民族的自我意识也深刻地规定着该民族的文化建构及其传统。"有关星球的理论决不会成为星球存在的一部分；而关于人的理论却进入到人的意识之中，决定着他的自我理解，改变着他的实际存在。"② 兰德曼同样提示了"人的自我解释对人的自我塑造的影响"，认为"人关于他的存在的想象确实影响着他的存在本身"③。作为人的自我意识的自觉形式，人性论预设的不同必然会带来不同的历史文化后果。

自由的本义即在于自我决定，而这里的关键又在于何谓真实的自我。这就取决于人的自我认知，而自我认知又必须通过人的自我定义来实现。这种定义就是对人性的自觉指认和判定。在此意义上，人性论预设从本体论层面上决定着自由观的基本立场和理解。中国文化所

---

① 〔美〕赫舍尔：《人是谁》，第6页。
② 〔美〕赫舍尔：《人是谁》，第3页。
③ 〔德〕米夏埃尔·兰德曼：《哲学人类学》，张乐天译，上海译文出版社1988年版，第9页。

谓的自由，更倾向于尽心知性、明心见性，它强调对人的本然之性、同然之理、当然之则的觉解和践履；而西方文化中的经验论自由主义所谓的自由，则更注重外在限制的解除，也就是以赛亚·伯林所谓的"消极自由"。

从经验论立场揭示人性，有可能使自由主义沦为对人的任性的辩护方案。因为当人性一经被领会为一种经验可能性之后，一切主观的偏好就获得了足够的合法性。选择的问题由此变成"我想"或"我能"，而不再是"我应"。而只有"应当"才是出于人的内在本性的要求，从而才真正具有道德的性质和含义。弗里德曼说："确实，自由主义者的主要目的是把伦理问题让每个人自己来加以处理。"[1] 问题仅仅在于，这种所谓"让每个人自己来处理"所显示出来的自决性是否意味着道德的自律。在意志自由的意义上，道德选择的确是个人的事情。但弗里德曼并非在此意义上谈论的。在他那里，它仅仅是意味着个人按照自己的偏好做出决定罢了。如此一来，就把道德律令的普遍性和绝对性消解掉了，从而使道德选择沦为相对主义的任性。因此，它不再是对道德的证成，而是对道德的解构。

经验论自由主义所秉持的性恶论的人性论预设，必然导致相对主义的判断，它对道德赖以成立的根基具有颠覆作用。边沁就明确认为"不存在绝对好或绝对坏的动机"，因为"不存在任何一种本身是坏的动机"[2]。这也就是说，好或坏并非动机本身所固有的性质，而只是动机相对于什么而言得出的某种可能的判断。因为在边沁看来，"一个动机无

---

[1] 〔美〕米尔顿·弗里德曼：《资本主义与自由》，张瑞玉译，商务印书馆1986年版，第13页。
[2] 〔英〕边沁：《道德与立法原理导论》，第151页。

非是以某一种方式发生作用的快乐和痛苦"①罢了。在这里，边沁的相对主义立场表现得十分明显。

经验论自由主义者往往出于其个人主义立场，坚持认为每个人的利益最大化，必将导致公共利益的最大化。这一假设隐含着一种机械论观点，即把社会看作各个人的代数和，把公共利益理解为私人利益的加和关系。其实，社会一旦作为整体而存在，就获得了一切系统所普遍具有的非加和性特征。这一特征内在地要求系统作为整体对于构成它的诸部分而言的优先性和至上性。这一层关系，自由主义未曾揭示出来，相反却被它严重地忽视了。这种非加和性质首先在经济生活层面表征出来。例如，市场存在着失灵的可能性，市场的自发调节（它通过每个参与市场交换行为的人的自由和自愿的选择得以实现），其结果未必一定达成公共目标和增进公共福祉。这正是政府干预之所以必要的理由之一。因为"不管怎样，没有政府的某种干预形式，以私人获利为基础的决定是不会考虑社会利益和成本的，同样，最适当的资源分配也是不会实现的"②。

经验论自由主义所主张的自由，其边界只能是来自外在的限制，即他律性的。这正是所谓的消极自由的特征。其实，这种外在性本身就违背了自由的自律之本性。与此不同，儒家性善论的人性论所主张的自由，乃是出于人的固然之理、本然之性、当然之则的要求，其边界源于自身，因而是内在的、自律性的。这才是自由本质的贯彻和体现，从而属于真正的自由。孔子说："仁者安仁，知者利仁。"（《论语·里仁》）

①　〔英〕边沁：《道德与立法原理导论》，第151页。
②　〔英〕马登：《比较经济制度》，外国经济学说研究会编：《现代国外经济学论文选》第11辑，商务印书馆1987年版，第13页。

仁者之所以能够安仁，乃是因为"为仁由己"（《论语·颜渊》），所以孔子说"我欲仁，斯仁至矣"（《论语·述而》）。正是在此意义上，韩愈强调："足乎己，无待于外之谓德。"[①]

　　那么，不同的人性论预设对于历史上制度安排的影响又是怎样的呢？一项制度安排在历史上的出现和演进，往往是客观情势逼迫的结果，而非思想家的理论诉求或政治家的主观设计的产物。在回顾中国政治的历史演进时，钱穆先生认为："某一项制度之逐渐创始而臻于成熟，在当时必有种种人事需要，逐渐在酝酿，又必有种种用意，来创设此制度。"[②]也就是说，一项制度在历史上的发生，必有外在需要和内在目的之配合。更确切地说，制度不过是主观的意图回应客观需要的结果。而且，后人很难在这二者之间找到实证意义上的"证据"。因此，它不是一种可以进行经验地描述的联系，而是只有靠事后的解释才能被确认。就此而言，对于历史上制度安排的形成，后人只能把它当作一种既定的事实，寻求一种事后解释，看历史上存在的各种学说中的哪一种更契合它。人性论上的性善论和性恶论都存在过，关键是哪一种在制度的历史生成的关键期起到了决定性的作用。

　　从总体上加以比较和判断，我们不难发现，如果说"西方哲学的中心传统是权利"[③]，那么中国哲学的中心传统则是义务。义务属于道德的要求，而权利则是法律的诉求。性恶论的人性论立场，基于对人性的不信任，在历史上更容易导致权力制衡的制度安排，从而形成法治传统。

① 韩愈：《原道》，载韩愈撰，马其昶校注，马茂元整理：《韩昌黎文集校注》，上海古籍出版社 1986 年版，第 13 页。
② 钱穆：《中国历代政治得失》，生活·读书·新知三联书店 2005 年版，第 2 页。
③ 〔伊朗〕拉明·贾汉贝格鲁：《伯林谈话录》，第 35 页。

譬如，美国的那种以法治为典型特征的政治制度，在文化意义上就可以追溯到洛克的自由主义观念。贝尔写道："正如路易·哈茨所指出的，美国社会有一种始于洛克的自由传统，它塑造了美国的政治制度。"① 而洛克哲学的人性论预设，不能不构成其中的一个不可剔除的重要变量。

　　从某种意义上说，中国社会乃是礼治的社会。而礼归根到底不过是仁的外化了的形式，它的全部合法性和内在理由盖源自仁，可谓是仁内礼外。从历史的演进看，礼逐渐分化为伦理和法律两条进路。因此，在中国传统文化语境中，无论是伦理秩序还是法律程序，都离不开道德上的始源性和本然性。梁漱溟先生甚至把中国社会叫作"伦理本位的社会"，在这样的社会，既应该也在事实上的确是"以道德代宗教"而被组织起来并获得演化的②。这种社会特征和治理方式，当然同中国人所特有的生存方式具有内在联系，但在文化观念层面上，我们不得不追溯到儒家人性论信念的特有取向上面去。中国历代王朝都有其一套相当完备的法律体系，但中国社会和中国文化对于法律仍然不持信任态度，只是将其作为必要的补充罢了。孔子就说过："听讼，吾犹人也。必也使无讼乎！"（《论语·颜渊》）在孔子看来，"无讼"才是一个健全社会的理想状态。因为"礼者禁于将然之前，而法者禁于已然之后"（《汉书·贾谊传》）。道德是预防性的，它可以防患于未然，此正所谓"绝恶于未萌，而起教于微眇"（《汉书·贾谊传》）。基于对人性的基本信赖，儒家主张德治优越于法治，以至于在传统社会的治理中"道德至高无上，

---

① 〔美〕丹尼尔·贝尔：《资本主义文化矛盾》，赵一凡等译，生活·读书·新知三联书店1989年版，第310页。

② 参见梁漱溟：《中国文化要义》，学林出版社1987年版，第77—121页。

它不仅可以指导行政，而且可以代替行政"①。对于德治与法治，孔子比较得十分鲜明，他说："道之以政，齐之以刑，民免而无耻；道之以德，齐之以礼，有耻且格。"（《论语·为政》）传统的中国人深知，"法治的力量有一定的限度，但一个人只要懂得忠孝大节，他就自然地会正直而守法"②。这正是中国传统社会之所以采取德治方式在文化上的原因。同西方社会相比，中国社会的所有这些分野，归根到底都不能不追究到人性论上的原初差异。

（原载《文史哲》2016 年第 1 期）

---

① 〔美〕黄仁宇：《万历十五年》，中华书局 1982 年版，第 51 页。
② 〔美〕黄仁宇：《万历十五年》，第 21 页。

"贤能政治"将走向何方?

——与贝淡宁教授商榷

黄玉顺

近年来,以贝淡宁(Daniel A. Bell)为代表的"贤能政治"(political meritocracy)论调,竟然在中国大陆颇为行销。不久前,贝淡宁又在中国大陆出版了其最新代表作 *Political Meritocracy and the Limits of Democracy* 的中文版《贤能政治 —— 为什么尚贤制比选举民主制更适合中国》[①],而且颇有市场。鉴于所谓"贤能政治"(又译为"尚贤制")本质上是一条通往前现代之路,对当代儒家、中国乃至世界的政治文明走向产生严重的思想与理论羁绊,有必要予以辨析与澄清。

---

① 〔加〕贝淡宁:《贤能政治 —— 为什么尚贤制比选举民主制更适合中国》,吴万伟译,宋冰审校,中信出版社 2016 年版。以下凡引用该书,均于正文中括注页码,不再一一出注。

一、"贤能政治"的混乱逻辑

（一）"贤能政治"的概念混乱

贝淡宁所使用的"meritocracy"、"political meritocracy"及其汉译"贤能政治"或"尚贤制"，有意无意地制造概念混乱，误导读者。

1. "精英主义"（meritocracy）的本义

众所周知，"meritocracy"一词出自英国社会学家迈克尔·杨（Michael Young）1958年的一部反乌托邦社会的讽刺作品《精英主义的兴起》（*The Rise of the Meritocracy*）[1]。实际上，在此之前，阿兰·福克斯（Alan Fox）已经在《社会主义评论》杂志发表的一篇文章《阶级与平等》中讨论过"meritocracy"；不过，迈克尔·杨的作品是《牛津英语辞典》对这个词的最早引用[2]。已经有人指出：

> 用"任人唯贤"来翻译 meritocracy，其实存在一定的争议，毕竟原文的 merit 指的更多是工具性的"优点、价值、功绩"，并没有中文里"贤"的道德意味。作为一种政治哲学，meritocracy 的理念虽然产生于17世纪启蒙运动的理性主义，作为一个词汇，却是英国社会学者和工党政治家迈克尔·杨在1958年生造出来的。在其讽刺寓言小说《能人统治之崛起》里，作者设想英国现行的世袭体

---

[1] Michael Young, *The Rise of the Meritocracy*, 2nd revised edition, London: Transaction Books, 2004.

[2] 〔英〕乔·里特尔：《作为经济寡头统治的贤能政治——新自由主义制度下"平等"的市场化》，吴万伟译，《开放时代》2013年第3期（原载 *New Formations*, no. 80 & 81〔Winter 2013〕, pp. 52-72）。

制瓦解，基于智商的精英统治取而代之，学业优异的工人阶级成员加入了精英阶层，但是下层人士对他们的仇恨，却超过对旧有贵族阶级的不满。仇恨在 2034 年爆发为暴力革命，推翻了精英的统治。

杨在 2001 年于《卫报》撰文，批评当时的英国工党首相布莱尔，无知地把 meritocracy 当作时髦的政治理念来推销。杨说，传统的英国贵族统治精英因为自知靠血统上位，还晓得有所节制；凭借优异学业成绩爬上来的新贵却自以为是，迷信自身权位的道德正当性（全凭自己的努力和成绩），因而更加肆无忌惮地捞取好处，忘却并背叛了原有的出身，导致下层阶级失去民意代言人，逐渐在民主进程中失声，最终产生政治疏离感。[①]

关于"精英主义"较为详尽深入的分析，笔者特向读者推荐乔·里特尔（Jo Littler）的文章《作为经济寡头统治的贤能政治 —— 新自由主义制度下"平等"的市场化》[②]。这里有几点是可以肯定的：所谓"meritocracy"，应当译为"精英主义"或"精英体制"，乃是纯粹的西方话语；但它并非民主制的对立物，而是民主制下的一种政治现象；它也并非民主制度的普遍本质特征，而只是民主国家在现阶段的一种政治现象。

这个词被用来表达民主社会目前的"精英主义"政治现实，与迈克尔·杨的作品一样具有讽刺意味：表面上，财富与权力的分配不是根据

---

① 叶鹏飞：《虽有粟而不得食》，《联合早报》网：http://www.zaobao.com/forum/views/opinion/story20130804-236753。
② 〔英〕乔·里特尔：《作为经济寡头统治的贤能政治 —— 新自由主义制度下"平等"的市场化》，《开放时代》2013 年第 3 期。

一个人世袭的家庭背景，而是根据他的"贤能"（merit［功绩］被理解为"智商＋努力＝功绩"[I+E=M]），机会面前人人平等；事实上，由于人们家庭出身、成长环境的不同，其成为"精英"的条件和机会也不同，实际结果是走向另一种形式的不平等的世袭制。例如美国这个民主国家就是"一个以精英体制为荣的国家"①。所以，迈克尔·杨要"打倒精英主义"②。

显然，"精英主义"乃是西方的现代性民主制概念，即并不是要反对民主制，而是对民主制发展的既有状态的一种反思，以期改进③；不仅如此，"精英主义"甚至只不过是在民主制下的不同党派竞争的一个争论场所。这种"精英体制"之所以是贬义词，是因为它是一种导致新的权力不平等和社会分层形式的意识形态或组织原则④，这正好用来概括西方民主政治在现阶段所呈现的一些弊端，这些弊端加剧了社会阶层之间流动性的凝固化、贫富悬殊的扩大，导致目前美国及西方世界出现与之对抗的民粹主义思潮。因此，与这种"精英主义"相对的，并非民主主义，而是民粹主义。由此可知，根据该词的本义，"精英主义"既非古代的东西，也非与现代民主制相对立的东西，而是现代民主制的一种形式，即民主制发展到现阶段的一种有待改进的状态。

---

① 〔英〕爱德华·卢斯：《美国精英体制的终结》，"环球视野"网：www.globalview.cn/html/global/info_10944.html（原载《金融时报》网站，《参考消息》编译）。

② Michael Young, "Down with Meritocracy: The Man Who Coined the Word Four Decades Ago Wishes Tony Blair Would Stop Using It," http://www.theguardian.com/politics/2001/jun/29/comment.

③ 〔英〕乔·里特尔：《作为经济寡头统治的贤能政治 —— 新自由主义制度下"平等"的市场化》，《开放时代》2013 年第 3 期。

④ 〔英〕乔·里特尔：《作为经济寡头统治的贤能政治 —— 新自由主义制度下"平等"的市场化》，《开放时代》2013 年第 3 期。

　　鉴于上述，本文所要讨论的并非迈克尔·杨的"精英主义"（meritocracy），而是贝淡宁自己"创造"的所谓"精英政治"（political meritocracy）及其汉译"贤能政治"或"尚贤制"。

　　2. 贝淡宁的"精英政治"（political meritocracy）概念

　　贝淡宁所谓的"贤能政治"即"精英政治"，并非上述作为西方现代性民主制的"精英主义"概念；他试图从中国古代儒家那里引出指向中国现实的、反民主的"尚贤制"，贴上"political meritocracy"的标签。这实际上是在制造概念混乱。为此，贝淡宁首先需要把作为贬义词的"meritocracy"加以"洗白"。他说："在英语里，'精英治国'（meritocracy）一词仍然带有相当的贬损意味，所以我才会用'精英政治'（political meritocracy）这个名词，来强调我对这个词语的特殊用法。"[1]

　　但是，"political meritocracy"和"meritocracy"两者毕竟还是容易混淆的。为此，贝淡宁又特意区分了所谓"政治尚贤制"（political meritocracy）和"经济尚贤制"（economic meritocracy），并宣称他所要讨论的是前者。而后者即所谓"经济尚贤制"，"指分配经济资源的一种原则：它是根据能力和努力程度而非阶级和家庭出身分配财富的体制"（"前言"，第32—33页）。在我们看来，经济尚贤制是对前现代的财富世袭制的否定，显然是一种社会进步。但贝淡宁反对这种社会进步，并引证了马克思对资本主义的批判和罗尔斯对这种"冷酷无情的尚贤社会"的批判（"前言"，第33页）。按照贝淡宁的立场，经济尚贤制之

---

[1]　〔意〕Marco Del Corona：《贝淡宁：在一个西方学者眼中，中国模式魅力何在？》，刘旭爽译，观察者网：http://www.guancha.cn/BeiDanNing/2015_07_21_327510.shtml。

所以应当予以否定，是因为它"依据能力和努力程度而非阶级和家庭出身分配财富"。

姑且不去评价贝淡宁对经济尚贤制的批评是否成立，按照贝淡宁的主张，不应该"依据能力和努力程度分配财富"，却应当"依据能力和努力程度分配权力"。后者就是贝淡宁所主张的所谓"政治尚贤制"。我们不禁要问：为什么要采取双重标准？这是什么逻辑？而且，关键问题在于，如果依照贝淡宁的政治尚贤制的立场，即应当依据能力和努力程度来分配政治权力，那么，其结果必然是：能力越低的人，其社会地位越低，越不配享有政治权力。这显然是一种反民主的极端精英主义的立场，即是对人民大众的政治权力的剥夺，这不正是迈克尔·杨所讽刺的那种导致新的不平等的情景吗？

3. "political meritocracy"的汉译"贤能政治"或"尚贤制"

以上讨论表明，贝淡宁所谓"精英政治"并非中国的东西，既非古代中国的、儒家的东西，也非当代中国的东西，它是一种地地道道的西方现代政治现象。然而，贝淡宁却说："我的书主要在讲中国，值得一提的是，中文里是用'贤能政治'一词来表达'精英政治'的意思的。这个词听来就很正面，起码比英语里的'精英治国'要积极许多。"[1] 但在笔者看来，将"political meritocracy"汉译为"贤能政治"或"尚贤制"，这显然是有意无意地混淆视听，是用西方的玩意儿来"强奸"中国政治文化传统，尤其是儒家政治哲学传统 [2]。如果我们将该书的所有

---

[1] 〔意〕Marco Del Corona：《贝淡宁：在一个西方学者眼中，中国模式魅力何在？》，http://www.guancha.cn/BeiDanNing/2015_07_21_327510.shtml。

[2] 我们这里严格区分"儒学传统"和"传统儒学"。传统儒学（traditional Confucianisms）是指前现代的儒学诸形态，诸如原始儒学、汉唐儒学、宋明儒学等，它们的时代性质是截然

"贤能政治"或"尚贤制"的字样统统改为其正确的译法"政治精英主义"，那么，中国读者对这本书的印象必定大为不同。

关于西方的"meritocracy"与中国儒家的"贤能""尚贤"之间的本质区别，下文再论。这里先看看贝淡宁"贤能政治"主张的逻辑矛盾。

（二）关于"贤能政治"与民主政治之关系的自相矛盾

首先要明确，贝淡宁所主张的"贤能政治"，其本意并不包括民主制度下的精英体制，即与"meritocracy"的本义无涉，因为在他看来，"民主框架下的尚贤机构，如美国的最高法院、美联储和军队等或者英国的公务员体系不足以说明问题。这些机构只能在有限的领域内使用权力，它们最终要对民选政治领袖负责并从属于这些领袖。它们只是作为选举民主的补充而非替代"（第9页）。贝淡宁所追求的是"替代"，即用所谓的"尚贤制"来替代民主制。例如美国，贝淡宁引证道，"在美国民意调查中最具讽刺性的发现是，美国仍然是尚贤观念最强烈的地方"；然而这不过是一种"虚假的信念"（第28、29页）。又如新加坡的模式，是在"民主选举制的基础上建立单一政党的尚贤制，这本身或许就是一个错误"（第24页）。

总之，贝淡宁所谓的"贤能政治"或"尚贤制"乃是指民主制的

（接上页）不同的。而儒学传统（Confucian tradition）则是指儒学的一以贯之的原理。这套原理的现代性演绎，恰恰不是什么"贤能政治"，而是"国民政治"。参见黄玉顺：《论儒学的现代性》，《社会科学研究》2016年第6期；《国民政治儒学——儒家政治哲学的现代转型》，《东岳论丛》2015年第11期。

"替代性选择"或"替代选择"("中文版序言",第12、45页),亦即民主制的对立物和替代物。该书汉译本的副标题也鲜明地表达了这种对立 —— "尚贤制比选举民主制更适合中国"。确实,通观全书,贝淡宁主张"贤能政治",反对民主政治。

然而,极为吊诡的是,他又往往自相矛盾地明确表示赞成民主政治。当有人指出他的《贤能政治》"是对民主的攻击"的时候,他辩解道:"我并没有要贬低民主的意图。正好相反,我强烈支持实施选举民主的国家进行民主选举。我希望民主能够依靠吸收尚贤制的优点而得到改善,但这种改善需要以选举民主为基础,(因为)……民主的那些替代性选择几乎毫无例外地比选举民主更糟糕。"("中文版序言",第12页)不仅在民主国家,而且在任何国家,民主都是必不可少的:"我认为可持续的政治尚贤制也要求拥有民主社会的一些典型特征:用法治制衡腐败和权力滥用,用言论自由和政治实验防止政治等级体制的固化。……政治尚贤制将发现很难或者根本不可能在没有给予民众政治参与权的情况下解决合法性问题。"(第136页)"如果没有任何形式的民主的话,很难相信当今现代政府在民众眼中的合法性。如今,我们都是民主主义者。"(第135页)贝淡宁这里所称的"我们"是否包括他本人?看起来似乎如此。但这样一来,他就陷入了自相矛盾而不自知。

显然,政治权力合法性问题是一个根本问题。然而该书第三章第三节讨论"合法性问题"(第118—131页),贝淡宁一方面拒绝"选举民主制",主张"尚贤制",另一方面却在该节的最后结论中说,"合法性问题只能通过民主改革的方式处理,包括某种明确的民众认可",并提出了所谓"民主尚贤制"(第131页)。这就是说,"明确的民众认可"属于"民主"的范畴。试问:这种民众认可就是民主制吗?

　　贝淡宁引证托马斯·杰斐逊（Thomas Jefferson）的话说："在人群中有一些天然贵族，他们因德行和才能而优秀。……天然贵族是社会教化、信任和社会治理的宝贵人才……我们难道会认为那种能够让这些天然贵族担任政府管理职务的政府不是好政府？"（第54页）但贝淡宁没有意识到，杰斐逊这番话恰好是在讲"民主制和'尚贤制'并非对立物"。杰斐逊作为美国开国元勋之一、《美国独立宣言》的主要起草人，正是一个自由民主共和主义者，他所主张的"好政府"绝不是贝淡宁所谓的"尚贤制"，而是民主制的一种形式，即如贝淡宁所描述："自由民主的确赋予专家权力，让其履行行政和司法职责，但是这些专家必须对民选领袖负责，哪怕只是通过间接的方式。他们也不会在职责范围之外动用民选领导人给予他们的权力。"（第54页）

　　贝淡宁在论及"取消政党政治"时，提出的问题是"考虑到民主已经得到民众认可，问题在于如何设计出一种比政党体系更好的民主形式"（第45页），但他解决问题的方案根本不是民主制，而是与民主制对立的"尚贤制"。贝淡宁谈到了取消党派政治的一个"尚贤制"例证，就是香港的立法会"按照利益群体的功能界别来分配"席位。但他自己也承认，这种制度是从英国殖民地政府那里继承而来的，并且"缺乏合法性"，"大部分香港居民更愿意采用建立在多党竞争和一人一票方式基础上的直接选举取代这种制度"（第46—47页）。

　　他还谈到，"新加坡式的贤能政治基于这样一个假设，即政治领袖比普通民众能更好地把握共同体的长远利益"（第22页）。但是，如贝淡宁自己所说，这个假设正在被新加坡的现实推翻："尚贤制在新加坡已经成为一个贬义词"；"为了让政府变得更愿意回应民众的诉求，对普通公民的需求保持敏感，还是有必要进一步民主化"（第23页）。这等于是说,新加坡的"贤能"政府并不是那么"愿意回应民众的诉求",并不是那么愿意考虑"共同体的长远利益",而是更愿意维护自己党派和政府的利益;究其原因,是因为没有充分"民主化"。在这里,贝淡宁竟然是在以民主为根据来批评"贤能政治"。

关于中国的政治制度,贝淡宁的看法同样自相矛盾。他的基本主张是中国应当实行"尚贤制",抵制民主制。显然,在他看来,"尚贤"与民主是对立的。不过,他在一篇演讲稿中却又表示,"民主和贤能政治本身并不矛盾,提倡贤能政治并非反对民主制,完全可以借助民主制以完善贤能政治"①。

总之,贝淡宁不断地陷入逻辑矛盾:一方面主张"尚贤制"、反对民主制,另一方面却又将问题归结为"调和政治尚贤制与民主"(第131页)。他在谈到有学者"提倡把民主政治和贤能政治因素结合起来,即混合政治体制模式"时表示,"我也赞成混合体制,由贤能之人组成的议院被称为贤士院"②。如此等等,足见其思维之混乱。

(三)一种荒唐的逻辑

在贝淡宁的心目中,或许还隐藏着另外一种逻辑:中国社会的传统曾经是怎样的,那么,中国社会的今天和未来仍旧应当是怎样的。他说:"贤能政治过去一直是,将来也仍会是中国政治文化的中心。"③"既

---

① 〔加〕贝淡宁:《中国的政治模式如何结合贤能政治与民主政治?》,凤凰网:http://culture.ifeng.com/a/20161108/50221724_0.shtml。
② 〔加〕贝淡宁:《贤能政治是个好东西》,《当代世界》2012年第8期。
③ 〔加〕贝淡宁:《从"亚洲价值观"到"贤能政治"》,《文史哲》2013年第3期。

然中国逐步形成和实施了一套尚贤制来选拔任命拥有优秀的智识能力、社交技能和道德素质的政治领袖 —— 尽管不算完美，任何的改进难道不应该以此为基础吗？"（"中文版序言"，第13—14页）贝淡宁全书都贯穿着这样的逻辑。

按照这样的逻辑，我们也可以说，既然中国古代就逐步形成和实施了君主专制，难道任何改进不应该以此为基础吗？既然人类曾经实行奴隶制度，难道任何改进不应该以此为基础吗？既然人类曾经都是猿猴，难道任何改进不应该以此为基础？我们注意到，不少人都死抱着这样的荒谬逻辑：中国的传统一向如此这般，所以中国的现在和将来也理当如此这般。这种逻辑正在成为学界的一种理所当然、"政治正确"的思维方式，实在值得警惕！

二、"贤能政治"主要观点的谬误

围绕所谓"贤能政治"，贝淡宁提出了一系列观点，我们就来分析一番。

（一）所谓"民主的四大缺陷"

在该书第一章，贝淡宁讨论了"民主的四大缺陷"，或曰民主的四大"暴政"。

1. 所谓"多数派暴政"

确实，约翰·穆勒所指出的"多数派暴政"，在古代和近代的民主政治中是存在过的；但是，贝淡宁自己也承认，这个问题已经由民主制本身加以纠正："20世纪，自由民主巩固了对多数派统治的宪法限制，自由民主国家通常都会保护少数群体和不受欢迎的个人，使其权利免受多数人的侵犯"（第10页）；"今天，正如你知道的，大部分民主国家都有保护少数派和个人的机制"；"民主政治的自由部分旨在通过各种宪法机制保护少数派的利益，防止多数派侵犯民众的基本权利"（"附录二"，第226页）。这说明贝淡宁已经承认，在当代民主政治现实中，多数派暴政已不复存在。于是，贝淡宁只好"另辟蹊径"来否定民主制。他说：尽管"事实上，实证性的证据显示，选民往往根据他们认为的国民共同利益而非自私利益进行投票"，但"（民主制所存在的）基本问题是……大部分选民缺乏做出知情的政治判断所需要的知识"（第11页）。这其实是偷换概念：将"多数派暴政"偷换成了"选民无知"。以"选民无知""人民素质低下"之类的理由来否定民主制，其实已经是一种老生常谈了，而且对此论也早已有了许多有力的驳斥。例如，既然承认"实践出真知"，那么，民众就只能通过民主政治的实践来获得民主政治的知识和能力。

贝淡宁的说法涉及两层问题：其一，选民缺乏做出"知情"的政治判断的知识。这里的要害在"知情"，然而这正是民主制度要求给予人民、反民主者却拒不给予人民的权利，即知情权。其二，选民缺乏"（政治）知识"。但这样的知识同样是所谓"贤能政治"或"尚贤制"无法给予人民的。况且，没有任何政治制度是建立在人人必须通晓政治知识的基础之上的，贝淡宁凭什么这样要求民主制？而且，事实上，民主制已经通过代议制等一系列制度安排来解决这个问题，那就是贝淡宁不以为然的、民主制度下的"尚贤制"，包括"民主框架下的尚贤机构，如美国的最高法院、美联储和军队等或者英国的公务员体系"，这些机构最终要对选民负责，"它们只是作为选举民主的补充而非替代"（第9页）。

2. 所谓"少数派暴政"

所谓"少数派暴政"，贝淡宁指的是资本操纵政治，亦即"富有的少数派暴政"（第30页）。无可否认，在民主国家，资本对政治具有相当的影响力。事实上，在任何制度中，政治权力与财富之间都存在着密切关联，只是存在两种不同的路数和制度模式：一种是通过拥有权力来攫取财富，非民主制度下的情况即属此种路数；一种是通过拥有财富来影响政治，民主制度下的情况即属此种路数。贝淡宁认为，造成这种"暴政"的根本原因是贫富悬殊、收入不平等。关于民主制下的情况，他说："金钱对政治的影响是大部分现有民主国家的苦难根源，美国或许是最极端的例子。"（第26页）关于所谓"尚贤制"下的情况，他却承认："在收入不平等方面，中国和新加坡并不比美国好多少，在过去二十多年里，实际情况在进一步恶化"；"'少数派暴政'在中国和在美国或许是类似的问题"（第32、34页）。这样一来，我们就不知道贝淡宁到底要说什么：造成收入不平等、"少数派暴政"的原因，究竟是民主制，还是"尚贤制"？实际上，贝淡宁自己说过："许多选举民主制国家——比如我的祖国加拿大，就在限制金钱对政治的影响方面做得更好。"（"附录二"，第233页）

3. 所谓"选民共同体暴政"

所谓"选民共同体暴政"是指一个民族国家的政府之政策的内外有别，即"政治平等仅限于政治共同体的界线之内，界线之外的人则被忽略"（第34页）。此所谓"外"包括两种情况，一种是一国之内的非选民，另一种是一国之外的其他人，而其"界线"在于是否具有该国的有选举权的国民身份。贝淡宁说："民主化往往会强化国民身份认同的政治显著性。"（第34页）但常识告诉我们，"强化国民身份认同的政治显著性"与"民主化"之间并无必然联系，非民主化的国家同样在强化国民身份认同的政治显著性，以"爱国主义"为旗号的极端民族主义现象比比皆是。

贝淡宁的意思显然是：民主制造成了"选民共同体暴政"。言下之意，非民主制国家的政府政策并不是内外有别的，而是内外一视同仁的。这个判断是罔顾事实的。其实，贝淡宁是找错了病根。如果说存在着"选民共同体暴政"现象，那么，这其实是民族国家时代的一个普遍问题，除非人类社会走出了民族国家时代①。

有趣的是，贝淡宁比较了中国香港和新加坡的外来劳工现象："两地都依靠数十万外来劳工做本地人不愿意从事的肮脏、危险、有损身份的工作"，但是，外劳在香港拥有比在新加坡更好的权利和保护，"一个重要原因是中国香港的外劳（像其他居民一样）可以自由组织互助群体，也可以采用公开抗议的方式争取自己的利益"（第35页），其实也就是更加自由民主。这就是说，新加坡存在着"选民共同体暴政"；然而我们记得，在贝淡宁心目中，新加坡乃是"贤能政治"或"尚贤制"的一个典范。贝淡宁在这里恰恰是在为民主辩护，这恐怕是他自己始料未及的。

4. 所谓"竞争性的个人主义者暴政"

贝淡宁将民主制社会描绘为"竞争性的个人主义者组成的社会"，其中每个人都是自私自利的个人主义者，他们在民主选举中的恶性竞争导致社会和谐的破坏（第42页）。这就是贝淡宁所谓的"竞争性的个人

---

① 参见黄玉顺：《"以身为本"与"大同主义"——"家国天下"话语反思与"天下主义"观念批判》，《探索与争鸣》2016年第1期。

主义者暴政"。贝淡宁的基本思考方式，就是在对立的两极即"竞争"
与"和谐"之间进行选择。姑且不论民主社会与非民主社会的实际情况
如何，贝淡宁将"竞争"与"和谐"对立起来的思维方式本身就站不住
脚。他没有意识到，自己已经否定了这种对立。他分析了两种层次的社
会和谐：

（1）"在最低层次上，和谐意味着和平的秩序（或不使用暴力）"，
"应该用非暴力的方式建立一种和平秩序"（第43页）。那么，我们不禁
要问：难道民主选举不就是一种非暴力的方式，不就是一种和平的秩序
吗？反之，非民主制的社会在试图"建立一种和平秩序"时，难道不是
通常采用暴力革命的手段吗？

（2）更高层次的和谐，贝淡宁认为是"儒家对和谐的理解"，也就
是承认"多样性"（第43页，下同）。他没有意识到，他所主张的那种
"大一统"的所谓"贤能政治"恰恰是拒绝多样性的，倒是他所反对的
民主制才能容纳多样性。他谈到了儒家传统的一个比喻，即"一种调料
如盐，就其本身来说味道可能是寡淡的，但若与其他调料混合起来，就
会让汤的味道变好"。这其实就是儒家的"和而不同"的观念。这种观
念在政治上的体现就是："早期儒家强调统治者应该对不同政治观点持
开放态度，这样问题才会暴露出来，人们才能改正错误。"但贝淡宁对
儒家这种观念的理解是偏颇的，以为和谐意味着拒绝竞争，殊不知儒家
并不拒绝竞争，只是反对无礼无序的竞争，主张有礼有序的竞争。如
孔子说："君子无所争，必也射乎！揖让而升，下而饮，其争也君子。"
（《论语·八佾》）这就是说，君子的竞争犹如在射礼上的竞赛，即是在
一种和平的程序下的竞争。民主选举难道不是一种和平的程序，而是一
种暴力斗争吗？

（二）作为"贤能政治"前提的四个假设

贝淡宁承认，所谓"贤能政治"不过是建立在四个"假设"的基础之上的：（1）"一个政治共同体被高素质的统治者管理是好事"；（2）"中国的执政党政治体制将持续下去"；（3）"该体制的尚贤部分是合理的"；（4）"该体制还有改进空间"（"前言"，第35页）。这里不去讨论后面三个假设，仅就贝淡宁的第一个假设"一个政治共同体被高素质的统治者管理是好事"予以分析。贝淡宁所谓"高素质"是指人的道德和能力两个方面。不过，历史告诫我们：统治者的道德是不靠谱的，好的制度会使统治者变好，坏的制度会使统治者变坏；统治者的能力更是不靠谱的，在坏的制度下，统治者的能力越强，所带来的危害越大。

（三）贝淡宁为"贤能政治"三大问题的辩护

贝淡宁承认，所谓"贤能政治"存在着"三大问题"："（1）基于高超能力选拔出来的政治领袖可能滥用权力；（2）政治等级体系可能固化，破坏社会流动性；（3）很难向权力结构之外的人论证该制度的合法性。"（第97页）

1.关于"贤能政治"的腐败问题，即"统治者可能滥用其权力"（"前言"，第36页）。贝淡宁的基本观点是："选举民主不一定是遏制腐败的利器"；"真正能够控制腐败的是经济发展的程度"，"高人均国内生产总值仍然是反对腐败的最佳防波堤"（第97、98页）。这里的潜台词显然是："贤能政治"能够发展经济，从而能够遏制腐败。且不说这是否符合事实，贝淡宁接下来分析导致腐败的原因，第一个就是缺乏民主制度："腐败的最明显原因是缺乏对政府权力的独立制衡力量"；尽管现有的"尚贤制"采取了种种措施，但"基本问题并没有改变：没有独立的法律和政治机构拥有正式的权力制衡和调查集体领导层的权力"（第 99 页）。这里，我们再一次见识了贝淡宁的逻辑混乱。

　　贝淡宁开出的药方是："对尚贤制政府来说，并不需要通过一人一票选举领导人就能遏制腐败的方法有很多：确立独立的政治权力制衡、减少公私领域之间的相互倚赖、提高官员的薪水、实行更加系统的儒家道德教育工程，所有这些都能帮助消除腐败。"（第 108 页）但凡具有历史知识和现实经验的人都知道，这些都是痴人说梦。事实上，独立的政治权力制衡，恰恰是与"尚贤制"相反的民主制的特点；公私领域之间的相互倚赖，恰恰是公有制的一种经济特征；至于官员的薪水太低，这根本就不是产生腐败的原因，这个问题已有许多研究成果；而儒家道德教育也不能防止腐败，否则中国古代就不会有腐败现象了，事实上中国古代从来就没有真正解决腐败问题。贝淡宁曾向人提出这样一个问题："为什么在政治制度'尚贤化'的过程中，腐败还越来越严重呢？"（"附录二"，第 252 页）其实，他更应该做的是自问。有学者问得好："说白了，一句话，贤能政治有何拿得出手的根本性制度安排，能够像民主政治那样，从根子上解决'把权力关进制度的笼子'的问题？"[1]

　　2. 关于"贤能政治"的"政治等级体系可能固化，从而阻碍社会流动性"（"前言"，第 36 页）。古代社会的特点之一是社会等级的固化，现代社会的特点之一则是社会阶层的流动性。贝淡宁所指出的民主国家存在的某些固化现象，与古代社会的固化现象根本就不是同一性质的问

---

① 刘京希：《构建现代政治生态必须祛魅贤能政治》，《探索与争鸣》2015 年第 8 期。

题；不仅如此，民主制下的固化现象也远不能与贝淡宁所赞赏的"尚贤制"下的固化现象相比，较之于后者的"二代"现象（诸如"富二代"、"官二代"等）日益严重，前者实在是"相形见绌"。

3. 关于"贤能政治"的合法性问题，即"这个体制的合法性很难令人信服"（"前言"，第36页）。贝淡宁承认，"合法性问题可能是尚贤制遭遇的最严峻挑战"（"前言"，第37页）。当他这样讲的时候，其实就意味着他已经不自觉地承认了政治权力合法性的现代性标准；但与此同时，他又否定这样的标准。贝淡宁提出了合法性的三个来源，即"民族主义、政绩合法性和政治尚贤制"（第121页）。我们首先可以排除贝淡宁所讲的第三个合法性来源，否则就成了"尚贤制的合法性来源是尚贤制"这样的荒谬逻辑。至于将"政绩"视为权力合法性的来源，这也是站不住脚的，因为古代暴君和现代威权主义或极权主义政权都可能取得良好甚至优异的"政绩"，但这并不能证明它们的权力具有合法性。正如贝淡宁自己所承认："没有一位君主如此伟大，以至于他应该统治去政治化的民众，而且不需要被问责。如果没有任何形式的民主的话，很难相信当今现代政府在民众眼中的合法性。"（第135页）至于将"民族主义"视为合法性的来源，那就更加危险了，我们不妨想想两次世界大战与民族主义之间的关系，尤其是德国纳粹极权主义的民族主义。

（四）所谓"贤能政治"的三种模式

贝淡宁自相矛盾地宣称："中国背景下政治尚贤制……不需要通过民主选举挑选国家最高领导人。……但是，合法性问题只能通过民主改革的方式处理，包括某种明确的民众认可。因此，问题是如何调和政治尚贤制与民主。"（第131页）于是，他专章讨论了所谓"民主尚贤制的三大模式"："（1）在选民层面上将民主与尚贤结合起来的模式；（2）在中央政府层面上将民主与尚贤结合起来的水平模式；（3）中央政府层面上尚贤和地方政府层面上民主结合起来的垂直模式。"

第一种模式其实是民主制，而不是贝淡宁所主张的与民主制对立的"尚贤制"，所以他认为是"注定行不通的"；他过去长期坚持第二种模式，现在转而主张第三种模式（第136页）。我们就来看看后面两种模式：

1. 水平模式：上层民主尚贤。贝淡宁所说的在中央政府层面上将民主与尚贤集合起来的模式，他本人之所以放弃，原因其实很简单：两者的结合只有两种可能：要么是民主制下的尚贤，这在本质上其实就是民主制；要么是尚贤制下的民主，这在本质上就是尚贤制。而按贝淡宁的基本观点，尚贤制与民主制相对立，换言之，两者根本就不可能兼容："鱼和熊掌可兼得吗？"（第141页）

贝淡宁谈到了孙中山的"五权宪法"政治理想：首先是"三权分立的政府——立法、行政和司法三权分开——类似于美国的宪法体制"（第141页），这其实就是以民主制为基本制度；然后增设独立的监察院和考试院，这算是"尚贤制"的部分。但贝淡宁自己也承认，这不论在实践上还是在理论上都是行不通的（第142—143页）。

他又谈到了哈耶克关于立法机构实行两院制的设想，一个是"选民代表组成的议会"，一个是"负责制定基本行为准则"的代表机构；但贝淡宁也承认，"哈耶克的建议从来没有实现过"，因为它是"反民主"的（第144页）。我们知道，现实中的民主国家的两院制并非什么"尚贤制与民主制的结合"，而是民主制的一种模式。

贝淡宁还谈到了他曾长期欣赏的蒋庆"三院制"（通儒院、国体院、庶民院）设想；但贝淡宁最终意识到，无论如何，"蒋庆的建议仍然是不现实的"（第149页）。有意思的是，在贝淡宁看来，蒋庆的方案之所以不现实，并非因为它反对民主，而是因为"他的建议是过于民主了"（第149页）。这当然是贝淡宁一贯的反民主立场的必然表现，但也说明了将民主与"尚贤"结合起来的"水平模式"的破产。贝淡宁陈述了这种"水平模式"不可行的三个原因（第150页），然后便将目光转向了所谓"垂直模式"。

2. 垂直模式：基层民主，上层尚贤。这才是贝淡宁的真正反民主的"尚贤制"方案。

（1）关于基层民主。贝淡宁高度赞赏中国这些年来尝试的基层民主选举；同时承认这种基层民主存在问题，却语焉不详（第151页），而是迅速地把话题转向了高层尚贤的问题。

（2）关于上层尚贤。贝淡宁一方面认为，"'现有'的尚贤制的优势是很明显的"；另一方面承认，"现有的尚贤制也存在缺陷"（第154、155页）。他从两个方面分析了这些缺陷："一方面体现为中国各级政府没有充分发挥民主机制的作用，无法限制权力滥用，也没有为边缘化群体提供更多机会来表达其政治愿望。另一方面在于政治尚贤制没有在中国充分发展起来。"（第155页）前一方面原因的揭示，其实是与贝淡宁"尚贤制"的基本主张相矛盾的，因为那其实是民主制的要求；后一方面原因的揭示，则正是所谓"尚贤制"的命门所在，即这种制度无法真正做到"政治官员的选拔应该基于才能和品德而不是政治关系、财富和家庭背景"，尤其是它"还需要面对政治合法性的问题"，这使得"政治尚贤制将变得越来越难以维持下去"（第155页）。

那么，怎样解决高层尚贤制的合法性问题？贝淡宁居然异想天开地设计了一种"反对选举民主的公投"，试图一劳永逸地解决这个问题，自以为"选票将为确保政治尚贤制的长久存在提供充足的民主合法性"（第156—159页）。"为使'贤能政治'体制更具民主的合法性，也许有必要就此展开一场全民公投。这样一来，对'贤能政治'的批评声音会被民众而非政府所止息，而原本用于稳固这一系统的审查与武力压制，也会失去用武之地。"①且不说这种全民公决是否会被接受，吊诡的是，贝淡宁所寻求的最终倚赖还是民主制，以此为"尚贤制"提供根本保障。不难发现，贝淡宁一而再、再而三地用他所反对的民主来支撑他所主张的那种与民主制相对立的"贤能政治"。

（五）所谓"中国模式"

作为全书的结论，贝淡宁重新界定了"中国模式"："这种模式——基层民主、中间实验、高层尚贤——是中国独有的，我们称之为'中国模式'。这里中国模式指的是政治治理而非经济改革方式。"（第164页）他认为，"政治改革的指导原则一直是'基层民主、中间实验和高层尚贤'"，这是"中国模式的三个支架"（"前言"，第37页）。简言之，他所谓"中国模式"特指中国政治治理方式改革的基本原则。这其实就是我们刚刚分析过的、实际上已经被贝淡宁自己否定了的所谓"垂直模式"：基层民主，上层尚贤。

---

① 〔意〕Marco Del Corona：《贝淡宁：在一个西方学者眼中，中国模式魅力何在？》，http://www.guancha.cn/BeiDanNing/2015_07_21_327510.shtml。

贝淡宁认为，这种模式"既是现实也是理想，说它是现实因为它刻画了中国过去三十多年的政治改革的特征；说它是理想因为它可以被用作评价政治改革的标准，用来指明可能需要改进的地方"（第164页）。然而，我们来看贝淡宁的论述：关于"政治改革的现实"（第164—170页），这位"中国通"其实根本就不了解中国政治运作的"规则"与"潜规则"；关于"政治改革的理想"（第171—176页），贝淡宁实际上在一定程度上否定了涉及"现实"部分所肯定的东西。当然，在贝淡宁看来，理想与现实之间的差距只是表明现实的"尚贤制"还不够完善而有待改进。有趣的是，正如上文已经分析过的，这些改进措施往往是引入一些民主的成分，甚至从根本上需要民主机制来加以保障。

我们在上文已经分析过，贝淡宁的基本观点有一个矛盾："尚贤制"是与民主制根本对立的，而两者又是可以结合起来的。事实上，所谓"结合"有两种可能：一种是"尚贤制"吸纳某些民主因素，例如所谓基层民主，但这里的"民主"其实已经不是真正意义的民主，而仍然是所谓"贤能政治"，因为"高层政治尚贤制是中国模式的基础"（第177页）；一种是民主制吸纳某些"尚贤"（精英政治）因素，但这里的"尚贤"已经不是贝淡宁所说的"尚贤制"，而是民主政治，这是与"尚贤制"不相容的，"很难想象在民主政治体制中进行可能会限制公民平等的投票权的'贤能化'选举"（第178页）。这就是说，既然"尚贤制"与民主制是两种对立的政治制度，那么，两者的结合就是不可能的，这一点其实已经为历史与现实所证明。

已有学者指出：所谓"贤能政治"的本质就是"反民主"，它"既与人类社会发展大势——民主与法治相抵牾，也与中国特色社会主义所要实现的社会主义民主的要求不相吻合"①。贝淡宁主观上是否自以为在"充当中国政府的'辩护者'"（"中文版序言"，第15页），我们不得而知；我们的印象倒是：贝淡宁将中国现行的政治制度判定为"贤能政治"或"尚贤制"，等于是将其判定为一种反民主的制度，这与党和政府的"民主"宣示是背道而驰的，因为"民主"已经被明确地列为"社会主义核心价值观"。

三、"贤能政治"的要害

尽管贝淡宁的观点充满着种种矛盾和混乱，但其基本主张无疑是反对民主政治而主张"贤能政治"。现在让我们来更进一步地剖析贝淡宁所谓"贤能政治"的本质。

（一）对"人民主权"的公然否定

所谓"贤能政治"，贝淡宁的界定是："贤能政治的基本观点是，人人都有平等的机会接受教育并为社会和政治做贡献，但不是每个人都拥有同样的能力做出知情的道德和政治判断，成为出类拔萃的人才。因此，政治的任务就是辨认出具有超常能力的人，让他们为公众服务。"（第21页）这番话听起来似乎颇有道理，实则不然。简言之，"贤能政治"的根本原则是：政治权力来自政治能力。这里，"人人都有平等的

---

① 刘京希：《构建现代政治生态必须祛魅贤能政治》，《探索与争鸣》2015年第8期。

为政治做贡献的机会"实际上被极少数"具有做出政治判断的超常能力的人"剥夺了。这其实是社会达尔文主义的"丛林法则"在政治上的表现，不妨称之为"政治达尔文主义"，乃是赤裸裸的对人民大众的政治权利的否定。已有学者指出："贤能政治的实质，就是以个别精英人物为政治主体的人治主义。它的一个显著的体制性特点，就是领袖人物极为崇尚主观意志和主观能动性，崇尚脱离客观条件约制的主观性力量。因此，它在骨子里就是反对监督、反对制约、反对分权的，故而终归是反对民主，反对公民进行平等的政治参与的。"①

这里，"反对公民进行平等的政治参与"是其关键所在。贝淡宁说："我再次重申，本书旨在为政治上的尚贤制辩护，即政治权力应该根据能力和品德分配。"（"前言"，第34页）这就是说，政治权力的来源不是人民、全体公民，而是有所谓"能力和品德"的政治精英（上文已经指出，统治者的能力和品德是靠不住的）；换句话说，政治权力及其合法性尺度不在人民那里，而是在政治精英的手上。这显然是对人民主权的公然蔑视和否定。

（二）工具理性的思维方式

与上一点密切相关的另一个问题，是贝淡宁的思维方式。他认为："政治体制的目的应该是选拔能力超群、品德高尚的人作为领袖，这个观点无论在中国还是西方的政治理论和实践中都是核心内容。"（"前

---

① 刘京希：《构建现代政治生态必须祛魅贤能政治》，《探索与争鸣》2015年第8期。

言"，第 30 页）这就是说，不论是民主的政治体制，还是"尚贤"的政治体制，目的都是选拔"贤能的"领袖。换句话说，政治制度只是一种工具，而非一种价值。这显然是一种工具理性的思维方式。

不幸的是，这不是贝淡宁个人的思维方式，也是一种普遍的错误认识。贝淡宁说，虽然"有些哲学家认为投票权和竞选政治职务对个人来说具有内在价值"，"但是这种论证一直遭到强有力的反驳，英美著名的哲学家，从约翰·斯图尔特·穆勒到约翰·罗尔斯和罗纳德·德沃金，都倾向于从功利的角度来为一人一票制进行辩护"（第 6 页）。这其实是对这些哲学家的思想观念的曲解，因为英美现代政治哲学的主流观念从来不是贝淡宁式的"功利"论证，而是"天赋人权"（natural rights）的价值论证。

当有记者问他："你所持的是一种实用主义观点：'精英治国'比一人一票制更有效。难道'内在价值'与绝对原则就不值得考虑吗？"贝淡宁的回答是："我的意思是，最好将选举民主看成是一种程序，旨在产生好的治理方式，如果其他的程序更加行之有效，就该择其善者而从之。政治调查问卷的数据显示，这也是大多数中国人对选举的看法，或者说，对选举的评估。话虽如此，民主政治更深一层的价值，即给予民众平等的政治身份，是为当代大多数社会所认同的，中国也不能例外。但这种价值可以通过某些机制（比如说，所有公民都有参加考试以进入仕途的权利，而法律面前人人平等）来实现，不一定要假手于选票制民主政治。"① 就是说，民主的价值竟可以通过非民主、反民主的制度来实

---

① 〔意〕Marco Del Corona:《在一个西方学者眼中，中国模式魅力何在？》，http://www.guancha.cn/BeiDanNing/2015_07_21_327510.shtml。

现。这岂不荒谬?!至于所谓"法律面前人人平等""所有公民都有参加考试以进入仕途的权利",在前现代的皇权专制社会里也能做到,这又怎么能够保证实现"民主政治更深一层的价值"呢?

事实上,这种工具主义的思维方式是根本错误的。政治制度的目的并不是选择领袖,而是解决权利与权力的主体是谁的问题;民主绝不仅仅是一种工具,而是一种价值,即是人民主权的保障。况且,历史事实已经充分证明了一条真理:如果没有民主制度,"贤能"的好人也会变成"不肖"的坏人。

(三)极权主义的危险图景

贝淡宁对政治权力合法性来源的讨论,暴露了他的极权主义倾向。贝淡宁认为,"贤能"的政治领袖应当具备这样三种关键品质:智识能力、社交技能和美德(第55页)。首要的是智识能力,这是政治领袖权力合法性的关键。为此,他引证马克斯·韦伯(Max Weber)提出的权力合法性的分类:传统权威(Traditional Authority,基于某种传统惯例的权力认同);魅力权威(Charisma Authority,基于领袖个人魅力的权力认同);法理权威(Legal-rational Authority,基于理性法律程序的权力认同)(第62—64页)①。其中,贝淡宁对魅力型的政治领袖,即"克里斯玛权威"的描绘充满着赞赏的口吻:他具有"因超凡魅力而获得支配权的领袖的素质,人们会因领袖个人的'超凡魅力'效忠于他"(第

---

① 参见〔德〕马克斯·韦伯:《学术与政治:韦伯的两篇演说》,冯克利译,生活·读书·新知三联书店1998年版。

62 页）。

贝淡宁所描绘的"贤能"政治领袖，乃是这样一种可怕的形象："政治领袖对我们有支配权"（第 135 页）；他领导下的"国家是这样一个人类团体，它在一定疆域之内（成功地）宣布了对正当使用暴力的垄断权"（第 62 页）；"政治领袖为了实现良好的结果，必须准备好使用不那么道德的手段"，"有为了并不完美的政治决定不惜使用暴力手段的决心"（第 63、64 页）。这样的领袖形象的描绘，不禁让我们想起希特勒。于是，贝淡宁赶紧把自己所主张的"贤能"政治领袖与这种"魅力型"领袖区分开来："韦伯对'超凡魅力型'政治领袖的描述更适合用在战争时期或国内动乱之时"；而"在中国这样以集体领导为特征的现代化的、基本和平的社会中，领袖的优秀品质很可能不同，或许更接近于韦伯所说的'公务员'的性格特征"（第 64 页）。但是，紧接着，贝淡宁自己否认了这种区别："在皇权时代的中国，公务员和政治领袖之间是没有界线的"，"他们有权力就影响千百万人生活的问题形成决策（虽然在终极意义上，他们应该听命于皇上）。在当今中国，国家公务员考试是获得政治权力的垫脚石；政治官员和公务员之间并没有截然分开的晋升之路"（第 64—65 页）。这样一来，在贝淡宁的笔下，我们实在看不出超凡魅力型的权力、古代的专制主义和现代的极权主义之间究竟有何实质区别。

在政党问题上，贝淡宁也表现出极权主义倾向。现代政治文明的基本特征之一，是党派政治或政党政治。贝淡宁却明确主张："选举民主的替代选择：取消党派政治。"（第 45 页）为论证其主张，在西方传统资源方面，贝淡宁引证了柏拉图（第 53—54 页）。众所周知，柏拉图是反对民主制的，他的政治主张是"哲学王"领导下的贵族统治，这绝不是现代政治文明的形态。贝淡宁说："他（柏拉图）主张哲学家国王统治的论证是如此极端，以至于当今很少有人会阅读此书并从中寻找选拔政治领袖的灵感。"（第95页）贝淡宁还引证了黑格尔（第46—47页）。众所周知，黑格尔在政治上是一个国家主义者，他的政治哲学与后来德国纳粹的国家社会主义之间存在着深层的内在精神联系。而在中国传统资源方面，贝淡宁特别谈到了"皇权时代的中国对政治尚贤制的伟大贡献是实行科举制"（第53页）。但我们不应忘记，科举制是隶属于皇权制度、为皇权服务的工具，而皇权制度是一种专制制度；在现代政治中，最接近于这种专制制度、甚至有过之而无不及的就是极权制度。

值得提请注意的是这样一种吊诡的现象：政治精英主义往往与民粹主义搅在一起。究其缘由，民粹主义往往具有韦伯所说的"克里斯玛权威"（Charisma Authority）情结，即对作为精英的魅力领袖的权力崇拜。笔者多次指出：民粹主义其实不是什么"主义"，而是一种社会情绪，所以，它可以与任何"主义"结合，例如：当其与自由主义结合时，就会倾向民主主义；当其与国家主义结合时，就会倾向极权主义。贝淡宁所谓"贤能政治"显然属于后者，即与民粹主义结合的精英主义，故而可称之为"通往极权之路"。

最后归结为贝淡宁提出的一个问题，即"是否可能在不出差错的情况下实行政治尚贤制"？以上分析表明，回答是否定的；不仅如此，所谓"尚贤制"实在是一个坏东西。贝淡宁承认，"如果没有设计出强大的反制措施来防止统治者做坏事"，那么，拒绝民主制，实行"尚贤制"，"其风险似乎过大了"。这种"差错""风险"就是走向极权主义。反之，正如贝淡宁所承认的，"选举民主或许不能保证领导人有高超的能力，但是至少选民能够在发现他们做出错误的选择之后把这些领导人赶下台"（以上见第 95 页）。

四、"贤能政治"对于儒家传统的歪曲

本文开头论及，"精英主义"乃是西方的现代性民主制之下的概念。贝淡宁却说："在中国，'贤能政治'的传统源远流长——确切说来，在中国，关于统治者应当拥有何种能力与美德的辩论，以及科举取士、依政绩从基层逐步升迁的实践，都有相当久远的历史。中国过去三十年崛起之基础，正是这种现代化的'贤能政治'。"[①]这是在名词翻译上玩花样，以混淆视听。

贝淡宁"meritocracy"的汉译"尚贤"，使人想到中国古代的"尚贤"政治传统。不过，在古代中国，"尚贤"并不仅仅是儒家的思想，《墨子》一书就有《尚贤》三篇。但按贝淡宁的意思，他所谓"尚贤制"即"贤能政治"是儒家传统。贝淡宁本人便自诩为"儒家"。所以，收入该书的"附录二"，即一个官员与贝淡宁的对话，题为《共产主义者与儒家学者的对话》，贝淡宁在"前言"中对此表示了认可（"前言"，第 38 页）。他还说："我逐渐对政治尚贤制感兴趣是在接触儒家传统之后"；"我写的有关政治尚贤制的文章往往更多是受到儒家哲学而非现实政治的启发"（"前言"，第 39 页）。然而，在笔者看来，这位"洋儒"其实是伪儒，因为他所谓"尚贤制"或"贤能政治"是对儒家政治

[①]　〔意〕Marco Del Corona：《在一个西方学者眼中，中国模式魅力何在？》，http://www.guancha.cn/BeiDanNing/2015_07_21_327510.shtml。

哲学原理的歪曲。

（一）《礼记》"选贤与能"的本义

　　说到"贤能"，自然使人想到儒家经典《礼记·礼运》所说的"选贤与能"（贝淡宁也谈到"《礼记》中描述的'大同'理想"，见《贤能政治》"附录二"，第 263 页）。原文是借孔子之口陈述的：

　　　　大道之行也，与三代之英，丘未之逮也，而有志焉。
　　　　大道之行也，天下为公，选贤与能，讲信修睦。故人不独亲其亲，不独子其子，使老有所终，壮有所用，幼有所长，矜寡孤独废疾者皆有所养；男有分，女有归；货恶其弃于地也，不必藏于己；力恶其不出于身也，不必为己。是故谋闭而不兴，盗窃乱贼而不作，故外户而不闭。是谓大同。
　　　　今大道既隐，天下为家，各亲其亲，各子其子，货力为己；大人世及以为礼，城郭沟池以为固，礼义以为纪，以正君臣，以笃父子，以睦兄弟，以和夫妇，以设制度，以立田里，以贤勇知，以功为己。故谋用是作，而兵由此起。禹、汤、文、武、成王、周公，由此其选也。此六君子者，未有不谨于礼者也，以著其义，以考其信，著有过，刑仁讲让，示民有常。如有不由此者，在势者去，众以为殃。是谓小康。

　　这里涉及了三个时代：最初是"大道之行"的"大同"时代；然后是"三代之英"的"小康"时代；最后是孔子身处其中的"礼坏乐崩"

时代，犹如康有为《大同书》所说的"据乱世"。这是一种"每况愈下"的描述。至于"选贤与能"的"大同"时代的情形究竟如何，无法考知，但我们可以根据其后的"小康"时代而推知："小康"时代出现了"禹、汤、文、武、成王、周公"，是"礼义以为纪，以正君臣，以笃父子，以睦兄弟，以和夫妇，以设制度"的时代，即是产生了国家制度的时代；那么，此前的"大同"时代，其实就是原始社会（贝淡宁也谈到"'大同'理想更像马克思所说的'原始共产主义'阶段"，见《贤能政治》"附录二"，第263页）。《礼记》对"大同"时代的描述是有一定的历史事实根据的：那时还没有"仁""义""礼"等价值观念，其实就是人类进入文明社会之前的原始状况；所谓"天下为公"也并不是人们后来所讲的意思，而应当对应于氏族社会的原始公有制。

孔子之所以要描绘"大同"，却并不是这个意思，即并不是实证主义历史学家的陈述。这种"大同"时代，孔子说他自己"未之逮也，而有志焉"，其实是讲的一种指向未来的理想。不仅如此，而且孔子口中的"三代之英"的"小康"社会，其实也是一种指向未来的理想；如果依据过去的历史事实，那么，夏商西周乃是宗法社会，用《礼记》的话来讲，那是"天下为家，各亲其亲，各子其子，货力为己"的社会，即是父系血缘宗法社会。孔子对"小康"与"大同"的言说，其实是中国的一种传统的言说方式：托古。孔子意欲重建、更确切地说是建设"小康"乃至于"大同"社会，然而我们知道，后世儒家迎来的却是家族社会、皇权社会、帝国时代的君主专制。这绝不是孔子的政治理想。

有意思的是，《礼记》中孔子讲"选贤与能"，并不是放在禹、汤、文、武、成王、周公的"小康"时代，而是放在未来的"大同"时代，这个时代绝非君主专制"乾纲独断"的社会。这显然并不是贝淡宁所谓古代的"贤能政治"。在中国传统社会中，不论迈克尔·杨所说的"精英主义"，还是贝淡宁所讲的"精英政治""尚贤制"或"贤能政治"，根本就是子虚乌有的东西。

（二）贝淡宁对儒家思想的曲解

贝淡宁引证新加坡总理李显龙的话说："在儒家丰富的思想中，有许多观点对我们仍有借鉴意义，其中之一就是君子治国。"（第21页）李显龙的这种说法，只能代表他个人的观点。将儒家的政治思想概括为"君子治国"，这是站不住脚的。然而贝淡宁竟然说："柏拉图和孔子都赞同将大多数人排除在政治权力之外的某种政治尚贤制。"（第135页）说孔子主张"将大多数人排除在政治权力之外"，这实在是厚诬孔子。他大概是因为看到孔子这样说过："天下有道，则庶人不议。"[1]但他有几点不明白：第一，这里的"议"指"非议"，而非"议政"。何晏注："孔曰：'无所非议。'"邢昺疏："'天下有道，则庶人不议'者，'议'谓谤讪，言天下有道，则上酌民言以为政教，所行皆是，则庶人无有非毁谤议也。"[2]第二，孔子所说的"庶人不议"，其前提是"天下有道"。孔子的意思显然是说：如果统治者"有道"，庶人自然就不会"非议"；反之，如果统治者"无道"，则庶人当然就会"非议"。第三，既然"上酌民言以为政教"，就表明即便"有道"，也是允许"民言"，允许庶民"议政"的。第四，孔子所言乃是针对那个时代的政治，而不

---

[1] 《论语·季氏》，载何晏集解，邢昺疏：《论语注疏》，阮元校刻：《十三经注疏》，中华书局1980年版，第2521页。

[2] 何晏集解，邢昺疏：《论语注疏》，阮元校刻：《十三经注疏》，第2521页。

是在表述一个普遍的政治哲学原理。

　　然而有意思的是，贝淡宁又认为古代儒家具有民主思想。他说：
"基层民主根源于朱熹的理学思想，这种思想建立在地方自愿性机构比
如乡镇居民聚居地、乡镇粮仓和村办学校等基础上，它设想将本地化的
自治社区网络作为社会秩序和政治稳定的基础，但社区组织需要由当地
乡绅领导。"（第 164 页）且不论朱熹理学是否有现代民主思想，即便如
此，贝淡宁岂不是自打耳光？因为按他的基本看法，古代儒家主张的并
非民主，而是与之对立的"尚贤"。

（三）儒家政治哲学的基本原理

　　贝淡宁根本不懂得儒家的政治哲学，因为他不能分辨儒家针对某个
特定历史时代的政治主张和儒家政治哲学的基本原理。儒家政治哲学的
原理，乃是中国古典的制度伦理学，笔者称之为"中国正义论"①。这套
原理的核心理论结构是"仁 ─→ 义 ─→ 礼"，简述如下：

　　儒家所关注的基本问题是社会群体的秩序，即社会规范及其制度，
这叫作"礼"。这种规范制度的实体存在，叫作"礼制"；其外在仪节
上的表现形式，叫作"礼仪"；它背后的价值原则，叫作"礼义"，亦
即正义原则，这就是儒家"义 ─→ 礼"即"正义原则 ─→ 社会制度"的
理论结构，亦即孔子所讲"义以为质，礼以行之"②。

---

① 参见黄玉顺：《中国正义论的重建 ── 儒家制度伦理学的当代阐释》，安徽人民出版社 2013
　年版（英文版 *Voice from the East: The Chinese Theory of Justice* [Reading: Paths International Ltd.,
　2016]）；黄玉顺：《中国正义论的形成 ── 周孔孟荀的制度伦理学传统》，东方出版社 2015
　年版。
② 《论语·卫灵公》，载何晏集解，邢昺疏：《论语注疏》，阮元校刻：《十三经注疏》，第
　2518 页。

在儒家看来，社会制度并非一成不变，此即孔子"礼有损益"的思想：一方面要求人们"立于礼"①"克己复礼"②，即遵守社会规范和制度；另一方面又深刻指出，夏商周三代以至未来百代之"礼"，都是不同的，即社会规范和制度是可以"损益"③、变革的。变革的指导原则，即孔子讲的"义以为上"④，亦即正义原则。

儒家要求社会规范建构及其制度安排符合正义原则，实质上是符合仁爱精神的，因为在儒学的理论结构中，"义"是由"仁"决定的，否则就是"不仁不义"。此即儒家"仁 ⟶ 义 ⟶ 礼"的理论结构，亦即"仁爱精神 ⟶ 正义原则 ⟶ 社会制度"的结构。但儒家所谓"仁爱"绝不仅仅是通常所误解的"差等之爱"⑤，即绝不仅仅是以亲疏远近关系为转移的所谓"血亲伦理"之类。儒家的仁爱固然有"差等之爱"的一面，但还有"一体之仁"⑥，亦即一视同仁的一面；在儒家的制度伦理思想中，后者才是正义原则的内涵，即孔子所讲的"己欲立而立人，己欲达而达人"⑦，"己所不欲，勿施于人"⑧。

儒家政治哲学的核心，乃是以下两条正义原则：

（1）正当性原则。"义"的首要含义是"正"，如孟子所说："义，

---

① 《论语·泰伯》，载何晏集解，邢昺疏：《论语注疏》，阮元校刻：《十三经注疏》，第2487页。
② 《论语·颜渊》，载何晏集解，邢昺疏：《论语注疏》，阮元校刻：《十三经注疏》，第2502页。
③ 《论语·为政》，载何晏集解，邢昺疏：《论语注疏》，阮元校刻：《十三经注疏》，第2463页。
④ 《论语·阳货》，载何晏集解，邢昺疏：《论语注疏》，阮元校刻：《十三经注疏》，第2526页。
⑤ 《孟子·滕文公上》，载赵岐注，孙奭疏：《孟子注疏》，阮元校刻：《十三经注疏》，第2707页。
⑥ 王守仁：《大学问》，载吴光编校：《王阳明全集》，上海古籍出版社1992年版。
⑦ 《论语·雍也》，载何晏集解，邢昺疏：《论语注疏》，阮元校刻：《十三经注疏》，第2479页。
⑧ 《论语·卫灵公》，载何晏集解，邢昺疏：《论语注疏》，阮元校刻：《十三经注疏》，第2518页。

人之正路也。"① 因此，荀子直接称"义"为"正义"②。制度变革的首要原则就是正当性原则，要求社会规范及其制度的建构或选择必须是出于仁爱的动机，即出于克服差等之爱、追求一体之仁（一视同仁）的动机。如果制度建构竟是基于亲疏远近关系的差等之爱，那么，这样的制度就是不正当的。但在不同社会时代的不同生活方式下，这条普遍原则的具体实现方式是不同的，故而要求（2）适宜性原则。汉语"义"的另一个基本含义是"适宜"，即《中庸》所讲"义者，宜也"③。共时地看，不同的民族有不同的生活方式，因而就有不同的社会规范和社会制度，例如西方的君主制度与中国的君主制度就是有所不同的，欧洲的民主制度与美国的民主制度也是有所不同的；历时地看，不同时代的社会生活方式要求不同的社会规范和社会制度，诸如宗族生活方式下的王权制度、家族生活方式下的皇权制度和现代生活方式下的民主制度。

适宜性原则要求社会规范及其制度的建构或选择必须适应于一个共同体的基本的社会生活方式。宏观地讲，某种基本社会制度可能曾经是正当的，只是随着基本生活方式的转变而变得不合时宜，从而不再是正义的；微观地讲，一个社会共同体的经济、政治、社会、文化等方方面面的一系列具体制度，都可能变得不合时宜，从而不再是正义的。这就需要根据适宜性原则来进行制度变革。

因此，按照儒家政治哲学的原理，我们今天身处其中的现代性的生活方式，所要求的正是民主制，而不是与之对立的所谓"尚贤制"。

---

① 《孟子·离娄上》，载赵岐注，孙奭疏：《孟子注疏》，阮元校刻：《十三经注疏》，第2721页。
② 见《荀子》之《正名》、《儒效》、《臣道》等篇，载王先谦：《荀子集解》，中华书局1988年《新编诸子集成》本。
③ 《礼记·中庸》，载郑玄注，孔颖达疏：《礼记正义》，阮元校刻：《十三经注疏》，第1629页。

在《贤能政治》中文版序言中，贝淡宁专用了一节来讲如下观点："一个世界，两种制度。"并且表示："这是我对政治世界的希望。"（"中文版序言"，第 26 页）这令人想起世界曾经被分为"两大阵营"的历史：一方是以美国为首的"资本主义阵营"，一方是以苏联为首的"社会主义阵营"。贝淡宁的观点是否受到了这一历史背景的影响，不得而知。当然，苏联解体之后，作为"中国通"的贝淡宁更加熟悉，并热衷于这样一种划分：中西对峙。其实，近代以来，中国各界甚至现代新儒家往往是"中西对峙"的思维方法。这种思维方法的实质，其实就是特殊主义 —— 不论西方的价值观，还是中国的、儒家的价值观，都不过是某种区域性、地方性观念，并不具有普遍性意义。这种思维方式的要害，不仅在于使儒学从一种普遍性的原理降格为一种地方性的知识，更在于其拒绝承认人类文明发展的共性，以反抗"西方"的名义抗拒现代文明价值。

总括全文，贝淡宁所鼓吹的所谓"贤能政治"（"尚贤制"）是一个反民主的政治纲领。"精英主义"原是西方现代民主制度下的一种政治现象和政治倾向，贝淡宁却将它强加于古代儒家与当代中国，谓之"贤能政治"。"贤能政治"理论充满着逻辑矛盾：它时而是民主制的对立物，时而又是民主制的补充物；时而坚决拒斥民主，时而又需要民主机制来最终保证其合法性。贝淡宁对民主政治的批评在理论上难以立足，对"贤能政治"的辩护也多似是而非。"贤能政治"的要害不仅在其关于民主的工具理性思维方式，从而否定人民主权，更在于它在本质上是一条回归前现代之路。

（原载《文史哲》2017 年第 5 期）

主权在民，治权在贤：儒家之混合政体及其优越性

白彤东

本文所关注的主题，是儒家的理想政体是什么，这个理想政体比当今所公认的理想政体、"历史的终结"到的自由民主制度，是否更优越。新儒家如牟宗三者，专注于从老内圣（儒家道德形上学）中开出新外王（民主）。放开这种开出是否扭曲了儒家、是否牵强造作不谈，这一努力的价值，即使成功，也很值得怀疑。因为它所达到的极致，也只不过是儒家可以是自由民主的真诚的啦啦队成员，对自由民主的批评与建设性贡献极其有限。我们也因此完全可以只读康德，不读儒家，在政治制度建设上，似乎也不会丢掉什么。

体会到这一点，蒋庆近年致力于政治儒学，要给出儒家不同于西方自由民主的一套制度①。但是，他所理解的儒学，乃是基于他对汉代公羊学的一种（很有争议的）解释。更重要的是，他对他所提出的儒教

---

① 参见蒋庆：《政治儒学》，生活·读书·新知三联书店 2003 年版；蒋庆：《再论政治儒学》，华东师范大学出版社 2011 年版。

三院制的优越性的论证之主要方式，可以说是"因为它是儒教的，所以它是好的"。这种论证，除了能说服儒教——或者更准确地说，蒋氏儒教——信徒外，难以服人。并且，与此相关，他对其三院制之优越性与必要性的另一论证是，自由民主基于西方文化，即基督教，而中国乃儒教国家，因此无法采用自由民主，而必须采用基于儒教的政体。这一论证，问题之一是，中国是否是（蒋氏）儒教国家？虽然说"独尊儒术"，但是儒家（更不用说蒋氏之儒教）是否是传统中国唯一主流意识形态，这很难讲。经过百余年对传统的扬弃过程，很难说当今中国人还保存有多少传统价值。问题之二是，尽管自由民主产生于西方，但是否它只能在西方生长？马铃薯产生于美洲，但是现在却是全球人桌上的食物。问题之三是，这一论证看似原教旨，但是违背了早期儒家视儒学适合所有"华夏"之人（这里"华夏"并非族群，乃是文明[1]），甚至包括蛮夷的信条[2]。

因此，与新儒家不同，本文致力发掘儒家理想政体与自由民主之不同，并进一步给出这种政体优越性的论证。与蒋庆不同，本文的优越性论证，乃普适性论证。这里的儒家理想政体，无论对于儒家、中国人，还是对于世界上所有人都是更好的。

有一点需要说明的是，虽然本文着重于对当下自由民主制度的批评，但是并非对其全盘否定。下面批评的核心，乃是一人一票的普选制。但是自由民主的其他成分，比如法治（宪政）、权利（自由）等，

---

[1] 如参见《孟子·滕文公上》中对陈良虽是"楚产"，但属华夏的论述。
[2] 如孔子指出，于九夷，"君子居之，何陋之有"（《论语·子罕》）。另，对新儒家与蒋庆之政治儒学的具体批评，参见白彤东：《心性儒学还是政治儒学？新邦旧命还是旧邦新命？——关于儒学复兴的几点思考》，《开放时代》2010年第11期。

问题较少，可以基本接受。当然，儒家如何不改变自身特点来接受法治与权利，也是个大问题。关于这一点，笔者也认为新儒家为此太过削儒家之足，适西方之履，并认为可以有更保持儒家根本精神的认可宪政与自由的方式。对此笔者已有论述，不再重复[①]。

儒家是个大传统。因此，谈论"儒家"，很容易落入大而无当的境地。本文所论儒家，将基于《孟子》。之所以选择《孟子》，是因为：第一，它是公认的儒家经典之一，至少代表了儒家内部的一个主流传统，而不是为了作者"欲加之罪"，而从两千年儒家传统的犄角旮旯的尘土下翻检出来的；第二，它比《论语》在论证上更详尽些，这使得我们的解读不至于被认为过于随意。因此，贯穿本文，凡提到"儒家"，我们所指的是基于对《孟子》解读的思想，而不是泛指。

一、孟子理想政体的基本要素

对孟子之政府合法性来源及其责任，笔者已有基于对《孟子》文本分析之上的论述，这里只是提纲挈领地总结一下[②]。孟子认为民为邦本，即人民之满足乃政权合法性之来源。当统治者不能让其人民安居乐业，他可以被废黜，甚至被革命（《孟子·梁惠王下》）。甚至当作为先祖、神的代表（后来进一步变成了国家象征）之社稷未完成其对人民的义务的时候，也可以变置（《孟子·尽心下》）。

① 参见白彤东：《旧邦新命：古今中西参照下的古典儒家政治哲学》，北京大学出版社 2009年版，第 21—94 页。
② 参见白彤东：《旧邦新命：古今中西参照下的古典儒家政治哲学》，第 41—77 页。

　　那么，政府要满足人民的什么需求呢？这当然包括了人民物质需要的满足，但也要包括人民精神（人伦）需要的满足。就孟子而言，没有圣人领导的政府，人民不但无法使自己的物质需要得以满足，而且，即使满足了物质需要，人民还可能因为没有五伦而近于禽兽。而只有圣人领导的政府，才能教民以人伦，使他们成为真正的人（《孟子·滕文公上》）。因此，就孟子而言，理想政府不仅不是当今西方主流思想中的必要的恶或不必要的恶，反而是人之所以为人的源泉，即必要的善。从这里，我们也可以看到，孟子否认人可以脱离人群、社会、政府而存在，或者说，可以脱离这些而存在的不是真正的人，而最多是像人的禽兽而已。但是，孟子也意识到，人民的道德养成，是以物质满足为基础的，即所谓："无恒产而有恒心者，惟士为能。若民，则无恒产，因无恒心。苟无恒心，放辟邪侈，无不为己。及陷于罪，然后从而刑之，是罔民也。"（《孟子·梁惠王上》；又见《孟子·滕文公上》）因此，孟子认为，政府的责任在于满足人们的（短期与长期的）物质需要，并在此基础上发展他们的道德，即政府还要有教化人民的责任。

　　那么，人民是否满足，判据何来？答案自然是人民，即所谓"天视自我民视，天听自我民听"（《孟子·万章上》引《尚书·泰誓》）。至此，孟子的理想政体中有了民有与民享。很多心仪儒家，但是又觉得民主不得不接受的学人，也就因此论证儒家与民主是吻合的。但是，他们忘记了，现行自由民主体制还有一个重要因素，就是民治。虽然人民的满足与否自然要人民说了才算，但是，知道人民的满足或不满后，应该如何做，孟子认为，这是人民力所不及的事情。因此孟子坚持大人、小人之分，把治理国家的重担放到了大人肩上（《孟子·滕文公上》）。大人之所以为大，是因为他们有卓越的智慧和深厚的恻隐之心。但是，仅有这些还是不够，他们还要从日常劳动中解放出来，因此"治人者食于人"（同上）。

这里需要说明的一点是，孟子又同时认为"人皆有四端"（《孟子·公孙丑上》）、"圣人与我同类"（《孟子·告子上》）、"人皆可以为尧舜"（《孟子·告子下》）。从上面的讨论，我们也可以看到，政府有责任创造一切条件（物质、教育等），让人民发挥潜能。但是，对大人的强调意味着，孟子又认为，现实中真的能够达到士人、君子的，终究是少数（为何如此，孟子没有明确说明）。其多数，即所谓人民者，因为智慧与同情心有限（从孟子由四端定义人，我们可以看到，说这样的人是小人，是描述性的，描述了他们人性幼小的状态），无法对政治有良好的判断，因此政治治理，要落在士人与君子的手上。这里，我们应该看到，大人与小人的区别，并非天生，更不是基于既得利益或者固有权贵阶层，而是在起跑线上平等基础下"选举"（选贤举能）的结果。儒家的等级，是建立在平等基础上的，同时也是流动的。

总之，我们可以看到，建立在对人的社会性和道德性的认知基础上，孟子的理想政体中对政府合法性来源和责任有所规定。这一政府要反映民意，但同时要有孟子意义上的精英和士人的作用。根据这些基本想法，我们可以想象孟子理想政府的构成。但是，不管它的具体实现方式如何（它可能有不同的具体实现方式），因为上述根本特征，尤其是它虽然认同民有与民享，但是不认同民治，它必然要与当今建立在民有、民享、民治的自由民主政体不同。在我们给出孟子理想政体的一种实现方式之前，先让我们来看看当今自由民主政体内部的一些问题，以及一些从这种政体内部解决这些问题的根本局限。对这些问题的认清，不但可以让我们看到上述孟子的根本观念的优越，也会给我们构建一个孟子式的理想政体提供指南。

二、民主的四大根本问题

　　世界上多数人可能仍然相信自由民主是可能条件下最好的制度，是"历史的终结"，有如福山的一本有广泛影响的书的书名所指出的一样[①]。当有人指出民主的诸多问题时，民主信仰者中相对温和与开明的人士常常诉诸传说是丘吉尔的巧妙回应："民主是最坏的一种政府形式，除了所有其他那些曾经被尝试过的［政府］形式外。"[②] 虽然很机智，但是这一说法可能显示了我们思维的懒惰，因为它缺乏理论与经验的支持。经验上讲，尤其在发展中国家中，在控制腐败、制定好的长期经济政策、减低族群冲突、选择有能力的和代表人民的真实意愿的领袖上，民主国家并不总是或者并不明显地比非民主国家做得更好[③]。

----

① Francis Fukuyama, *The End of History and the Last Man*, New York: Avon Books, 1992.
② 出自丘吉尔 1947 年在英国下院的演讲（据 http://en.wikiquote.org/wiki/Winston_Churchill，2011 年 11 月 29 日）。
③ Kaplan 1997 和 Zakaria 2003 给出了一些例子。参见 Robert Kaplan, "Was Democracy Just a Moment?", *The Atlantic Monthly*, Vol. 280, Issue 6, December 1997, pp. 55-80; Fareed Zakaria, *The Future of Freedom: Illiberal Democracy at Home and Abroad*, New York, W. W. Norton Company. 关于民主与经济增长，民主与腐败，民主与种族暴力冲突的关系，学术研究已经有很多（笔者感谢英年早逝的政治学者史天健让笔者注意到了这些研究）。比如，政治学者 Jonathan Krieckhaus 展示了在拉丁美洲，民主对经济增长在 20 世纪 60 年代有负面的影响并应该有负面的影响（虽然在非洲，民主在 20 世纪 80 年代有正面影响并应该有正面影响）。参见 Jonathan Krieckhaus, "The Regime Debate Revisited: A Sensitivity Analysis of Democracy's Effects," *British Journal of Political Science*, 34:4（October），2004, pp. 635-655. Krieckhaus, Jonathan, "Democracy and Economic Growth: How Regional Context Influences Regime Effects," *British Journal of Political Science*, 36:2（April），2006, pp. 317-340. Daniel Treisman 展示了影响感受到的腐败的因素有很多，而一个国家是否民主只是其中的一个。并且，就民主的影响而言，一个国家必须实行民主几十年，民主才会对感受到的腐败产生有意义的，但是相对较小的影响。参见 Daniel Treisman, "The Causes of Corruption, A Cross-National Study," *Journal of Public Economics*, 76:3, 2000, pp. 399-457. Steven I. Wilkinson 展示了在印度民主与种族暴力冲突之间关系的复杂图景，而 Daniel Bell 指出，常常地，

从理论上讲，就笔者看来，民主，尤其是一人一票的制度，存在着四大问题。第一，在一人一票制度背后的当代主流意识形态（尤其在美国）是对人民能力的信任，并由此常常引申出对精英甚至政府权力的怀疑①。这种信任常常与一种极端的、歌颂自我利益至上的个人主义相共鸣。对人民的相信和对精英与政府的怀疑，在美国，导致了一些有趣的现象。这些现象包括：第一，一个候选人是否能当选的一个关键条件是他是不是"可爱"（likable），是不是"我们"（大众）的人，是不是能够来我们家坐坐的人。在2004年美国大选中，布什班子的"杰作"之一是成功地将克里（John Kerry）描述成东海岸的精英。支持布什的人相信了这个宣传，而反对布什的人认定布什是个与大众打成一片的乡巴佬。但是，事实是，布什家族也来自东海岸，并实际上比克里家族要显赫得多。小布什和克里同样上的是耶鲁大学，参加了同一个耶鲁大学内部的精英组织。并且，美国大多数人不知道的一个事实是，小布什的大学平均成绩比克里还要稍高些②。布什阵营对布什背景的掩盖和对克里的攻击是一人一票背后之反智、反精英的意识形态所带来的政治文化怪胎。第二，美国政客为了被选进中央政府经常要吹嘘自己是局外人，而他要在政府里做的事是（最大限度上）消灭政府。当一个国家的统治机构一直充斥着"凡人"，充斥着蔑视政府，

（接上页）民主化导致了种族暴力冲突的加剧。参见 Steven I. Wilkinson, *Votes and Violence: Electoral Competition and Ethnic Riots in India*, Cambridge: Cambridge University Press, 2005; Daniel Bell, *Beyond Liberal Democracy*, Princeton, NJ: Princeton University Press, 2006。

① 有意思的是，在其建国初始，美国的民主实际上包含了比当今多很多的"精英"或贤能政治的成分。

② 关于这一点的报道有一些。比如 Richard Benedetto（2005），"Who is Smarter, Kerry or Bush?", *USA Today*. From https://www.usatoday.com/news/opinion/columnist/benedetto/2005-06-10-benedetto_x. htm, accessed on 09/28/2012。

也就是他们自己的人，我们可以想见即使那些选他们的人也不会太尊敬他们。这大概是为什么：

> 在对美国人于政治机构的尊敬程度的大多数调查中，原则上所有政治机构里最代表民意的美国国会得分最低，全是任命而不是选举产生的最高法院（The Supreme Court）、军队、联邦储备银行得分最高。[1]

引述了这一事实后，贝淡宁用它支持他的基于贤能统治、因此要求对政府尊敬的儒家模式[2]。

第二，一人一票制缺乏有效的机制，将非选民（包括过去与将来的本国人和所有外国人）的利益考虑进来。因此，民主在应付下述问题上就有根本困难：财政赤字（即把将来国民的钱花在这一代选民身上）、环境问题（即把将来国民的资源花在这一代选民身上）、对在本国居住的外国人（合法与非法的移民）之处理[3]，以及对外援助和其他涉及外国人利益的政策。比如，一个有趣的现象是，在美国，那些与美国工人利益有关的利益团体（工会以及被这些工会所支持的民主党）经常支持贸易保护主义政策，而这些政策往往会伤害经济相对不发达的外国工人的

[1] Fareed Zakaria, *The Future of Freedom, Illiberal Democracy at Home and Abroad*, New York, NY: W. W. Norton Company, 2003, p. 248.

[2] Daniel Bell, *Beyond Liberal Democracy*, Princeton, NJ: Princeton University Press, 2006, p. 289, note 34.

[3] 贝淡宁曾提到香港和新加坡的一个有趣例子，在这个例子中，合法劳工在官僚精英的管理下比在民主制度下过得更好。Daniel Bell, *Beyond Liberal Democracy*, Princeton, NJ: Princeton University Press, 2006, pp. 281-322。

利益[①]。

第三，与第二个问题相关，哪怕是在那些现有选民中，其强势的和声音大的往往压制那些沉默的和被沉默的选民。这是导致民主国家种族问题的一个原因。特别是在那些新近民主化的国家里（这些国家的法治和人权保护尚未健全），其民主化往往伴随着种族清洗。

第四，即使对于那些可以表达自己利益的选民，他们是否是自己利益的最佳裁判，也十分可疑。如很多政治观察家所指出的，（美国）公众对政治的可怕的无知是一个"六十年来现代公共意见研究"所很好地建立起来的事实[②]。

由以上因素共同导致的问题之一是外交政策。外交需要专门知识、耐心甚至是痛苦的对话和长远规划。但正如基辛格所指出的，在一个一人一票的民主制中，比如美国，外交政策经常被一时的公众情绪影响。这一情绪常取决于电视里报道了什么，而不是什么在国际、外交事务里最重要。另外一个影响外交政策的是国内政治交易，即支持某项外交政策的议员或行政官员经常会通过答允支持另外一个议员或官员的一个国

---

① 我们看看比比皆是的美国对中国制造的产品的惩罚性关税和禁令，就可以深深体会到这一点。最近的一个例子就是奥巴马竞选总统连任时，其政府向世贸组织就中国产品的一个申诉。对此，美国媒体明确地指出，这是为了争取那些工业州的选民。Mark Landler, "In Car Country, Obama Trumpets China Trade Case," *New York Times*, September 18, 2012.

② Bruce Ackerman and James Fishkin（"Righting the Ship of Democracy," *Legal Affairs*, January/February 2004, 34. Ackerman and Fishkin, *Deliberation Day*, New Haven, CT: Yale University Press, 2005）给出了这个事实的详细描述。晚近一个对此题的学术讨论见于 Bryan Caplan, *The Myth of the Rational Voter: Why Democracies Choose Bad Policies*（New Edition）, Princeton, NJ: Princeton University Press, 2008. 在更通俗的渠道里，我们可以找到大量的关于美国人政治无知的报道。《纽约时报》的专栏作家 Nicholas Kristof 的一篇报道是最近的一个例子。Nicholas D. Kristof, "With a Few More Brains," *New York Times*, March 30, 2008.

内项目以换取后者对该外交政策的支持。这些因素明显与好的外交政策的真正需要背道而驰[1]。

三、对上述问题之非贤能政治的解决及其根本局限

很多自由民主思想家也意识到了上述问题，并给出了种种解决方案。就第一个问题而言，一个明显的回应是号召尊重理智（及有理智的人）和（尽责的）政府。对理智和有智慧的人的尊重并不必然意味着违背平等。人们还可以在诸多方面是平等的，因为平等是个非常宽泛的概念。一种尊重政府的方式是通过公民的信念，它告诉公民政府是必要的善，而非必要的恶，更不是不必要的恶。普选应该被理解为首先是选拔最有能力、最配得上政府职位的，而不是对坏政客的惩罚[2]。这些修正可以在不违背他们的根本信条的基础上，为一些自由民主思想家所接受。

上节所述前三个问题的一个共同原因是一种个人主义的不道德的、极端的版本，它被一些人当作民主的神圣意识形态基石。根据这种个人主义，我们是并且应当是自由和平等的个人，除了自我利益外（这里的"自我"指的是原子或单子式的个人），我们不应该关心任何其他东西。通过部分让渡我们与生俱来的自由，我们成为一个政府下的公民，归属其管治。我们这么做或是因为在这一政府之下，通过某种机制（往往是

---

[1] Henry Kissinger, *Does America Need a Foreign Policy*? New York, NY: Simon Schuster, 2001, p. 27.

[2] 详细讨论见 Joseph Chan, "Early Confucian Conception of the Ruler-ruled Relationship: From Political Ideal to Nonideal Institutions," 未刊稿。

政府对暴力的垄断），我们摆脱了自然状态下我们的利益不断受到其他自私之个人所威胁的状态 —— 这样政府就是必要的恶，或是因为我们被哄骗得这么想 —— 这样政府就是不必要的恶。只要我们不违反作为交换条件的政府对我们的规管，我们就应当可以任意地坚持我们自己的利益。如上所述，这里"自我"是在其原子个人意义上使用的，因此自我利益是在狭义上使用的。也就是说，比如祖先与后人的利益，或是外国人的利益，并不必然成为这种自我利益的一部分。当然，这也不是说自我利益在这里只能包括自我的短期物质利益。它可以是这个狭隘自我所认可的任何利益，比如宗教信仰。在美国有所谓"议题选民"（issue-voters）。他们根据自己的某些信条投票（比如对堕胎、持枪权，等等），而对其信条之正确性不向与他人的公正与公平的讨论敞开。这样，民主就退化成了一种气力之争，哪一派强（以票数多少计），哪一派的意旨就得以实行，而另一派在不心服口服的情况下伺机反扑。民主的稳定只不过是一种权宜（modus vivendi）。

也许是看到了这种自私和极端的个人主义及其后果，罗尔斯反对一人一票等同于数脑袋的观点，并论证，为了投票能够有正当性，投票者必须考虑公益或者其他投票实体的利益，而不仅仅是狭义的个人私利[1]。对选民的这种道德要求，我们可以从晚期罗尔斯对自由民主理解的一个核心概念，"讲理的"（reasonable），及其相关的公共理智（public reason）和礼尚往来（reciprocity）的概念里引申出来。关于"讲理的"这个概念，罗尔斯指出：

---

[1]　又见 Jason Brennan, *Ethics of Voting*（paperback），Princeton, NJ: Princeton University Press, 2012。

在公民互相看作是在一代代的社会合作系统中自由和平等的前提下，他们准备好互相提供公平的合作条款……并且在其他公民接受这些条款的前提下，即使己方在特定情形下要牺牲自己的利益，他们也同意依照这些条款行事，这时，公民就是讲理的。①

与此相对，如果一个人只依照自己的"无所不包的学说"（comprehensive doctrine）来投票，如果他只因为己方的主张没有达到多数支持，才不得已接受失败，并随时准备不择手段来改变己方失败的命运，那么这样达到的稳定，罗尔斯称作"权宜"（modus vivendi），是一种没有基于正确原因的稳定②。所以，根据罗尔斯的想法，作为自由人民（liberal people）的一员意味着不仅仅是基于自己的私利（包括物质的和教义上的）来投票，而是要基于某种公益的概念。当然，他理解的"公益"可能要比儒家的概念弱些。但是，他对选民的要求依然是（薄的）道德性的。

但是如何达到这一点？如何能让人民的道德达到罗尔斯对公民的要求和我们要面对民主的前三个问题的需要？为了能达到这种"公民友谊"（civil friendship）③，罗尔斯诉诸教育和习惯养成——他称之为道德

① John Rawls, *Political Liberalism*, New York, NY: Columbia University Press, 1996, p. xliv。这本书的第 49 页中有一个很近似的段落，而 John Rawls 的 *The Law of Peoples with "The Idea of Public Reason Revisited"*（Cambridge, MA: Harvard University Press, 1999）的第 136 页有几乎相同的段落。又见后面这本书第 86—88、177—178 页。

② John Rawls, *Political Liberalism*, New York, NY: Columbia University Press, 1996, pp. xxxix-xliii, pp. 146-150; John Rawls, *The Law of Peoples with "The Idea of Public Reason Revisited"*, Cambridge, MA: Harvard University Press, 1999, pp.149-150, 168-169.

③ John Rawls, *The Law of Peoples with "The Idea of Public Reason Revisited"*, Cambridge, MA: Harvard University Press, 1999, p.137.

学习（moral learning）。这一学习的进行，要通过自由民主制度所安排的社会与政治机构[1]，通过家庭[2]，通过国际和国内的政治与文化环境[3]。他同时也寄希望于政治家（statesmen）的作用[4]。

但是，这些措施是否有效和充分呢？如果选民的大多数能够是在罗尔斯讲的意义上讲理的，那么他们或许能够关注非选和弱势选民的利益。但是，如果讲理的选民不占多数，那么上面提到的民主的前三个问题（极端个人主义的坏影响、对非选民和弱势选民的忽视）还会存在。我们这里的一个明显出路是让那些不讲理的选民向那些讲理的选民（主动或更可能是被动地）让渡权力。但是罗尔斯寄希望于让所有或至少是大多数选民都讲理，而鲜有提及培养对讲理的选民和政府的尊重。但是，看起来我们不太可能现实地期待讲理的选民构成选民的多数。实际上，罗尔斯自己给出了为什么在一人一票制下这种期待不可能的一个论辩——他把这个论辩归于黑格尔主义者，但是他从来没有回应这个论辩。他写道：

> 在每个公民都有一票的自由社会里，公民的利益趋向于缩减乃至集中在他们的损害社群纽带的经济私利上，但在一个咨询式的等级制下，当他们（所属）的群体是如此地被代表（即每个群体才有

[1] John Rawls, *The Law of Peoples with "The Idea of Public Reason Revisited"*, Cambridge, MA: Harvard University Press, 1999, p. 15, pp. 44-45.

[2] John Rawls, *The Law of Peoples with "The Idea of Public Reason Revisited"*, Cambridge, MA: Harvard University Press, 1999, p. 57.

[3] John Rawls, *The Law of Peoples with "The Idea of Public Reason Revisited"*, Cambridge, MA: Harvard University Press, 1999, p. 27, pp. 102-103, 112-113.

[4] John Rawls, *The Law of Peoples with "The Idea of Public Reason Revisited"*, Cambridge, MA: Harvard University Press, 1999, pp. 97, 103, 112.

一票），不同群体的投票成员就会考虑政治生活里更广泛的利益。[1]

当然，是否讲理的选民可以构成多数，这个问题有待进一步的理论和经验研究。但是，民主还有一个问题——我认为这是一个致命的问题，即上面提到的民主的第四个问题，关于选民对哪怕是他们自己的利益都不能正确理解的问题。包括罗尔斯在内的自由民主理论家也意识到了这个问题，并提出了他们的解决方案。关于这一点，以及这些解决的根本缺陷，笔者以前有过论述，现在还是坚持这些论述[2]。因此，本节所余论述，只是已有论述的摘要。

首先，罗尔斯接受了黑格尔甚至是马克思主义者的意见，指出没有经济基础的自由是空的。政府要满足人民的基本物质和教育需要。同时，要排除金钱对政治的影响。他认为美国政府没有做到这两点，因此政治成了商业利益的工具，国会也成了这些利益的交易所。在政府没有做到上述两点工作之前，这种状态无法改变。为了改变这种状态，除了罗尔斯提出的这些安排，言论与资讯自由以及其他对人民政治知情相关的自由的维护明显地也很重要。并且，公众还要有闲暇去消化这些信息。比如，公众是否应该被给予政治讨论的"假日"，在投票前对相关政治问题有所学习和了解[3]。

但是，在我看来，这些在当今民主社会已经会被看作很极端的方式仍然不能充分解决选民知情的问题。历史上看，第一个民主国家雅典公

---

[1]　John Rawls, *The Law of Peoples with "The Idea of Public Reason Revisited"*, Cambridge, MA: Harvard University Press, 1999, p. 73.

[2]　详见白彤东：《旧邦新命：古今中西参照下的古典儒家政治哲学》，第 41—77 页。

[3]　Bruce Ackerman and James Fishkin, "Righting the Ship of Democracy," *Legal Affairs*, January/February 2004, pp. 34-39.

民的政治参与有两条保障：奴隶制和小国。奴隶制把雅典公民从日常劳动中解放出来，使他们能够成为孟子所说的劳心者和参与政治的大人。与此相对，我们现在的社会绝大多数是全民劳动的社会，公民没有闲暇。他们表面教育水平的提高，也只是给了他们某种专门技能，而不是对政治的了解。雅典是小国的事实，也使得政治事务相对简单，人民对政治人物了解充分，国家利益与团体／个人利益更可能一致。这些使得共和制政体的良好运作成为可能。对后一点，西方政治哲学家孟德斯鸠等人都有论述①。与此相对，尽管当代自由民主对公民参与的要求比共和制政体所要求的低得多，但是孟德斯鸠提到的根本问题还在，甚至可以说是加重了。当代政论家 Robert Kaplan 和政治学家 Russell Hardin 对此问题有类似的论述②。特别是，Hardin 还指出，一个公民如果是理性的，就不应该去投票，更谈不上去为投票而对政治事务知情。另外，有些公民也不希望参与政治，这应该被自由社会所允许。但同时，他们对政治干预的权力也应该受到限制。

　　总之，上面提到的这些当代社会现实造就了公民对政治知情这一一人一票的先决条件的根本障碍。我将其称为当代社会的第六事实③。这一事实包括：人类有滑向私利的倾向，而一人一票鼓励了这个倾向；总是

---

① Montesquieu, *The Spirit of the Lows*, Anne M. Cohler, Basia Carolyn Miller and Harold Samuel Stone（eds. and trs.）. Cambridge: Cambridge University Press, 1989, p.124.

② Robert Kaplan, "Was Democracy Just a Moment?" *The Atlantic Monthly* Vol. 280, Issue 6, December 1997, pp. 55-80. Russell Hardin, "Street-Level Epistemology and Democratic Participation," *The Journal of Political Philosophy*, Vol. 10, Number 2, 2002, pp. 212-229.

③ 称其为"第六事实"，是影射罗尔斯曾提到的自由社会的五个事实。John Rawls, *Political Liberalism*, New York, NY: Columbia University Press, 1996, p. xxvii, pp. 36-38. John Rawls, "The Domain of the Political and Overlapping Consensus," in *John Rawls: Collected Papers*（edited by Samuel Freeman）, Cambridge, MA: Harvard University Press, pp. 474-478.

有公民愿意选择对很多政治事务采取冷漠态度；绝大多数现代社会，包括现代民主社会，都太大了。其结果是不论政府和个人花多大努力，其公民的多数很难充分地对相关政治事务与政治人物知情。这一问题有多种根源：第一，由于现代民主国家太大了，并且我们高尚地拒绝了奴隶制，对政治（包括政治事件和政治人物等）基本的知情这一负担为大多数公民的智力、教育、意愿所无法承受；第二，现代国家的人口使得一张选票没有任何实际价值；第三，大公司和财团的几乎不受限制的、近乎疯狂的财富在对公民道德、对精英献身公益事业的意向、对信息的控制上都产生了极坏的影响。所以，在绝大多数国家都相对很大且要全民劳动的现代社会里，当代民主社会的第六事实就意味着罗尔斯理解的自由民主制度，或慎议民主制（deliberative democracy，它们都对人民的道德与知识有一定要求）在现实上是不可能的。

四、混合政体及其优越性

在我们对民主的问题及其内部解决之局限的理解的基础上，现在让我们来依据第二节所讨论的孟子的想法建构一个儒家理想政体，看它是否能够更好地解决民主的问题。为简便起见，我将这个理想政体称为"孔氏中国"。之所以这么称呼，是因为它体现了孔孟的一些根本观点，并且它是一个理想形态。这个政体不预设狭义的儒家文化的主导地位——狭义的儒家文化指的是在中国或是东亚社会号称曾经或仍然占主导地位的、限定于特定人群的那种文化。正相反，这个政体设计适用于满足上节所讲的第六事实的所有社会。这个政体也不是要支持经济发展的所谓中国模式（如果确实有这么一个模式的话）。过去和现在中国的政体中也许有"孔氏中国"的一些特征，但后者从未完全在现实世界中充分实现过。下面，我会给出这一政体的架构。

第一，法治与自由／人权为"孔氏中国"所认可并被牢固建立起来。这如何可能、这种认可如何不违背儒家基本原则的问题，笔者已有论述，这里不再重复[1]。

第二，从本文第二节对孟子思想的讨论，我们可以引申出，在"孔氏中国"，政府被认为需要对人民的物质与精神负责。它有责任帮助人民满足他们基本的物质需要、社会关系需要、道德与政治的需要、受教育的需要。在物质需要问题上，经济的不平等依照罗尔斯的"差异原则"得到容忍并加以控制[2]。在教育问题上，除了知识与技能的教育外，政府还有责任给每个公民以道德和公民（civic）教育。公民道德教育的目标是让他们懂得：每个公民应当对他人有同情心并与他人保持恰当的人伦关系；政府的功能是维护人民的物质与道德生活的幸福状态（道德幸福包括每个公民的五伦关系、公民之间的相互同情，等等）；政治领袖应该是道德与智慧上超众的人（道德上的超众指的是这些领袖乐于将同情心外推和以"民胞物与"为目标）；如果政治领袖确实在智慧与道德上出众，他们应该为人民所尊敬；公民对某个政治事务的政治参与权是与该公民是否愿意考虑公益和是否有能力对这项事务做出好的决定不可分。对公民政治需要的满足包括对他们参政需要的满足。因此，在给他们以上述教育之后，如果一个公民有兴趣并有潜能参与政治，政府的

---

① 详见白彤东：《旧邦新命：古今中西参照下的古典儒家政治哲学》，第21—40、78—94页。

② John Rawls, *A Theory of Justice*, Cambridge, MA: Harvard University Press, 1971, pp. 60-62, 78-83.

责任为他们参政提供各种方便：比如言论自由以保证公民能知情，必要的场地和时间（假期）以便他们进行政治讨论和投票，等等。

一些自由民主理论家可能可以接受尊重政府与政治家的必要性，但是，这一尊重是内在于儒家思想的。这使得"孔氏中国"能更强有力地处理当代民主的第一个问题（极端个人主义的恶果）。一个被很多人注意到的事实是，在美国，政客经常装扮得比自己的真实状态更无知（比如像上面提到的，2004 年竞选时，布什团队把布什打扮成平民中的一员，而将克里描绘成东海岸精英分子），而在东亚，由于儒家文化的影响，政客经常要装扮得比自己实际知道的要多。不懂装懂当然不好，但至少通过这种装扮，东亚的政客还知道有知识是好的，是执政所必需的。我们还可以通过揭穿伪造和文饰学历者，鼓励将来的领导人真正获取知识。哪怕是那些装扮者，在长期装扮后，也许会与他所装扮的信仰产生真诚的认同。如孟子在批评五霸假仁之后的修正所说："久假而不归，恶知其非有也？"（《孟子·尽心上》）但是，如果在一种文化里面（比如当代美国），有知识和经验成了对政客有害的东西，那么任何改进的希望都没有了！

上面提到过的其他民主制内部对民主问题的解决也会为"孔氏中国"所认可和推动。实际上，儒家教育可能比民主教育更能充分面对这些问题，因为，像上面提到的，民主理论家的期望在于某种公民友谊，但这在现代社会国家庞大的现实下变得不再可能，而儒家的教育强调的是恻隐之心，而恻隐之心所针对的，恰恰是广土众民下的陌生人。

但是，正如上一节所指出的，这些安排，哪怕有了"孔氏中国"的进一步修正，也是不充分的。这就导向了"孔氏中国"的第三种安排。这一安排明显地偏离了今天的民主思想家所能轻易认可的内在的、非贤能政治的解决方案。从我们对孟子思想的讨论中我们可以引申出，认定政权合法性来自于为人民提供的服务，并看到了上述安排对提高人民的道德与政治知情的根本局限，儒家会支持一种混合政体。除了一人一票制之外，这一政体引入和强化了那些有能力、有道德的贤能者（meritocrats）的作用。我们会看到，因为这些贤能者不像被民众投票选举出来的立法者那样为选票所左右，所以他们有可能在短期和长期、选民和非选民、多数和少数之间有利益冲突的时候，站在长期利益、非选民利益或是弱势群体一边，并且他们也有可能维护稳定和长久的政策。

儒家认为投票权（参政权）应基于（智力、道德、政治）能力，而现代民主社会的第六事实意味着很多公民在很多政治问题上都是没有能力做好的判断的。通过公民教育，我们期望他们在无法迅速提升自己的前提下，应该自愿不参与决策程序。但是，我们同时应有更多制度保障消除无能选民可能对决策带来的影响。基于这样的考虑，"孔氏中国"做出了以下的制度安排。

第一，我们应该看到，民众难以知情的一个主要原因是现代国家太大了。但是，对"严格意义上的"社群和地方（比如乡镇、街道）事务，几乎任何当地居民都比高高在上的中央政府的官僚有更好的认识。因为这里处理的是与居民最相关的日常事务，所以当地居民更可能有意愿去关心，而不会采取冷漠态度。当地居民的私欲也可能被地方政府制衡。所以，现代民主社会的第六事实的前提在小范围的群体里不成立。这就意味着所有当地居民都应该被允许参与其地方的事务，其参与方式或是一人一票选举地方主管，或是在重要事务上进行公投。

当然，这里一个困难的问题是哪些事情应被算作"严格意义上的"地方事务。在一个联系紧密的当代世界里，没有地方事务是绝对地方的（只关乎一方的）。因此，"严格意义上的地方事务"仅仅是那些对外界影响相对可以忽略的事务。就那些对外界有不可忽略的影响的地方事务来说，这一社区的选票只能是决策过程中的一个因素。我们也要做出适当安排，以防本地选民做那些罔顾他人利益和短视的事情。同时，如果有些全国性的决策与地方紧密相关，而大众有可能对它们做出良好判断，这些政策应让公众参与，可以用全民公决的方式决定。一个更一般的问题是，一个有多少人的社群的政治事务的复杂程度是一般民众可以掌握的，对这个问题的回答直接决定"地方"的大小。这些问题都需要实证的和经验的考察，而不是哲学家闭门造车能正确地造出来的。哲学家可以讲的是这里的一般原则：民主参与的程度取决于相应的民众做出良好决定的可能性①。

　　第二，在处理超出小群体一级的事务时，现代民主社会的第六事实的前提得到满足，这就意味着公民更有可能对很多事物采取冷漠态度，并且缺乏能力对很多事物做出好的判断。对此，我们就应该设法限制（无知和不讲理的）民意对政策的影响。这种限制可以由多种办法实现。比如，在更高一级的政治事务的投票里，在每个选民投票前，他们被要求去参加一些相关课程与讨论，或参加基于相关问题的事实的考试，而只有在参加课程或考试通过后他们才被允许投票。或者，选民投票权重

---

① "孔氏中国"对地方选举的处理与当前中国的村一级的选举不同在于：第一，村（地方）的选举应该不受高一层的领导的干涉；第二，在最低的地方一级，民选政府应该是唯一的执政机构；第三，各种自由与权利应该得到有效的法律保护；第四，更高级的政府和立法机构也有选举成分，也就是说，选举不应只局限于村或乡镇一级；第五，某些国家事务应该由公投解决。对中国地方选举的另一个挑战是，在中国有些地方，村级选举导致了地方强势家族或强人对权力的垄断和滥用（感谢张庆熊教授向笔者指出这一点）。笔者认为，法治、对权利和自由的维护、每级政府的民主因素的加强也许有助于解决这一问题。但是否是这样，我们还需要以政治学家的经验研究作为补充。

可以因其课程、考试表现来调节，也可以通过教育程度、社会与政治角色等相关因子进行调整。

另外一个也许是现实里更好操作的办法是，在更高一级的立法机构里，除了直接民选的一支外（这一支存在的必要性在于，它是民意表达、"天听自我民听"的机构，同时也可以制衡另一分支），我们可以添加另外的分支来制衡民意。让我们把前者叫作下院或人民院，后者叫作上院或贤能院。上院议员由智力与道德出色的人所组成①。

笔者可以想出三种挑选上议院议员的方式——这三种方式并不互相排除，而是可以互补的。第一种可以被称作一个层级模式。最低一级，也就是上面解释过的严格意义上地方一级的立法机构只有一个分支，其成员有相应社区的人民直选产生。他们应该尽可能地从他们本来的专业工作里解放出来，并广泛参与更高一级的决策工作。因此，他们更可能有能力参与一般民众难以把握的更高层次的政治决策。他们就可以有资格推选和被推选成为上一级立法机构中的上议院成员。这个过程可以被一级级重复，直到国家最高一级的立法机构。另一种办法是，低一级的上、下议院议员都可以成为更高一级立法机构的上议院之候选人或选举人。除了最低一级外，更高级的议员都应该是全职。

实际上，在美国政治史中，我们可以找到这种层级模式的痕迹。比如，在美国早期，联邦参议员和总统均非人民直选产生，而是由州议员或各州的选举人（electors）选举产生。之所以这样，恰恰是美国开国

---

① 很明显，在当今民主国家里，尤其是美国，这些名称会让后者注定失败，因为"人民"已经成为神圣，而"贤能""精英"已经天经地义地成为被调侃、讽刺的对象。但笔者仍然用"贤能院"是因为它表达了这个立法分支的意图，而哪个名字更能被兜售给当今的人民，这个问题笔者留给有政治智慧和手腕的人。

者，特别是联邦党人为了制衡无知且缺德的众意（popular will—— 也许应该更合适地被叫作"popular whim"）而设。他们的意图与笔者这里的意图完全吻合①。

第二种选拔各级上院议员的办法是以考试为基础的。比如，贝淡宁提出过以下一个模式。这个模式的核心是"由一个民选的下议院和一个通过竞争性考试选拔的'儒家式的'上议院（他后来称它为贤士院）构成的两院制"②。当两院之间有冲突时，"'儒家'的解答可能是由宪法给予上议院'超级多数'（supermajority）的权力，凭借它上院［的多数］可以否决下议院的多数意见。政府的首脑和重要的部长均从贤士院里选拔。大多数重要的法令均由贤士院颁布，而下议院只起制衡上议院权力的作用"③，有人也许会对他的这个模式提出如下质疑。在传统中国，科举考试用来选拔官员，但是那时由于越来越多的应试者来竞争有限的位置，这个制度经受着长期的且不断增长的压力。这还是在国家支持的普及教育极其有限的情况下发生的④。现在，在中国和世界上许多地方都有了更彻底的国家支持的大众普及教育，这也就意味着有着更多的合格的和满怀期望的学生愿意参加考试，而可能的官员或立法者的岗位还是极其有限。我们只要看看现在中国的公务员考试有多疯狂，就可以对这个问题有个生动的认识。这样一种考生和可能位置的比例会导致选拔的随意性以及连带的社会问题。对此，我们可以回应说，传统中国乃至当代

---

① 参见 Stephen Macedo, "Meritocracy and Liberal Democratic Constitutionalism: The American Founding and Beyond," forthcoming。

② Daniel Bell, *Beyond Liberal Democracy*, Princeton, NJ: Princeton University Press, 2006, p. 267.

③ Daniel Bell, *Beyond Liberal Democracy*, Princeton, NJ: Princeton University Press, 2006, p. 271.

④ 参见 Benjamin Elman（2013），"A Society in Motion: The Unexpected Consequences of Meritocracy in Late Imperial China, 1400-1900," forthcoming。

中国的一个严重问题是没有充足的渠道来分流这些人才[1]。人才分流可以减轻上述这个问题的严重性。实际上，如 Elman 指出的，传统中国科举考试的失败者可以成为社会所需其他行业的有学识的实践者，这是一个不坏的无心插柳式的后果[2]。也就是说，这些考试可以无意地甚至可以说是有意地提高公民的整体政治智慧。

但是，我们不得不承认，当考试人数远远超过可能的位置，谁被选拔变得太过随意。一个替代的方式是将通过考试当作上院议员候选人资格的条件之一。在通过考试之后，候选人可以通过相应选区的全民投票或者下一级议院的议员投票，进入上议院。另一种可能性是将那些通过考试的人送到某种学院里。在那里，他们会被给予进一步的教育，并切近观察政治运作，给出政治建议，他们也可以被送到地方政府部门，以便他们获得实践经验，以防他们只会纸上谈兵。在这之后，通过一个进一步的选拔过程（考试或是投票），他们被选入上议院。考虑到当今世界专业化的事实，考试也可以分不同的轨道，比如经济轨、政治科学轨、自然科学轨，等等。被选人还是要被要求获得通识教育，但是同时会专攻某一特定方向。

很明显，在以考试为基础的这种选拔方式里，考试的管理是个重要议题。一个常见的反对意见是道德优劣很难通过考试鉴别。这个困难确实存在。但是，考试可以引导参考人研习道德哲学著作，因此即使这无法提高他们的道德，但至少可以提高他们对道德的复杂认识。考试也可

---

[1]　参见钱穆：《中国历代政治得失》，生活・读书・新知三联书店 2005 年版，第 156—157 页。

[2]　Benjamin Elman（2013），"A Society in Motion: The Unexpected Consequences of Meritocracy in Late Imperial China, 1400-1900," forthcoming.

以引导人们学习过去的道德典范，而这对一个人的道德养成会有正面作用。对考试材料的掌握不仅对人的智力提出要求，还能够考验一个人的某些德性（比如恒心），虽然这里能被有效考验的德性不如我们期待的那么全面。此外，上面提到的学院和实际工作经验等安排也可以被用来观察和考察一个人的道德与政治品格。

　　为了保证考试的公平，法治和其他相关制度也明显具有必要性。可能有人还是会怀疑公平考试的可能性。但是，我们只要想想，传统中国的科举考试、今天中国的高考、美国的 SAT 考试，以及有名的难考的美国外交官考试（foreign service exams）虽然有问题（大概人类社会里没有哪个程序是没有问题的），可它们都有着决定考试内容和结果的相对公平和无争议的方式①。

　　一般来讲，对那些怀疑以考试为基础的选拔方式的可行性的人，科举以及一些更早的以考试为基础的选拔人才方式在传统中国之相对长久的成功应该可以回答他们的怀疑②。实际上，传统中国选贤举能的实践及其得失为我们今天设计以考试为基础的选举模式提供了丰富的资源③。比如，我们已经看到，科举制与以考试为基础的选拔模式有呼

---

① Philip J. Ivanhoe 曾经向笔者提出外交官考试可以是选择上议院议员的一种可能方式。笔者这里感谢他的建议。

② 笔者这里不是说传统中国的政体混合了贤能与民主成分，也不是说传统中国的政体是纯然贤能制或精英制。如 Elman 指出的，晚期中华帝国的精英、贤能从来没有摆脱那个以皇帝为最高和最终权威的系统。但是他同时也指出，一个现代的政治系统反而可能与贤能制更相合。参见 Benjamin Elman（2013），"A Society in Motion: The Unexpected Consequences of Meritocracy in Late Imperial China, 1400-1900," forthcoming。这点笔者完全同意。实际上，如果我们用众意（popular will）替代皇帝，传统中国皇权与士权的丰富的博弈史（合作、制衡、对立）可以很容易地为我们今天探索混合制提供很好的教训。

③ 钱穆对传统中国政治提供了很多细致、微妙、充满洞见的分析。参见钱穆：《国史大纲》，商务印书馆 1996 年版；钱穆：《中国历代政治得失》，生活·读书·新知三联书店 2005 年版。

应。在这种模式里，笔者还提出了一种比较复杂的方式：考试通过的人被派往某种特殊学院或地方任职。明眼人可以很容易看出，前者与传统中国的太学、翰林院有呼应。至于以地方职位作为进一步考察和培训的场所，在汉代的选举制度中，我们可以找到其踪迹。在这一制度中，出色的学生先被选入太学，在太学里表现出色的学生进而被授予地方官职，在地方表现好的人再被选派回中央。还有，以考试为基础的模式也有层级，这与传统中国科举制中的书生可通过童试、乡试、会试、殿试，以取得生员（秀才）、举人、贡士、进士的资格，并且各层级都有相应的官学以及正式的和不正式的实践渠道，也多有呼应。总之，尽管我们这里做的是哲学上、理论上的思考，但是传统中国选贤举能的诸多实践及其成败显示我们的设计并非象牙塔内随意的和过分理想化的创造。

选择各级上院议员的第三种方式是一个配额系统。上院的席位或者候选资格可以分配给那些在政治事务中表现出色并且愿意献身于公共事务的人，比如县、市、省/州的领袖，工业界领袖，科学家，各类（比如环保、少数族群、工会）非政府组织（NGO）的组织者，等等。他们的能力、经验、道德已经在他们的政治服务中得到检验，我们也可以因之而选拔他们（比如通过内部考核、票选，等等）。中国各级政协和香港的功能组别纸面上与我们这里讲的配额系统类似。但是，特别是中国的各级政协明显没有满足"孔氏中国"的设计。比如，政协成员多是临时聚集到一起，并非专职，而我们设计上院的一个重要原因恰恰就是忙于日常工作的人民没有闲暇来思考政治问题，因此无法做出好的政治判断。"孔氏中国"的上院是立法机构，职能包括立法、选举官员，等等。

这里，笔者想再次强调，这三种选拔上院议员的方式不是相互排斥的，而是可以结合起来。特别是，我认为最后一种配额系统可能只可以是其他两种方式的补充。

下面一个问题就是上院的功能。他们可以被给予撰写全民公决草案的权力[1]。上院和下院也会被给予立法机构常有的职责：立法、宣战、选拔和确认最高法院法官、总统／总理、各级政府最高官员、大使等。立法两院之间投票的权重应该有明确规定，在有关非选民和需要长远考虑的事情上，上院的投票应该被给予更大的权重[2]，因为像笔者已经讨论过的，这些事情是选民不太可能有能力充分处理的，这也是我们要引入上院的重要原因。

需要澄清的一点是，所有这些选拔方式，尤其是层级模式，应该与代议制民主区分开。在笔者的设计中，那些进入上议院的成员并非是在上一级立法机构中其"选区"利益的代表，而是有能力参与更高一级的立法和决策的人士。但是，我们需要承认，即使我们对他们的职责有不同于代议制的理解，即使他们可以通过成为全职议员，从他们特殊的职业中解放出来，但是只要他们要被地方上民众经常性地选举所制约，他们也不能从特殊的利益，尤其是他们的选民的当前的利益里解放出来。这是美国国会里常发生的情形，一个明显的例子就是那些臭名昭著的议员通过利益交换，把联邦政府的钱花在其选区的往往是以公（联邦）济私（选区）的各种工程上（英文里称作"earmarks"或"pork barrel

---

[1]　参见 Nicolas Berggruen 和 Nathan Gardels关于美国加州类似机构的功能讨论。Nicolas Berggruen and Nathan Gardels, "Intelligent Governance," forthcoming。

[2]　笔者感谢贝淡宁向笔者指出这一点。

projects"）。这些工程往往使联邦有限的资金不能花在更有需要的地区，而是花在善于讨价还价、威逼利诱的政客的选区里。但对一个持孟子思想的儒家来讲，民众的参与并不是要发现他们当前利益的共识，政客也不应只是民众当前利益的传声筒，而是民众的真正、长远利益的谋划者。让他们摆脱特殊利益的限制是选择上院的各种方式的一个根本意图。

关于上院的细节我们可以继续整理，但是可以明确的是，这些安排是为了对众意形成制衡，而在政治上给予那些比较有知识、经验、道德的人士以更大的声音。如此组织的政体可以说是民有的和民享的，但不纯然是民治的。承担治理角色的，有人民，同时也有精英贤能。它是孟子主权在民、治权在贤思想的一个具体制度实现，也是儒家面对自由民主的回应（拥抱自由法治，修正大众参与）的一个具体制度实现。

对"孔氏中国"模式的可欲性，会有很多批评。一类是外部的，比如，"孔氏中国"违反了自由民主的一些根本原则（平等、主权在民的合法性必须由全民投票来体现，等等）。一类是内部的，比如，"孔氏中国"会导致根据它自己的原则所认为的坏结果；我们不需要采取"孔氏中国"的模式，也能达到它所期望的结果，等等。笔者在《旧邦新命》一书的第三章对这些挑战有回答[1]，在笔者最近的一篇文章里有修正后的更全面系统的回答[2]。因为本文篇幅有限，所以笔者只能希望仍然存疑的读者去参考这些文献。

（原载《文史哲》2013 年第 3 期）

---

[1]　参见白彤东：《旧邦新命：古今中西参照下的古典儒家政治哲学》，第 41—77 页。

[2]　白彤东："A Confucian Version of Hybrid Regime: How Does It Work and Why Is It Superior?" forthcoming.

儒家贤能政治思想与中国贤能
推举制度的发展

选贤任能历来是儒家倡导的重要政治思想和政治主张，内在地凝聚了儒家思想的精华。先秦儒家孔子、孟子、荀子，系统总结了春秋战国时期出现的选贤任能的时代精神与社会思潮，对贤能政治的理论基础、具体内容做出充分论述，对当时的社会进步与人才解放起到了极大的推动作用。儒家贤能政治的思想在后世逐渐演变为人才选拔的推举制度与考试制度。当今中国的人才选拔体制继承了儒家贤能政治的传统，继续改进和完善，可以发展为具有中国特色和优势的民主制度。

一

在中国传说中的"天下为公"的上古时代，就已经实行选贤授能的民主制度。据司马迁《史记·五帝本纪》记载，传说中的部落联盟首领都是由选举产生，大多具有克己奉公、一心为民的优良品德和尊贤容众的民主作风。如帝喾能够"普施利物，不守其身"，帝尧"富而不骄，贵而不舒（慢）"。帝舜能够根据"八元""八恺"的具体能力而各尽其用。尧舜禹三代"禅让"的传统更被历代儒家当作真实历史传为美谈。降至殷商时期，尚有举贤授能的遗风，如汤举伊尹，武丁举傅说，文王举姜尚等。周代开始封邦建国，建立系统完备的世卿世禄制度，从事政府管理职责的人员基本由贵族子弟世袭继承，选贤任能的传统衰歇终止了。从西周末年开始，社会的动乱变化加剧，政治制度开始从封建制向郡县制转变，世袭制度已无法照旧延续下去。在列国纷争的时代，为了更好地治理国家，在列国竞争中更为强盛，许多国家的统治者开始寻求具有适应时代变革要求的有德有才的贤能人士帮助治理国家，都要招聘、选拔、任用理财、打仗、治国的人才，不得不打破宗法血缘关系破格选拔人才，选贤举能逐渐形成新的社会风气与社会思潮。贤能人才一般是指有德有才，德才兼备，但春秋时期一般德才不做严格区分，德就是才，德才统一。据《左传·僖公三十三年》记载："初，臼季使过冀，见冀缺耨，其妻馌之。敬，相待如宾。与之归，言诸（晋）文公曰：'敬，德之聚也。能敬必有德，德以治民，君请用之。臣闻之，出门如宾，承事如祭，仁之则也。'公曰：'其父有罪，可乎？'对曰：'舜之罪也殛鲧，其举也兴禹。管敬仲，桓之贼也，实相以济。《康诰》曰：父不慈，子不祗，兄不友，弟不共。不相及也。《诗》曰：采葑采菲，无以下体。君取节焉可也。'文公以为下军大夫。"臼季发现冀缺有敬德之才，符合"仁"的品德原则，向晋文公推荐，尽管其父有罪，但父子不相关，这是任人唯贤的重要范例和标志。又据《左传·僖公二十七年》记载，晋文公"蒐于被庐，作三军，谋元帅"，赵衰向晋文公推荐郤縠，他说："臣亟闻其言矣。说（悦）礼乐而敦《诗》《书》。《诗》

《书》，义之府也。礼乐，德之则也。德义，利之本也。"《国语·晋语七》记载，晋悼公使张老为卿，张老婉辞，推荐魏绛，说："臣不如魏绛。夫绛之知能治大官，其仁可以利公室不忘，其勇不疚于刑，其学不废其先人之职。"张老推荐魏绛为卿，因为他具有"智、仁、勇、学"四种新品格，"若在卿位，外内必平"。臼季推荐冀缺，张老推荐魏绛，都不是根据他们的出身贵贱，而是根据他们的品德作为鉴别人才的标准。敬德及智、仁、勇、学，这些品格与以往的身份性教养迥然不同，是能够发挥自我个性的内在特征的崭新品格。赵孟解释他提出的"忠信贞义"为"临患不忘国，忠也；思难不越官，信也；图国忘死，贞也；谋主三者，义也"（《左传·昭公元年》）。这些都是新型人才应该追求和具备的才能品格。孔子继承春秋时期的时代精神，系统总结概括新时期贤能人才的新型品德，并用之于新型人才的培养。孔子办学，有教无类、不拘一格地培养学生，主要就是培养学生的从政才能，举贤授能遂成为孔子儒家提出的首要政治主张，孟子和荀子后来又加以弘扬光大，对中国后世政治制度建设产生了巨大积极的影响。

孔子明确地把"举贤才"（《论语·子路》）列为儒家的为政措施之一，"君子尊贤而容众，嘉善而矜不能"（《论语·子张》）。贤者也是善者，"举善而教不能，则劝"（《论语·为政》）。随着政权开放范围的扩大，举贤也愈来愈被强调，孟子倡导"尊贤使能，俊杰在位"（《孟子·公孙丑上》），并力图以尊贤来突破贵胄等级藩篱："贵贵尊贤，其义一也"（《孟子·万章下》），更加推重"尊贤育才，以彰有德"（《孟子·告子下》）的意义。孟子又认为在举贤方面慎重，选拔人才"将使卑逾尊，疏逾戚，可不慎与"（《孟子·梁惠王下》），在态度上还有些遮掩。荀子在举贤方面的态度，则十分明朗磊落，"贤能不待次而举，罢不能不待须而废"（《荀子·王制》），"尚贤使能"是君子从政三大节之一。隆盛的政治气象表现在"论德而定次，量能而授官"（《荀子·君道》）方面，"尚贤推德天下治"（《荀子·成相》）。这些充满豪气的言论反映了荀子时代世卿之政已全面坍塌的现实情形，反映了"不恤亲疏，不恤贵贱，唯诚能之求"（《荀子·王霸》）的平民政治力量背景。"以族论罪，以世举贤"（《荀子·君子》）已普遍遭到反对，将其视为乱政的象征，"不祥莫大焉"。

<h2 style="text-align:center">二</h2>

儒家人性平等的理论为贤能政治提供了坚实的理论基础。任贤使能，不拘一格拔擢人才在当时无疑是具有进步意义的开明政治措施。其实质意义在于破除血缘宗法等级及其他关系而根据本人的实际才能来提拔荐举录用，这与儒家的人性理论密切相关。儒家人性平等的理论是对人性论的重要贡献。贤能政治就是从儒家人的本质共同性理论生发出的必然要求，因而在选贤任能政策中内在地凝聚着儒家哲学思想的精华。

是否人人都具有成为贤能人才的可能性？如果只有一部分人具有这种能力而另一部分人则没有这种能力，或是由本性注定了不能培养贤德才能，那就还是未能改变政治的垄断特征（古希腊的民主政治就是只有部分人享有公民权利，只是部分人的民主），只有人人都具有成为贤能人才的可能，才能打破贵族政治的垄断特征，使贤能政治为社会广泛认可与接受。

先秦儒家的人性理论即关于人的本质的学说正是回答了这一个问题。

先秦儒家的人性理论是围绕着人的本质问题展开的。儒家代表人物孔、孟、荀都肯定人性或人的类本质的共同性。孔子首先从哲学—教育学的意义上提出"性相近也，习相远也"（《论语·阳货》）的命题。这一命题的蕴涵并非清晰凸出，不免带有感性色彩①。但从整个命题的分析来看，"性"无疑指的是人的自然生理心理机制在社会历史的发展进程中进化积演而形成的人的潜能素质，类似于"绘事后素"中的素质。人的潜能素质都是相似相近的。只是由于后天的学习、开发程度的不同、方向不同，才导致人的分类差异。这一命题表明孔子基本上认为人人都具备追求理想、塑造自己的能力。人们"有能一日用其力于仁矣乎？吾未见力不足者"（《论语·里仁》），孔子把君子品格的重要内容的仁看作是人人有能力践行的，没有"力不足者"，可见孔子确实是承认人人都有足够的力量完善自己的，并不只限于某一"类"特殊的人。孔子和一切富于理性启蒙精神的早期思想家一样，积极鼓励人们开拓自己的才智，把自身的完美的现实性推进。孔子提倡"有教无类"，不同社会阶层（类）的人都有权受教育，实际上就是都有权培育提升自己的品格人格。这种教育实践活动必然要激发对人性本质问题做进一步的哲学探索②。孟子、荀子就是沿着孔子开启的路线在与其他各家各派的争鸣中发展深化人性理论的。

孟子、荀子著名的"人性善"与"人性恶"之争构成人性思想发

---

① 孔子开创了私学，是第一位私人教育家。教育是对人的教育，早期的教育实质上是人学。孟子、荀子也都有教育家的头衔。教育必然要涉及人的能力与后天努力学习的关系，在最初是对学生进行比较归纳，只能得出"相近"的结论。

② 孔子关于人性的论述在《论语》中没有更多的记载，但孔子的许多看法如"吾非生而知之者""人之生也直""富与贵是人之所欲也"等都是与人的本质相关的具有启发意义的观点。

展史上的必要链环，丰富了人性理论的内容①。不过孟荀关于人性善恶的歧异并不影响另外一个问题的成立，即二人都认为人的本质是共同的。孟子认为，如果人可以归类的话，那么"圣人之于民，亦类也"（《孟子·公孙丑上》），既然是同类的，就应该具有共同的类本质，"凡同类者，举相似也，何独至于人而疑之？圣人与我同类者"（《孟子·告子上》），这种同类表现为具有共同的感知判断力，有同美焉，即："口之于味也，有同耆焉；耳之于声也，有同听焉；目之于色也，有同美焉。至于心，独无所同然乎？"②心也应该是相同的。心既然是相同的，为何还有圣人与普通人之分呢？孟子的解释是："圣人先得我心之所同然耳。"（《孟子·告子上》），即圣人是首先发挥了人自身能力的人，那么普通人有没有能力也达到圣人君子的地步呢？答案是肯定的："人皆可以为尧舜。"（《孟子·告子下》）关键在于"为之而已"，如果"弗为"则不如人。如果说孔子的"有教无类"尚隐含人的阶层区分特质的前提，那么孟子的"尧舜与人同"（《孟子·离娄下》）的看法就把圣人君子与普通人归为同一类，破除了圣人君子的等级身份特征，并从内在于人本身的，人人皆具有的各种能力的努力发挥程度来判别人之高下。普通人只要能像圣人那样努力发展自己的本性，就同样可以把自己提高到

---

① 本文对人性善恶的具体内容以及立论方式不拟做详细解析，而是讨论二者的共同方面：人性最初只是合群性。人性应该是自然性与社会性的统一，这种统一不是二者的机械组合，而是人的自然机能（包括最初的天然合群性）在生产实践（包括物质生产和精神生产）的历史发展进程中的社会升华，因此人的本质不是固定不变的，"整个历史也无非是人类本性的不断改变而已"（《马克思恩格斯全集》第四卷，第174页），与自然向人的显现、自然的人化和社会的进步方向一致，人的本质也将不断变得更丰富，更全面。

② 孟子的"心"是指人的认识能力，"心之官则思"，这种能力是人人都同样具有的。《孟子·告子上》："恻隐之心，人皆有之，羞恶之心；人皆有之；恭敬之心，人皆有之；是非之心，人皆有之。"

尧舜那样的境界。"舜，人也；我，亦人也。舜为法于天下，可传于后世，我由未免为乡人也。是则可忧也。忧之如何？如舜而已矣"（《孟子·离娄下》）。作为人来说，其本质能力是同样的。圣人君子也是一切人可以追求达到的，只要"服尧之服，诵尧之言，行尧之行，是尧而已矣"（《孟子·告子下》），"有为者亦若是"（《孟子·滕文公上》）。这样，孟子就以人性相同为依据，使理想人格从社会身份中分离、独立出来，把对理想人格的追求放在个体"有为"的基点上。

荀子的人性理论在出发点上与孟子不同，但荀子对人的本质共同性问题的看法与孟子是一致的，并更加突出个体"有为"的重要意义。荀子把人性看作是纯粹的自然产品，是天然生成的人的素质材料，"生之所以然者谓之性"（《荀子·正名》），"性者，本始材朴也"（《荀子·礼论》），"不可学，不可事，而在人者谓之性"（《荀子·性恶》），这种本始素质的"性"就是人生而具备的能力，如"目可以见，耳可以听"（《荀子·性恶》），也包括人的思维认知能力："凡以知，人之性也。"（《荀子·解蔽》）概括言之，人性是人的天赋的各种能力。这种天赋能力是人人都有的，人人相同的，"尧舜之与桀跖，其性一也"（《荀子·性恶》），"材性知能，君子、小人一也"（《荀子·荣辱》）。这就是说，从人的本质方面来看，人与人是没有区别的。那么，圣人君子、庶人百姓的区分是如何形成的呢？荀子认为是人的后天努力开发自己的能力，积善修德，提升人性所造成的，"圣人者，人之所积而致也"（《荀子·性恶》），"非生而具者也，夫起于变故，成乎修为，待尽而后备者也"（《荀子·荣辱》）。由此看来，圣人与普通人的区别只是努力追求的过程差异，而不是人的能力差异，这就使一切人都能追求完美理想成为可能。"涂之人百姓，积善而全尽谓之圣人。"（《荀子·儒效》）从而荀子就提出了与孟子有异曲同工之妙的命题："涂之人可以为禹"，因为"凡禹之所以为禹者，以其为仁义法正也。然则仁义法正有可知可能之理，然而涂之人也皆有可以知仁义法正之质，皆有可以能仁义法正之具，然则其可以为禹明矣"（《荀子·性恶》）。圣人有一定的品格规范，这些品格规范具有可被掌握了解的道理，普通人、百姓皆有掌握了解这些道理以及实行的基质力量，因此一切人皆可以成为圣人。这段推理的逻辑是清晰严谨的。荀子认为，只要人们自己积极努力，"伏术为学，专心一志。思索熟察，加日悬久，积善而不息，则通于神明，参于天地矣"（《荀子·性恶》）。

　　以上概略地阐释了儒家关于人性本质的共同性的理论。儒家的这种人性理论从哲学的角度论证了贤能圣人理想可以为一切人所追求，一切人也都能通过自己的努力发奋完善自己，这就为贤能政治提供了坚实的理论基础。

三

　　儒家不仅积极提倡贤者在职、俊杰在位，而且对贤能政治的施政内容做了充分讨论。具体包括身正、公平正义、以民为本、以道事君等，对如何防止君主个人专权也提出了积极的应对措施。

　　孔子认为参政（即在政权机构中担任一定职务）首先要做到"身正"，具体表现是"忠信"守职。孔子曾用一双关语说明政治特征，"政者，正也"（《论语·颜渊》），"正"即指为政者自己身正："苟正其身矣，于从政乎何有？不能正其身，如正人何？"（《论语·子路》）只有自己以身作则，才能施令于别人，"其身正，不令而行，其身不正虽令不从"（《论语·子路》）。孟子、荀子也都以"修身"作为从政的基础和起点。孟子说："君子之守，修其身而天下平。"（《孟子·尽心下》）荀子说："闻修身也，未闻为国也。"（《荀子·君道》）就是把修身作为"为国"的关键。儒家认为只要身正就能令行治隆，不免有些简单化，但对于当时许多其身不正、聚敛暴虐的统治者来说，却具有矫正时弊的意义。身正就是自我调整，端正自己，这实际上是贤能君子的自我品格的政治运用。儒家"身正"的传统在现代得到继承与发展。当代中国执政党要求领导干部起带头示范作用，以身作则，正己然后正人，就是对儒家这一传统的认同与继承，并赋予新的时代内容。

身正由忠信来体现，忠即忠于职守，并不具有效忠君主个人的意义（但含有对国君负责的意思），而是具有突破氏族宗族框架的社会性的公的行政意义。忠在先秦儒家中的主要含义是对一切人以诚相待，并不具有效忠君主或只事一主的意思，孔孟荀都与许多君主打过交道，一旦政见不合，即去之他国，从来不效忠某一君主。儒家有时把君臣关系看似朋友关系，可疏可密，并可选择。所谓忠君的观念实萌芽于墨家（见《墨子》之《尚同》、《鲁问》篇），由韩非落实为纲（见《韩非子·忠孝》等篇）[1]。孔子一再言及"主忠信"，孟子、荀子也屡言忠信，即"致忠而公"（《荀子·臣道》）。

忠是儒家内在方面或自我方面表现的严守职责，信则是从外在方面表现的对士君子的视听言动的忠的证实与信赖。信是从政的重要品

---

① 郭沫若曾指出韩非与墨家思想的关系，认为韩非把墨子的"尚同、非命、非乐、非儒的一部分发展到了极端"。郭沫若：《韩非子的批判》，载《十批判书》，中国华侨出版社2008年版，第254页。

德，"信则人任焉"（《论语·阳货》），"人而无信，不知其可也……其何以行之哉"（《论语·为政》）。对于其他执政者要"信而后谏，未信，则以为谤己也"（《论语·子张》），反而起副作用。对于百姓方面执政者应该"信而后劳其民"（《论语·子张》），"民无信不立"（《论语·颜渊》）。荀子以为官员应该"忠信而不谀"（《荀子·臣道》），信之与否关系到政治的兴衰，"政令信者强，政令不信者弱"（《荀子·议兵》）。

忠信作为身正的表现，首先是执政者的道德品格，运用到政治上就成为从政准则，由此可见贤能的自我追求陶冶与道德、政治是一线相连的。儒家认为从政应该力求人际关系充满和谐，但是这并不意味着要无原则地讨好取媚他人，君子应该以"贞"、"直"、"忠信"立身，"以直报怨，以德报德"（《论语·宪问》），反对"巧言令色"，不搞虚假表面的一套。对于那些不得罪人的滑头"乡愿"，孔孟都斥之为"德之贼也"①。

儒家在一视同仁地平等宽厚待人的同时，又要求在政治活动中坚持个体的独立自主性和正义性，坚持公平公正，不搞小山头，不拉帮结派。贤能政治本身要求唯才是举，不偏不倚，这表现在从政者的活动光明磊落，不依附他人，"君子周而不比"（《论语·为政》），"君子和而不同"（《论语·子路》），不与某部分人结成小集团，而是保持个体交往自主性，君子"群而不党"（《论语·卫灵公》）。孔子所指的党就是指某些人结成的小集团，构筑起把集团外的人区分开来的狭隘限制关系。这样就可能阻碍行政的公平公正，造成人际关系的紧张。孔子认为

---

① 参见《论语·阳货》《孟子·尽心下》。孟子反对乡愿的辞气更为激烈，认为乡愿是"非之无举也，刺之无刺也，同乎流俗，合乎污世，居之似忠信，行之似廉洁，众皆悦之，自以为是，而不可与入尧舜之道，故曰德之贼也"。

君子应该能"群"，即与一切人保持正常和谐的关系，无偏无党，只以公正为原则。"君子之于天下也，无适也，无莫也，义之与比。"（《论语·里仁》）这样君子就不会成为"狭隘人群的附属物"，而是凝社会性与社会关系总和于一身，在广泛的社会联系中保持主体性，即自主和自由的品格。荀子把这种品格描述为"君子崇人之德，扬人之美，非谄谀也；正义直指，举人之过，非毁疵也；言己之光美，拟于舜禹，参于天地，非夸诞也"（《荀子·不苟》）。

儒家主忠信，提倡公平正义，完全符合现代公共管理的基本原则。忠信，与社会主义核心价值爱国、敬业，诚信、友善前后相继，公平正义更是现代公共管理的主导原则，可见儒家在最初提出执政理念时，就已经包含公共管理的职能，成为后世公共管理的思想资源与价值导向。

儒家贤能政治的政治理想是"为政以德"（《论语·为政》），力求通过政治来完成"博施于民而能济众"（《论语·雍也》）的既仁且圣的伟大功业，主要内容就是以民为本，与民同乐，"爱人"是总体原则，是德之体现。

孔、孟、荀都希望人民都能安居乐业。孔子认为从政要"节用而爱人，使民以时"（《论语·学而》），"足食，足兵"（《论语·颜渊》），"庶矣""富之""教之"（《论语·子路》）。孟子将仁政表述为"与民同乐"（《孟子·梁惠王上》），而且仁政是"兼济天下"的，不仅仅为一国之利。仁政的实质是以百姓人民为轴心，而不是为了执政者的利益："百姓足，君孰与不足？百姓不足，君孰与足？"（《论语·颜渊》）这也就是"民为贵，社稷次之，君为轻"（《孟子·尽心下》）。这都充分表现出仁政的人民性与人道精神。孔、孟都反对为君主私利而争城略地的不义战争，反对横征暴敛，反对刑残百姓。这种仁政理想就是在今天仍然闪耀出光辉，具有积极的借鉴意义①。

　　荀子进一步发挥了孔孟的仁政理想，议兵论政，讲王制王霸之道，谋富国强国之策，并把儒家理想与人的族类意识结合起来，要求"制天命而用之"（《荀子·天论》），表现出"君子理天地"（《荀子·王制》）的宏伟气魄。在政治措施方面，荀子注重发展生产力和物品流通开放，主张"开源节流"，反对聚敛（"聚敛而亡"），提倡等赋政事。然而这一切又未离开仁政的方向，其基础仍然是"平政爱民"（《荀子·王制》），"爱民而安"（《荀子·君道》），只是更加体现了社会生产充分发达、人文潮流汹涌浩荡的时代精神。

　　在儒家的政治活动中，还面临着一个如何处理君臣关系的问题。这是因为儒家的参政一般都是在君主专制体制中执业尽职②。这个问题的核心实际上是在政治活动中如何制约君主个人的独断专权问题。一般而论，儒家认为从政应与君主保持和谐关系，主张君臣互相尊重，但不是无条件地服从君主，而是要坚持自己的独立性。对君主的独断专行应敢于抗衡和限制。子路问事君，孔子答曰："勿欺也，而犯之。"（《论语·宪问》）"勿欺"便是忠于职守。"犯之"则是不忌君主权威而加以纠正、反对。孔子与鲁定公论"一言兴邦"和"一言丧邦"时明确表示反对君主一人说了算③。孟子极大地发挥了儒者在为臣时的个人独立性，大有君子高于君主的势头。孟子本人在与国君对话时，就常有一种

---

① 本文这里主要讨论仁政的总体原则理想，并不考虑一些细节如"井田"（经界）、"恒产"（五亩之宅、百亩之田）等是否具有实用价值。

② 春秋以降是君主专制主义政治兴起的时代。各国君主的位置无例外地都是世袭的，这是世袭体制的最后支柱。君子参政只能与世袭的君主构成不可逾越的上下级关系，君子也就只能担任"臣"的角色。

③ 参见《论语·子路》。

高屋建瓴的气势。在他面前的国君似乎只是心窍未开的童蒙，等待他的开导："说大人，则藐之，无视其巍巍然。"（《孟子·尽心下》）孟子认为贤者为政要限制君主私意，"君子之事君也，务引其君以当道，志于仁而已"（《孟子·告子下》），"唯大人为能格君心之非"（《孟子·离娄上》）。孟子对君臣关系有一段著名议论表明二者的对等关系："君之视臣如土芥，则臣视君如寇仇。"（《孟子·离娄下》）坚决反对把臣作为君的仆佣。孟子更具有闪光的思想在于，对于有过错、危国家的君主，君臣可以更换变置，君主的世袭权力可以被剥夺："君有大过则谏，反复之而不听则易位。"（《孟子·万章下》）对于暴君则应当诛伐和以暴力推翻，这就导致承认推翻君权的合理性[①]。

　　荀子从更高、更新的公共政治立场加以弘扬，将反对暴君独裁推向先秦儒学的顶峰。他认为政治是天下为公的，不是属于一姓一家的私门私事，因而从根本上反对君主的独断独裁，"彼持国者，必不可以独也"（《荀子·王霸》）。在《荀子》之《臣道》、《子道》篇中都强调"从道不从君"，这就在一定程度上打破了专制，冲决了传统，溢出了君主专制的范围。在君臣共事时，臣可以对国君谏、争、辅、拂，必要时为了国家利益可以"抗君之命，窃君之重，反君之事"（《荀子·臣道》），而且，君主的位置也不能世袭享有，"能则天下归之，不能则天下去之"，"君臣易位而非不顺也"（《荀子·儒效》），把君臣易位看作正当变化，这似是荀子的未被认真发掘过的惊人思想，不能不说具有反世袭、反政治垄断的精神。荀子与孟子一样，由论君臣关系而更强烈地

① 《孟子·离娄上》："暴其民，甚则身弒国亡，不甚则身危国削，名之曰'幽''厉'。"《孟子·梁惠王下》："贼仁者谓之贼，贼义者谓之残，残贼之人谓之一夫。闻诛一夫纣矣，未闻弒君也。"

引发推翻暴君的革命思想，"上下易位"，以达正义，"夺然后义，杀然后仁，上下易位然后贞，功参天地，泽被生民"（《荀子·臣道》），并全面论证了汤武革命的正义性、合理性，批判了绝对君权观念（见《荀子·正论》）。

儒家的民本思想中已包含民主思想的萌芽，即把民意、民选看成是政权合法性的基础。早在《尚书·洪范》中就有"谋及庶人"的说法。春秋时期开明政治家子产不毁乡校的传说也在一定程度上体现了民本民主意识。孟子对民本意识的提升，表现在对君主权力的合法性进行了探讨。据《孟子·万章上》记载，万章问："尧以天下与舜，有诸？"孟子曰："否，天子不能以天下与人。"万章问孟子，有没有尧把天下让给舜这回事，孟子认为天子个人无权把天下让给某个人，天子只有推荐权，实际上一个人统治权的获得，是"天与之，人与之"，"天与之"是"使之主祭，而百神享之，是天受之"，而"使之主事，而事治，百姓安之，是民受之也"。从"天受"这方面看，孟子仍未摆脱"君权神授"模式，从民受方面看，颇有民主思想萌芽。从孟子本人思想倾向看，则是从"天受"走向"民受"。因为天自己不能表达意见，必须借助"行与事示之"，"天视自我民视"，最终仍是以民意来决定君主权力正当与否。孟子在与万章讨论禹"不传于贤，而传于子"是否合法时提出自己的解释，按照孟子的解释，禹原来是推荐益，而不是推荐自己的儿子启，但在禹死后，"朝觐讼狱者不之益而之启，曰吾君之子也。讴歌者不讴歌益而讴歌启，曰吾君之子也"（《孟子·万章上》）。因此，启继禹获得权位，是人民选择的结果。由此看来，民意才是君主权力的基础，"得乎丘民而为天子"（《孟子·尽心下》），如果违反民意，失去民心，不论是通过禅让还是通过继世获得权位，都将被废除，例如桀纣之类，残民以逞，暴殄天物，就被废除，身弑而国亡。荀子作为儒家代表人物之一，与孟子思想不尽一致，但也同样把"天下所归"视为君主权是否合法的基础，并与孟子一样，承认在下位者有"诛暴国之君若诛独夫"（《荀子·正论》）的革命权力。荀子思想的高峰处在于提出"天子唯其人"（《荀子·正论》），即天子的条件只根据本人的才能品格决定，"能则天下归之，不能则天下去之"（《荀子·儒效》），人民的选择最终决定君主在位的合法性。《礼记·礼运》篇借孔子之口说："大道之行也，天下为公。选贤与能，讲信修睦。"已达到儒家贤能政治的巅峰，是儒家学派人物经过几百年的奋发努力、不息抗争而获致的思想成果。"天下为公"，传统的解释是统治权不为一家一姓私有，后来多按《吕氏春秋·贵公》篇的解释来理解，即"天下非一人之天下也，天下之天下也"。

自秦以后，民本思想经历代思想家提倡而绵延不绝。明清之际，有黄宗羲出，明确表示要回到孟子，继承孟子，再次高举民本民主的大旗，沉痛批判专制君主是"天下之大害"[①]。黄宗羲认为，君和臣共同的职责是为"天下万民"，"天下之治乱，不在一姓之兴亡，而在万民之忧乐"[②]，黄宗羲痛斥秦汉以来所建立的君主专制是"非法之法"。他高出孔孟之处在于，对民主制度方面的思考透露出近代民主的黎明曙光。比如他曾设想把学校变成议政机构，"天子亦遂不敢自为非是而公其非是于学校"[③]，学校已颇有议会雏形。学校不仅议政，而且还有监督弹劾郡县地方行政官吏的权力。黄宗羲的思想有强烈的启蒙色彩，已朦胧地接

---

① 黄宗羲：《原君》，载《明夷待访录》，中华书局 1985 年版，第 2 页。
② 黄宗羲：《原臣》，载《明夷待访录》，第 3 页。
③ 黄宗羲：《学校》，载《明夷待访录》，第 7 页。

近近代民主的观念，但仍只是笼统的设想，没有推出民权理论，未能从法理角度对执政者的权力、任期加以限制，未从法律方面提出如何保证人民参政的体制，从总体上未超越君主专治政体的框架。

儒家的民本思想诚然不等于民主，但可以向民主方向发展。而且民本思想在历史上也主要是起积极进步作用，对统治者的言论和行动起到一定的约束和牵制作用，对苛政暴政也起到防范作用。在民主制度建立以前，民本意识可能是最有效的维护人民利益的思想潮流之一。应该指出，即使建立了民主制度，也不能遗弃民本思想，民本意识仍能对执政者权力的运用起到软约束的积极作用，缓解人民与执政者之间可能发生的冲突。事实证明，许多实行民主制的国家，执政者反而对民生漠不关心，而儒家的民本思想则包含着对人民权利的重视，民意、民权构成政权合法性的基础，因此，继承发展儒家民本思想的合理价值，并进行现代转化，一方面要重视民生，不断提高人民生活水平与幸福指数，另一方面，也许是更重要的方面，是要扩大人民的权利，尊重民意，使人民过上体面而有尊严的生活。

四

先秦儒家贤能政治的思想与实践对后世产生了重大影响。自汉代以来，随着儒家思想逐渐占据主导地位，贤能政治的思想也逐渐在人才选拔方面落实为贤能推举制度和科举考试制度，人才选拔至少从形式上也渐趋公平与公正。汉代的贤能选拔主要是通过征辟和察举来实现，征是皇帝征聘社会知名人士到朝廷充任要职，辟是中央政府高级官员或地方政府负责人征聘属吏，然后向朝廷推荐，经朝廷同意后直接成为政府官员。察举是沿用古代"乡举里选"的传统，由地方政府在各自辖区内随时考察、选取政府所需的人才，推荐给中央政府选用，所以又叫荐举。这些被推荐的人才经过试用考核，便任命官职。朝廷察举人才有许多名目，如贤良方正（品德贤良、行为端正），能言极谏，孝廉，茂才等。地方长官对察举有很大权力，但地方豪族势力也有一定的牵制作用，出身贫贱而有才德者不一定能通过察举推荐，虽无德无才但出身豪门者往往得到任用。

魏晋南北朝时期察举孝廉、秀才，要经过朝廷考试，孝廉试经，秀才试策，选官制度逐渐形成九品官人法。曹操提出"唯才是举"的用人方针。曹丕即位后，陈群提出九品官人法，由郡太守选置中正官，按"身、德、材、行"几个方面品量人物。司马氏取代曹魏政权后，中正官由中央选派的官员主管原籍各类人物的评议。将品评人物分为上上、上中、上下、中上、中中、中下、下上、下中、下下九个等级（九品），按品级推荐给朝廷。西晋以后，儒学衰落，中正官品量人物以门第出身为唯一标准，推荐的人选多是士族子弟，形成"上品无寒门，下品无士族"的由士族地主阶层垄断选举的局面。

隋唐时期，儒学渐次复兴，人才选拔逐渐以科举考试制度取代九品中正制度。宋代对科举考试制度从内容和形式两方面进行较大幅度改革，放宽录取和任用范围，进士分为三等，一等称"进士及第"，二等称"进士出身"，三等称"同进士出身"。同时正式确立州试、省试和殿试的三级科举考试制度。这种制度基本延续到清代。宋代读书人不论贫富贵贱都可以参加考试，许多平民知识分子通过科举考试进入政府部门，在人才选拔的公平公正方面也大大超过前代。

科举考试一般只是初级人才的选拔。在官员的进一步任用和升迁方面，宋明两代都流行推举和考核制度。官员在一定岗位上任满一定年限，就面临转官或升迁，一般由吏部进行考核，也称"磨勘"，更重要的职位则由朝廷重臣推荐，由皇帝最后决定任用。明代的会推制度实行范围更广，部以上官员职位一般要由中央各部和地方主要官员推荐，吏部要把多数人推荐的人选提供给皇帝考虑。考核的标准当然是要求德才兼备的贤能官员，但在官员的选拔任用过程中，朝廷重臣和皇帝个人的决定权依然很大，许多情况下不能保证被任用的官员都是优秀的贤能俊杰。在古代官员任用的实践中，还存在被儒家称为"恶习"的"内批"制度，"内批"就是皇帝撇开组织考核程序，由皇帝个人直接任命官员。对于皇帝凭个人好恶直接批用官员的做法，历代大儒如朱熹等都深恶痛绝，坚决反对，要求官员选拔要严格按照考核程序铨选，但历代儒家的努力似乎并不能有效地防止君主个人的独裁意志，这成为中国古代人才选拔方面最大的弊病。

当今中国的人才选拔制度继承了古代选贤任能的传统，如果不考虑具体内容，至少从形式上继承了古代推举和考试的优良传统，并不断加以完善，逐渐形成具有中国特色的选贤授能的民主制度。现在的公务员选拔基本通过考试进行，许多副县级、副厅级干部选拔也首先通过考试选拔，然后对成绩优秀的几位再重点进行考核，确定最终候选人提交会议讨论通过。基层管理人选选拔，以高校为例，一般首先是进行基层民意测验，实际上就是基层推举，组织部门把得票多的人选按差额方式提交上级部门，再按照差额方式对候选人进行考核，听取意见，再最终确定候选人进行投票选举。虽然最后选举是等额投票，但通过这种程序产生的候选人基本可以保证是投票人和上级基本满意的，相对而言是德才兼备的贤能人士（许多官员在任职之后贪污腐败，违法乱纪，涉及对官员行使权力的监督制约弹劾问题，需要在另外的场合讨论这一问题）。重要岗位职务的任用，基本上是通过不同层次的推举和考核来选拔。中国当今的贤能推举制度不断加以改进和完善，通过采取有效的制度措施摒除中国传统贤能推举制度中的弊病与恶习，借鉴当代世界人才选拔体系的优长，从具体实践中总结经验，就能够逐步形成具有中国特色和优势的民主制度。

（原载《文史哲》2013 年第 3 期）

仁学本体论

陈 来

本论欲以仁体统摄儒家传统的各种形上学观念，将仁发展为一本体的观念或发展为一仁的本体论。此非以心为本的本体论—宇宙论，亦非以理为本的本体论—宇宙论，而是以仁为本的本体论—宇宙论。仁的本体论亦曰仁学本体论，盖孔子的儒学本来即是仁学，此点昔人已言之甚多。儒学即是仁学，故儒学的本体论亦即为仁学的本体论，仁学本体论即是仁的本体论，仁的本体论即是仁学的本体论。故本论对此二者不更分别，仁的本体论古来已有所发展，尤其是宋明时代。宋明时期仁体的观念多所使用，但宋明仁学中仁体往往多被强调作为心体或性体的概念，真正作为本体的观念却不多，所以这需要做新的发明与揭示。

仁学本体论的理论要点即以仁为本体，如理学本体论即以理为本体，仁作为本体亦称仁体。以仁为本体的理论即是仁学本体论，亦即仁体论，亦可称仁本体论。各种方便皆相对于仁而论者为何，如相对于情本体，吾人即可说仁本体，相对于心本论或理本论，吾人则说仁本论。但只说仁本似只肯定以仁为本，未能表达仁是本体的思想。

一

　　宋儒提出"仁者以天地万物为一体"[①]，而人与万物一体不仅仅是仁者所要达到的一种境，从本体上说"一体"是本然的，人与万物的一体关联即是本体。吾人所说仁为本体，特强调仁的"一体"义，亦即一体的本体义。一体亦是整体，世界万物的一体即是仁，宇宙万有的一体即是仁，故万物一体即是仁体，即是本体。此一体既是整体，又是关联共生的整体，指整体内各部分各单元之关联共生，即此便是仁体，便是本体。一体亦是大全、道体，《庄子》曰"天地之大全"（《田子方》），张南轩言"语道者不睹夫大全"[②]，朱子言"究道体之大全"[③]"功用之大全"[④]，此类概念皆可用以论表一体。如我们指出过的，流行总体的观念在朱子仁学中已经明白表达出来，流行总体即是仁体，理与气则是此流行总体的两个方面。

　　总体或整体之义，现代人多予以批评，认为黑格尔式的整体对个体是一种压抑，但社会整体的观念从道德哲学来看本来就需要肯定，不能因为现代政治哲学对个人权利的声张便改变这一点。仁学的整体性是社会的，不是专指国家的。

　　一体不仅是总体，更重要的意义在于强调一体之中的有机关联，也就是说一个事物脱离了这个一体就不能存在，一个存在物必须要与其他

① 程颢、程颐：《二程遗书》，上海古籍出版社2000年版，第65页。

② 张栻：《〈通书〉后跋》，载《周敦颐集》，岳麓书社2002年版，第93页。

③ 黎靖德编，王星贤点校：《朱子语类》第3册，中华书局1986年版，第1015—1016页。

④ 参见朱熹：《与汪尚书》，《晦庵集》卷三十，载朱杰人、严佐之、刘永翔主编：《朱子全书》第21册，上海古籍出版社、安徽教育出版社2010年版，第1305页。

事物共同存在才能存在。因此，实体的定义不一定要改变，在旧有的实体定义下我们仍能肯定万物一体为实体，唯此一体之中的万物相互依赖而存在，而万物之间的相互依赖便是关系。事物与关系共同构成一体共生共存便是仁。

极为极致之言，本体为最终极之实在，故亦可称之为极，故仁体也可称之仁极，仁极即是太极，仁极亦是人极。仁极乃宇宙之本体，世界之最后实在，故高于人极而包含人极。而单纯的人极只是人类社会之极，不即是宇宙之太极。

仁学本体论必须建立在万物一体关联的基础之上，这种世界观理解的宇宙或世界是事物密切相关而联为一体，正如"仁"字本身已经包含着个体与他人的联结关系一样，承认他人并与他人结成关系，互相关爱，和谐共生。

这种注重他人存在，反对一味以自我优先的精神气质与近代西方哲学大相径庭。萨特以他人为自我的地狱，或视他人为虚无，而不是自己存在的要素，其哲学必然归结为个体自我，不可能建立与他人的积极关系。海德格尔的此在也是个体的自我，与群体力求疏离，摆脱共在的束缚。

至于后现代伦理也是要人从各种伦理关系中解放出来，使传统和现代的伦理都破碎化，去除道德义务和自我牺牲，追求一种彻头彻尾的个人的生活，与他者共在成了过时的误解，陌生化生活成了主流，世界是各个个体分散存在的世界。

儒家的仁学则主张必须重视万物一体，或者说万物的共生共在，万物互相关联，而成为一体。故仁是根本的真实，终极的实在，绝对的形而上学的本体，是世界的根本原理。我在《有无之境》中曾指出"以天地万物为一体既是境界，又是本体"[1]。近年张世英先生也认为万物一体可以代替上帝和天，作为道德的权威性、神圣性、绝对性基础，万物一体是万物之源，是每个个别人或物的终极根源[2]。但应该承认，以往学者包括我自己在内尚未能点出万物一体即是仁体，万物一体作为事物的绝对的根源，这就是仁体。明道提出仁者以天地万物为一体，通过仁爱而使人与物合一，原本被看作外在于自我的他人、万物在仁的体验中通为一体。但这种体验不应当被仅仅看作是体验或神秘体验，而应当看作宇宙的真实、宇宙的实在本来如此。

在历史上，北宋的道学，发展到南宋前期，仁说已处于其中的核心。以《西铭》和《识仁篇》为代表的新仁学，突出"万物一体"的观念和境界，对后来道学的发展影响甚大。程颢、杨时、吕大临、游酢，都以这种"万物一体"的思想解释"仁"。

南宋时杨时提出"仁者与物无对"[3]，是说仁者不把物看作与自己相对的外物，而视己与物为一体；杨时门下又把这个思想叫作"物我兼体""即己即物"[4]，也叫作"视天下无一物非仁"[5]；吕大临把万物一体又叫作"归于吾仁"[6]。这些都是主张天下万物与我一体即是仁。吕大临本是横渠门人，横渠死后，往来于程门。他的《克己铭》说"凡厥有生，均气同体"[7]，把气和同体联结在一起，同体也就是一体，可见横渠

[1]　陈来：《有无之境——王阳明哲学的精神》，人民出版社1991年版，第267页。
[2]　张世英：《境界与文化》，人民出版社2007年版，第118—120页。
[3]　参见朱熹：《答吴伯礼》，《晦庵集》卷五十二，载朱杰人、严佐之、刘永翔主编：《朱子全书》第22册，第2444页。
[4]　杨时：《龟山集》卷十三《语录四》，明万历刻本。
[5]　杨时：《龟山集》卷十一《语录二》。
[6]　朱熹：《论孟精义》，载朱杰人、严佐之、刘永翔主编：《朱子全书》第7册，第413页。
[7]　参见朱熹：《论孟精义》，载朱杰人、严佐之、刘永翔主编：《朱子全书》第7册，第413页。

气学对仁学的影响。而他以同体解释仁，本来也合于横渠《西铭》，只是横渠未以"一体"与"仁"联系起来，也未把其"视天下无一物非我"与"仁"联系起来。而程颢大力赞同横渠"一体"之说，突出以一体论仁，吕大临此铭又受了明道的影响。吕大临在气的意义上讲同体，这就突破了二程只重在境界上讲仁，使仁有了实体、本体的意义。杨时之后，朱子虽然不重视万物一体说仁，但他在仁说的辩论中，重建了仁与爱的联系，并把仁联结到天地生物之心，使仁学亦可向更广的空间发展。

　　虽然宋儒开始把气与同体联结一起，就宋代的仁说来看，仁作为万物一体的概念，主要还是显现在主观的方面，而不是显现为客观的方面。就是说，仁作为万物一体主要被理解为作为人心的目标的境界，人的一切修养功夫所要达到的仁的境界就是万物一体的精神境界。这还没有强调把仁的万物一体从客观的方面来把握，从实体的方面来把握。或者说没有把仁作为实体的意义从万物一体去理解去呈现。当然，万物一体的仁学，在这里虽然主要显现为主观的，但在这一话语的形成和这个话语在道学内部造成的重大影响，也为从客观的方面去把握万物一体之仁准备了基础，这是宋儒特别是程明道及其思想继承者的贡献。

　　这种从主观方面理解的万物一体的思想在明代更为发展。明代的王阳明，特别阐发万物一体的思想，其万物一体的思想成为其晚年与致良知思想并立的主要思想，也正因此，万物一体的思想成为中晚明阳明学的重要内容。然而，明代心学虽然突出主观方面理解的万物一体的仁学，但王阳明论一体时仍提到万物一体的一体性联系与宇宙一气流通的关联，于是仁与草木瓦石的一体也是存在论的实在，"非意之也"，这也就为从客观的实体方面去把握万物一体之仁奠定了基础，使一体兼有主客两方面的意义。如王阳明已经说明，仁者以天地万物为一体，不仅是主观的境界，天地万物与人本来是一体，在存在上即原来一体，这种一体是基于气的存在的一体性，所以万物相通一体。王阳明的例子再次表明，气的概念使万物一体之仁的实体化成为可能。照阳明与弟子另一段关于"人心与物同体"的答问，所谓"如此便是一气流通的，如何与他间隔得"①，其中的"一气流通"不仅具有物质实体的意义，也同时包含着把宇宙看成一个有机系统的意义，无论哪一方面，都是强调万物与"我"的息息相关的不可分割性，这个不可分割的有机系统的总体即是仁体。从而仁体可以超出心体而成为宇宙的本体，从而超越心学而走向本体的仁学。

　　所以，仁者以天地万物为一体，在哲学系统上说，是因为天地万物本来是一体，仁体即是天地万物浑然的整体。这种一体性就其实体的意义说，在近世儒学中往往与"气"密不可分，因为气贯通一切，是把一切存在物贯通为一体的基本介质，可见仁体论的构建与发扬，在儒学史上是有其根据的。从这个角度来看"万物与我为一"，有两种意义，一个是境界的意义，指万物一体的精神境界；另一个是本体的意义，指万物存在的不可分的整体就是仁体。万物的生生总体，便是朱子所说的"统论一个仁之体"②。我们今天来看这个问题，不必再以气作为载体，而可以直接肯定本体、实体的概念义建立仁本体。

　　天、地、人、物本是一体，一体而分才有天地人物之别。就一体而言，天地人物是不可分的。因此孔子说"己欲立而立人，己欲达而达

---

①　王守仁：《语录三》，载《王阳明全集》卷三，上海古籍出版社1992年版，第124页。

②　黎靖德编，王星贤点校：《朱子语类》第7册，第2634页。

人"，因为立不能独立，达也不能独达，必须与人俱立，与人俱达，对待别人如同对待自己，对待自己如同对待别人。因为天地人物"浑然一个仁体"，故天地人物共在，共在就是仁体的基本特质。当代儒学仍应发挥仁体共在之义。

二

汉代儒学已经意识到仁有二义，即"爱人"与"好生"，《太平御览》引《春秋元命苞》曰："仁者情志，好生爱人。故其为仁以人。其立字二人为仁。"[1]《易传》说"天地之大德曰生"，以及在此种影响下形成的流行成语所谓"上天有好生之德"，都指示出仁包含着"生"的宇宙论面向。宋儒"以生说仁"是以生命成长之爱为基础，非以炤明为德性，盖冬至一阳生，阳气即仁之初发处。

宋代儒学更明确地把仁与生联系起来，与生生的宇宙观联系起来，与宇宙的内在的生机、生意联系起来，从而使之与仁、与一体关联在一起，以生论仁成为此后儒家仁学的主要传统。但在生生论上，对于生与仁二者合一并能联结一起，却并无证明。谢良佐以生论仁，发挥了明道的思想，即以仁为宇宙生生不已的本性，仁是生生不已的生机，这个思想朱子也加以继承，重视仁为生意的思想。就思想原理而言，仁学之所以要与宇宙论的生生论联结一起，其思路在原初应是反推的结果，即如果仁道是普遍的，是不限于人世的，那么其在宇宙的表现为何？儒家

---

[1] 李昉等编纂：《太平御览》卷三六〇《人事部一》，《四部丛刊三编》影宋本。

很早就认为，仁在宇宙的体现便是生生，生生便是宇宙之仁，宇宙之仁
是人世之仁的根源和本源，换言之就是本体。盖生与杀相对，杀为不
仁，故生为仁，好生恶杀体现了仁。

关于历史上以生论仁之说，就宋代而言，周敦颐已经说过"生，仁
也；成，义也"①，但讲得过简。在程明道，仁表示通畅、活动，其本体
论意义即生之流行感通无碍，其伦理学意义是指人应将他人与万物看成
与自己一体共生、息息相关而去给予爱。谢上蔡也以仁为生生不已的本
性，以仁为"言有生之意"②。

按程明道云："万物之生意最可观，此元者善之长也，斯所谓仁也。
人与天地一物也，而人特自小之，何耶？"这里的一物即是一体之意。
他认为生意即所谓仁，而这种对仁的理解又和人与天地一体相联系。他
甚至说"天只是以生为道"③，所以陈钟凡说大程子是生生论，这是有其
道理的④。仁体论认为，天地氤氲，万物化生，创造不已，宇宙即连绵不
绝的生生之流，万物皆长养于生机之中，万物同秉此生机以为自性，而
宇宙乃为一生生大流，宇宙处处生趣洋溢、生意流行。而这一生生流行
即是仁。故我把此说称为"生生之仁"，认为此"生生之仁说"与"一
体之仁说"共同构成了儒学的仁论传统。一个充满生机的宇宙不是一个
机械的宇宙，必然是一种动态、有机、联系、创造、和谐的有机整体，
是相互联结、相互作用、相互转化的活生生的有机整体，生生有机体的
根本特征是活动，活动表现为过程，整个宇宙，包括自然、社会和人的

---

① 周敦颐：《通书·顺化十一》，载《周子通书》，上海古籍出版社 2000 年版，第 36 页。
② 谢良佐：《上蔡语录》，中华书局 1985 年版，第 3 页。
③ 程颢、程颐：《二程遗书》，第 167、79 页。
④ 陈钟凡：《两宋思想述评》，东方出版社 1996 年版，第 79 页。

生命，都是一个个生生不息的能动的活动过程。因此就宋代儒家哲学来说，实体与机体可以统一，而没有必要对立。

程明道、谢上蔡以生论仁，在儒学史上具有重大的本体论宇宙论意义，此意唯朱子发之最多，故今日立仁学本体论，必须将此二者加以结合，即生生之仁与一体之仁的结合。在宇宙论上，生生即辟，一体即翕，皆仁之体用。

仁既是最后实在，故能超越经验，但又不脱离经验。仁是本体、生机、本性，故不是情感，情感只是用，仁学本体论立体而不遗用，但不能以用为体。

仁是生生流行之总体，故乾坤并建乃可当仁，此专言之仁也。偏言之，乾主生，坤主爱，并建言仁，《易》之《文言》已开启其端矣。

熊十力不以总相为实体，李泽厚以总体为实体，以朱子仁说观之，仁可以为总相，即万有之总体，一气流行之总体，此总体是关联之总体，关联总体即万物一体之正解。问题在于，在李泽厚，总体并无实体，总体即是本体。但在熊十力，仍认为大用总体背后仍有本体，唯此本体不是独立存在的，而是已经变现为大用总体与流行了，熊的此说我们仍予肯定。冯友兰讲大全，然大全应即是仁，仁即是大全总体、整体，此即是仁体。一体即仁体，同体即体仁。

朱子门人陈淳说过"仁只是天理生生之全体"[1]，这是见道之言。王阳明《传习录》云"仁是造化生生不息之理，弥漫周遍，无处不是"[2]，其门人有谓仁"是生生不息之机"，湛甘泉答唐一庵"聚散隐显，莫非

① 黄宗羲原著，全祖望补修：《宋元学案》第3册，中华书局1986年版，第2221页。
② 王守仁：《语录一》，载《王阳明全集》卷一，第26页。

仁体"，其后学谓"生生之谓仁"①，这些都发展了《周易》的思想。后来刘宗周评点明道论仁云"此仁生生之体无间断"，认为生命不断生成生长即是仁，黄宗羲也说仁即"浑然太和元气之流行"②。可见明代心学也多谈及生生之仁。王阳明不仅讲天地万物一体之仁，也强调在实践上"全其万物一体之仁"，表露出仁体流贯通达、无人己之分、物我之间的思想③。他还说"全得仁体，则天下皆归于吾"④，可见讲万物一体者甚多，但必须点出万物一体是仁才是仁学。而阳明自己终归是心学，全得仁体亦只是达一体之仁，毕竟不可谓天下皆归于我。

其实，程明道不仅从精神境界上讲仁，也把仁看作为宇宙的原理。如果说明道思想中精神境界的仁，其意义为"万物一体"，那么，他的思想中作为宇宙原理的仁，其意义是"生生不息"。这表明"生生之仁"与"一体之仁"是相关联的，生生之仁是同体之仁的宇宙论根据。但也说明，明道只讲了生生之仁是宇宙原理，还未把万物一体也同时理解为宇宙的本体。谢上蔡虽然不讲与物同体，但他以生解仁，以知觉论仁，也是继承和发展明道的论仁思想之一面，这个方向也是仁学宇宙论发展的一个重要方向。

朱子认为仁是天地用以生物之心，又是人心的来源，人禀受天地生物之心而成为自己的心，这一天心一人心的结构，是朱子学仁说的基础结构。《仁说》在"天地生物之心"的基础上，进一步提出"天地以生物为心"的命题，更加突出了仁的宇宙论意义。并说明了生与仁、仁

① 黄宗羲：《明儒学案》下册，中华书局 2008 年版，第 247、913、928 页。
② 黄宗羲原著，全祖望补修：《宋元学案》第 1 册，第 553、542 页。
③ 王守仁：《语录二》，载《王阳明全集》卷二，第 55 页。
④ 王守仁：《语录三》，载《王阳明全集》卷三，第 110 页。

与爱的关系，即爱由仁发，生是仁的基础。《仁说》之作，从一开始就坚持在开首阐明"天地以生物为心"，作为天道论的核心刻画，力图给予仁说最坚定的宇宙论的支持。在伦理学上，朱子仁说的本质倾向显然是，主张从爱来推溯、理解仁。无论如何，与二程门人不同，朱子重建了仁与爱、仁与天地之心的关联。天地之心元包四德，人之为心仁包四德，天地之元与人心之仁相对应，后者来自于前者。朱子的做法使得先秦儒与汉儒的仁说得以延续在新的仁说讨论中，而不限于北宋道学，使得其传承更为深远，其意义相当重要。

宋儒关于复卦的讨论，已经明确把"生意"和"仁""元"联结一体，不是只关注仁的实践意义，仁的伦理意义，而是向宇宙论去展开，把仁和宇宙论的生命问题、根源问题结合起来，赋予仁以更广大的意义。如朱子就不再仅从"理"来认识天地之心，而重视以"仁"来认识天地之心，仁是天地生物之心，表示仁是宇宙生生不息的真几与根源。从这个角度看，天地之心不应该用伊川"所以阴阳者"来解释，因为，"所以"是根据，不能突出"生生"表达的内在生机的意义。"生机"是和"理则"不同的哲学概念，联系着不同的哲学系统。朱子哲学一般被认为是重视理则的，但也不能忽视朱子思想中的生机论意识。事实上，朱子认为只从存在论上讲仁是体，还是不够的，必须同时从宇宙论上肯定仁是天地生物之心，是世界生成的根源，他把这一点看得更加重要。朱子所运思的方向，从其《仁说》来看，不是从万物一体发展本体论，而是从天心接通宇宙论。

天地之心是生物，人之心是仁爱，而从生生到仁爱的转接，自北宋以来，就被看作天人合一、不证自明的了。朱子继承并强调了北宋儒者"天地以生物为心"的思想，加以发展，而提出了"人物之生，又各得夫天地之心以为心"①的思想，即人之心来自天地之心，二者有着直接的继受关系。其次，朱子定义了天地之心之德为元亨利贞，以元为统，于是人心之德对应而为仁义礼智，以仁为统。元亨利贞的发用为春夏秋冬，生气贯通四者；仁义礼智的发用为爱恭宜别之情，恻隐亦贯通四者。最后朱子强调，仁之道即是天地生物之心，体现于每一个事物而无所不在。换言之，此亦可谓仁体现于每一个事物而无所不在，贯通一切。朱子的仁体思想在这里得到了一定的表达。在朱子，并不是简单回到董仲舒的仁天心的思想，而是把北宋儒学对《周易》的讨论中的天地以生物为心，以生物为天地之心的思想和"仁"联系起来，用"仁"去规定《易》学讨论中的天地之心的意义。

从仁体论哲学上说，仁确乎是生生之理，同时，仁也是活动流通的内在动因，是宇宙活动力的动源，是生命力的源泉。动之"机"就是动力因，从"生之理"和"动之机"两方面理解仁，比起仅从一个方面去理解有优越性。生之理换个说法，即仁之体应该是万物生生的本性。这可以说是近世仁体思想常常表达的一种。天之生生不息，命之流行不已，化之聚散隐显，都是仁体。仁体便是道，道体无内外，无始终，直立天地，贯通内外始终而成为一体。仁体必能贯，即贯一切而一之。把天地之动静感应、生生不已看作仁体。仁体必从元亨讲，必从乾元统天讲，乾元实体当然是浩浩荡荡，无声无臭，难以名状，亨则是生长生成，流行可见，从可见的流行悟及宇宙实体即仁体，这就是归仁了。

天地之心是指天地运动的内在动力因，是宇宙生生不息的内在根据

---

① 参见朱熹：《仁说》，《晦庵集》卷六十七，载朱杰人、严佐之、刘永翔主编：《朱子全书》第 23 册，第 3279 页。

和根源，这与作为法则、规律的理的含义是不同的。这里说得很清楚，天地之心就是仁，亦即宇宙间的生生之道，也就是宇宙间生生不已的生机。宇宙间一切生息之机都来自仁意，这个仁意并不是有人格的天意或主观的情意，而是宇宙之中的浑然生机和蔼然生气。这样的宇宙与近代机械论式的宇宙根本不同。

正如草木之核所包之仁，乃是此物生生不已的生机，由此仁而有此物之生长不已，由此可知仁即是万物充满生命活力、生生不已的生机，内在于万物之中而为之主宰。天地之生机在人，人之生机在心，天地之心不能直接作用于天地万物，必须依托于人心。人得天地之气为形，得天地之理为性，得天地之心为心；人具有天地之所以生生者作为性理，此理从人心上发出，乃是仁心，心仁则天地之心活，心不仁则天地之心死，心不仁天地便不能发育流行。人得天地之心以为心，指的是仁心，仁心是从天地之心得来的。仁心发为实践，便是用。

汉以来的思想中，元亨利贞四德属天道，仁义礼智属人道。天道的四德和人道的四德，二者的关系在道学中渐渐成为重要的论题。如程明道最重视四德中的"元"与五常中的"仁"的对应，他说："万物之生意最可观，此元者善之长也，斯所谓仁也。人与天地一物也，而人特自小之，何耶？"[1]明确肯定"元"就是"仁"。这就把宇宙论的范畴与道德论的范畴连接起来，互为对应，从一个具体的方面把天和人贯通起来，使道德论获得了宇宙论的支持，也使宇宙论具有了贯通向道德的含义。而从哲学上看，把生和仁作为宇宙的根本原理，是与机械论宇宙观的根本对立，也是克服虚无论的重要依据。

---

[1]　程颢、程颐：《二程遗书》，第167页。

　　朱子仁学的一个重要特点，以往不为人们所注意，这就是贯彻了"生气流行"的观念来理解仁与仁义礼智四德，在这里，仁作为生意流行的实体，已经不是一般朱子学所理解的静而不动的理、性了。从理论上来分析，如果仁是生气流行，这个仁就不能是理，不能是性，这个仁不仅具有生命和生机论的意义，而且在生气循环的意义上近于生气流行的总体了。在心性论上，这样的仁就接近于心体流行的总体了。从仁体论的角度来看，这也是很重要的发展。这在无形之中使仁义礼智在一定程度上也变成为具有宇宙论流行意义的实体一气。朱子用这种周流贯通之气的流行论，发挥了程颢的"生意"说与程颐仁"包"四德的观念，使得"仁"也成为或具有流行贯通能力的实体。这样的仁，既不是内在的性体，又不是外发的用，而是兼体用而言的实体了。在这个意义上，朱子学已经有一种仁体思想了。

　　从这样一种哲学立场，强调把元亨利贞四德作为"物"的发生成长的不同阶段来理解，同时，又强调说明这四个阶段连续无间的流行是生气流行。元就是生气，所以四者的连续流行就是体现了"元"贯通四者而作为天道的统一性。元是生物的发端，元是生意的开始，亨是生意的长，利是生意的遂，贞是生意的成。于是生长遂成就是"生意"的生长遂成。元既是生物之始，又是天地之德，作为生物之始，亦体现为四时之春；作为天地之德，亦体现为人道之仁。可见，元亨利贞四德既是论生物过程与阶段，又是论天地之德，于是既体现为四时春夏秋冬，又体现为人道的仁义礼智。朱子又曾特别提出"流行之统体"的观念，用以指兼体用的变易总体，而元亨利贞乃此一统体不同流行的阶段及其特征。宇宙论的元亨利贞模式深刻影响了儒学对仁义礼智四德的理解。如朱子把"元"说为"元气"。于是，朱子对于元或仁的说法，越来越不就性、理而言，而更多就具有生成形态的气而言了。对于我们而言，仁是气或不是气，并不是我们所关注的，重要的是，在这样的理解中仁已经实体化了，仁已经成为实体意义上的仁体了。"流行统体"是一重要哲学观念，流行统体即是实体、道体，显现出朱子的仁学更关注实体、总体的意义了。对于我们而言，朱子只差说一句，此流行统体便是仁体。

所以，早在朱子的思想中就已不断发展出一种论述的倾向，就是注重将元亨利贞看作兼赅体用的流行之统体的不同阶段，如将其看作元气流行的不同阶段。由于天人对应，于是对仁义礼智的理解也依照元亨利贞的模式发生变化，即仁义礼智不仅仅是性理，也被看作生气流行的不同发作形态。这使得朱子的哲学世界观不仅有理气分析的一面，也有流行统体的一面，而后者显现出气论对朱子思想的影响，即气论影响的结果使得朱子的仁学更关注实体、总体的意义了。

朱子仁学的思想，以往整体研究不够，需要更深入的分疏和诠释。从一定的意义上来看，朱子的哲学思想体系可以看作从两个基本方面来体现、呈现，一个是理学，一个是仁学。从理学的体系去呈现朱子哲学，是我们以往关注的主体；从仁学的体系去体现朱子思想，以往甚少。如果说理气是二元分疏的，则仁在广义上是包括理气的一元总体。在这一点上，说朱子学总体上是仁学，比说朱子学是理学的习惯说法，也许更能凸显其儒学体系的整体面貌。

从仁体的意义来看，朱子的思想，实际上是重视大用流行之整体的思想，强调大用流行作为仁的意义，然而未及论述仁体与流行的关系。生气是大用、是流行，但在熊十力体用论的角度看，这还不就是本体自身，虽然仁体不离大用，不离流行，但终须指点仁体，指明生气流行是仁体的全部显现，始为善论。而无论如何，朱子的仁体论和仁气论，特别是他重视流行统体的思想，他的以仁为实体、总体的思想，为仁体论建构提供了重要的依据和方向。

仁体论对生活世界的理解，是认为我们生活的世界本质上是一个活生生的世界，一个包含无数关联的、变化的世界，一个内在地含有价值的世界。生活的意义，世界的意义，可称为本体，仁体生生，天道生生，人生亦乾乾不已，所以这与海德格尔那种向死而生完全不同，仁学把人的存在看成与这一生生大流融合的一体，是不断生生向生的；也与海德格尔此在的孤立个体不同，是把人生看成与万物一体，在与万物共生中获得伦理意义，也在生命的继承和延续中获得生命的意义；也因此与海德格尔的焦虑不同，儒家的生生之仁指向的是人生之"乐"，李泽厚把中国文化概括为"乐感文化"，对儒家来说，是有其本体论的根据的。

仁体虽然宏大，却又是亲切表现于人伦日用，事事物物上皆可以见到仁体。仁体不离日用常行，古人多次提点此意，如明代儒者邹颖泉所说"仁体时时流贯"，的确是一个仁学本体论的重要观点。明代另一儒者万思默专讲生活儒学，他提出"生活是仁体"[1]，确实值得表彰，他的这一思想与颖泉所说的"仁体时时流贯于日用之间"是一致的。

三

熊十力新唯识论哲学体系，其立场曰归本大《易》，其论述则多在衡论佛家空有二宗，故其自云"新论为对治佛法而作"[2]。吾人则不针对

---

① 黄宗羲：《明儒学案》上册，第 344、504 页。
② 熊十力：《体用论》，中华书局 1994 年版，第 6 页。

佛法，亦不消极地评析对立面的立场，而针对儒家自身的仁论发展，积极地予以评述之。此乃与熊十力新论之异也。盖本论乃本于孔子仁学而立，非深玩异学而后归本吾儒也。然熊十力有言："自今以往，倘有守先待后之儒，规模不可不宏大。"[①] 这倒是不移之论，熊十力的本体论是20世纪最值得重视的本体论体系。

熊十力比较强调本体的炤明而不是博爱，是亨畅而不是恻隐，是升进而不是和谐，是刚健而不是仁恕，可以看出，熊十力的这些说法都是朝"心"的德用而规定的。也就是说熊十力是以唯心论来讲本体，把本体讲成心的一种哲学。

熊十力前期思想明确说明，仁即人的本心，所以他的以仁为本体，就是以心为本体。他从来不说宇宙实体是仁体，只说心和明觉是本体。熊十力的这些思想表明，他的哲学还未真正达到仁的本体论或仁的宇宙论[②]。真正的仁的本体论必须以仁为本体，而不是以心为本体。真正的仁的宇宙论以不能以心的德用（炤明通畅）为根本，而必须以仁的作用为根本。他后来大力发明体用不二、即体即用，来处理实体和大用的关系，直至晚年作《体用论》，正式申明他的哲学要义在体用论，不在唯识（心）论。其成熟的体用论，主张体用皆为实有，实体不在功用之外，实体是大用的自身，实体自身完全变现为大用，即用即体，即体即用，实体自身是生生变动的，我认为这些说法才是其真正的本体论贡献。

---

① 熊十力：《体用论》，第11页。
② 贺麟抗战后说熊十力的新唯识论是仁的本体论，其实不确，熊只是心的本体论，不是仁的本体论。参见贺麟：《儒家思想的新开展》，载《文化与人生》，商务印书馆2005年版，第11页。

用熊十力的即体即用的实体论诠释马一浮的"全体是用，全用是体"的全体全是论，或使他们互相诠释，才能激活马一浮全是论的本体论意义。就我们的仁体论而言，仁体可以全体是用，全用是体，实体可以变现为现象总体，现象总体是实体的全部显现，而仁体比起理体更具有遍润宇宙的势用。这就可以把马一浮的全是思想吸收进来了，把它变成与熊十力体用不二意义相近的一种实体论的模式。

所以，就本体论而言，熊十力哲学真正重要的，如他晚年自己所说的，是以"体用不二，即体即用"表达的实体与大用的关系结构论。在熊十力看来，要纠正古今哲学本体论的错误，必须强调离用无体。他说："功用以外，无有实体。""若彻悟体用不二，当信离用无体之说。"即实体不在现象之外。他说："本论（《体用论》）以体用不二立宗。学者不可向大用流行之外别求实体，余自信此为定案，未堪摇夺。""倘不悟此，将求实体于流行之外，是犹求大海水于腾跃的众沤之外。"他认为实体如同大海之水，功用如同众沤，求实体于功用之外，如同求大海之水于众沤之外。他说："实体绝不是潜隐于万有背后或超越万有之上，亦绝不是恒常不变，离物独存。"又说："所谓实体，不是高出乎心物万象之上，不是潜隐于心物万象背后，当知实体即万物万色自身，譬如大海水是无量众沤的自身。"[1] 由此可见，熊十力所谓体用不二，从否定的方面来说，有三个特征，即：实体不是超越万有之上（如上帝）；实体不是与现象并存，而在现象之外的另一世界（如柏拉图的理念界）；实体不是潜隐于现象背后的独立实在。

在熊十力晚期对其体用思想的论述中，以下几个命题值得特别注

---

① 　熊十力：《体用论》，第44、69、129、145、120页。

意。（1）实体是大用的自身。熊十力强调"实体是万有的自身，譬如大海水是众沤的自身，学人了悟到此，则绝对相对本来不二"①，并反复申明他对此深信深悟，按照这个说法，功用（众沤）是实体（大海）的表现形态和存在形式，实体是现象功用的本来存在。（2）实体变成功用。熊十力在比较他自己的体用不二说和佛教真如为万法实体说法的同异时强调："余玩空宗经论，空宗可以说真如即是万法之实性，而绝不许说真如变成万法。此二种语势不同，其关系极重大。"② 这就是说，大乘空宗虽然也讲现象（万法）有实体（实性），但空宗"真如是万法实性"的说法，如同程朱"体用一源"一样，只承认真如是万法的实体，而不能承认万法是真如变成的。熊十力强调，他的体用不二说，关键就在于强调实体变成功用，他说："实体变动而成功用。"③ 又说："惟大《易》创明体用不二，所以肯定功用，而不许于功用以外求实体，实体已变成功用故。肯定现象，而不许现象之外寻根，根源已变成现象故。"④ 这表明他主张的用外无体是以功用由实体变成的观点为基础的。

　　照这个说法，功用是由实体变成的，即功用是实体的变形或转化形态。但在这里要注意，第一，不存在没有变成功用的实体，不能说宇宙曾有一个实体尚未变成功用的时期。"实体无有不变动时，即无有不成为功用或现象之时。"实体任何时候都是以功用的形态存在的。第二，实体变成功用不是如母生子。他说："不是由实体变动，又别造出一种世界，名为现象也。"⑤ 又说："如此，则实体犹如造物主，而不即是

---

① 熊十力：《体用论》，第143页。
② 熊十力：《体用论》，第77页。
③ 熊十力：《体用论》，第44页。
④ 熊十力：《乾坤衍》下分，中国科学院印刷厂1961年版，第4页。
⑤ 熊十力：《乾坤衍》下分，第4、11页。

功用也。"① 就是说，不是实体变出功用，而是实体自身变成功用。因此，第三，实体变成功用，是实体自身完完全全地变成为功用，他说："须知实体是完完全全的变成了万有不齐的大用，即大用流行之外无有实体。"② 又说："实体确是将他的自身全变成万物或现象。万物之外，没有独存的实体。譬如大海水，确是将他的自身全变成了众沤。众沤以外，没有独存的大海水。"③ 他特别指出他所用"变成"二字确有深意："成字，则明示实体起变，便将他自身完完全全的变成了翕辟的功用。譬如大海水起变，便将他自身完全变成了翻腾的众沤。这成字，才见体用不二。"④ 照这个说法，实体变成功用，好像水变成了冰，不能说冰以外还有水，因为水自身已完全变成为冰，所以，是由于功用是实体变成，故说实体是功用的"自身"，如同水是冰的自身一样。

在熊十力哲学中，"体用不二"又叫作"即体即用（即用即体）"，理解"即体即用"，是把握熊十力哲学的一个非常重要的问题。熊十力说："当知体用可分，而实不可分。可分者，体无差别（譬如大海水，是浑然的），用乃万殊（譬如众沤，现作各别的）。实不可分者，即体即用（譬如大海水全成为众沤），即用即体（譬如众沤之外，无有大海水）。用以体成（喻如无量众沤相却是大海水所成），体待用存（喻如大海水，非超越无量沤相而独在）。王阳明有言：'即体而言用在体，即用而言体在用'，此乃证真之谈。"他又说："譬如众沤，各各以大海水为其自身。甲沤的自身是大海水，乙沤的自身亦是大海水，乃至无量数

① 熊十力：《体用论》，第 131 页。
② 熊十力：《体用论》，第 51 页。
③ 熊十力：《乾坤衍》下分，第 40 页。
④ 熊十力：《体用论》，第 131 页。

的沤皆然，由此可悟即用即体之理。即用即体者，谓功用即是实体，如众沤自身即是大海水也。实体变成生生不息的无量功用，譬如大海变成腾跃的众沤，于此可悟即体即用之理。"① 从这些论述来看，大抵说来，在熊十力哲学中，"即体即用"指实体变成功用（在此意义上说实体是功用），"即用即体"指功用的自身就是实体（在此意义上说功用即是实体）。前者重言其体，后者重言其用。照熊十力的理解，这种本体或实体不在万有之外，也不是隐藏于万有之中，而是实体自身变现为万有，正如水变成为冰，实体是心物万象的基体或基质。熊十力这个对体用关系模式的理解为其独创，有其重要的理论意义，故亦为我们所肯定和吸取。澄清了熊十力即体即用的思想，我们在下节再涉及此种独特的本体宇宙论模式时便可以不再重复。

熊十力晚年体用论建构的结果是，由于从"把心说为本体"改为"实体非心非物"，使得其实体论与斯宾诺莎的实体论相当接近，我在1985 年即指出这一点②，当然，斯宾诺莎没有想到实体自身变现为大用这样的哲学本体论洞见。但熊十力仍在用的层次上推崇精神、心灵，故我曾称之为功用的唯心论③。从仁体的角度看，斯宾诺莎的实体说多有可取之处，但在他的哲学中，实体与样式为因果关系，远不如仁体论从宇宙的关联性来讲。仁体与呈现的万物其中全具关联性，怀特海有机哲学之动态性、关联性皆在吾仁全体大用之中，亦无须如熊十力辨能动静、柏格森生命哲学，故体用论中的实体论近斯宾诺莎，大用论可比于柏格

① 熊十力：《体用论》，第 83、119 页。
② 陈来：《熊十力哲学的体用论》，《哲学研究》1986 年第 1 期；《现代中国哲学的追寻》，人民出版社 2001 年版，第 147 页。
③ 陈来：《现代中国哲学的追寻》，第 205 页。

森、怀特海，生命实在与李约瑟的关联性建构相通。

熊十力对怀特海过程哲学似不甚重视，其与牟宗三略说新论要旨，言："若只言生化与刚健，恐如西方生命论者，其言生之冲动与佛家唯识说赖耶生相恒转如暴流、直认取习气为生源者，同一错误。"[1] 他认为讲生命进动者如西方生命哲学，只是认取气。熊十力此说甚好，但他以空寂救之，似以佛法之静救之，而未能直睹仁体，可见其受佛教影响之深。吾人以仁体为把柄，一通而百通。

关于宇宙生命或大生命的问题，熊十力与梁漱溟都有讲述，其根源是近代西方生命哲学的影响。在此影响下进一步引起了对"以生论仁"的生命论诠释。梁漱溟早年即如此，在这个意义上熊十力和梁漱溟都有把中国哲学史上的"生"解释为"生命"的意思，并将此生命作为宇宙生命，而宇宙生命对他们来说即是宇宙精神、心灵的一种形态。于今需要辨清，生命不即是精神，生命不即是心灵，生命可为全体，这是仁体论的立场。

正如怀特海的哲学所提示的，哲学需要支持人类文明与价值的宇宙论，这意味着要通过文明了解宇宙，也通过宇宙了解文明，文明观需要宇宙论基础，特别是一种"为把人当作人的学说提供一种重构了的证明的基础"[2]，重构证明体现了一种捍卫文明的努力。

虽然，由于不同的宗教对终极实在的认识不同，从而不同的宗教和精神传统一般来说很难共享关于终极实在的经验，哲学亦然。对本体的经验在不同哲学家是如此不同，但这并不否定本体论经验的意义，而是

---

① 熊十力：《熊十力选集》，吉林人民出版社 2004 年版，第 474 页。
② 李小娟：《世界与中国 —— 世界哲学前沿问题选粹》，黑龙江大学出版社 2011 年版，第 34 页。

为本体哲学的相互理解确立了前提。就各哲学的传统而言，代表了只有这个传统才能做出的理解和经验结构。多元论的贡献就是为哲学的理解奠定了基础，它促使本体的这些传统相互学习、相互理解，从而走向一个更具包容性的世界观。

四

李泽厚说，本体即在现象中，这是中国哲学的传统。其实以往张岱年先生已多次论述到这样的观点。李泽厚又认为本体即是人类总体，它是现象，又是本体，也是人类总体的本体所在[①]。李泽厚也提到儒家义仁为体，但他从未想过以仁为本体，特别是他所理解的仁是情感经验，因此他所理解的儒家以仁为体也只不过是以情为体的一种说法。因为他始终认为仁即感性情感的恻隐之心，强调仁的情感性，强调仁作为爱的经验性[②]，他的总体的观念的确为熊十力所不注意，但儒学史上朱子已经重视仁作为生气的流行总体，认为生气流行即生命存在延续的总体，并认为即此便是道体。

李泽厚也认为人类学历史本体就是活生生的个体人的日常生活本身，但本体不能是某一个体的生活本身，而应该是无数个体的生活本身。不过，这里强调个体与其总体说不能一致。而且李泽厚讲"人与宇宙共在"，这就更不能在个体意义上讲共在，而必超越个体来讲共在。

---

① 李泽厚：《人类学历史本体论》，天津社会科学院出版社 2010 年版，第 15、17 页。

② 李泽厚：《人类学历史本体论》，第 47、120 页。

他又往往强调人和宇宙的共在是"人和宇宙的物质性协同共在"[①]，如果共在只是和物质性存在共在，这种共在虽然凸显了唯物主义，但必然减失了伦理的意义，只能是人作为动物存在的生理物质性与外在世界在物质上一体不分。这个意义上的协同共在，已经不是形而上学的设定，只成了物理学的设定。李泽厚认为有此设定才能使人把各种秩序赋予宇宙—自然成为可能，但很明显，只有物质性的共在是不可能实现这个任务的。更进一步，如果万物的共在只是互相间毫无关联地同时存在于一个宇宙之中，这种共在就没有意义。

李泽厚有时也说"作为总体存在的人与宇宙共在的本身"，既然是人与宇宙共在，那就不是"人类总体"了，可见他有时把人类总体作为本体，有时把人与宇宙共在本身作为本体。他还说"自然—宇宙总体便是我们说的物自体"[②]，这个自然—宇宙总体即是人与宇宙共在的本身。

可见，李泽厚既突出人类总体为本体，又主张以人与宇宙共在为本体，也肯定自然—宇宙的总体为本体（物自体），这些就大用流行而言是与熊十力哲学一致的，而熊十力更承认有宇宙实体，此实体变现为大用流行，这便是即体即用。仁体论的体用论亦接受这一点，以成为二层的本体论。因为李泽厚的双本体之间没有体用关联，故不如熊十力的本体论能达到道通为一的圆融境界。

关于总相和交遍，熊十力主张"如吾与多人同在北京，俗以为北京是一，其实北京有多少人，便有多少北京。如张人在比较，其生活与北

①　李泽厚：《人类学历史本体论》，第69、198—199页。
②　李泽厚：《人类学历史本体论》，第290页。

京交感而自化，确有与李人不同。……故张李二人各有一北京也……
然多数北京，在一个处所，各个遍满。如千灯在一室，光光相网，岂不
奇哉”①，这种否认全体、总体，强调个体、个别的观念，显然不够辩证，
北京作为一个自在的客体不是分割的，北京作为不同人的主观映像虽然
各不相同，然不害其同处，此诸不同之中仍能反映着同一性的一面。特
别是认知的视角。如果说对北京的印象、评价，自然是众说纷纭，各有
不同，但就其客观的方面，作为认知的对象整体，不能是各不相同的。
他也说：“每一个小一是一小物，多数小一合成较大之物时，并不是混
然揉作一团。小一还是各各保持他的个别与特性。……万物虽云个别，
毕竟是一大整体。譬如五官百体成一身，此理近去即是，岂远乎哉？个
别的物一齐发育，方是整体盛大，乃不易之理也。然个别终不可离整体
而独得发育。”②可见，熊十力很重视个人保持其特性与自由，但他在宇
宙论上也未忘记整体的意义，如他又说：“万物灿然散布太空，虽若各
各独立，而实为互相联系、互相贯通之整体。”③

整体是总相，个体是别相。万物一体是总相，各个小我是别相。总
相不离别相，别相不离总相。熊十力在《乾坤衍》中说：“据理而谈，
有总相别相故。说万物一体，此据总相说也。凡物各自成一个小己者，
此据别相说。若无别相，哪有总相可说。别相在总相中，彼此平等协和
合作，而各自有成，即是总相的大成，譬如五官百骸在全身之发育，亦
此理也。”④又说：“夫万物一体，是为总相。个人即小己，对总相言则

---

① 熊十力：《体用论》，第 67 页。
② 熊十力：《体用论》，第 140 页。
③ 熊十力：《体用论》，第 139 页。
④ 语见熊十力：《乾坤衍》，《体用论》，第 314 页。

为别相。总相固不是离别相而得有自体，但每一别相都不可离总相而孤存。总相者，别相之大体；别相者，总相之支体。名虽有二，实一体也。"① 熊十力虽然对总相、别相都提到，肯定二者的关联，但似较重视个体。

在熊十力的言论中，还涉及世界的"共有"问题，他说："众生无量，世界无量，据常识的观点来说，好像宇宙是一切人共有的，其实大谬不然。各人自有各人的宇宙。但互不相碍，如我与某甲、某乙同在这所房子里，实则我是我的房子，某甲是某甲的房子。"② 此说并不强调共有，而是强调各个独立的世界互不相碍，梁漱溟也有类似的思想，说明这一思想与佛学有关。这个思想很像近代西方个人主义的世界，不像传统的儒学思想。各个世界的独立、自由，在他看来是很重要的。他又说："由一切能互为主属故，所以说一切能不是一合相，而又是浑然的全体。主和属元来各各有别故，故不是一合相。主和属互相涵摄故，故为一浑然的全体。又由于一切能都为主属故，即都是自由的，或自在的。"③ 能即功能，甲功能对乙功能为主，则乙功能对甲功能为属，一切功能互为主属，他所讲的浑然一体，是指互相涵摄，这还是佛教法界互相涵摄的思想，不是万物一体的思想。

如此看来，熊十力是反对宇宙共有的，认为各个宇宙互不相碍，这似乎是华严式的事事无碍。不过他又说，一切事物不是合相，却可以是浑然全体，而所谓浑然全体，是主属互相涵摄，也就是我包含你，你也包含我，还是华严宗的法界说。

---

① 　语见熊十力：《乾坤衍》，《体用论》，第315页。
② 　熊十力：《新唯识论》，载《熊十力全集》卷三，湖北教育出版社2001年版，第142页。
③ 　熊十力：《新唯识论》，载《熊十力全集》卷三，第252页。

　　海德格尔认为人的存在方式是在世存有（在世之在，Being-in-the-world），是说在这种存在方式中，其他事物才能显现出来作为世界的存在物、彼此联系的存在物。其实孔子早就指出人是"群"的存有，而"世界"也只有在"群"的意义上才有意义，在群之在才是最原始的在。因为世界是最大的"群"，而人的在群首先是在"家"，这是最最源始的存在方式，而这一最源始的人的存在方式，亦即是仁体在人的在世存在的直接显现。在海德格尔的理解中，世界是人的一种存在方式，是其他事物向人显示的结构。也就是说，世界是一个超过个人存在的更广大的存在结构。在这个结构中其他事物和其他人显示出来，也显示出它们的互相联系。这个说法很勉强。其实，世界作为人的存在环境，是人的存在的先在条件，这个世界、其他的人是人当下意识到的现实，根本不需要什么奇特的结构去把它们显示出来。应该说，世界作为存在环境是先在的条件，而不是显示的结果。

　　海德格尔又认为，在人的在世存有，其他事物都和人的生存不可分地联系在一起，然而这些事物都是作为"器具"，故人与这些器具的关系，不管是应手之物，还是现在在手之物，都是工具性的关系，这与儒家对天地万物的非工具性态度全然两样，更不可能发展出"爱物"的伦理。

　　最后，海德格尔提出共在，即与他人的共在（Being-with-others）。他人是此在自我的一部分，这是从在世存有的结构中看直接推出来的，但共在对海德格尔只是把自我和他人同时显现出来的存在方式。海德格尔主张本真的此在，或此在的本质状态，本真的共在是承认他人的存在，但注重保持与他人的距离，在与他人交往中保持个人的独立性和独特性。这种共在说到底还是个人主义的，与儒家的人我一体说差别极大。

其实李泽厚已经看到，海德格尔要避开与他人共在，认为共在是非本真的①，在这个意义上，我们就不必使用海德格尔意义的"共在"，因此我们按照儒学自身的传统，强调"一体"本体的意义。"共在"和"一体"有什么分别呢？海德格尔哲学中，"共在"并不是一个本真的概念，而是一个要改变的概念。现在一般的用法中，已经离开了海德格尔的原意，把"共在"按其字面变为一个肯定的概念。但中国哲学中本来就有积极肯定的"仁者以天地万物为一体"的"一体"思想，在本体论上，在境界论上，一体说都是本真的，都代表了一种最高的肯定，这个"一体"概念也具有直接的伦理意义，故较海德格尔的"共在"为优，而且对于如何共在的问题，也只有以一体说才能回答。

后期熊十力的体用论与后期李泽厚的情本体论是我们正面面对的中国现代哲学本体论的主要场景，对此两者本体论的反应与回应构成了我们的仁体论建构最初的基本思路。

万物关联共生的整体即是本体，即为仁体。然而，如前所说，这在熊十力哲学看来，是以总相为实体，而若依熊十力的哲学，则更须问：此万物关联共生之总体之后仍有实体否？总相之后仍有法性否？熊十力的回答是肯定的。此万物关联共生的整体为仁体，为本体，此是吾人论仁体之一义。若依熊十力的思维方向，则须说此整体之后仍有实体，但此实体非独自另外一物，亦非在万物自身之内的另一物，此实体与万有关联共生之整体乃是"即体即用、即用即体"的关系。此实体是一切生生不息的终极根源。熊十力亦习惯把这个结构方式叫作体用不

① 李泽厚：《人类学历史本体论》，第224页。

二。如果用马一浮的说法，仁体与万有关联共生之总体的关系则可称作
"全体是用，全用是体"。此是仁体之第二义。在熊十力看来，在"摄
体归用"之后，仍然要肯定有本体，他的这个看法符合康德、黑格尔关
于哲学需要形而上学的思想。也与希腊、中国的古典哲学传统一致，即
本体是用来解决形上学的中心问题：存在与生成，静与动，一与多，永
恒与流变。李泽厚只承认前者即总体的本体义，熊十力只承认后者即实
体的本体义，吾人则兼予肯定，在这个意义上，仁学本体论亦是两层本
体论。但我们认为，在理论上，在逻辑上，后者有优先性。但在实践
上，前者有优先性。用朱子学的话说，论先后，第二义为先，论轻重，
第一义为重。

五

那么在宇宙论上看，在生生不息的世界里，在生生变化的整体中，
什么是对理解仁有本质重要性的东西？应该说，翕、辟是两个重要而
根本的倾向，熊十力在这一点上是有见地的。不过，我们与熊十力的
翕辟论不同，对翕辟的认识也与他不同。熊十力以辟为中心，认为辟
代表向上的昭明即心、精神，认为翕是凝聚为物质力量的倾向，把翕
作为物质性的根源来对待。熊十力甚至认为翕只是辟的工具，故扬辟
贬翕，他说："本体流行，惟是阳明刚健、开发无息之辟而已，其翕而
成物者，所以为辟作工具也。"[1] 我们对于翕辟的看法与之完全不同。我

---

① 熊十力：《体用论》，第 55 页。

们认为翕是宇宙中更重要的力量和特性，翕是对一切分散力量的否定，是保持事物的稳定性和内部秩序的力量和特性。翕是关联的力量、凝聚的力量，它与生产变化过程中消散的力量构成一对矛盾。无疑，翕主聚，辟主散，如果宇宙以散为主，这个世界就无法成立、无法存在，正是由于宇宙是以聚为主，以翕为主，宇宙及其事物才能生成和存在。当然事物总有其内在的矛盾，包含另一面，如在以聚为主的同时，也包含散的一面。生成的东西最后会消散，但宇宙之所以为宇宙，又是因为它是不断地生成，生生不息。古人说"不翕聚则不能发散"，此最是见道之语。

程明道早言："其静也翕，其动也辟，不翕聚则不能发散。"① 朱子亦言："盖由天地之化，不翕聚则不能发散，理固然也。仁智交际之间，乃万化之机轴，此循环不穷，脗合无间，程子所谓'动静无端，阴阳无始'者，此也。"② 明儒朱得之有言："天地万物之机，生生不息者，只是翕聚；翕聚不已，故有发散，发散是其不得已。且如婴儿在母腹中，其混沌皮内有两乳端，生近儿口，是儿在胎中翕而成者也，故出胎便能吸乳。"③ 有翕才能有具体的事物存在，从生到成，否则生成就不能实现。没有翕，一切价值的成立与实现就成为不可能了。此一翕作为宇宙的本质倾向即是仁的根源性表现，或者说，翕即是仁在宇宙的表现。

翕主关联，辟主独立。翕，聚也，合也，合同协调皆为翕之事。辟是离散、消耗、个体化。一体是翕，离散是辟，皆宇宙大仁之体现。当然，这不意味着事物一成不变，事物中有翕有辟，辟是与翕相反的力

---

① 程颢、程颐：《二程遗书》，第 175 页。
② 黎靖德编，王星贤点校：《朱子语类》第 1 册，第 109 页。
③ 黄宗羲：《明儒学案》上册，第 587 页。

量，相反相成，翕与辟共同作用，宇宙才既有凝聚，又有流逝变动，翕是事物的关联性，辟是事物的独立性、个体性，二者的互相作用与平衡才是仁体显现的目的。

　　翕、辟是成物的两大方面，而理、气是流行的两大方面。气之流行必有所以流行的根据，此即是理，而理不能离气而独存，气亦不能不包含乎理，纯粹的气是不存在的。理与气乃仁体大用的两方面，而皆非仁体。

　　物理学认为宇宙间有四种基本相互作用的力量，在强力作用下，夸克合成核子，核子构成原子核；在电磁力作用下，原子核和电子形成了原子，继而形成了分子，分子凝结为各样的大块物质，这些物质在引力的作用下形成宇宙及其运动状态。强力、电磁力、万有引力再加上弱力，宇宙从微观到宏观才能作为稳定的系统。其实，这四种力的综合都可以以翕来概括，翕是合成、凝聚的一种作用，没有这个作用就没有世界的形成。另外一种反向力则为辟，没有辟世界就不能更新。

　　除翕辟之外，还应联系生灭。宇宙但有生生而无死灭是不可能的，这两种状态的同时并存交替是宇宙大化流行的常态，但其中生生是主导，死灭是生生秩序的一部分，是宇宙自我生成和自我调整的统一的表现。而且，熄灭也可以看作生命自身节奏的一种体现，总之是从属于生生的。所谓生生的过程，分别来看，是一个个具体的生命单位和过程，一个具体的生命单位和过程不是无限的，而是在生长遂成中实现并完成的。成是完成，成是结束，完成和结束迎来新一轮的开始，开始一个新的具体的生命过程。死灭不是另有一个死灭的力量出现，而是在一个具体生命单位的历程中生生力量的减弱和停息。

　　那么，生与生命、生活的关系如何？如何看待生命、生活与本

体？应该说人类生活的总体即是本体，生不仅是生长，也是生活，是
人类的生活。生活是包含在万物一体的总体作为最后实在的部分。生
是对死气沉沉而言，对死板和机械而言，对寂灭的虚无而言。那么，
生生的宇宙论根据何在？能不能认为，辟与翕相对，辟为发散，但二
者都是生生的大用。本体法尔生生不息，健动不止。事实上，熊十力
就认为实体本身是生生、变动、活跃的，而不是恒常寂静的。这一点
非常重要。而本体的生生便是最深层次的仁体。自《易传》提出"天
地之大德曰生"以来，在儒家哲学中生与仁就建立了不可分的同一性
联系，宇宙的生生不息即是仁，这种哲学理解至少宋代以来是根深蒂
固的。

　　熊十力所说的变化，尚有可分析之处。他说，本体即能变，亦名
恒转，恒转其动相续不已，而每一动恒有摄聚之一面，摄是收敛，聚是
凝聚，若无摄聚，便浮游无据，莽荡无物，故动的势用方起即有一种摄
聚；他又说，当翕势方起，却有别一方面的势用，反乎翕而与翕同时俱
起[1]。照熊十力说，辟是当翕势方起，反乎翕而起，则在逻辑上已有先后
次第，虽然熊十力并不承认这一点。因此我们认为，即使在推崇"辟"
的熊十力哲学里面，其实"翕"在逻辑上也是先于"辟"的。所以，翕
是本有的，辟是后起的，当然翕辟相反相成，共同作用。翕势是合聚，
辟势是发散；翕势的作用是合为一体，辟势的作用是分为一物，此两者
确如熊十力所说是大用流行的两种力量，两个方面。前者是一体化的倾
向，后者是个体化的倾向。但翕为本有，辟为后起，故毕竟以翕为主，
以辟为辅，翕即是聚合、关联、维系、吸引，即是仁。

---

[1]　熊十力：《体用论》，第52页。

六

熊十力《体用论》中载："有问，本体据何等义？答曰：略说四义。（一）本体是万理之源，万德之端，万化之始；（二）本体即无对即有对，即有对即无对；（三）本体是无始无终；（四）本体显为无穷无尽的大用。"[①] 本论亦认为：（一）仁为本体，是万有之本；（二）仁本体是流行统体；（三）仁本体是生生之源；（四）仁本体是人与万物为一体。

熊十力以辟为宇宙大心，为宇宙大生命，他只说本体流行唯是阳明、刚健、开发无息之辟："此宇宙大心乃即是遍在一切人或一切物之无量心。所谓一为无量是也，一切人或一切物之无量心，即是宇宙大心，所谓无量为一是也。"[②]

今按宇宙大心只是生，惟阳明、刚健得描述之，生即是本体之自身，体现为大用流行总体，本体流行只是生。此生必带起翕辟之势用，翕为本，辟为辅，翕主关联，辟主散化。

又熊十力所论刹那说，最不可成立，乃其深受佛家影响之迹。他说："应知，凡物才生即灭，刹那刹那，前前灭尽，后后新生，化机无一息之停。"[③] 他认为天地化机无一息之停，这是对的，但他完全否认事物的暂住和相对静止，完全否定了事物的连续性，则不可。此说看上去似不违生生不息之说，但否认相对静止和相对稳定，则人不能立，人心亦不能立，文化、价值皆不能立，此亦违反量变质变之法，熊十力对此虽然多所辩解，但吾人觉得终不能成立。

---

① 熊十力：《体用论》，第 50 页。
② 熊十力：《体用论》，第 57 页。
③ 熊十力，《体用论》，第 50、51 页。

在刹那的问题上，怀特海的思想可以参考。怀特海很早就强调，我们是在"时段"中，不是在"刹那"之间。一方面承认现实世界是一个不停流变的现实实有，在这个意义上宇宙是瞬息万变的；另一方面又注重个体的同一性和稳定性，包括法则的稳定性。在他看来，"在现在事态的瞬时之中个体同一性的保存是事实世界中最引人注目的特征，这是对时空的暂时性特点的部分否定，这是由价值的影响而导入的稳定性"①。即使没有价值的影响，也必须承认稳定性，而且此种稳定性不仅是价值规则的稳定性，实存本身亦然。

在这一点上，柏格森是用"绵延"来保障连续性的，"过去被真正持续地保留在当前里，意味着绵延"，"变化的连续性，过去在当前中的持续保留，真正的绵延"。他还认为"从宇宙本身就可以区分出两种对立运动，这两种对立运动就是'下降'和'上升'"②。

还是怀特海说得对，"哲学的关键就在于要在个体性和存在的相关性之间保持平衡"③，翕、辟的作用也正在于此。怀特海虽然是整体主义者，但他不抹杀个体的重要性。而熊十力强调了个体的独立性，但不肯定存在的相关性，而且个体的同一性也被刹那所牺牲。当然，怀特海的整体意识只是强调天下万物之间的联系，并没有达到"万物一体"的境界④。

在中国哲学，这便是继之者善、成之者性的问题了。"继"表示持续的同一性，"成"表示形体的生成和稳定性。"继之"与"成之"是《周易》哲学中处理这一问题的资源，"继之"是宇宙论生成过程的连

---

① 陈奎德：《怀特海哲学演化概论》，上海人民出版社1988年版，第153页。
② 参见〔法〕柏格森：《创造进化论》，肖聿译，译林出版社2011年版，第11、18、22页。
③ 陈奎德：《怀特海过程哲学概论》，第183页。
④ 参见陈奎德：《怀特海过程哲学概论》，第190页。

续，"成之"是在生成中事物获得相对稳定形态的状态。

回到怀特海的生成宇宙论。怀特海认为每个实际存在物在每个其他的实际存在物中显现自身，机体哲学就是要弄清"在其他的存在物中显现自身"的概念①，这和佛教"一月显现一切水"的意思有相近之处。怀特海还认为，现实的存在物如果脱离了宇宙总体，即使其身处宇宙之中也不能存在。怀特海的重建形而上学，是要用动态的存在物代替传统哲学静态的实体，以相互联系的存在物代替传统的独立的实体，以相互交融的复杂体系和整体宇宙论代替孤立的宇宙观②。然而，怀特海重建形而上学必须依赖于几个主要原则：动态原则、过程原则、关联原则和生成原则。有评论者认为怀特海的生成只是强调了变化变易，其变化变易没有方向性，也没有明确提出和论证过程的向上生成（growing up）。不过，他明确说明，在他的过程与实在一书中，"关系支配着性质"，所有的关系均在现实的关系中有其基础③。值得关注的是怀特海提出了"共在"（together），"各种存在物都是通过这些方法而共在于任何一种实际场合之中"④。怀特海的这一宇宙观即有机哲学的宇宙观被方东美、程石泉概括为"万物通体相关"⑤。

近代科学导致的机械论宇宙观把物质看成时空中孤立的单元，彼此之间没有关联，而物质运动则受机械论法则的支配，在这种世界观观照

---

① 〔英〕怀特海：《过程与实在》，杨富斌译，中国城市出版社2003年版，"译者序言"，第10页。
② 〔英〕怀特海：《过程与实在》，"译者序言"，第11、13页。
③ 〔英〕怀特海：《过程与实在》，"作者前言"，第6页。
④ 〔英〕怀特海：《过程与实在》，第36页。
⑤ 俞懿娴：《怀特海自然哲学——机体哲学初探》，北京大学出版社2012年版，"再版序"，第2页。

下的宇宙是封闭的、静态的，机械因果决定的宇宙。这样的宇宙不可能有创新和变化。亚历山大已经认识到，生命是在时段中保持过去、期待未来，因此，过去、现在、未来在时段中构成了连续性。怀特海的过程也是在一段时间中前继后续、不断连续的，故这个过程正如柏格森所认识到的，不是由不相连属的刹那构成，而是由具有过程性的时段连续而成。如果连续是时间的属性，相关性、整体性则是空间的属性。过程哲学与连续性、相关性、整体性不可分割，而且过程哲学家都强过生成、变化和个人的具体日程生活经验。与超绝的形上学本体不同，有机哲学面对的世界不是抽象的，而是具体的，由活生生的生命构成的，而世界是整体、连续、变易的流行大用。

有机体哲学不排斥理念世界，怀特海即把宇宙分为价值世界和事实世界，以价值世界为本体世界。"从本体论的角度看待价值，赋予价值以某种极根本的性质，从而可与事实并列为宇宙的基本要素。"[1] 怀特海不承认两者有实体性，而文德尔班、李凯尔特则承认某种意义的实体性。怀特海抛弃亚里士多德主词—谓词逻辑的实体，反对主—客两分，他处理两个世界的方法是二者相互关联、相互作用。事实世界为价值世界提供可能性，价值若脱离了流动的事实世界就会丧失其意义，而可生可灭的环境由于它分有了价值的不朽性才获得能动性。

生成、流变、运动本是哲学的原初问题。古希腊前苏格拉底的自然哲学如赫拉克利特等都以此为中心，它也是希腊形而上学的中心问题。这类问题被概括在"世界是什么"之中，而苏格拉底则提出与其前不同的问题，即"善是什么"。但是二者是无关的、断裂的吗？在中国哲学

---

① 陈奎德:《怀特海哲学演化概论》，第137页。

中并非如此，中国早期对天道的关注同时包含着对人事的关怀，如礼本身即是天人合一的。

七

　　万物一体之一体，内在地包含了万物有机关联的思想，同时又表现了有机整体的观念，熊十力以辟为宇宙大心，这是不能成立的。宇宙大心只能是生，由生而显仁。但何以生能显仁？答曰生即是仁。这是儒家哲学的一大问题。从生到仁的转换与联结，在儒学史上是如何实现的，其中的逻辑何在，都值得深究。

　　对生命的关爱，对生命、出生、生长的爱护，是仁的本体根据。古语说"爱之欲其生"，即是以生命表达爱，"恨则欲其死"则是反面，恨的最高表现就是欲其死，而爱的最高表现就是欲其生，好生恶死可见生的价值。程明道以万物生意为仁的显现，又认为生是天道的基本内容，他所说的生意又叫作春意，故仁就是春意盎然，生生不已，此生生之仁的春意与爱之欲其生的爱在本质上是相通的。俗语谓"待人要像春天般的温暖"，此春天般的温暖态度即是仁。仁是关爱、关怀、关心，仅仅讲生命还不能立仁体，还不就是仁，只有生命的意义与博爱的意义建立起关联，才能达到仁。一个春意盎然的宇宙就是仁的宇宙，它自身便是虚无主义的对立面，它自身必然引出价值的基础。

　　仁体对人的显现和人对仁体的认识是相一致的，对仁体的认识的初期即先秦时代的仁的观念之发生，确定仁的伦理意义为爱人，在此基础上提出仁为全德之名。汉唐时代则把仁在人世的显现扩大到了宇宙，建立了天心即仁的观念。仁体的显现具有了宇宙论的形态，是汉代的一大进展。宋代仁体的显现则更进一步，以生论仁，以生物为天心，在强调生与爱的直接联系的基础上发展出了道体论，但道体与仁体的关联并不直接。朱子晚年以仁为生气流行统体的观念甚有价值，开辟了仁体建构的新方向。明代以来，以心为本体的唯心论大盛，但心和物都是大用流行的现象，不能独立为本体，熊十力后期哲学在这一点上说得很明白。

《西铭》的宇宙论的特色即在关联宇宙论建构，亦即是仁的宇宙论建构，其以天地为父母，以天地间万物皆为天地之子女，而互相关联，虽然，在这一整个关联的网络中，仍然有不同地位的分别，但《西铭》主旨是要人尊高年、慈孤幼、博爱万物。

在古代思维中，《易》之三义已经成为具有宇宙论意义的洞见，这就是变易、简易和不易，变易是《周易》最根本的原理，没有变化的宇宙就像死水一潭，没有创新，没有发展，死气沉沉永无变化，表示宇宙没有生命力。这样的宇宙也没有意义。另一方面，宇宙如果只有变易，没有任何稳定、持久的东西，只是刹那生刹那灭，一个没有任何连续性的宇宙也是不可想象的。故在变易中有常道，在变易中确认不易，同样是重要的。在中国哲学史上，在天地变化中确立天地之心，确立天地之道、天地之理，都有同样的意义。价值的存在意义亦是如此，天心、天理是宇宙论问题，不是实体问题，如何转变宇宙论，便有价值的问题出现。

从本体论到宇宙论，是处理物体之间的依存关系、演化的机制，一切物体皆有其关系的对应物，彼此相互连接和作用，以实现生存。物体间的互相作用和依存导致互利共存，而物体外其他一切关系的综合即是环境。

　　宇宙论中要涉及的是存在与生成、自然与生命、和谐与冲突、创造与自由、全体与个别、事物是如何相关联系（存在的关联性）与存在的个体性之间的平衡，个体的同一性可用来阐述一个国家、民族的历史连续性，也可以用来阐述一个小规模社群乃至个人的连续性。理即规律的稳定性使万物形成即成物和现实世界得以成立，对规律的寻求是针对变化而建立稳定性的努力。怀特海追求创造性与稳定性的和谐宇宙。熊十力注意了存在的个体性，但忽略了存在的相关性、稳定性，而二者的平衡在怀特海看来是哲学的关键①。

　　《易传》说成之者性，性是事物稳定成形的重要作用，继之者善，善是事物历史连续性的力量。天道天理是流行的秩序，仁是最根本的天道天理，本体在大用流行显现为秩序是为道、理。本体禀受为人为物即是性，仁是根本的人性。气是流行的质料，此质料非逻辑概念，是流动的能量，也可转化为固定的形质体。

八

　　有学者认为，甲骨文已有"仁"字，如《殷墟书契前编》2.19.1，该字从人从二，已用来表示人与人的亲和关系；金文的"仁"字从尸，"尸"是"人"的一种写法；战国简的"仁"字从身从心，表示战国时代开始把仁作为心之德。但这些文字学者的说法都不能代替"仁"字的语用学历史实践。西周春秋时期"仁"字的使用请参看拙著《古代宗教

---

①　陈奎德：《怀特海哲学演化概论》，第166页。

与伦理》、《古代思想文化的世界》[①]，就不在这里叙述了。

仁在中国古代哲学中是一种德行，也是最高的德行。仁是儒家特别倡导的伦理态度，其性质是仁慈博爱。仁也是一种社会的理想，当然是儒家的社会理想。在儒家思想的立场上，仁内在地要求把自己实现为社会秩序和政治实践。仁又代表了中国儒学的最高精神境界，此种境界在北宋程颢的"仁者以天地万物为一体"的表达中建立了典范。同时，仁也是天地的生机，天地之心，是宇宙的道体，因此宋代以来，仁在中国儒学史上已经得到了充分的发育，仁已经无争议地成为中国哲学的核心观念，在当代社会核心价值的思考中仍然不失其重要的地位。

从哲学来说，仁的本体论如何可能？仁的本体论会引出什么样的价值？从仁的伦理本质来说，仁代表指向他人的爱。这种爱是个人对于他人的爱，而不是指向自己的爱。因此，就道德修养而言，可以说仁的实践是属于为己之学，但就伦理关系而言，仁代表指向他人的伦理、他者的伦理。因此，"仁"正如其字形从人从二一样，其本身就预设了人与他人的关系，并以此为前提。

所以一切伦理都是面对他人世界，是对人与人关系的原则，而仁是儒家哲学中最重要的他人伦理和关系伦理。

从仁的立场来看，在本体论宇宙论上必须建立事物的相互关联，必须建构一个与他者关联的共同体，建构一个关联世界，而不能如近代哲学只强调个体的主体性，忽视社会的主体性。那种把他人看作自己的地狱的看法，完全不能建立人与人、群体与群体、民族与民族、文化与文

---

① 参见陈来：《古代宗教与伦理》，生活·读书·新知三联书店 2009 年版；《古代思想文化的世界》，生活·读书·新知三联书店 2009 年版。

化之间沟通基础。萨特思想开启了后现代分散化、离散化个体主义的思维，在这种思维中，世界存在只是一个个孤立的个体，每个个体都无法和其他的个体或群体沟通。当然，如列维纳斯指出，黑格尔哲学中没有自我也没有他者，而只有总体，这也是不行的。但是列维纳斯虽然强调了他者的存在，人与神圣他者是一种特殊的关系，但却忽略了世界中人与人的关系，不能在哲学上建立"他人"的重要性，不能建立起关系本体。马丁·布伯提出"相遇"，主张面对他者打开封闭的自我，布伯还提出"本体乃关系"，以关系先于实体，实体由关系出，其本体论可称作关系本体论。从认识论回到生活世界，从关系理解生活世界，这才是本源性世界①。

可见，与儒家仁体思想较接近的是现代犹太传统的哲学。其中最突出的就是列维纳斯之前的马丁·布伯。布伯虽然不是正统的犹太学者，但他始终渴望通过宗教信仰实现人与人之间的理解与关爱。在东欧地区长生的哈西德教派，强调情感的价值和积极的爱，对布伯一生的思想产生了重大而根本的影响。还值得注意的是，布伯有着他的"东方情结"，有着对东方文明真诚的推崇②。他认为犹太人是东方的后来者，是东方精神的代表。他早期曾研究 17 世纪德国灵知派波墨（Boehme），波墨是神秘主义者，他认为宇宙间存在两种冲动，一种使事物彼此疏离，一种使彼此合一，爱能使我与他者共融于同一世界。这与仁学一体论有接近之处。这并不奇怪，如我多年前指出的，宋明理学家提倡"万物一体"

---

① 马丁·布伯的关系思想可参见孙向晨：《马丁·布伯的关系本体论》，《复旦学报》1998 年第 4 期。

② 参见傅有德等：《现代犹太哲学》，人民出版社 1999 年版，第 140、146 页。

的人大多有神秘经验的基础[1]。

费尔巴哈曾这样说，人与人、我和你的统一就是上帝[2]，仿此，我们可以说我和你的统一、人与天的统一便是仁体、本体。不过包括费尔巴哈，西方多数思想家更注重的是我与上帝的对话，而对人与人的相遇，对话不甚重视。布伯以前的"我与你"的思想即是如此。布伯前期"我与你"的思想也是如此，但他后来的作品更多重视人与人之间的关系，"我—你"的关系成为人与人之间的对话。换言之，布伯把人与上帝间的关系扩展到了整个存在领域，我的整个存在是由我与所有要素的关系决定的，他最终认为真实的实在是"之间（betweenness）"的领域，之间具有最终本体的意义，此即关系本体论[3]。

关于康德的人是什么的问题，在《我与你》中，布伯认为不能从某个抽象的存在推演出人，人是因为另外一个自我的存在而成其为人的。如果没有"我—你"的关系，人就不是人了，人愈是与别人确立起成熟的"我—你"关系，他就愈具有人性。只有当个体的人了解别人的所有"他性"（otherness）就如同了解其自己一样，才能突破自己的孤独[4]。

在某一个方面来看，仁正是如此。仁不是自我中心的，当代新儒家喜欢讲儒学就是为己之学，这就儒学强调是个人修身的方面来说是不错的，儒家讲"克己"，讲"古之学者为己"，都是这方面的表现。但儒学并不能归结为己之学，"内圣外王"的说法虽然最早出于《庄子》

---

[1]　参见陈来：《有无之境》"附录"，人民出版社 1991 年版。
[2]　傅有德等：《现代犹太哲学》，第 150 页。
[3]　参见傅有德等：《现代犹太哲学》，第 158、159 页。
[4]　参见傅有德等：《现代犹太哲学》，第 166、168 页。

书，宋明理学家也不常用这个概念，但从现代思想的视野和理解来看，孔子讲的修己治人即是内圣外王。故孔子以来儒学本来内在地包含着两个方面。而仁学不仅仅是克己，更是爱人，不仅是为己，也是为他，这在汉儒对仁的伦理界定看得最为清楚，也是汉儒的贡献。所以，直到唐代的韩愈仍然以汉儒为出发点，以博爱论仁，博爱指向的正是他者。在这个意义上，按照我们的诠释，孟子所说"仁者人也"中的"人"字即是"他人"之意，是人己之人，是人我之人，董仲舒可以说最早肯定了这一点[①]。

列维纳斯在其著作《总体与无限》中提出，把我和他人的原初的伦理关系称作形而上学，以伦理学为第一哲学[②]。很明显，列维纳斯对传统西方哲学的形而上学方向进行了扭转，即形而上学不再要追问存在的问题，而是把人与他者一致看作形而上学的根本问题。人与他者的关系在儒家看来就是"仁"，从人从二的"仁"字本身就包含了这一伦理学的向度，仁是两人以上的关系，是两人之间及两人以上之间的非亲属性的亲爱关系，是两人或两人以上相互尊重、关怀的关系。故从仁的存在论或仁的本体论角度看，人的存在本质不是个体的独自生存，人的存在本质必定是人与人的关系，由此亦可见仁学本体论或仁学形上学的人论基点。关于仁是二人以上的亲爱关系，这一点在汉代的郑玄对"仁"的训诂和清代阮元对"仁"的训解中都清楚表达出来，这种文字学形式下包含的对仁的伦理学理解就是仁是人与人的关系。而近代对此最著名的

---

① "仁者人也"的意义至少有二，一为人之所以为人者，一为人我人己之人。本论强调后者，但并不否定前者。

② 参见 Emmanuel Levinas, *Totality and infinity*, translated by Alphonso Ligis, the Hague/Boston, Martinus Nijhoff Publishers, 1979。

阐发是梁漱溟对儒家伦理他者取向的明确肯定："以对方为重"即是仁。这可看成梁漱溟对儒家仁学和儒家伦理的重塑和诠释，他人的优先性在这里得到充分肯定，也使得仁的伦理意义更为全面地被揭示出来。当然，梁漱溟把"以对方为重"是作为伦理关系提出来的，而仁体论则要把这一点从人伦的伦理关系推广到万物的关系。儒家的形上学可以借从列维纳斯的形上学观念中合理地推演出来，所以中国哲学学者看到列维纳斯用伦理学置换形上学的位置而成为第一哲学，立即会看出其立场与儒家思想相当接近，以伦理学作为自己的哲学的基础。人的价值是在与其家庭、与他人发生关联的关系环境中产生的，所以自我不是孤立的，是在共同体中形成的。

人们从宋明理学强调道德自我修养的意义上讲儒家是为己之学，常常把儒家仅定位为为己之学，其实从伦理上看并不全面。为己和为他是互相渗透的，自我的价值必须扩充为他人的价值，而为他的价值的实现也需要转过来从自我开始。所以儒家的道德修身指向自我，儒家的伦理则指向他人。按梁漱溟的解释，儒家的伦理是为他之学，而非为己，为他具有伦理上的优先性。在梁漱溟表述的意义上，可以说儒家伦理正是列维纳斯所谓的"他者的人道主义"而不是"自我的人道主义"①。当然，儒家与列维纳斯也有不同之处。列维纳斯反对追求同一和整体，后现代主义如利奥塔也是反对追求整体，更注重差异。儒家则努力把注重他者和注重总体统一起来，儒家认为二者是统一的，都是要从克服自己私欲的小己的道德视野加以推广扩充。

---

① 　有关列维纳斯的哲学思想，可参见孙向晨：《面对他者：莱维纳斯哲学思想研究》，上海三联书店 2008 年版；杨大春编：《列维纳斯的世纪或他者的命运》，中国人民大学出版社 2008 年版。

所以，仁的伦理从一开始就是走出自我而走向他人的。列维纳斯对西方哲学与海德格尔以存在为形而上学基本问题的路径做了根本颠覆。存在就是与他人共存共在，存在就是学会与他人共生的智慧。伦理学代替了存在论成为第一哲学，成为本体的形上学，当然亦是伦理的形上学。仁学本体论亦可称仁学形上学，正是如此。由于仁学的一体是从面对他人出发的关爱，是从关爱他人出发，而最后达到的一体，因此这种一体不会抹杀他人，也不会以同一和总体抹杀他人，反而把关爱他人和注重一体有机地联结在一起，这正可以解决列维纳斯的忧虑。当然，儒家不仅是重视作为个人的他者，更重视作为他者延伸的共同体，儒家的群的观念，包含了人们共同生活在共同体的理想，个体是共同体中的个体，仁是个体通向共同体的交往方式和规范，人在与他人交往的过程中成为共同生活的整体。仁对共同体的意义是，每个个人都应通过关爱他者来建构一个团结的、和谐的共同体，在这个共同体中，一切需要帮助的人能够得到帮助和关心。共同体中的个人不是仅仅为了自己而生活，而是与他人和共同体分享他的命运。

仁是相恕，恕是他者优先，体察他者的要求，恕是平等而不会自我中心，恕是超出自我，而不是退缩到自我，恕是唯我独尊的反面，是建立关联和谐世界的基础。恕不是强调自我的意向性，而是把自我作为普遍性的一例，恕道不是强调主体性，而是承认他者的主体性。梁漱溟说儒家伦理以对方为重而忘记自己，人在家庭中是伦理地沉浸在整体之中而忘记自我，但人在团体中不是伦理地而是关系地让渡于整体之中，故并不丧失自我。仁构成了本源性的关联世界。

"之间"并不能保证我与他者不是主奴关系，没有伦理意义的"之间"还是抽象的，"关系"也是如此。相通可以变为占有，也可以成为互相尊重。

仁的关系是本源性的，仁的关系是从体用起，所以是自然一体，而不仁则是一体的分离，由于仁体有宇宙论的基础，故仁的关系不需要用西方哲学式的逻辑上的先后去论证。这里提出一个问题，仁体既然实体化而为本体，仁似乎就不能是关系？其实关系是仁之用，虽然不是体，但是有体之用。只是西方哲学热衷的实体与关系的先后在这里就不适合仁体的讨论了。

当今世界问题的根源是这个世界与道德的分离，以现代性为名否认了几千年来人的道德经验和道德诫令，道德文化的崇高感几乎荡然无存，人只相信科学和技术，却无法对科学技术的成果予以把握，以核子武器为代表的大规模杀伤性武器在资本主义和帝国主义的冲动下根本无法被遏止。个人主义与物质的享乐主义、消费主义成为青年人信奉的主导原则和生活方式。人对事物的道德感受、道德立场、道德意识渐渐失去，儒家所强调的正是道德立场、道德感受、道德视角。

肯定自我存在不是哲学的错误，自我存在是反求诸己的前提或基础，也是承认他者的基础。我们不能因为20世纪西方哲学用以反对主客二分、反对高扬主体性、反对唯我论便把对自我的肯定与他者的共在对立起来。近代西方哲学的问题也许不在主（自我）客（他者）之分，而在于以何种态度对待他者（自然、他人），在于过分高扬了主体自我而使之膨胀为自我中心主义，故对他者只当作利用的对象。对中国哲学来说，也没有必要像西方现代哲学那样，因为近代哲学的过分主体化便是通过把他者神圣化来矫正之。强调神圣他者并不是正常的日常生活中我与他人的应有关系。从马丁·布伯到列维纳斯，他们强调的对他者的责任、尊重都有宗教的背景，并不与儒家的中庸之道一致。克尔凯郭尔所主张的"慎与他人相交，独与上帝往来"更不合儒家的传统。儒家主张"极高明而道中庸"，道即存在于与他人的交往之中，道即在人伦日用当中，王阳明说得好："不离日用常行内，直造先天未画前。"[①]

西方文化在第一次世界大战后出现的关注他者的思想家，多数都有宗教特别是犹太教的背景，罗森茨维格、马丁·布伯、列维纳斯，他们所说的他者总是有上帝这个神圣绝对的他者的背景，这使得他们所说的"我—你"是"人与上帝"的关系，绝对的他者也是上帝，他者在根本的意义上是从上帝的观念建立起来的。由人对上帝的态度去建立人对一般他人的态度，这对广大的人文世界并没有真正的普遍性。而问题在于确立对他者的态度，或转换对他者的态度、对世界的态度。从这个角度看，儒家的仁学不预设任何超越的神的存在，才是真正的人道主义，从普遍的他人、人的普通生活来肯定对他人的应有态度，在其中确定意义和价值，因为生活就是道体的呈现，人与他人的关系也是道体的呈现。这才是对生活世界的真正肯定。此外，我与他，我与你，在布伯的意义上其实都不是纯关系，而更多是态度，是在一定态度下决定的关系，所以这还不是真正的关系本体，而很大程度上是态度成为本体。儒家讲的亲亲—仁民—爱物，也都是在态度决定之下的关系，它表达的是态度，而主要不是关系，正是在这些态度之间，亲、仁、爱之间有其统一性，此统一性就是仁。亲亲是仁，仁民是仁，爱物也是仁，它们的差别是在统一性下的态度的差别。

作为仁的对象的他者是爱的对象，而非直接是责任的对象。如果说

---

① 王守仁：《别诸生》，《王阳明全书》卷二十，第791页。

马丁·布伯和列维纳斯对待他者的态度是基于信仰的态度，那么，儒家
对他者的态度，仁学对其对象作为他者的态度则是伦理的态度，梁漱溟
之所以强调伦理，道理也在这里。梁漱溟讲儒家伦理是以对方为重，这
个重不是尊重，而是价值的优先。故"以对方为重"是对个人的道德要
求，要求个人应如此尽其义务，而"互以对方为重"是中国文化特征
的描述。梁漱溟此说亦属中庸，康德强调的义务往往被人理解为勉强而
非自愿，而梁漱溟所说的义务则包含较广，以自觉自愿为主而包括勉强
所为，这是现实的、中庸的。仁自身包含责任，"仁以为己任，不亦重
乎"，承担责任，尽其责任，只问耕耘，不问收获，此即是仁，也包含
了义。

　　列维纳斯强调他人的绝对外在，故他人对我是绝对的差异性。而
仁学认为，最重要的是超出自己的占有欲望，从人与人的相似性出发，
而不能从相异性出发。儒学的仁论以人同此心、心同此理为预设，认
为这是普遍有效的，甚至是先验普遍有效的。先验不是脱离经验，这
里恰恰有着经验现象的支持。这是人与人平等的预设，也是人与人相
同的预设，同是身心两方面的同。从这里就可引出他人与我有同等的
价值，人应用对待自己的方式对待他人，因为人我的心理是相同的，
我之所欲即人之所欲，我之所不欲即是人之所不欲。列维纳斯那种完
全不能为我所理解的他人，对儒家来说是不可能的。恕的基础可以说
是"同感"（empathy），同感使我们可以进入他人的基本欲求，这种进
入他人内心的直接性依赖于人同此心的预设，这个预设既是由一体观
念所支持的，也是由人类经验所支持的。当然，在人同此心的观念中，
个人的独特性不被显示出来，但个人所有的不只是独特性，仅仅靠个
体的独特性人是不能存在的。人既然是社会共同体的产物，是在社会

共同体中的存在，人同此心当然就是这种共在的表现，人是在与他人共享这个世界中存在的①。

西方哲学往往喜欢在一些自明的前提上反复去证明、论证，其实，与自我存在一样，他者存在不需要论证。重要的是我与他的关系。从仁学的角度来看，我们可以由"恻隐"来做说明②，众所周知，仁之性发为恻隐之心，在宋明理学的基本见解，而把恻隐看作仁的最直接的表现，是孟子以来儒学不变的传统，因此仁和恻隐代表了一种最本质的关系。在恻隐意识或恻隐之心中，自我不仅与他者相通，而且自我的感情感受明显地不是内在的，而是向外的，恻隐不是对于自我的感受，不是我与我的关系，恻隐是对他人存在及境遇的感受和表达。这种感情显示出自我与他人是一体的，故他人的危险处境被自我感同身受，这也就是感受到他人是自我的一部分，他人对我的显现在这里成为存在论的关系，我与他人是紧密的关联在一起的，而不是漠不相关的。于是个体自我就有两个方面，用萨特的话来说，即自为的和为他的。自为的即自我的独立存在，为他的即自我与他人一体而在。他性和自性在这里就成为统一的。孟子所举的孺子将入井的恻隐例子表明，他人对自我的显现不是外在的事件，而是揭示了自我的本质，自我存在的另一特性，就是与他者为一体，这就是仁，自我存在的本质就是仁，仁者人也，人者仁也，说的都是一个道理，人与他者的共在是人的本质，我与他者的关系是共在的关系，不仅共在，而且一体相通，通为一体的仁爱。自我与他人是构成性的关系，此构成性意义就是仁，恻隐即彰显了这一特性。恻隐表示

---

① 海德格尔重视此在，不重视同感，根本上还是因为他不重视伦理的向度。
② 萨特是用"羞耻"来论证人的存在结构，我们与之不同。

自我对待他人的态度，不是要把他者对象化，而是与他者为一体，把他者视为一体。这种视为一体并不是理性推演的结论，而是从存在本身所发出的直接反应。程明道的《识仁篇》提出我与他者是息息相通的，他说一个人如果麻木不仁，就不能感受自己身体某一部分的疼痛，麻木不仁就是血脉不通，只有把万物都当作自己身体的一部分来感受，才是万物一体的血脉流通，这就是仁之本体。从这里也可以看出，若以通为仁之象，则通不仅是平等，是自由，通即是把他者感受为自己的一部分而予以关心、关怀、关爱。

而人的恻隐之心来自天地之心，这是自朱子《仁说》以来的共识。用仁体论的话说，仁之心、恻隐之心是仁体的发见和显现，所以儒学的仁体论不可能是海德格尔式的非道德的中性存在论，必然如列维纳斯把伦理学作为第一哲学、作为形上学那样是有确定的伦理指向的，意在存在世界中发现伦理的向度。

九

我们坚持"一体共生"，主张一体的整体性即是本体，同时强调整体中各个存在是具体的，有所相互关联的，故整体中有关系，关系中有个体。反过来说，个体有与之关联的其他个体，个体又有与之关联的整体。仁与后现代思想强烈反对整体或总体的概念不同。西方哲学传统特别是黑格尔的哲学忽视个体，强调整体，用整体吞没个体，为了抗拒这个总体，列维纳斯用绝对的他者即上帝来与总体对立，上帝在整体之外。虽然列维纳斯对西方思想的自我中心的立场加以批判无疑是正确的，对他者的重视也有意义，但是他的他者主要是上帝，对于一般的他人则不甚重视，故列维纳斯无法建立人与人的仁的关系，而且他对总体性完全否定也是不可取的。总体与个体是辩证的关系，二者既有差异，亦有统一。虽然必须找到一个有力的绝对的他者与总体性抗衡，但就伦理学的意义上说，要建立人与人的关系，建立人与人的伦理，更必须重视在具体日程生活中的"他人"。这就可以看出仁的优越性，和仁体的重要性。而且，要把社会的总体性和国家的总体性加以分别，儒学所强调的是伦理社会的总体性。

仁人与他人的共生。我们不单独用共，"在"的说法更多是西方哲学的意识，而"生"是中国哲学的意识，生亦即是仁，而且共在是存在状况和前提，伦理指向必须是博爱互爱。先秦哲学所谓"并生"已经有了共生的意识，人与人的共生，"仁"之从人从二，就是关注对方、他人的在场，就是面对他人的在场而敞开自身的爱，展现自身的爱，揭示自己的存在，所以仁是将自我—他人的共生作为伦理的基础。在伦理性质上，仁强调伦理关系中他者的优先性。列维纳斯针对现代伦理中自我优先于他人，提出自我与他人不是对等的，他人优先于自我，故我与他人不是对称关系；在伦理学上，自我对他人负责，而不期待任何的互惠。这个立场正是梁漱溟 20 世纪 30 年代起就反复强调、概括的儒家伦理——"以对方为重"。

宋代以来儒学强调克己为仁，突出仁的道德修身的意义，把仁的爱人义淡化了，至少没有突出出来。尽管万物一体说是仁学的新的发展，但他人优先、仁爱优先的立场没有被加以强调，仁的伦理性质没有被清楚地刻画出来。今天我们必须把这些内容结合在一起，重建仁学的本体论，为儒家哲学奠定坚实的基础，也为一切当代哲学奠基。

因此本论既可以看作儒家哲学的重建，也可以看作把儒家精神贯入现代哲学的努力。

舍勒以为爱是宇宙动因，是创造生命的方式，是宇宙的爱之力[1]，这是与仁学相通的。舍勒要把基督思想的爱感优先引入哲学以重建本体论，以修复现代社会破损了的人心秩序，也与我们的立场接近。仁学与基督教一样，主张仁高于智，爱高于思，仁之要义不是自我实现，而是通为一体。生即是仁表示爱可以是创造性的力量，爱是给予，是展现，是显明，仁是让对象敞开给自己，而自己走向对方，以达到自己完满的价值。因此自我的存在和价值包含着对象的关系，存在是相互关联，相互走向，互爱共生。在仁学的立场上，仁是人类心灵的第一规定，仁爱优于一切，仁是伦理生活的核心，仁是代表相互性的伟大原则。

世俗力量和政治力量不断冲击儒家的道德法则不仅是现代性的一个特性，古往今来都是如此。因为古往今来的仁学都强调仁所生发的道德责任感必须超越利益之上。当代儒者必须坚持在一切公共文化中凸显儒家道德精神，力图使之成为社会文化的主导的精神力量。路德与市民资本主义精神的伦理相妥协，与现实中那种市民资本主义经济道德观相妥协，其结果是对金钱对人心和社会的危害放松了警惕，在一定程度上放纵了人对金钱的追求。在中国，与基督教不同的是，儒家的人道主义可以把它的仁学与社会主义、文化民族主义相结合，因为中国的文化民族主义是对近代西方文化中心论霸权的强势压迫的反抗，也是对民族文化复兴发展的支持。

---

[1] 〔德〕M. 舍勒：《爱的秩序》，林克等译，生活·读书·新知三联书店1995年版，第21页。

仁爱是一种奉献，仁爱不是为了个人肉身的幸福和福利，仁爱也不只是一种感情情感，由于仁爱不是来自上帝，仁爱不属于特定宗教，故启蒙现代性没有理由把仁爱放逐出社会公共生活和文化领域。舍勒亦指出，人的存在既是个人，也是群体，是相互体验，共同活动，他特别反对把爱"仅仅理解为在远古时代即已维系动物群落的心理力量所派生出来的高级形式和发达"[1]。梁漱溟也是如此，所以他最后提出宇宙生命来支持"以对方为重"的理性。舍勒还指出"我们生而相互彼此承担责任，而不只是各人为自己负责"，因此爱可导向集体精神，即群体的共同信仰、共同热爱、共同负责[2]。把爱和群体意识、责任意识联结起来，把群体意识与责任意识作为爱的内在要求，作为爱本身的延伸，这是非常重要的，无论在理论上还是在实践上都是如此。

基督教也说"爱你周围的人，犹如爱你自己"，但仁爱对于个人来说，不需要预设一个施爱和仁慈的上帝存在。仁是一种温暖人心的、能唤起生命之爱的力量，仁是生命力、创造力，是生命创造性，这是儒学的体验，也是发自儒学体验的哲学的世界图景。仁者人也，人必须彼此以人相对待才是仁，人与人之间的爱才能实现[3]。而人与人的相互承认，也就是承认他者是一个处于和我同等地位的主体，才能摆脱黑格尔所说的主奴关系，成为真正的人的关系。这也是"仁者人也"的另一个可诠释的意义。

---

[1]　〔德〕舍勒：《爱的秩序》，第95、97页。
[2]　〔德〕舍勒：《爱的秩序》，第101、104页。
[3]　今道友信也认为真爱是要觉悟到彼此是人，参见〔日〕今道友信：《关于爱》，徐培、王洪波译，生活·读书·新知三联书店1987年版，第63页。

结　语

　　仁体论的建构既是面对现代儒学形而上学的需要，也是面对中华民族复兴时代重建儒学或复兴儒学的需要，在根本上，更是面对当今中国与世界的道德迷乱，因此它最终要落脚在价值、伦理、道德的领域，重建社会和人的道德，如古人所说振纲纪、厚风俗、正人心者。朱子曾说："其语治道，必以明天理、正人心、崇节义、厉廉耻为先，本末备具，可举而行，非特空言而已。"① 仁学本体论虽然重在讲本体论、形上学，但并不是空言，崇本而能举末，举体而始成用。在伦理的领域，儒家伦理能不能在现代中国重新成为主导的精神力量，成为人们内心的主宰，它与现代市民社会和商业精神的伦理关系是什么，它和近代与自由、平等，与社会主义的关系是什么，这些问题都值得深入探讨，只是我们不能在这里做更多讨论了。无论如何，中国几千年的历史证明，非宗教的人道主义（仁道）可以成为社会群体的凝聚力和道德基础而无需要超越的信仰，这一点西方要到启蒙和宗教改革之后才能理解。

（原载《文史哲》2014 年第 4 期）

---

① 参见朱熹：《延平先生李公行状》，《晦庵集》卷九十七，载朱杰人、严佐之、刘永翔主编：《朱子全书》第 25 册，第 4519 页。

关于"情本体"的中国哲学对话录

李泽厚 刘悦笛

一、到底"什么是哲学"?

刘悦笛(以下简称"刘"):到底"什么是哲学"?您曾总评了 the Philosophy of Mind,觉得您对"英美心灵哲学"的归纳是:以语言哲学为途径,结合脑科学成果,这个归纳只是其中的一派——"认知派",而且结合脑科学的,也只是其中一派——"科学主义派"。

李泽厚(以下简称"李"):因为你上次讲弗洛伊德,在我看来根本不算心灵哲学。

刘:但是,确实有一些哲学家,像理查德·沃雷姆(Richard Wollheim),借用弗洛伊德理论进行语言分析,然后研究情感的心灵问题。

李:也许我的概念比较固定,就像塞尔(John Rogers Searle)吧。

刘:塞尔最近有一本书讲社会建构的,Making the Social World。但什么是哲学?到底什么是哲学?其实您并没有给出一个答案。您只是觉得,西方哲学是自古希腊以来的严格逻辑思辨的概念推演。您对西哲有一个定义。

李：也没有定义，反正我有一种看法吧。这个看法大家不一定同意，那也没有关系。

刘：诺齐克（Robert Nozik）就有一本《理性的本质》（*The Nature of Rationality*）。

李：法国的德勒兹（Gilles Deleuze）有本译成英文的著作《什么是哲学》。所以德里达认为"中国没有哲学"，按照西方标准，中国没有哲学嘛。但是你现在不用"哲学"，用什么词呢？没法代替呀！

刘：但是有两位学者，一位是法国的哈道特（Pierre Hadot），他有一本《哲学作为一种生活方式》（*Philosophy as a Way of Life*）；另外还有一位普林斯顿大学的尼赫马斯（Alexander Nehamas），他的名著《生活的艺术》（*The Art of Living*）谈到了从柏拉图到福柯的"苏格拉底式思考"（Socratic reflection）。

李：这并不奇怪。如果引康德的话，在古希腊时期，哲学的确不是一种思辨，它就是讲怎么样行为、怎么样生活，之后哲学概念慢慢比较固定化，就是人之思辨了。这是在"语言游戏"中间的一种变化，这就是在"语言游戏"当中，这个词的含义的使用，还是清楚的。

刘：那您所论及的"哲学终结"，就是罗蒂（Richard Rorty）意义上的"哲学终结"吗？海德格尔与维特根斯坦之后，好像就没有哲学了。

李：所以我不同意这种看法。现在"哲学"这个词用得很乱，要专门写一篇文章才行，叫《什么是哲学？》。对于"哲学"这个词的含义，要作"语义分析"，要从历史的变迁来讲。这是另外一个问题。

刘：但后来您又说，读哲学是体认"情理结构"，读艺术史获得感受形式，但读艺术就未必，因为现在出现了概念艺术（conceptual art），我们身处的是后概念艺术时期。

李：这个以后再说，现在"艺术是什么"，确实是个大问题。

二、"中国哲学"是比较出来的吗？

刘：这又涉及德里达的这个观点，表面上反德里达，其实中国传统里面也有哲学，与德里达是一致的。他赞美中国有思想，有智慧，逃离了逻各斯中心主义。

李：他是表扬中国智慧，因为西方的哲学没有出路了。

刘：您这个提法很对，中国哲学是按照"西方的套路"来言说中国。其实就是"冯友兰模式"，从胡适到冯友兰，"汉话胡说"嘛！那我们不按照西方的方式去研究中国哲学，又该怎么做？是回到梁漱溟的做法吗？

李：问题是，虽然我认为他们丢失了中国哲学的基本精神，但他的方式还是不错的。现在，很多人要回到马一浮，干脆不用西方的概念，还是讲理呀、气呀、心呀、道呀，那条路是走不通的。

刘：其实他们的思维方式，从语言的根儿上，现代汉语已经被西化了。

李：是啊，但是现在有些人还用文言文写文章嘛，也包括你们这一代人。你们这代人文言文还是不错的，比 20 世纪 50 年代出生的人强，但思想是乱的。

刘：所以，从方法来看，我们原来做"比较哲学"的时候，有这样一种观点：中国哲学就是"比较哲学"，就是中西比较出来的。

李：那也不见得，中国就叫"比较哲学"？在西方，英国哲学、法国哲学是不是也是"比较哲学"？其实都是古希腊传统。这种比较究竟有多大意义，很难说。

刘：起码在美国许多做中国哲学研究的人都持这种视角，包括汉学家们。

李：比较哲学是可以做的，但是，说写中国哲学史就是比较哲学，那是两回事。当然，有些比较是没什么意义的，就像做"比较文学"的把莎士比亚与汤显祖拿来作比较，荒唐嘛！

刘：张祥龙也说过，比较哲学要学比较文学的做法。因为我们连续开了三四年比较哲学的小会，这是那次比较哲学方法论的大型会上提出的。

李：所以，钱锺书最有资格当（比较文学）头头嘛，他就坚决不干！（大笑）

刘：噢，这倒是有趣的观点。欧洲哲学也是比较哲学呀，比如说，笛卡儿让哲学用法语说了话，德意志用德语说了哲学这个东西，对吧？因为都是希腊之后嘛。

李：但是，中国还特别不同，因为中国的传统的确不一样。他们讲的话不一样，在思想源头上却是一样的。

三、没有上帝，"信仰"何处安顿？

李：在相信上帝这一点上吧，也相同。中国不相信上帝，你说怎么办？这影响很大。

刘：这也是"情本体"思想出来的很重要的一个缘由。这两天我与一位基督徒争论：假如三百年后，基督教式微了，衰落之后，全世界人在没有宗教的情况下，由什么来提供信仰？

李：问题是需不需要那样一种信仰？没有它就不能活吗？不信上帝的人，就不能活吗？

刘：能呀。

李：那就是了，那它必要性何在呢？就是这个问题。

刘：那就连信仰都不需要了吗？

李：就是呀，你不相信、不承认上帝，不就是没有信仰了嘛。不也照样活吗？我认为社会性道德就是信仰，那就够了。你自己要找一个心灵寄托，你自己去找呀，为什么要有一个规定的信仰呢？

刘：可以呀，很多人都不靠信仰活着。

李：那他不也活了吗？

刘：他为了钱，为了名，为了活着……

李：他不也活了吗？那又怎么样？

刘：那可能是比较低质量地活着。

李：也不见得。就好像我为人民服务活着，那也是一种活，也是一种信仰，不见得是低质量。

刘：可是按我理解，您的"情本体"不正是要提供一种信仰吗？

李："情本体"并不一定要一个信仰，它追求信仰是没问题的，问题是信仰不一定是信仰上帝呀！本身在人世间，也可以有一个信仰呀。那以前中国这样一个家国，它就是一个信仰。不一定要相信上帝，就是不一定来自天堂，不一定要相信《圣经》。我觉得，相信《圣经》每一句话都是真理，那是很荒谬的。《圣经》怎么是神的语言？明明是人编出来的嘛！上帝不就是一种"发明"吗？发明出来的嘛！基督徒听了要受不了——上帝是人的一个伟大"发明"。

刘：这大概与费尔巴哈有一定的接近。

四、"儒学四期"的现代转换

刘：再来看您对《学而》的阐发。无论是熊十力也好，还是其他人，大部分人讲学都是演习礼乐、复习《诗》《书》等儒家经典，或者您所说的"原典儒家"的那些东西。但您对《学而》的阐释太广义了，您把它当作"学礼"还好，但又进而推广到"学做人"。"立于礼"，就中国来说还是"学礼"，您是否把这个"学"当作了人类实践的一个规则？这与我们大部分读《论语》原典的经验都不同。我们通常会认为，"学"当然最终是要"立身"、"立人"的，但它的基础是"学"，"学"总归还要有课本、文本吧。

李：原始人有什么课本呢？学骑马、学射箭先有课本吗？恰恰是在"活动"中学的。你学自行车就没有课本吧？——为什么要有课本呢？有书是很晚的事儿了。"学"恰恰是最基本的实践，小孩子走路，让他站起来，让他走，扶着他，这就是学嘛！

刘：那这就可以理解了。但下面您又说，不是"学"获得"理性"。

李："不只是"嘛，不是"不是"嘛！

刘：理性还是其中的一部分。

李：那是当然。所以这个"情理结构""不只是"需要一个理性，而且是建构人的"心理结构"嘛！

刘：塑造区分与"物"的"情理结构"之物，您说，既可以是动物，也可以是外物。然后，您又强调原典儒学"礼乐并行"。

李：这是个浓缩了的，这一段可以展开很多，我没有写。

刘：我也特别重视过这一段，为什么《论语》从"学"开始？所以您强调教育嘛。

李：我强调教育，一直强调教育。1979 年的"康德书"（按：指 1979 年出版的《批判哲学的批判》）就提出来了。所以我说，不是神秘的"天"，也非先验的"善"，而是脚踏实地的"学"，塑建出人的"情理结构"。

刘：这段话最精彩！不是神秘的"天"，就不是《中庸》、《大学》；不是非先验的"善"，就不是"孟学"，这就反对宋儒的那个东西，所谓"三期儒学"否定掉了。脚踏实地的"学"，乃是"荀学"，荀子也从"劝学"开始。

李：对，然后回到"情理结构"，构成了"人类本体"。这就是我的"四期儒学"。

刘：或者叫"李氏儒学"？

李："儒学四期"中的一派，但我没人追随，所以也不成派。

五、"美德"、"角色"还是"关怀"伦理？

刘：您提出，个体主义是西方的"集体无意识"、"传统无意识"，那么中国的"关系主义"，则是中国的传统无意识。所以，上次您电话里讲到，无论是马丁·布伯（Martin Buber）"我与你"的那个"你"，还是列维纳斯（Emmanuel Levinas）的那个"他者"，都是个体的，这一下就抓住了要害。

李：我认为这是要害。包括之前讨论"上帝面前人人平等"，那么父母都是兄弟了，在中国这不合适，父母怎么能是兄弟呢？谭嗣同倒说过"父母，朋友也"，那恰恰是现代思想。

刘：所以，"关系主义"与"个体主义"，是情理与理性的源头。所以您又讲到，这关系是"理性秩序"，更是"情感认同"，关系又产生于"情境"。

李：梁漱溟就曾讲过"关系就是伦理"，讲"伦理本位"。

刘：西方讲求个体主义、理性原则，中国则是伦理本位。这里对儒家的基本定位非常有趣。最开始时还是把它当作"美德伦理"的。2011年参加安乐哲的"儒家角色伦理学"研讨会，安乐哲认为美德伦理不合适，儒家是"角色伦理"（role ethics）。

李：角色伦理也是美德伦理，就是关系嘛！关系当然也就是美德伦理。但它与亚里士多德的美德伦理不一样，他们想起美德伦理就是亚里士多德那个，中国也可以有它的美德嘛！

刘：现在还有一种观点，比如李晨阳讲，中国儒家伦理更接近一种"关怀理论"（care ethics）。

李：问题是 care 这个东西太广泛了。基督教也是 care，谁不 care 呢？美国人经常讲 take care。

刘：但是从女性主义伦理学来讲，首先是母亲对于孩子的爱，这不和儒家非常接近吗？也就是您所强调的"亲子之情"？母亲对孩子的 care，这是最基本的。

李：中国讲相互的，"父慈子孝"，怎么能只讲一方面呢？

刘：对。西方的关怀伦理学，包括我与之对话的代表人物 Virginia

Held，女性主义关怀伦理学，恰恰是强调单向的。

李：那就是动物性的，中国恰恰不是动物性的，是在动物性的基础上培养出来的，也不是完全没有动物性，但是，中国特别把这个培养出来。

刘：所以，您后来用"情理结构的关系主义"这个词，来针对西方现在的原子主义与自由主义。

六、推崇荀子为儒家正统

刘：您把孟子作为"先验论"，把荀子作为"经验论"，姑且可以这么讲。

李：就是这个意思。是从"第一个情"到"第一个礼"，然后到"第二个理"。

刘：还是涉及"经验积淀为先验"的——这是我说的，先验反过来怎么"范导"经验的问题。

李：对。那就是"第二个理"到"第二个情"，实际上也就是［我思想中的］"同心圆"。

刘：但在这里，您确实辩驳了包括孟旦（Donald Munro）所继承的孟子观念，又以"生物之情"来解儒家。就是孟子之情——先验的"恻隐之心"。荀子是以"性恶论"为基础的，孟子是以"性善论"为基础的。您赞同从荀子自然情欲开始说起，或者"礼因人情而为之"，这是您的中国的出发点，这是"中国情"的出发点，这一点非常重要。"郭店竹简"讲，"礼生于情"，还有"礼作于情"。

李："礼生于情"嘛。"郭店竹简"出来，对我大有帮助！

刘："礼"不仅来自于个人情感。

李：礼"不是"来自个人情感，所以这个"情"包含情感，主要讲的还是情境，并不只讲个人的情感，这一点要特别注意。所以，关于中国的"情"字可以写一篇文章，到底它可以作几种解释？这个"情"不是个人情感，是"情境"，这是从"第一个情"到"第一个礼"。但是，这个"情境"里面有个人的情感，因为人的情境与个人的情感欲望是联系在一起的，情感欲望是个体的，情境又是由个体组成的。

七、"性恶论"与生存竞争

刘：您对荀子的解释是最有趣的。荀子的群体伦理学，"故礼也，养也"，这种"礼养并重"的"学"，在"礼"是来自"欲"，然后在"养"中构成差异性的社会，这背后是套"性恶论"，起点是"人性本恶"。

李：这很难说是"性恶"还是"性善"，我认为这是两个问题。

刘：怎么是两个问题呢？

李：欲望不一定是恶。包括宋明理学也承认，人要吃饭，这并不是恶。

刘：那怎样的基点是性恶呢？为什么荀子谈性恶？

李：荀子是讲，善是"伪"，即人为的，这是对的。人的动物性里面，为了种族竞争，有一些是好的东西，比如亲子之爱，比如互相帮助；也有一些恶的东西，好像凶猛残暴——这是动物本性。

刘：恶的是什么？

李：要杀人呀，要吃呀，凶猛呀！要抢嘛，争夺呀，这是动物本性。发展到人类，好像"幸灾乐祸"，这是动物本能，人到现在还有。那么动物为什么有本能呢？这是生存竞争得来的，我看到别人摔一跤，很高兴，因为我没摔，你摔了。

刘：幸灾乐祸与"嫉妒"是相反的，嫉妒是你比我好，幸灾乐祸是你比我低。

李：是啊。动物就有的，但对人类发展是不利的，所以就把这个叫作恶。动物也可以相互帮助的，对不对？就把那个叫作善。是这样来的。并非欲望就是恶。所以，要把这个问题搞清楚，弄清不同层次的问题。这个问题其实也没有展开讲，要讲性善性恶的问题，也可以写一篇文章。

八、孟荀之别："先验人"与"自然人"

李：孟荀"性善论"、"性恶论"，这是表面描述，你也可以这么说，并没有错。很简单，荀子就是要以人为的意志来主宰动物性的情欲；孟子强调，你要发现那种动物性本能中的好的东西。所以一个叫"性恶"，一个叫"性善"，其实并不很准确。要认真分析，把它讲清楚。

刘：所以，用现代"情感哲学"的话来说，荀子要改造"消极情感"的部分，而孟子要发挥"积极情感"，发扬光大"积极情感"的部分。

李：所以我讲，孟荀统一于孔子。

刘：积极情感和消极情感，在孔子那里都是"源"呢！所以，荀子太有趣了，他的"欲—情—礼"的结构，的确不同于后世的"天理"、"良知"，朱熹这一派，王阳明这一派——或者说，"孟学"吧！

李：后来传承的，宋明理学传承的都是"孟学"。所以，现在我要把它"倒过来"。

刘：所以您认为，人活着不仅是"事实判断"——要活着的问题，而且是"价值判断"——如何活的问题。您又提到了"人文"与"人性"：从人文到人性，是"人化"；那么，从人性到人文是什么？"自然化"？

李：人性好了，人文当然就更好喽。这不很简单吗？

刘：您觉得，荀子是从"自然人"出发吗？"自然情"出发吗？

李：哦，是呀。荀子从"自然人"出发。

刘：那孟子呢？

李：孟子是"先验的人"。"恻隐之心"是先验的，天理良心，他从天理良心出发。

刘：嗯，在这个意义上，是"情理结构"的，"内在结构"的。

李：是的，有"内结构"，有"外结构"。

九、自然生存的"气质之性"

刘：您说来自《中庸》的"天命之谓性"，所指的是自然生存的"气质之性"。

李：是啊！宋明理学讲的，"气质之性"就是自然生物，"天地之性"就是天理良心。

刘：和他那个自然就是天理……

李：那就是"天理"嘛！天理不就是"良心"吗？——"天理"恰恰是先验的。

刘：可是，恰恰您反对宋儒的吗？

李：是啊。所以我认为，"天命之性"这个"性"，就是"气质之性"，不是"天地之性"。宋儒把它讲成先验的"天地之性"了。

刘：所以，您还是用《易传》的男女关系来，它是一个……

李：对呀，"自然之性"嘛。

刘：是由男女情欲关系所产生的一套"五伦"。

十、契约与情理，外在关系与内在关系

刘：中国的"美德伦理"，与亚里士多德的美德伦理不同，亚里士多德是以平等友谊为基础的，中国则是"关系伦理"，或者"情感伦理"。

李：就是刚才讲的，亚里士多德的人都是个体。

刘：您对霍布斯、洛克、卢梭那种基于个人本位、契约准则和理性基础的自由主义传统，有个大概的梳理。您的意思是不是说，"契约论"形成了西方的外在关系，而中国的"情理论"形成了"内在关系"？

李：对，就是这个意思。你总结得倒是很简明扼要。

十一、"七情"如何变成"十义"？

刘：关于"七情"，关于"五伦"和"七情"，我觉得，太有文章可做了。我在纽约买了一本法国人写的小册子 *Seven Emotions*，是从中医的角度讲"七情"的，主要的思想资源是《素问》。

李："五伦"和"七情"是大有可讲的，这一点没错。

刘：我觉得，"五伦"和"七情"之间的关系，太有趣了！喜、怒、哀、惧、爱、恶、欲，这是儒家的"七情"，佛教与医学也讲。对吧，这是"七情"。但儒家《礼记》也讲，"六欲"是什么呢？欲是生、死、耳、目、口、鼻。生死之外，后四个都是讲欲望的孔道，当然，生死作为两个大欲。我发现，儒家没有把"欲"放到"七情"之外。当然，后来很多人讲"情"，都是讲佛教的"七情"了，把"哀"变成了"忧"，"恶"变成了"憎"。现在"清华简"出来后，大家发现《礼记》许多东西还是以前就有的。中医则讲喜、怒、忧、思、悲、恐、惊，主要是《素问》论七情了。但非常有趣的是，中国人比 William James 要早，讲情感与身体生理相关，比如生气损肝，这比西方要早许多年了。汉代高诱也有个注，说古人都把六欲当作了俗人与生俱来的生理需求或者欲望吧！这其中是不是需要做个比较研究？

李：这个问题我不谈，因为这个属于科学问题。我只是做一种笼统的概括。要真正要做研究的话，这是个科学问题。你要从"郭店竹简"里面，分梳一下几种不同的说法，那是可以的，可以做文章。但是，我对这个问题没兴趣，因为这个问题首先要靠现代生理学。首先，欲望是什么意思？然后，有些什么欲望？我觉得完全是科学问题。

十二、情与"理"，情与"礼"

李：老实讲，现在从科学角度研究这些欲望，也还不成熟。因为对人的生理这些机制太不清楚了，所以得不到非常科学的真正结论。所以，我不考虑这些问题。当然，你从古典文献当中去耙梳这些分类有什么不同，考察这些不同的意义在哪里，那是可以做的。

刘：而且，也可以从"基本情感"，什么是动物性情感与社会性情感的分殊来看，我觉得这也是可以做的。而且，这"七情"与"十义"（注：指《礼记·礼运》所谓父慈、子孝、兄良、弟恭、夫义、妇听、长惠、幼顺、君仁、臣忠）到底有哪些关系，哪些内容？

李：对。七情是动物性的生理情欲，如何变成"十义"？就是使之变成理性化、秩序化、规范化。这是完全可以做的。

刘：不仅是"情理结构"，也是"情礼结构"！

李：是的，"礼"和"理"都有。

刘：这就是中国的美德伦理学，"爱有等差"的美德伦理学。但是，"五伦"或者"十义"这种东西，到底有多少能被现代社会所实际运用呢？

李：那还是有的吧！

刘：或者说，只能被潜移默化。

李：情感性的。那就要看，能不能够适当去建构"社会性道德"。我一再讲，西方没有这个规定，但中国有 —— 儿子必须赡养父母亲，这就是"适当建构"。我没有详细研究过当代西方法律，但我的一般看法是，西方只有父母抚养子女的义务，子女没有赡养父母的义务。但中国是有的。

刘：这倒可以大讲特讲，"五伦"和"十义"如何转化？

李：是呀，是可以啊！而且这个文章容易做，好研究。

刘：所以您讲，"七情"、"十义"，虽不平等但可和谐共处。

李：是的，这不同于平等而同质的希腊美德伦理。

刘：这还是您"转化性创造"的观点。

十三、从内在"人性"到外在"人文"

刘：您的情感与政治哲学的核心表述是："情理结构"在外在人文表现为情境、情感对"正义"的范导，在内在人性上表现为人性情感与人性能力、善恶观念的谐同。这是您的人性观，即内在人性如何变为外在人文的。

李：这一点我在《伦理学纲要》和《读书》杂志上发表的那篇文章①里早已讲过了，这里只是把《读书》上那篇文章展开了一下而已。

刘：回到康德，您的一个发展，就是您提出了"人性能力"。

李：我这样讲康德，不仅中国没有，大概西方也没有。

刘：但康德也讲判断"力"，讲 power。我觉得，还是"人性能力"是一个发展。

李：那不一样的。我把这个自由意志说成是"人性能力"，不是外在的伦理，而是内在的道德。

刘：对，这是伦理与道德的分殊，也是与康德的分别。

---

① 参见李泽厚：《课虚无以责有》，《读书》2003 年第 7 期。

李：这是很重要的。

刘：所以，您继续区分说，"人是目的"是属于外在的人文的政治哲学，还有内在的人性的道德伦理学，合起来就是"大写的人"。康德这两方面都有。

李：所以我讲了，他这两方面都很好。

刘：但是，"人是目的"一般不把它当作是外在的政治哲学呀？

李：怎么不是，问题是把所有三条原则都当成外在的，那就错了！

刘：谁把它都当成外在的了呢？

李：其实所有人都把它当成外在的，那个"普遍立法"不就是嘛。伦理就是你不能说谎，敌人抓了你，你也不能说谎，那不就错了吗？——变成外在伦理了嘛！

十四、"普遍立法"行为及其问题

刘："普遍立法"的四个例子，很有趣！您说，如人自杀、说谎、不发展自己、不帮助别人，从各群体到人类都将不存在。

李：四个例子是康德所举的，只是很少有人像我这样强调。

刘：您说四个例子表现的是"群体利益"，而非自由主义的"个体权利"。您强调，"我的行为"才是可以"普遍立法"的行为，这是什么意思？

李：重要的就是这个问题，"普遍立法"就是一种心理形式，就是这种"人性能力"。所以我讲，恐怖分子与"9·11"救火队员，同样是道德的，就是这个意思。这是个要点。

刘：还有个要点，就是道德与伦理的区分。

李：就是刚才讲的道德与伦理的区分嘛。所以，恐怖分子在伦理上是错的，在道德上并没有什么，就是这个意思。

刘：您认为，康德讲的主要是人性问题，是道德心理学，而不是某种为人类"普遍立法"的政治哲学，也不可能有这种哲学，罗尔斯最终也修改他那"正义论"，剔除形而上学而退守在"重叠共识"上。这是罗尔斯与康德的区分了。其实，罗尔斯的"重叠共识"，也有点像哈贝马斯的"商谈伦理"。

李："伦理"嘛，他不是道德啊，这不就是伦理与道德区分吗？"商谈伦理"也是伦理嘛！Ethics，不是 morality 嘛。

刘：当代伦理学家 B. Williams 也有个区分："道德"侧重的是责任与义务及如何按照一般原则去做；而"伦理"则关注品格、德性、幸福以及如何生活。

李：那种区分没什么意思。

十五、荀子"隆性"与"情欲儒学"

刘：您又重点论述了荀子："人无师法，则隆性矣；有师法，则隆积矣；而师法者，所得乎情，非所受乎性，不足以独立而治。"

李："隆性"就是放纵自然情欲，"隆积"就是以"礼""法"统帅自然情欲。

刘：您又解释说："礼"亦即化为内在的"理"，来统帅自然生命也就是"性"，这就又把《中庸》《大学》放进去了。

李：不是"性"，是"道"——"道始于情"的"道"。

刘：这样您的思想就"贯"起来了，其实，这几个词（按：指"礼""理""性""道"）的基本理解，都是您自己的中国儒学。

李：对，这就是我的"四期儒学"。

刘：通过荀子的论述，您就把自己的思想贯通起来了。"礼"的根基，在您还是那个"巫史传统"，既有情感的形式方面，也有善恶的具体内容。这就与您自己的"理性凝聚"的哲学串起来了。

李：还要强调一点，善恶不是"理性凝聚"的自由意志，而是这种自由意志的具体内容。

十六、"道德情感"是否存在?

刘：您好像反对"道德情感"，但您也使用这个词。

李：这里面我有所补充，我严格把欲望限定在"自然生存"的这个基础上，因为那样一种道德欲望，可欲之善，康德也讲过，那就不是什么生物、生理需要了，实际上是指一种自觉、自愿的道德意向，那个是另外一回事了。把"高级""低级"的所谓欲望混在一起讲，讲不清楚。

刘：恰恰是当今西方在做"道德情感"论。

李：我就不这么认为。道德只是一种情感，道德一定是要有理性渗入的。所以，我不认为动物有什么道德情感。

刘：但当今西方研究的"马基雅维利情感"却与您不同。

李：因为我认为，道德是由伦理"内化"而来的，首先是由"第二个礼"变成"第三个理",然后再主宰这个"情"。它实际上是理性在主宰情感,没有什么"自然的"道德情感。倒是最后的那个"情"可以是道德情感,那是在理性控制之下产生的,这恰恰是"人的",所以,我不承认动物有什么道德情感。这是我一贯的观点,就是反对"社会生物学"。

刘:儿童心理学,可以通过从礼仪规范的"礼",到理性认知的"理",然后到"情"。

李:对,让孩子从"快乐的犯错者"变成"难过的犯错者"。

刘:中国"礼""乐"并称,"乐"就是"情","情"协助"理"来完成道德行为,并使情感丰富、深化。

李:对。

刘:您还是同意有道德情感呀!

李:道德情感是有的,但它不是一个原始的东西。为什么叫作"情理结构"呢,它有理在里面了。

刘:您还认为,不能倒过来,让情感作为道德的动力,为什么呢?

李:就是回到你刚才这个问题,因为西方有些理论认为情感是道德基础,从那个出发,不对的。那就不需要教人了,自然而然地情感就来了,道德情感就来了?不是的!小孩子要是没有教育,他就不会做出什么道德行为。

刘:所以,在这个意义上,您反对社会生物学,也反对情感动力论。难道动物没有同情?

李:动物有同情心,但没有道德。

十七、以"情本体"来补充康德

李：康德了不起就在这里，他就认为，道德是纯理性的。康德最大的贡献，就是理性。我认为康德最大的厉害，就是一下子抓住最本质的东西，这比黑格尔等人强多了。美学也是一样，他一下子就抓住了审美的特点。

刘：所以，您把理性的罗尔斯与反理性的哈耶克都归入康德的脉络，我觉得是可以接受的。这可能会被别人批，但整体是对的。其实，您并不是拿休谟来补充康德，还是拿传统"情本体"来补充康德！

李：所以我讲，我是孔夫子讲康德嘛！

刘：您认为，康德最后走向是整体主义而非个人主义，是人类学而非个体学。康德本人就讲过人类学，我也说过，您是用康德人类学来讲他的三大批判。所以，其实康德与后面的罗尔斯等人是不一样的，与绝对自由个人主义者是不一样的。

李：所以，我认为康德并没有"原子个人"的观念。现在西方把原子个人主义追到康德，我认为那是错的。

刘：所以，您说，您经由黑格尔、马克思回到康德，也是经由了黑格尔、马克思的"整体主义"，回到了康德的"人类学"！

李：这是非常重要的。

刘：这是您哲学建构的秘密！《批判哲学的批判》，其实就是这个东西。

十八、"先验"如何变"经验"？

刘：究竟什么是"人"？您又加了个历史过程，把人理解为从整体到个体的历史过程。我觉得，这就是另一个东西了。从这个意义上，您反对罗尔斯的"无知之幕"，这是部分继承了康德。

李：这是要害。这个要害在《批判哲学的批判》那里起点就有了。

刘：然后，就是您所说的，先验变经验，个体走向人类，纯粹理性走向人类本体，这就是您的"三句教"。以后大家记住您，就是这几句话！

李：对，这三句话，留着挨批判的！先验怎么能变经验呢？两个恰恰是对立的概念呀，但一点儿没错，我就是要把它们联系起来，不然，先验就讲不清楚了。为什么是先验的？哪些是先验的？在哪里截住？西方因为有上帝，这个比较容易接受。但中国没有上帝，你怎么办？

刘：对呀，背后的社会语境，还是"有神"与"无神"。

李："有神"与"无神"，这是一个很重要的观点。但老实讲，现在真正相信上帝的人，在欧洲很少，美国厉害一点，可相信的也越来越少了，每周日进教堂的人越来越少了。

刘：美国是"宗教立国"，但我跟新教徒交流，他们说美国真正信教的也并不多，很多人都是形式上入教。

李：不管它是不是形式，反正在美国，礼拜天进教堂的人还是比欧洲要多一些。它并没有规定必须要进，你不进也不会怎样，但还是相信这个。

十九、"新内圣"开出"新外王"

刘：您又提出"新内圣"与"新外王"了，这个以前讲过多次，从"天地国亲师"的内圣层面，走出西方理性至上之外的自己的路。

李：都讲过了，其实还有很多东西没有展开。

刘：但是您有一种回到"汉儒"的倾向，就是用宇宙情感化来"引儒入法，礼法交融"，您对这个是比较赞同的。

李：所以，我对那种把汉儒排除出去的"儒学三期"论，从20世纪80年代开始就是反对的。汉儒是天人论制度儒学，这一点非常重要。

刘：因此您是"尊荀学""返汉儒"的，因为"重情欲"呀。所谓"孔夫子加康德"，包括您自己，海外对您的书评当中，讲得太多了。您又判断康德是"开端的马克思主义"，这个您在《批判哲学的批判》的"新版后记"里面讲过。所以，您其实更接近罗尔斯，很多时候反对桑德尔（Sandel）的社群主义，因为您认为容易导致倒退，反倒是"差异原则"、"重叠共识"、"权利优先于善"……

李：我认为，它们这个是比较管用的。

刘：但又用"道始于情"的关系主义来修正。当然，这都是重复了。

二十、反"反启蒙"的时髦思潮

刘：您又说您反"反启蒙"，反"反理性"，反"反人间契约"。

李：刘小枫讲他要找康德算账嘛，我看他找吧。他找到源头了。

刘：那算找对了，但是要看他能读多少。他所列的思想线索，从卢梭到列奥·施特劳斯(Leo Strauss),恰恰把康德跨过去了。

李:那当然,他反对康德,当然不读康德。

刘:您划分了尼采左派与右派,右派是海德格尔、施密特,走向法西斯主义;左派是福柯、德勒兹,走向无政府主义。

李:刘小枫是右派。

刘:后现代主义者呢?

李:后现代是左派,但左、右两派在民族主义大旗下可以逢源合一。

二十一、不拜儒学为"孔教"

刘:关于儒家,您强调一个是巫史传统,一个是孔颜乐处。

李:对。我不赞同建立儒教。

刘:您引用卫礼贤反对袁世凯立"孔教"的话,非常有趣!

李:你可以查那个《读书》①,我就把那个引出来。现在还有很多人在讲,所以我觉得有必要提醒。不要我讲,让他说就可以了。

刘:但您说,一百年没建儒教,中国没消亡!儒家不攻异端,包容接纳,再同化消化。

李:这我多次讲过了。把卫礼贤引出来,还是很好玩的。

刘:中国哲学主要是伦理学吗?梁漱溟讲,中国社会是"伦理本位"。

---

① 参见李雪涛:《孔子的世界性意义——卫礼贤对孔子的阐释及其对我们今天的启示》,《读书》2012年第8期。

李：中国哲学当然主要是伦理学了！

刘：其实，您给了"哲学"一个定义：哲学不是思辨的认识论或本体论，不是语言治疗的技艺，而是在这个人生—世界中的"以实事程实功"的自我建立！

李：我没有说这就是"哲学"的定义。

刘：但您强调，半日读书，是伦理的；半日静坐，是宗教的，审美的。您一年五个月，在阳台读书静坐。

李：我在阳台是静坐，还是读书呢？你恐怕讲不清楚。

刘：那就得问您自己了。

李：我是"笑而不答心自闲"。

二十二、"理性的神秘"与"孔颜乐处"

刘：还有"理性的神秘"的问题，以及"健康心态"的宗教。为了这个，我还把 James 的宗教经验种种读了一遍。所谓"健康心态"，其实就是把握好"度"的宗教呗。

李：就是不要搞那种"苦修"吧。苦修是有传统的，最厉害的是埃及。埃及的基督徒能在洞窟里坐几十年，中国没这个搞法，达摩面壁也只是八年。

刘："孔颜乐处"就是您所谓的"理性的神秘"吗？

李："孔颜乐处"恐怕没有人能解释清楚。我解释为"理性的神秘"。

刘：但也可能是"感性的神秘"呀！

李：我认为，将来脑科学会解决那种神秘，脑科学可以制造这种感觉、得到这种感受。脑科学哪一天可以发明，我让你这样感觉你就这样感觉，那还怎么神秘呢？为什么有些人会苦修？很简单，苦修令人饥饿，身体非常疲乏，因此就会出现某种幻象。

二十三、神秘经验与科学未来

李：我在文章里讲过，的确有很多神秘的东西，现在科学无法解决，但是并不是说不能解决！就好像中医这个经络、针灸，现代科学解决不了。但那是神秘吗？不神秘嘛。将来过好多年……就好像你讲，发脾气要伤肝，这个西医没法解释。你说这神秘？这并不神秘。将来科学可以解决。"怒伤肝""喜伤心"嘛，中国这些东西都是从经验总结出来的，但是到现在为止，科学没法解释。所以，方舟子他们认为，科学现在没法解释的就是错误的，不对。只是科学还没有发展到解释那些的地步。但我相信，过五十年、过一百年以后，科学肯定能解决。科学从实验中制造出来那种感觉，所以我叫它"感性经验的神秘"。

刘：但做"情感哲学"的，都应该好好研究这个东西。

李：你现在研究不出来结果的，科学还没有发展到那个程度。

刘："孔颜乐处"作为生活经验与人生态度，可以是普遍性的吗？

李："孔颜乐处"就是一种心理状态，这个心理状态是健康心理，我觉得比 James 讲的病态心灵（sick soul）更有普遍性。Sick soul 追求的是"神"，因为某种经验，你就相信了。

刘：对，很多人就这样入"神"了。

李：因之相信神，有个上帝在。

二十四、论说神秘主义与理性主义

李：所以，我在《美育代宗教》那篇文章里讲了，这是一些宗教的底限，它靠这个东西使大家相信总有神，因为这个没法解释呀，只好相信上帝给你的，或者哪个神明给你的。

刘：所以，后来我还有一篇文章，关于维特根斯坦、杜威与儒家比较的。

李：维特根斯坦也是神秘主义的，他是相信这个东西的。

刘：他相信的。杜威在这个意义上……

李：杜威是比较相信，但罗素就不相信。所以我讲，罗素是 20 世纪最了不起的"启蒙思想家"。因为，20 世纪的洋学者、洋思潮主要是"反启蒙"的，一些名流们，就不点名了吧，实际上都是在拾洋人的、20 世纪洋人的牙慧，赶时髦嘛。我引过爱因斯坦的话：时髦是虚荣加愚蠢。量子力学出来时，好些人认为爱因斯坦过时了。到康德那里，理性主义达到了最高点，以后的这些潮流就是反理性主义、反启蒙。

刘：罗素是启蒙的，分析传统还是理性的？

李：他是启蒙主义的，理性主义的。反启蒙反理性是个大潮流，所以我讲，现在国内学者拾的都是西方这种牙慧。

刘：包括政治哲学也是在跟着人做。

二十五、作为哲学建构的"情本体"

李：我对中国是抱有希望的，因为中国人那么多，有十四五亿！这么大的"时空实体",文化从来就没有断过!有些事情就是要看两百年。老实讲,一百年以后恐怕就能见分晓。一百年并不长,要看远一点,志气要大一点。

刘:其实,与您的这个哲学建构相关,我觉得,"情"既是个根基的、源发的东西,也是个高蹈的东西。您先看到了这一点。

李:我跟你讲过吧,现在第一流人才在商界,第二流人才在政界,第三流人才在学界。我也是三流人才!

刘:等以后吧。正如社会学家布迪厄(Bourdieu)所讲,高层贵族的后代会去做人文学科研究。

李:要真正一代贵族,有闲暇的贵族,

刘:中国现在这个问题还没有解决,其实中国人刚过上好日子。该"中国哲学"登场了!那么,该什么样的"中国哲学"登场?什么时候登场?以什么姿态登场?

李:所以,我的那个第二本《中国哲学如何登场?》是比较重要的。

（原载《文史哲》2014 年第 3 期）

孔子思想与"公民儒学"

林安梧

一、问题的缘起

"公民儒学"的提法是近二十年来慢慢导生出来的，它最初胎动于《儒学与中国传统社会之哲学省察》[①]一书。该书主要是经由"三纲"来检讨中国传统社会，指出中国传统社会是一"血缘性纵贯轴"所成之社会。"血缘性纵贯轴"由"血缘性的自然连结""人格性的道德连结"以及"宰制性的政治连结"所构成，相对应的是"父""圣"与"君"，其理想的次第关系，也应当是"父、圣、君"，但纵观历史的发展，我们发现它形成了一"道的错置"[②]（misplaced Tao）的状态："君"成为一切管控的核心点，次第翻转成了"君、父、圣"这样的关系。

[①] 1993 至 1994 年，笔者在威斯康星大学访问学习，写成了这本专著。该书许多论点曾向林毓生教授请教过，与陆先恒、吕宗力、黄崇宪、郑同僚、马家辉等朋友商讨过，志之于此，以表谢意。

[②] "道的错置"（misplaced Tao）是笔者对中国政治思想的总的概括，此思考发轫于 20 世纪 80 年代，后于 2003 年集结成书，题为《道的错置：中国政治思想的根本困结》，由台湾学生书局出版。

　　随着时代的变化，原先帝皇专制以"君"为最高管控者的结构瓦解了，那"宰制性的政治连结"被"委托性的政治连结"所取代了，那原先由家庭、家族扩大而为国族的思考变化了。原先"血缘性的自然连结"不能直通出去，而有了另一较为独立的"社群、社会的组织结构"，笔者名之曰"契约性的社会连结"。

　　就华人社会、文化、历史的变迁来说，其政治社会的现代化，可以说是从"血缘性的纵贯轴"所成的格局转而为"人际性的互动轴"所成的格局，这堪称千古未曾有之大变局。这个大变局使得儒学到了非变不可的年代，因为载体变了，儒学必须要有一新的发展。或者，更简明地说：在血缘宗族的文化土壤中生长的儒学，截然不同于在公民社会的文化土壤中生长的儒学。前者或可名之曰"传统的宗法儒学"，而后者则可称之为"现代的公民儒学"。

　　"传统的宗法儒学"不同于"现代的公民儒学"，但这并不意味着它们全然相异，因为毕竟它们都是"儒学"，儒学之为儒学，其核心处是共通的，如"仁""义""忠""恕"这些核心性概念即是。只是这些核心性概念及其衍生出来的意义系统、话语结构，随着时代的变迁、载体的不同，因此也就有了大大的变动。作为实践性的学问，儒学的落实处不同了，落实的方法也不同了。在"现代公民社会"揭橥"公民儒学"这个概念，显然是必要的。

　　"公民儒学"下的"道德思考"不再如宋明新儒学之以心性论、主体自觉为核心，而是以"公民社会"，以"契约性""责任性"为核心。用笔者以前在《儒学与中国传统社会之哲学省察》一书的说法，它不只是一顺服的伦理，不只是一根源的伦理，还是一公民的伦理，这么说，并不意味着"公民伦理"要从心性论、主体自觉，要从根源的伦理彻底脱落开来，而是说要去厘清彼此的分际，去了解进一步发展的可能。

二、由"内圣"开"外王"的理论限制

儒学不只是心性修养之学，所以不应该只从这个角度来谈儒学，也不应该只从这个角度去说中国人如何作为道德的存在、良知的存在。我们应该进一步去思考这种良知的存在，如何走出心性修养的封闭圈子？如何进入生活世界？如何进入历史社会总体？又如何开出民主科学？当代新儒学，尤其是牟宗三先生的哲学系统一直在强调如何从"良知的自我坎陷"开出知性主体，以知性主体涵摄民主科学。此一开出的说法看起来是很大的进展，但笔者以为这恐怕只是陷溺在以心性论为核心的诠释之下，才构作成此一系统。因为这是一个诠释构作的系统，再由此诠释构作的系统去强调如何开出。也就是说，在这样理解之下的中国传统图像或是儒学传统图像，是一套形上化了的，以心性论为核心的"知识化的儒学"，也可以说是一套"道德智识化的儒学"[1]。

由这样的角度切入讨论，如何开出民主和科学呢？这样的提法颇为曲折，因此，笔者不太赞成这样的提法。笔者认为，这个提法基本上是通过形而上的溯源方式所构造出的诠释系统，来肯定人与宇宙内在的同一性，强调"道体"和"心体"之等同合一，再由这道体和心体等同起来的良知去谈这个世界，诸如民主、科学如何安排的问题。这样的安排

---

[1] 参见林安梧：《解开"道的错置"：兼及于"良知的自我坎陷"的一些思考》，《孔子研究》1999 年第 1 期。

基本上是一种解释性的、体系的、理论的安排，和实际的历史发生是两回事，另外再说其为一实践的学习次序，那又是另一回事。这三个层面是不同的①。

这也就是说，在历史的发生历程中，所谓的民主和科学并不是非得由"良知的自我坎陷"，开出一个知性主体，再由此一知性主体之所对而开出民主和科学。当由"良知的自我坎陷"而成为认知的主体，这不同于原本的良知，因为良知是绝对的，是包天包地而无所不包的，是无分别的。这个坎陷落实下来有主客对立之呈现，才有所谓的民主与科学，才会出现客观的结构性。然而这样的提法，基本上是一种理论上的、逻辑次序的安排，不等于历史的发生次序②。若就历史的发生次序而言，其实在各个不同的地方所发展出来的民主科学应会有其不同的历史发生次序。当然西方所谓先进国家的民主科学有其发展过程，配合着经济发展、宗教改革、整个政治社会总体的变迁而慢慢长出所谓的民主制度，亦在此过程中慢慢长出科学思潮，而成为现代化的重要的两个机制——就整个政治社会方面而言，是民主制度；在整个对世界的理解上来说，则是一套科学的思维。

这牵涉到各个历史发展的不同成因，并不意味着要发展民主科学必须照着西方的方式重走一遍。因为任何历史的发生过程都是具体实存的，因不同的历史条件、不同的族群、不同的历史文化传统而有不同的发生历程。但是显然的，这不是可以经由一个诠释的方式、一种形而上

① 参见林安梧：《儒学转向：从"新儒学"到"后新儒学"的过渡》，学生书局2006年版，第283—340页。

② 参见林安梧：《儒学转向：从"新儒学"到"后新儒学"的过渡》，第283—340页。牟宗三先生关于此论，参见牟宗三：《现象与物自身》，学生书局1975年版，第121—125页；牟宗三：《中国哲学十九讲》，上海古籍出版社2005年版，第15—35页。

的追溯方式，追溯到源头，奠立一个良知的主体，再由良知主体之奠立导生出民主和科学来。这是一种理论的、诠释的次序，是经由形而上理由的追溯而产生的理论逻辑次序，它和实际发生的次序其实是两回事，它并不能直接地推导出来。

依上所述，如果依照这历史发生的次序，我们要发展民主和科学未必要照西方的方式重来一次。其实，民主和科学对我们来讲，并不是先发，而是后发的，我们是学习西方的，所以这应该是一种"学习的次序"，我们如何学得民主和科学，与西方如何发展民主和科学是二层不同的次序。"实践学习的次序"是一层次序，加上前面我们说的"理论逻辑的次序"与"历史发生的次序"，便有三层不同的次序。也就是说，民主和科学在理论的脉络下如何安顿，这是理论的逻辑次序；在历史的发生过程中，探讨它们是如何发生，则是历史的发生次序；而我们作为后发的民主科学学习者，可以去思考哪些条件可以加速我们的学习，因而安排出实践学习的次序①。

笔者认为，牟宗三先生所说的"良知的自我坎陷"以开出知性主体、涵摄民主科学，或是新儒学所说的，由良知开出民主、科学之"民主开出论"与"科学开出论"，都是误将那理论的、解释的、经由诠释的理论逻辑次序当作我们该当去学习的、实践的学习次序。当然，我们会问：为什么当代新儒学会提出此一方式？这牵涉到当代新儒学所要克服的是中华民族当代的意义危机。因为从清朝末年一直到民国初年，中国人一直在努力克服生命存在的危机。此一存在的危机深沉地渗透到我

---

① 关于理论的逻辑次序、历史的发生次序以及实践的学习次序三者之异同，参见林安梧：《牟宗三先生之后："护教的新儒学"与"批判的新儒学"》，载《儒学革命论：后新儒家哲学的问题向度》，学生书局1998年版，第29—38页。

们心灵的深处，与整个文化心灵最高象征的几乎瓦解密切关联。张灏教授认为，这是整个族群文化的意义危机，林毓生教授则认为这是整个中华民族的意识危机[①]。他们用这些语词无非是在说明：中国人那时面临着严重的自我迷失。如何克服这种自我迷失的深沉状态？各家各派提出了不同的看法。其中，彻底的反传统主义者认为，就是因为传统挂搭在我们整个族群身上的业力，使得我们处于严重的困境里面，搅乱我们，并使我们陷入严重的危机之中，所以认为我们应该彻底地反传统，将传统清洗掉，使我们有机会清清白白地存在，有机会学习西方的东西。但是，这样的思考不仅是不切实际，而且是完全不合道理的。因为人是不可能通过彻底地反传统来摆脱传统，再回过头来说明其自我同一性（自我认同，self-identity）。这样的思考，只是造成整个族群的贫弱与匮乏，到最后失去整个族群自身的主体性，失去整个族群自身的自我认同，终而陷入严重的文化认同危机。

　　历史语言学派强调国学的追求到最后必须追溯到更远古，通过语言和文字而对更远古的历史文献有更真切的把握，他们认为通过历史还原的方式可以更了解自己，因此用此一方式来定立其自我认同。但这种方式是通过训诂到义理的方式，是通过外在话语系统之把握，回过头来肯定自我的内在主体，最后必然是钻进新的故纸堆之中。我们可以看到，早从清朝乾嘉之学开始，这种研究方式一直存在。他们做学问十分强调客观性，但无法寻得内在的文化主体性来克服存在的危机。相反，当代新儒学接续宋明理学，特别强调陆王学而找寻到生命内在实存的道德主

---

① 参见张灏：New Confucianism and the Intellectual Crisis of Contemporary China，中译文收入周阳山编：《保守主义》，新加坡时报出版公司 1980 年版，第 367—397 页。

体性，以实存的道德主体去找寻内在的本体，并以此内在的本体肯定这主体以克服存在危机。

此过程经马一浮、梁漱溟、熊十力、唐君毅一直延续到牟宗三。牟先生的哲学创造能力特别强，他吸收了西方的哲学思想，特别以康德哲学来强化儒学，重构宏伟的崭新系统。他以儒学为核心，将道家、佛教吸纳进来，通过判教理论去说：儒学以"性智"为主，道家以"玄智"为主，佛教则以"空智"为主，而它们皆具有康德所谓的"智的直觉"（Intellectual Intuition）。康德认为人不具有"智的直觉"，只有上帝才具有；但牟宗三先生却通过中国儒、道、佛的智慧去肯定人具有"智的直觉"。所谓"智的直觉"，其实就是良知。他认为"良知"（性智）就是道体、心体通而为一的，宇宙造化的本源是与我们的心性之源通而为一的，那个绝对的道体就是内在的主体，牟宗三先生基本上就是通过这个方式来肯定的 [①]。

显然，牟先生经由形而上理由的追溯来树立起儒学系统。他想通过此一方式摆脱整个历史的、帝王专制的、宗法封建的以及其他种种历史业力的纠缠，树立起儒、道、佛，甚至是整个中国哲学，包括人心灵意识的一种宏伟的、崇高的、带有强烈道德信仰或宗教信仰式的良知学系统。就其特点来说，牟先生乃至唐君毅先生的哲学之于当代中国文化的实存危机来说，他们是带有一种"意义治疗"效用的 [②]。或者，我们可以说"良知学"的高张，本就带有这样一个倾向。

[①]　参见牟宗三：《现象与物自身》，学生书局 1975 年版，第 92—105 页。

[②]　唐君毅先生的哲学思想，紧密连接到整个人的存在，文化的深层底蕴也涵藏其中。他的作品有着充实而有力的生命力，特别是《人生之体验续篇》可以说是隐涵着一"意义治疗学"，关于此，笔者于 1988 年在香港法住文化书院及中文大学合办的唐君毅先生逝世十周年的纪念会议上提出论文。参见林安梧：《迈向儒家型意义治疗学之建立》，载《中国宗教与意义治疗》，明文书局 2001 年版，第 115—138 页。又牟宗三先生力主儒家是一"生命的学问"，在《五十自述》一书里，也让我们充分体会到他的学问带有深刻的意义治疗之倾向。

　　这样一套良知学系统极为崇高，它不会停留在一个地方，而必得落实开显。此系统一旦安立了，接下来就是要安排现代化的发展，就必须去处理良知学与整个民主、科学的问题。那么，为什么牟先生会用如此曲折的方式，来说民主、科学在我们这一族群之中要如何开出？这是因为他安排了这样一套解释系统之后，必然要有下一步的转出。但是这一步的转出只是在这系统之中的一套安排方式，而这样的安排方式其实只有解释上的功能，说明民主和科学在我们这个族群的发展里，其实是不违背心性学与良知学的系统。这套理论的诠释功能就在于此，而其他的功能则不重要。

　　如果可以开出民主和科学，笔者认为在理论上可以和良知学、"良知的自我坎陷"做一关联，但与实际的发展相提而论，则很明显是两回事。显然，我们要问的不是儒学怎样开出民主和科学，而是我们在学习民主科学的发展过程中，儒学应如何重新调适。我们应该在这个新的境域之中去思考儒学新发展的可能，这才是主要的思考方向。

　　这问题有两个层次：在外王的发展过程中，儒学究竟有多少资源来参与？而原本的资源之中又是否有需要厘清之处？内圣学不是可以孤立而说的一种学问，内圣学是在具体的生活世界里，是在历史社会总体之下所生长出的学问，所以当整个外王学已经有了变迁，整个历史社会总体与我们生活世界的实况也有了变迁的话，我们的内圣学其实也是应该调整的。也就是说，内圣学的理论逻辑层次与其实际发生的层次有密切关联，并不是透过形而上的追溯，或是去订立形而上的内圣学之"体"，再说明由内圣学之"体"如何开出"用"来，而应该是用"体用不二"的全体观点，来思考内圣学系统应如何调整的问题。因此，笔者的提法就不再是"如何由内圣开出外王"，而是"在新的外王格局下重新思考内圣如何可能"。这样的话，就会有很大的不同。因为外王并不是由内圣开出的，内圣、外王其实本来就是一体之两面、内外通贯的[①]。

我们应当知道，并非只有内圣学而无外王学。传统的内圣学是在帝王专制、家族宗法、小农经济状况下的内圣学。在帝王专制、小农经济与家族宗法构作成的一套外王之下，所强调的内圣是孝悌人伦、上下长幼、尊卑有序，强调以礼让、谦让、忍让为主导，以"知耻近乎勇"为主导的这种知耻的伦理，以礼让伦理为优先[②]，但是在整个外王的情景已经变化的情况下，内圣修养的道德向度也必须做调整。

也就是说，我们不能够通过一种以内圣学为核心的思考方式，也不能够只沿着原来的圣贤教言，构作一套新的心性学理论，再由此心性学理论去导出外王学理论，而应该具体了解民主发展的程度、科学性思维发展的程度，或者就整个西方所说的现代化或现代化之后我们所面临的实况来说儒家还能扮演何种角色，在内圣学方面，又要如何面临调整。当然，以前的圣贤教言所构作出的体系仍是可贵的，但必须接受考验。

任何一套道德哲学、形而上学的系统并非凭空而起，它与历史发展背景、经济生产方式、政治变迁和文化传统的发展有密切关系。正因如此，笔者根本上无法赞成康德学与孟子学多么接近的观点。虽然孟子所说的"性善"，在某一个向度上和康德所说的"无上命令"（Categorical imperative）有某种程度的接近，但康德的道德哲学其实是建立在西方

---

① 参见林安梧：《从"外王"到"内圣"：后新儒学的新思考》，1999 年 12 月 18—19 日成功大学中文系主办"第二届台湾儒学国际学术研讨会"会议论文。

② "知耻的伦理"与"责任的伦理"是不同的。参见林安梧：《"知耻"与"负责"》，载《台湾文化治疗：通识教育现象学引论》，台湾黎明文化事业公司 1999 年版，第 59—60 页。

的市民社会下的契约论传统之上，要是没有洛克（John Locke）、卢梭（J. J. Rousseau），就不会有康德的道德哲学，所以康德的道德哲学必须关联着这样的历史社会总体去理解[①]。而孟子的性善论如何能找得到社会契约论基础呢？显然不能。孟子的性善论建立在宗法封建、小农经济，建立在我们原来的家族宗法那样的亲情伦理之上，是由亲情伦理往上追溯而得出的性善论[②]。

宋明理学则是进到帝王专制的宗法、亲情伦理、小农经济这样的情况下生成的，怎么可能和康德的道德哲学等同呢？当代新儒学之所以作此诠释，以牟先生来说，也不是将其等同起来而是强调可透过此一方式重建孟子学，重建宋明理学，他的重建方式其实就是接受整个西方启蒙以来的一种唯理智的思考。从启蒙运动以来，西方哲学的主流就是非常强调理智中心的思考。

大体说来，牟宗三先生所建构的当代新儒学充满着"道德理智主义"之色彩，这样的道德理智主义之色彩其实与原来孟子学或是阳明学所强调的"一体之仁"尚有一段差距。就整个气氛而言，牟先生还是尽量保存着中国传统文化中儒学"一体之仁""怵惕恻隐"的氛围。牟先生认为，当代新儒学有进于康德，而且进一步认为康德是有所不足的，所以要补康德之不足。牟先生在他那本《康德的道德哲学》之译著中，一方面翻译，又加上诠释批评，很清楚地表达出这样的讯息；其他像《现象与物自身》《圆善论》等著作，也都透露出这样的讯息来。就此点来说，牟先生比劳思光先生的中国哲学氛围强很多。当然，熊十力

---

① 参见林安梧：《契约、自由与历史性思维》，台湾幼狮出版公司1996年版，第21—46页。
② 参见林安梧：《儒学与中国传统社会之哲学省察》，幼狮出版公司1996年版，第173—178页。

先生、唐君毅先生又更强些！

三、"心性之学"与中国专制传统的麻烦关系

劳思光先生基本上还是透过康德哲学的整个架构方式来了解儒学，并且认定儒学是以心性论为核心；他甚至认定像孟子、象山、阳明基本上是不谈天道论的，认为谈天道论的儒学容易落入宇宙论中心的儒学。劳先生的思考显然不同于中国文化传统天人合一的基本模式，这较不切合中国文化的精神脉络，但在港台地区他对中国儒学的诠释却颇有影响力。其实，天道论在整个中国儒学之中非常重要，而并非所谓宇宙论中心的思考。

在中国文化里，天道不离人道，"天、地、人"交与参赞所构成之整体叫"道"。当我们说天道的时候，讲宇宙自然法则的时候，并不是离开价值判断，离开道德而说的纯客观宇宙法则。因此，并没有宇宙论中心这样的哲学，即使有一点点这样的倾向，也不应从此角度来看。若将其作为宇宙论中心来看待，中国哲学很多东西不值一谈。劳先生的《中国哲学史》① 未能切合天人、物我、人己通而为一，未切合在"存有连续观"之下中国文化最基本而深沉的文化模型之理解方式。牟先生基本上还触及这一点，但劳先生则深受康德哲学架构的影响。当然，牟先生还是局限在"现象"与"物自身"的超越区分之下，并在这样的格局

---

① 劳思光《中国哲学史》所提出的"基源问题研究法"对学界有一定的影响，而劳氏对于儒学的理性化解释亦有其难得的苦心孤诣，但却问题丛生，此非久于其中者所能知也。

下建立起他的两层存有论。

需要强调的是，我们面对儒学的发展其实不应该以本质主义式的思考方式，认为儒学有一核心性的本质，就是心性论。应该说，心性论只是整个儒学理论构作成的一个组成成分。心性论在儒学中具有非常重要的位置，正如同儒学也具有其他社会哲学、政治哲学的面向一样，都有着非常重要的位置，而天道论在儒学之中也有它非常重要的位置。所谓的"天道"，基本上是"天地人我万物交与参赞所成的一个总体"，这一点是笔者所要强调的。如果以这样的观点来看的话，心性论只是环绕于其他各个不同的因素，而在不同时代会出现不同的向度，并不是有一个永世不迁的、唯一的、正统的心性论。

再者，我们进一步要考虑的是"意图伦理"与"责任伦理"，进行对比厘清，这涉及诸多历史因素。对整个中国文化情境的理解，就是要对其整个历史的、文化的总体，对原来传统所散发出来的生活实境与样态有更深的契入与了解。这里有人情、有道义、有情感、有广义道德、有理性、有专制，也有世故颟顸，等等。怎样对这些东西有某种契入的理解呢？笔者觉得在整个知识系统方面，必须具有人类学、文化学、考古学的知识，必须要有对于整个中国文化史的知识、对于中国政治思想的发展乃至其他种种知识。治中国哲学如果只随顺着古代圣贤的教言，再通过西方某些系统，展开一种"逆格义"的比附，或者连当代的几位大师的成就也没有恰当的理解，一味顺着他们的系统往下走，那只会愈歧愈远、愈走愈窄、愈走愈偏。

儒学所强调的"责任"概念，其实也就是"忠"的概念。然而，"忠"这个概念在儒学传统里被混淆了，从"宗法封建"到"帝王专制"，从原来"忠于其事"的责任概念变成了"忠于其君"一种"主奴式"的忠君概念，而这已经是违背原本"忠于其事"的概念了①。

　　"忠于其事"是个什么样的概念呢？曾子曰："吾日三省吾身，为人谋而不忠乎？与朋友交而不信乎？传不习乎？"（《论语·学而》）这里所说的"忠"字，就有责任伦理的意义。再者，子张问曰："令尹子文三仕为令尹，无喜色；三已之，无愠色。旧令尹之政，必以告新令尹。何如？"孔子曰："忠矣！"（《论语·公冶长》）楚国的令尹子文三次当上令尹，三次被罢黜，"旧令尹之政，必以告新令尹"，这就是"忠于其事"。又孔子说："言忠信，行笃敬，虽蛮貊之邦行矣。"（《论语·卫灵公》）这里所说的"忠"字，也是责任的概念。《论语》的"君礼臣忠"到了后世变成了"君要臣死，臣不得不死，不死谓之不忠"，这时候这个"忠"已经是离开了原来忠于其事、忠于良知的概念，而变为"主奴式"的忠君概念，这种"主奴式"的忠君概念其实已经不是原先儒学的责任概念。原来儒学的责任概念到了秦汉大帝国建立之后，慢慢地不见了。责任的忠转化为"主奴式"的愚忠，这是很严重的②。

　　我为什么要谈这个问题？因为韦伯在《政治作为一种志业》的讲演词中提到两种伦理：一种叫"意图伦理"，一种叫"责任伦理"③。以他的说法再延伸下去，中国似乎没有责任伦理只有意图伦理。这个分判很

---

① 　参见林安梧：《〈论语〉中的道德哲学之两个向度：以"曾子"与"有子"为对比的展开》，2000 年 1 月 14 日辅仁大学哲学系主办"士林哲学与当代哲学学术研讨会"会议论文，后刊于《哲学与文化》第二十九卷第二期。

② 　参见林安梧：《儒学与中国传统社会之哲学省察：以"血缘性纵贯轴"为核心的理解与诠释》，幼狮文化事业公司 1996 年版，第 177—197 页。

③ 　参见〔德〕韦伯：《韦伯选集 I：学术与政治》，钱永祥编译，台湾允晨文化实业股份有限公司 1985 年版，第 210 页。

有意思，但却是有问题的，因为这个分判只看到秦汉大帝国建立之后中国文化的表象，而先秦的典籍显然不是这样的。就以《论语》来说，很显然具有责任伦理的概念。所以我们要问：《论语》之中的责任伦理概念为什么后来不见了？这跟整个帝王专制、高压极权有着密切的关系，因而使得整个儒学原来非常强调社会实践的向度、非常强调责任伦理的向度，慢慢萎缩不见了①。

久而久之，儒学开始强调心性修养优先于社会实践，因而人们把道德实践直接定位在心性修养之上，强调心性修养是道德实践的基础，也是社会实践最重要的基础，到宋明理学时大体上是如此。这与帝王专制、中央集权有密切的关系。从唐末五代石敬瑭割让了燕云十六州以后，中原所领有的疆域变窄了，北宋一直想克复原来的失土，却没有办法，因为辽、金太强了。中国陷入内忧外患之中，整个社会政治总体必须要进行改革，但是改革从北宋开始就一直失败。范仲淹、王安石政治改革的失败、社会实践的不可能，使得知识分子转向内求，强调心性修养的优先性，宋明的心性之学就是这样产生出来的②。

心性之学当然有它非常重要的功能，可以起到儒学生机的形而上的保存功能，但是它同时也走向一种良知的自虐方式，跟帝王专制连在一块而形成一种"暴虐性"。从五代到宋以后，中国趋向于封闭的世界观，知识分子的心灵走向封闭，由封闭而开启了一个形而上的理境。原来外在的灿烂慢慢地萎缩下去，因而往回强调内在的精神。

在文学上我们看到相同的情形，有的人称赞宋诗是"皮毛落尽，精

① 参见林安梧：《道德与思想意图的背景理解：以"血缘性纵贯轴"为核心的展开》，载《本土心理学研究》第七集，台湾桂冠图书股份有限公司 1997 年版，第 126—164 页。
② 参见钱穆：《国史大纲》，商务印书馆 1940 年版，第 398—399 页。

神独存"[1]；而在绘画方面，慢慢地以黑白两色为主。从儒学发展史中我们更可以看到，不能孤立地说一套非常伟大、非常崇高、非常庄严的道德哲学，并以一种本质论式的思考作为它的基础，从那个地方应该要导出其他的面向。因此，我们应正视历史的实况，从实际的发展过程之中去看。

这个问题一直到黄宗羲时候才开始有比较完整的思考，而到士夫之的时候则是打开了很大的格局。但是非常不幸，清朝基本上就是运用了宋明理学的心性之学，并且是运用了保守的程朱学。清朝以程朱学为主导，把程朱学的整套道德意识形态与其专制主义连在一块，形成一套新的高压统治。在这非常有效率的、非常有次序的、也非常精明的统治之下，康、雍、乾三朝的经济生产方式有了变迁，引进了很多南美、南洋的作物，使得中国的人口在短短的130多年之间增加为4亿，这与朱子学的整个系统是有很密切的关系的。但是，到了乾隆晚年，这套专制主义已经没办法维系整个大帝国的秩序了，程朱学成为"以理杀人"的工具[2]。

笔者把这个事实顺着说下来是想指出，如果我们正视这些事实，就必须去深刻地审视现代儒学。显然，我们该去面对的问题，已经不是如何由内圣开出外王的问题，而是在新的外王情境里，如何调理出内圣的问题、如何面对正义的问题。或者说，相对于以前的传统社会，现在的公民社会该有怎样的"公民儒学"。

传统中国是宗法亲情、帝王专制、小农经济所构作成的一个所

---

① 吴之振：《宋诗钞序》，载吴之振、吕留良、吴自牧选：《宋诗钞》，中华书局1986年版，第3页。
② 参见林安梧：《中国近现代思想观念史论》，学生书局1995年版，第95—121页。

谓"血缘性纵贯轴"的社会。血缘性纵贯轴由三个顶点建构起来：一个是国君的君，一个是父亲的父，一个则是圣人的圣。君，是指君权、帝王专制；父，是指父权、家族宗法；圣，则是指圣人、文化道统。君，是一套"宰制性的政治连结"的控制方式，这是整个血缘性纵贯轴的核心；父，是"血缘性的自然连结"；圣，是"人格性的道德连结"。

【古代】	【现代】
君：宰制性的政治连结	政治：委托性的政治连结
父：血缘性的自然连结	家庭：血缘性的自然连结
圣：人格性的道德连结	道德与宗教：人格性的政治连结
	社会：契约性的社会连结

关于这部分理论，笔者在《儒学与中国传统社会之哲学省察》一书中有比较完整的铺陈①。以前的儒学是在这样的状况之下长成的，这样长成的"人格性的道德连结"以"血缘性的自然连结"为背景，以"宰制性的政治连结"为核心。但是现代社会已经有了很大的变化，不再是"宰制性的政治连结"，而是"委托性的政治连结"；不只是"血缘性的自然连结"，还有"契约性的社会连结"。公民社会不能从"血缘性的自然连结"直接推出来，原先从这个血缘亲情所推出来的，现在就必须分别开来。人们必须以一个独立的个体进入到这个社会，因为现代社会是通过客观法则性的原理所构成的"契约性的社会"。在这个契约性的社会里所谈的社会正义跟从亲情伦理所长出来的道德是两回事，尽管两

① 参见林安梧：《儒学与中国传统社会之哲学省察：以"血缘性纵贯轴"为核心的理解与诠释》，第43—121页。

者有密切的关系，但还是两回事。也就是说，一个孝顺父母、友爱兄弟的人，他在社会上有可能不一定是个正义的人，所以不能那么简单地认为他在社会上一定是正义的。这两者有所不同，是分开的。我们对社会必须要有一种正义的认识，这正义的认识当然可说与孝悌人伦有密切的关系，但不是直接可以从孝悌人伦中推出来的 [1]。

我们必须通过制度结构来安顿身心，而不应通过宗教式的、修身养性的方式安顿身心来适应这个不合理的制度结构。宋明理学以来的传统就是通过一种宗教式的、修身养性的身心安顿方式，来适应一套不合理的制度结构。这样的良知学带有自虐性的性格，所以一碰到问题就会开始反躬自省，而没有机会反省制度、结构的问题，因为只要一反省便会遭遇到更严重的问题。

在帝皇专制的高压下，有两件事情是不能问的：一个是君，一个是父。君运用了父，成了"君父"；而且"君"还运用了"圣"，成了"圣君"。那最高权力的、威权的管控者，运用了"圣"，也运用了"父"。良知学在这种氛围下，受制于主奴式的迫压，作为弱势者，就会有一种自虐性的出现 [2]。相对来说，作为强势者，便带有暴虐性。在帝王专制之中，论谈天理良知就很难去反省这些问题。一直到现在我们才可以反省这个问题，也才有机会去反省这问题。当然你会发现，如果只从这个角度去理解良知的暴虐性和专制性那就太偏了。良知学仍有它非常强的主体能动性，有一种瓦解的力量，以及根源性的自觉动力。

以"社会正义论"为核心的儒学思考不再是在帝王专制底下那种修

---

[1] 参见林安梧：《儒学与中国传统社会之哲学省察：以"血缘性纵贯轴"为核心的理解与诠释》，第 157—198 页。

[2] 参见林安梧：《儒学转向：从"新儒学"到"后新儒学"的过渡》，学生书局 2006 年版。

身养性的方式，也不再是那样的良知的自虐方式，我们可以说这是一崭新的"公民儒学"。关于这个问题，我们除了要回头到内在的心性之源上说，还必须回到整个历史社会总体之道，从道的源头上去说。我们的心性必须参与到道的源头，而这个道的源头是历史社会的总体之道。我们必须去正视，当自己作为一个具有主体性的个体时，是以何种身份进入社会，并且如何面对具体的制度结构问题？显然，这时候的修行方式便会有所不同。这个修行方式会在一个具体的发展过程中慢慢去学习到，而不是去选一个悬空的、构作的理论。

大体说来，它不再是从原先的孝悌人伦直接推出去的社会正义，这在儒学里面并不是没有资源，因为儒学是务实的。儒学是"圣之时者也"，具有时代意识、历史意识，并不是固守着原来的基本的东西，而是随时代的变迁而转化。正因如此，笔者才会强调"契约"与"责任"。这其实并不是说要怎样去强调，而是说我们应该正视在公民社会下有一种契约理性所建立起来的社会，在这样的契约理性所建立起来的社会，当你作为一个主体参与进去以后，是通过一个客观的法则所连结成的"契约性的社会连结"，形成了一个普遍的意志（general will）。如卢梭所说，你的"自由意志"与"普遍意志"必须有一种理想上的呼应，甚至是同一，在这种状况下才能够谈论在一个公民社会下的自由与自律的活动①。如此一来，这样的儒学与康德的道德学便有接近的可能。当然并不意味接近就一定好，而是说自然而然就会有某种程度的接近。

这样的转化、发展并不是内部的转化，而是从外在的互动融通里面所找寻到的。我们作为一个独立的主体，是我们展开讨论、行动的一个

---

① 参见〔德〕卡西勒：《卢梭、康德与歌德》，孟祥森译，台湾龙田出版社1978年版。

不可化约之起点，因此我们就应该鼓动且相信在一个制度结构下我们能够畅其言、达其情、上遂于道，儒学基本上就能在这样的过程里面被调适出来。所以，修行在哪里？修行不在那吞吞吐吐的压抑底下，不再只是一直落在该说不该说之下的拿捏分寸；它已经不是在宗法亲情底下的那个"礼"，而应该是在一个社会正义底下的正义之"理"。

　　如此一来，修养当然重要，但是它是第二阶的而非第一阶的。例如，有一个人说话难听、脾气不好，但是这不代表他道德不好、没有正义。在一个理想的规范体制下，我们能够容忍他的脾气、他激烈的话语，而让他激烈的话语、他的脾气通通表现之后还能沉淀下来、还能跟人沟通而能达到更好的共识，这就是我们应该要走的方向。因此，我们必须将原来用了很多气力完成的修养转化成更理想的制度跟结构，并缔造一个更好的言说空间或是话语空间，让我们能好好交谈，经由交谈而得到新的共识。这点我认为是儒学所必须要做的。

四、迈向"公民儒学"道德学之建立

　　儒学重点不只在涵养主敬，而必须想办法将涵养主敬化成一套客观的制度结构。人作为自然的存在（natural being），放在社会里面则是个社会的存在（social being），他不需思考儒家圣人般的道德存在，就可以很自然地把话说出来，而这话也会很自然地得到别人的互动、批评，当别人批评的时候你也自然而然有一种雅量，别人再怎么激烈也会有一种雅量，当谈到任何问题的时候就会想到，这只是我的想法，因为我的主体是由我的个体出发的。至于那普遍的总体则是必须通过这样的交谈空间，一步步而上升到的，并不是我这个主体就跟道体连在一块，并不是我说的话就是种全体、全知的观念。你有没有发觉到，当我们现在问"你有没有什么意见"的时候，很多人都不敢发言。为什么？因为怕错！为什么怕错？因为脑袋里面已经预期有一个标准答案。

为什么会预期有一个标准答案？因为是以良知来说，而良知之所说一定要对不能错。良知即是道体，道体就是全体。你可以发现在这样的思考里面，人通常会失去个性，会压抑自己，而当压抑自己到受不了时，所突出来的个性就是被压抑而寻求解放的个性，并不是真正具有个体性又能尊重别人个体性的个性。因为常常处在这样的困境里面，所以当我们谈论"以社会正义论为核心的儒学思考"的时候，应该反省，心性论不再是那样的方式，实践论也不应该是那样的方式。唯一应该要保留的，就是诚恳，就是真正的关怀。诚恳即《中庸》中的"诚"，关怀即《论语》中的"仁"，其他的都可以从这里延伸出去。

我们不必再去强调主体的自觉该当如何，而应当强调，当我在一个开放的、自由的言说论述空间里，通过清明理性的思考，彼此交换意见之后，就能够慢慢地得出新的共识；并且预期，当我们展开一个自由的交谈之后，共识就会浮现出来。我们在一个契约的社会里慢慢寻求一个恰当的制度结构，在这个制度结构里，我们可以依着自己的个性本身想说什么就说什么，在这想说什么就说什么的过程中，就会慢慢地调适出恰当的方式。这时候我们便能够正视自己是有七情六欲的存在，而不需要想到一个问题时马上想到"存天理、去人欲"，因为我们不是以这样的道德论式作为我们时时刻刻去警觉的核心，而是作为一个人就是这么自然地进到社会里头来开始展开我们的论述。这样的伦理学不再是高阶思考之伦理学，不是个要求90分、100分的伦理学，而是只要求60分的伦理学。这样说的社会公民，就是一个以 60 分为基础点的社会公民，可以畅达其情。这是回溯到自然本身的存在而说的伦理学，而不是个宗教苦行式的伦理学[①]。我们再也不必把整个族群都视为圣人，然后说这样的圣人无分别相，再由此去求如何地展开分别相、安排民主与科学，因为根本就没有这样的问题了。

　　当代新儒学已经完成了它的某些使命，1995 年牟先生的过世代表一个里程碑，也即新儒学的完成。但是新儒学的完成并不代表儒学已经发展完成，而是代表新一波的儒学必须有新的发展。因此，笔者提出了"后新儒学"的向度，也就是在新儒学之后的发展[②]。笔者认为这不再是以心性论、主体自觉为核心，而是要以广大的生活世界为反省的对象，以广大而丰富复杂的历史社会总体为反省的对象，并把自己放在天、地、人交与参赞而构成的总体之中。从这总体之根源来说，即是从中国人的"道"上来说，这时候的"道"就不是我们生活世界之外的道，不是一个挂空的形而上之道，而是"天、地、人交与参赞所构成的总体"，并落到存有实践这一层；换种提法，就是要以"存有三态论"取代原来《现象与物自身》的"两层存有论"。在道德哲学方面，是要以"社会正义论"为核心的道德哲学思考、以"责任伦理"为核心的道德哲学思考，来取代以"心性修养论"为核心的哲学思考；或者，简单地说，要由"传统儒学"进到"公民儒学"。

　　这样的提法并不违背原来儒学所强调的"一体之仁"。"一体之仁"

---

① 参见傅伟勋：《儒家心性论的现代化课题》，载《从西方哲学到禅佛教："哲学"与"宗教"一集》，东大图书股份有限公司 1986 年版，第 225—277 页。

② 参见林安梧：《儒学革命论：后新儒家哲学的问题向度》，学生书局 1998 年版，第 245—280 页。

是王阳明在《大学问》之中所提到的，就是"仁者与天地万物为一体也"，这其实在程明道的《识仁篇》中也有提及。这样的"一体之仁"，如果放在现在我们所说的"从外王到内圣"的思考模型里面，强调人际性的互动轴，以契约、责任作思考的基底，而以一体之仁为调节的向度，便能够对多元、对差异有所尊重，且能化解一种单线性的对象定位，摆脱工具性理性的执著，以求一更宽广的公共论述空间，让天地间物各付物，乾道变化，各正性命，虽是殊途而不妨害其同归，这样百虑而可能一致[①]。

当然问题的焦点并不在于如何由道德形而上学式的一体之仁转出自由民主，而是在现代性的社会里面，以契约性的政治连结为构造，以责任伦理为准则，重新审视如何达到"一体之仁"，不是如何地"由旧内圣开出新外王"，而是"在新外王的格局下如何能够调理出新的内圣学"，所以当我们谈社会哲学的时候，并不是说这就跟内圣学、跟道德哲学切开，而是一个新思维向度的提出。

这些年来每讲儒学总觉得该是再一波儒学"革命"的年代了。说是"再一波"，这便意味着以前也有过好几回的儒学革命，而现在又进入一个新的阶段。儒学诞生于周代，大行于两汉，又重复于宋明，再生于现代。周代重的是"宗法封建，人伦为亲"的"大一统"格局，到了汉代以后，一直到民国以前是"帝皇专制，忠君为上"的"大统一"格局。孔子完成了第一波"革命"，使得原先所重"社会的阶层概念"的"君子"转成了"德性的位阶概念"的"君子"，使得"君子修养"成

---

① 参见林安梧：《后新儒学的社会哲学：契约、责任与"一体之仁"——迈向以社会正义为核心的儒学思考》，《思与言》2001 年第 4 期。

了"人格生命的自我完善过程"，当然这是在亲情人伦中长成的。换言之，这是在"血缘性的自然连结"下长成的"人格性的道德连结"。孔子曰："《书》云：'孝乎惟孝，友于兄弟。'施于有政，是亦为政，奚其为为政。"（《论语·为政》）孟子曰："人人亲其亲，长其长，而天下平。"（《孟子·离娄上》）孔子主张"为政以德"，强调"政治是要讲道德的"。

孔子这一波革命，要成就的不只是"家天下"的"小康之治"，更是"公天下"的"大同之治"，像《礼运大同篇》讲"大道之行也，天下为公"，《周易·乾卦》讲"用九，见群龙无首，吉"，每个人生命自我完善了，人人都是"真龙天子"，人人都有"士君子之行"，当然就不需要"谁来领导谁"，这是"群龙无首"的真义。有趣的是，现在世俗反将"群蛇乱舞"说成"群龙无首"。不过，这倒也可见孔子的"道德理想"毕竟还只是理想，并没真正实现过。

第二波革命，则是相应于暴秦之后，汉帝国建立起来了，这时已经不再是"春秋大一统"的"王道理想"，而是"帝国大统一"的"帝皇专制"年代了。帝皇专制彻底将孔老夫子的"圣王"思想，做了一个现实上的转化，转化成"王圣"。孔夫子的理想是"圣者当为王"这样的"圣王"，而帝皇专制则成了"王者皆为圣"这样的"王圣"。本来是"孝亲"为上的"人格性道德连结"，转成了"忠君"为上的"宰制性政治连结"。这么一来，"五伦"转成了"三纲"，原先强调的是"父子有亲、君臣有义、夫妇有别、长幼有序、朋友有信"，帝制时强调的是"君为臣纲，父为子纲，夫为妇纲"。显然，原先"五伦"强调的是人与人的相对的、真实的感通；而后来的"三纲"强调的则是绝对的、专制的服从。原先重的是我与你真实的感通，帝制时重的是他对我的实际控制，儒家思想就在这两千多年间逐渐"他化"成"帝制式的儒学"。

1911 年的第三波革命推翻了两千多年的帝皇专制。我们强调"社会正义"是第三波儒学的重心所在，但这波儒学来得甚晚，以前在救亡图存阶段，为了面对整个族群的内在心灵危机，强调的是以"心性修养"为主而开启了"道德的形而上学"。现在该从"道德的形而上学"转为"道德的人间学"，由"心性修养"转而强调"社会正义"，在重视"君子"之前，更得重视"公民"这个概念。一言以蔽之，该是第三波儒学革命的阶段了，这是"公民儒学"的革命。

近十年来，蒋庆有"政治儒学"[1]之论，提出儒教宪政的理想，笔者以为这是值得讨论的。当然，笔者提出的"公民儒学"与蒋庆的"政治儒学"是颇为不同的。将另为文以论之。

如上所述，我们可发现对于传统文化与现代的关联，其诠释的向度与进路是十分重要的，如何关联到我们的生活世界，如何立基于我们的历史社会总体来展开思考，这是值得留意的。这便是我们这十多年来关心的"诠释学"的真切落实问题。其实，台湾有关诠释学方面的发展还算不错，它对人文学有一定的影响，对于教育学、社会学、心理学都有些影响。像台湾的本土心理学在杨国枢的大力推动下，慢慢跟中国文化的传统有密切的结合。原来他本土的心理学重在对"本土的心理现象"展开研究，但他的方法论还是西方心理学的方法论，经过几十年的努力以后，他慢慢调整了，发展出一个本土心理学研究室，进而转型成华人心理学研究中心。他们在这里做了很多可贵的工作，他们也慢慢找寻

① 蒋庆的著作，最具有代表性的有《公羊学引论》（辽宁教育出版社 1995 年版），《政治儒学：当代儒学的转向、特质与发展》（生活·读书·新知三联书店 2003 年版）等。

怎么去了解中国人的心灵机制。他们也面临很大的限制，主要是他们对古代的典籍太不熟悉，对中国文化的氛围的体会太少。这是现在人文学者最严重的问题，懂西方的，就不懂中国的，懂中国的，却又不了解西方，彼此的互动连通发生严重的后果。

这些年来，一方面强调实践的必要性，但另一方面，笔者更强调须从实践中提绎出来，拣择构成一新的理论可能。我们尤其要重视如何从古汉语的深入理解与诠释中，开出学问的崭新可能。最后，笔者愿意说"道德意识"四个字可以这样理解，"道"是总体的根源，"德"是内在的本性，"意"是纯粹的指向，"识"是对象的"了别"。"道德意识"指的便是"回到总体的根源，落实而成为自家的内在本性，由此而发出一纯粹的指向，而涉及于对象，起一清楚的分别"。"公民社会"不同于"传统社会"，参与社会的"人"也就不同。正因如此，"道"既有异，"德"亦有分，"意"的向度也不同，作为"了别"的"识"当然也就不同了。同是"道德意识"，在"公民社会"强调的是"公民的责任"，而"传统社会"强调的是"知耻的伦理"。当然，这两者并不是截然无关的，它们其实是密切相关的。

（原载《文史哲》2011 年第 6 期）

说"仁"

庞 朴

一

先说字形。《说文解字》中，"仁"字在人部，"从人从二"，作仁；其为现在通行楷书"仁"字的篆体，自无疑问。与此同篇，《说文解字》还附有两个古文"仁"字，一个上"千"下"心"作忎；一个左"尸"右"二"作𡰥。这两个古文字，与今文字形颇有差别，两字之间，呈现出的差别尤大。二者何以都是"仁"字的古体，又是怎样发生和演化的，这大有研究。

我们且从变异较小的𡰥字着手。这个左尸右二的古文𡰥字，与后来小篆仁字以及今日通行的楷书"仁"字，虽或有从尸从人之别，其由繁及简的传承形迹却显而易见，《说文解字》定它为"仁"字的古体，应该说是有道理的。可是这同一个古文𡰥，在另一些字书中，却并不属"仁"，而读为"夷"。如《玉篇》卷十一《尸部》："𡰥，余脂切，古文夷字。"《广韵》卷一《六脂》："𡰥，阳𡰥，地名，本古文夷字。"这又是从何说起？

　　据现有材料观察，《说文解字》的古"仁"字说，确有所据。我们可以随便举出两个旁证：一个如出土器物中山王鼎铭中，有"亡不率尸，敬顺天德"句，一个如包山二号墓180简中，有"童笋（人名）阴仁汝"句；其中的尸字和仁字，从字义看，都是"仁"字无疑；从字形看，便很有从尸从二的迹象。这两个字，写于公元前300年左右，其真正造成的时间，当然要早得多。说它是古文，应毋庸议。说者谓，"尸"乃横陈的"人"形。（《尔雅·释诂上》："尸，陈也。"《说文解字·尸部》："尸，陈也，象卧之形。"）倘如此，则此种从尸的古"仁"字演变为从人的今"仁"字，从横陈的人形演变为直立的人形，似乎也很自然。

　　至于此后字书的"夷"字说，既然敢同《说文解字》作对，当然亦非信口开河，而有自己的凭据。以我们今天所知，譬如在《上博藏楚竹书（五）》之《鬼神之明》篇中，便有"伍子胥者，天下之圣人也，骗于（鸥夷）而死"句，其从尸从二的字，显然与包山180简全无二致，在此却显然不能读为"仁"字，而应读为"夷"，亦无疑义。鸥夷者，革囊也，伍子之所终处。

　　这样看来，"仁"字说、"夷"字说，两说都有根据，我们无可厚非，也无从置疑。值得提问的倒是，"仁"也好，"夷"也好，为什么起先会从尸？尸形与仁德、与夷人，究竟有什么内在的或外在的关系？

二

　　原来，尸字左旁所从，并非"尸"字。我们试细看上例的尸和仁，其左旁都是屈膝的人形，而并非横陈的尸形。这种与直立的人形、跪坐的人形𝕝、正面的人形𝕩都有所不同的屈膝蹲踞的人形𝕗，在甲骨文及早期金文中，读作"夷"，如𝕩（夷方，《卜辞通纂》新 11 片），或径读作"人"（征人方，《卜辞通纂》569—575 片）。众所周知，夷乃族名，亦用作地名。甲文所谓"夷方"，指夷人聚居之方。《说文解字·羊部》"羌"字谓：周边族名或从羊、从虫、从犬、从豸；"惟东夷从大，大，人也。夷俗仁，仁者寿，有君子不死之国"。按：夷方的𝕗字，像人蹲踞之形，《论语·宪问》有"原宪夷俟"，孔子"以杖叩其胫"的故事。夷俟就是夷人之俟，就是蹲踞，其形如𝕗或ㄈ。夷人所以被名为夷，盖以其人不善跪坐、习于蹲踞，而以形𝕗、ㄈ得名者。《广雅》有"踞"字，训"踞"，从足从夷；他书亦时有"蹲夷"之词[①]；夷之为夷，其形之谓也。

"夷俗仁"之说，亦见于《山海经》。其卷九《海外东经》有云："君子国在其北，衣冠带剑，食兽，使二大虎在旁，其人好让不争。"又卷十四《大荒东经》云："有东口之山，有君子之国，其人衣冠带剑。"夷人居东方，其衣冠带剑、好让不争的君子之风，应该就是夷俗仁的表现。

《论语·子罕》有"子欲居九夷"之说："或曰：'陋，如之何？'曰：'君子居之，何陋之有？'"这里的君子，不是夫子自道，而是指的夷人。夷方在《山海经》里称为君子国（《淮南子·坠形训》亦有"东方有君子之国"之说），所以孔子才说：君子居住的地方，怎么会是陋的呢？

这些材料表明，"尸"字、"仁"字和"夷"字，有着千丝万缕的关系。"仁"和"夷"在字形上，早先应该只是一个字，作𝕗或ㄈ。它描

---

①　如《后汉纪》卷十二、《新书》卷一、《弘明集》卷七、《抱朴子》外篇、《南史·顾欢传》等。

摹自夷人习于蹲踞的形态，以表示其人；同时又借指其"好让不争"的君子之风，以表示其俗。如"夸"字既用以表示夸父所在的氏族，又借以表示夸族粗犷豪迈之风一样。后来事多字繁，有了区别的必要，才慢慢分化成两个字，在形和音上都有所改进。改进之一，是在亻、厂形右旁加两短横，成了仁、𡗗或尼，以示有别于其人的其俗。这两短横，并无数目"二"的意思，只是一种提示符号，或者竟是一种装饰，文字学家所谓的饰笔和羡划者①。后人不察，常抓住二横大做文章，发挥"相人偶"之说，谓"必人与人相偶而仁乃见"等，把问题搞复杂了。其实，要表示二人相亲，自有从、比、北、化等表示二人关系的先例（见《说文解字·人部》），画出二人相向如𠔃形（假设如此）便足，当不会有以抽象数字来表示形象关系的蠢事发生。改进之二，是将亻字繁化，改屈膝人形为正面人形大，另加表示"衣冠带剑"的图形"弓"②，以示既与其俗（屈膝蹲踞）分开亦与类名"人"字有别，遂成了"夷"。于是，一个原始的含混的亻字，便孳乳成分别表示其德、其人的两个字"仁"和"夷"。"从尸"云云，如果不是对屈膝蹲踞人形亻、厂的误识，便如后人所说的那样，是对原生字形的一种简述，而非原字真的从尸。

<h2 style="text-align:center">三</h2>

　　"仁"字、"夷"字由亻、厂等形衍出，亻、厂又被误认为"尸"，

---

① 加二短横以饰字形之例甚多，郭店简中便有"中"、"胃"、"为"等。
② 图形弓，据另一从身从心的古文"仁"字𠱾字推测，亦有可能乃是身形。

于是，"尸"字与"夷"与"仁"，便结下了不解之缘，而彼此互通。后人却多习非成是，莫名其妙了。如《周礼》、《仪礼》有所谓"夷床"、"夷衿"者，皆尸床、尸衿之讳称。《周礼·天官·凌人》有"大丧，共夷盘冰"句，郑玄注曰："夷之言尸也。……尸之盘曰夷盘，床曰夷床，衾曰夷衾，移尸曰夷于堂，皆依尸而为言者也。"《仪礼》卷三十六《士丧礼》、卷三十八《既夕礼》的"夷衾"、"夷床"等句，亦有"夷之言尸也"的郑注。郑注指"夷"为"尸"，在字义上无误；只是"夷之言"何以"尸也"，郑公并未解说，想来他已搞不清楚个中脉络了。

再如秦简记楚国历法四月为"刑夷"，在《左传》则写作"荆尸"。经师们不知底细，谓"尸，陈也"，"陈"即"阵"；"荆尸"于是成了楚国的阵法。事见于《庄公四年》："（庄公）四年春，王三月，楚武王荆尸，授师子焉，以伐随。"杜预注："尸，陈也；荆亦楚也。更为楚陈兵之法。"又《宣公十二年》："随武子曰：'……荆尸而举，商农工贾不败其业，而卒乘辑睦，事不奸矣。'"杜预注："荆，楚也；尸，陈也。楚武王始更为此陈法，遂以为名。"这就是说，荆尸乃楚武王发明的一种临阵用戟的新阵法。其实，荆尸是楚国历法四月的名号。"荆尸"亦作"刑夷"，云梦秦简《日书甲种·岁》有"正月，楚刑夷"句，谓秦之正月，当楚四月。"尸"和"夷"，在这里是互通的。所以《左传·庄公四年》的"春，王三月，楚武王荆尸"，是说周之三月，为楚之四月。秦简的"正月，楚刑夷"，是说秦之正月，为楚之四月。随武子所说的"荆尸而举，商农工贾不败其业"，是说四月举兵，百业不废。这几条文句中，"尸"之言"夷"也，"夷"之言"尸"也；"尸"与"夷"，"夷"与"尸"，互通着来读，便一切了然了。

四

现在再说另一古文🔲字。此字从千从心，无论是由字形还是字音来看，都与上文所知的🔲、🔲、🔲不类。唯一的好处是，它从心，表示着"仁"乃某种心态；这比起🔲等字形来，似乎更易表达出"好让不争"的民风。只是，从心之外，它还从千，而"千"字在此并非声符；合千心而为仁，难道说仁是二三其德，各怀鬼胎么？当然不是。那么，从千从心，何以便成其为仁？实在有点儿费解。

在此，需要感谢 20 世纪晚期面世的郭店楚简，是它帮助我们解开了这个难题。

郭店楚简凡一万三千余字，其中"仁"字约七十见。无论是在道家文献里，还是儒家文献里，也无论是出自哪位抄手的手笔，这么多的"仁"字，一律上"身"下"心"，作🔲或🔲或🔲形。此式字形，郭店以前也曾有过零星出土，如《古玺汇编》5381 所收的🔲字，1149 所收的🔲字便是①。其🔲字上身下心，笔画清楚；🔲字左心右身，小有位移。前人无缘得见郭店楚简，遂误识🔲字为"信"，直译🔲字为🔲。我们现在依照郭简文义，知道🔲应释"仁"，是明如日月，绝无疑义的。稍需注意的只是，其所从的"身"字，有繁简不同而已。《说文解字》所谓"从千"的"千"，乃是简写着的"身"字，也是不成问题的。

身在🔲字中，当为声符，不太可能藏有更多的哲学内涵。纵然如此，🔲字之以"心"为形，替换了原先🔲、🔲之以特殊人形为形来表示仁德一举，在文字史、思想史乃至伦理学史上，都是一次值得大书特

---

① 罗福颐编：《古玺汇编》，文物出版社 1981 年版。

书的跃进。因为这个 字形意味着，仁德已不再被当作仅仅是某个特殊人
群的特殊道德，而应被认定为是一切以心官思索者的应具心态，是凡我
人类的普遍德行！这一点，正是以孔子为首的儒家学派奔走呼号所以为
己任的天职所在。

　　郭店楚简中的多篇儒书，可视为这个跃进的标志。简中出现了许多
以"心"字为形符的单词、概念和范畴，如仁、义、礼、知四端，喜、
怒、哀、乐、爱、恶、欲七情，乃至威、畏、戚、勇、逊、顺、谋、
求、宠、欺、利、昏、反、为、难、易等心理和动作，都以"心"字作
偏旁。这样广泛的"从心所欲"，似乎反映着心性问题的研究，在当时
（孔子以后、孟子以前）已经成为时尚，这些字所要强调的，不是某种
外在的动作或行为，而是内在的某种心态！"仁"字由 、 而 ，由
"尸二"而"千心"，则是这一大潮中的典型表率。

　　秦始皇统一文字以后，这些字中的许多心旁都不复赘加了； 字
大概也由此简化成了仁字，一直通行下来。这样做的结果与影响是，
的心性成分淡出了，行为因素被突出强调起来。郑玄注《中庸》"仁者，
人也"句说："人也，读如'相人偶'之'人'，以人意相存问之言。"
所谓"相人偶"，即互相人偶之，亦即互相亲爱的意思。所谓"相存
问"，则是彼此关心和问候。郑玄没有涉及"仁"之"从二"，但他的
注释中，隐隐含着二人之间的意思。后来阮元便把这一层给坐实了，说
道："相人偶者，谓人之偶之也。凡仁，必于身所行者验之而始见，亦
必有二人而仁乃见，若一人闭户斋居，瞑目静坐，虽有德理在心，终不
得指为圣门所谓之仁矣。……是必人与人相偶而仁乃见也。"①

---

①　阮元撰，邓经元点校：《揅经室集》上，中华书局1993年版，第176页。

阮元说"必有二人而仁乃见"，否则"不得指为圣门所谓之仁"；倘若如此，"克己复礼""为仁由己""我欲仁斯仁至"等，便都不得指为圣门所谓之仁了。那当然是不对的。阮元的这一认识，源自不知"仁"之所以"从二"。前文已有辨正，不再赘述。此处只想指出，"仁"字的变迁启示我们：对字形的误解，可以直接波及对字义的把握；而准确理清文字的演化轨迹，或将大有助于思想历史的探寻。

（原载《文史哲》2011 年第 3 期）

舜孝的艰难与时间性

张祥龙

舜孝 [①] 是儒家的一个源头范例，不仅是其道德的范例，也是其政治的范例。本文要分析其范例性的哲理含义。完整意义上的舜孝还包含尧对于这孝中之道的辨识，所以今文《尚书》中的《尧典》也包括古文本中的《舜典》，它们本来就属于一个历史事件，一个开创了伟大文明的事件。

《尚书》以《尧典》为开端，而不像《史记·五帝本纪》那样从黄帝开始，表明儒家毫不含糊的唯尧舜认同。而孔子对于尧舜的赞美是无与伦比的。"子曰：'大哉尧之为君也！巍巍乎，唯天为大，唯尧则之。荡荡乎，民无能名焉。'"（《论语·泰伯》）"子曰：'巍巍乎，舜、禹之有天下也，而不与焉！'"（《论语·泰伯》）"子曰：'无为而治者，其舜也与？……'"（《论语·卫灵公》）。孟子则"言必称尧舜"（《孟子·滕文公上》）。但学界在理解此典时，多从制度、历法或历史事实的角度来观察，

---

① 本文作者赞同"舜孝"具有历史真实性的观点。有关的一些看法，可参见许刚：《关于舜帝孝道研究的一点感想》，《孝感学院学报》2009 年第 1 期。

极少能看到舜孝的核心地位及其哲理含义，因而也就难于理解"从周"（《论语·八佾》）的孔子为什么会对行禅让的尧舜有如此"巍巍乎"的颂扬。而本文就要论证，孔、孟这种赞美和认同的根基就在舜孝所显示的那样一种意识方式和生存方式，这种方式并不等同于某一种固定的政权延续形式，不理解它，就难于真正领会儒家和中华文明的生命源头所在。

以下将首先分析舜孝的艰难，既有行此孝之难，也有识此孝之难。其次，将试图显示尧测试舜的主要方向和方式，点出它与尧的时间意识的关系。再次，舜孝的内在真实性所依据的时间性、孝意识与政治意识的时间关联，乃至舜孝产生的政治后果，将得到关注。最后，我们来看禅让与继位如何通过天时而达到某种一致。

一、舜孝艰难

舜孝之难是根本性的，即他孝爱和友爱的对象——父母和异母弟——嫌恶他，甚至要杀死他。"父顽，母嚚，象傲［父亲愚劣不堪，后母说话不实，弟弟象倨傲不悌］"（《尚书·尧典》）[1]，其情状之恶，《史记·五帝本纪》有更具体的描述："舜父瞽叟盲，而舜母死，瞽叟更娶妻而生象。象傲。瞽叟爱后妻、子，常欲杀舜，舜避逃，及有小过，则受罪。顺事父及后母与弟，日以笃谨，匪有解。"后来还有焚廪埋井之谋害恶举，而舜居然能一一"避逃"开去，同时又并非一逃了之，而是逃死不逃罪，"及有小过，则受罪"。此所谓"小过"，多半只是这对

---

[1]　本文作者不怀疑《尚书·尧典》乃至今文《尚书》的历史真实性，有关依据从略。

父母眼中舜犯的小过错，因而其责罚不至于使舜死亡或重残，于是舜就受其罚。只有在此逃死受罪之中，舜才能不让父母和胞弟犯杀子害兄之大罪，自己也不成为无家可归之人，于是"克谐以孝烝烝，乂不格奸［能够与之柔和相处，行厚美之孝行，克己而使家人不多犯恶行］"（《尚书·尧典》）。

首先，此孝的艰险，在舜行此孝之难。要在如此恶劣形势中生存下来，就很不易，"使舜上涂廪，瞽叟从下纵火焚廪。……后瞽叟又使舜穿井……舜既入深，瞽叟与象共下土实井"（《史记·五帝本纪》）。舜必须对这类阴谋事先觉察，采取应对措施，到危急时才能"以两笠自扞而下"，"从匿空出"，逃得不死。但这"觉察"必须要有防范之心，而这种心机与"克谐以孝烝烝"之心如何能够不冲突呢？简言之，面对如此家人而行孝，不仅违反"人情因果律"，还似乎违背了"人情矛盾律"。

其次，即便舜真行了此孝，要辨识出它的真假也极难。亲子关系是世上最真实原发的关系，由亲代之慈爱与子代之孝爱回旋交织而成。如果其中一方出了大问题，不但失去了对另一方的爱，还要恶意加害另一方，那么这关系和爱意还能不能、应不应该维持下去呢？家中有了迫害者，就有受苦者，有了加害之意之行，就会有防范之心之举。这时，受害方之生存是一种什么样的生存，而其心又是如何复杂的心呵！是的，志士仁人要成就大事，必"苦其心志，劳其筋骨，饿其体肤，空乏其身，行拂乱其所为"（《孟子·告子下》）。可问题是，即便此受苦之人能够"困于心，衡于虑而后作［内心困苦，思虑阻塞而后发愤创作］"（《孟子·告子下》），但这发愤创作之心就是孝爱之心吗？也就是说，在这种情势下，即便舜有诸般孝行，它是发自真心还是出于其他动机呢？这"动心忍性，曾益其所不能"（《孟子·告子下》）的"能"里面，确实有"能孝"吗？这些都是不可避免的问题。

　　西方人对人心之复杂、自私、易背叛，有着特别尖锐的终极感受。古希腊《神谱》中的主神家庭，妻子背叛丈夫、儿子推翻父亲，屡见不鲜。希腊悲剧中的人间家庭，更是谋杀和乱伦交现，悲之极也。《旧约》中人类也屡次叛离耶和华神的期待，背上了原罪。西方文化的主流似乎从来不奢望普遍的孝行，做梦也不会想到还会有虞舜这样的孝子。所以，他们认为国家的基础不可能是家庭，反倒一定要超出家的羁绊才会有能实现正义的国家。即便是国王世袭制的国家，其国家的合法性根基也不在家庭而在法，无论是自然法、神圣法还是人间法。

　　西方近现代人观察家庭关系和亲子关系，主要持契约论或潜在契约论，也就是认家庭为一潜在契约，规定各方的权利和义务。父母不慈，则此契约失效，子女当然可以甚至应该不孝。而且，从总体上看，西方起码自康德起就有这样的主导观点，即父母未经子女同意生下子女，就有义务将其抚养到能独立之时，之后双方即为平等的利益交换关系，至多有情感上的联系和相互帮助，子女完全没有道德上的义务去尽孝。如果处于这样的视野内，舜在父母如此待己的情况下仍然去尽孝就是很不自然和违反人情和人性的。持这种观点的人们会倾向于怀疑：舜孝或者是伪孝，或者是精神失常如受虐狂、痴呆等所致。而伪孝的可能中，又可以有为了谋求利益比如"膺大任"而行孝的"有所图之伪"，以及将行孝只当作尽道德义务而无真的爱父母之心的"尽义务之伪"的区别。其实，由于舜孝案例造就了"反慈情境中的孝爱难题"，即便在中国古人中也曾引出过种种疑难，除了法家等反儒家学派的质疑之外，即便在广义的儒家中也有过疑问，有些与上述的怀疑就有重合之处。而如何应对这些疑难，就考验着儒家根基的真实性和源头性。

二、尧识舜

尧与舜的相遇缘于尧面对的人才危机。曾经辅佐尧治理天下，即亲九族，昭百姓，和万邦者，特别是助其"敬授人时"的老臣们如羲和氏中人纷纷辞世，他本人也渐老，于是向众大臣们征求可继业续统的人选。但大臣们推荐之人，皆不合尧意，有的勉强试用后也不成功。无奈之际，尧向大臣们要求："明明扬侧陋。"（《尚书·尧典》）也就是让他们不拘一格推举能治国的大才。"侧陋"乃"疏远隐匿者"之意。于是四岳（掌管四方或四时之官）推荐了民间的一介鳏夫虞舜，时年约三十。当尧询问举荐他的理由时，答语就是以上引述过的话："瞽子。父顽，母嚚，象傲。克谐以孝烝烝，乂不格奸。"（《尚书·尧典》）即舜在极其恶劣的家庭环境中还能行孝。于是一个转机出现了。在否定了众大臣们推荐的众人选——或是自己的儿子，或是很有能力和成就的大臣们——之后，尧却对舜这么一位侧陋者产生了浓厚兴趣，马上说："我其试哉。"（《尚书·尧典》）此"试"首先是测试，其次才是试用。当时舜所呈现者只是孝行，并无治国才能，而尧竟充满期待地要试之，不像对其他候选者那样一口否决，可见他选拔人才的眼光独特，能见到孝意识与治国能力间的内在关联，一种非对象化的联系。而他第一要测试的，也还不是行政才能之类，也不像不少注释所言，是要测试舜的治家能力，如古文本孔疏"欲观其居家治否"（《尚书正义》）[①]之说，而首先是舜孝的真实性，因为这种孝太不寻常，隐含一个反慈情境中的孝爱难题。如其为真，此人当有大贤大能之质；如其

---

① 孔安国传，孔颖达正义，黄怀信整理：《尚书正义》，上海古籍出版社2007年版，第59页。

为伪，则其人或为大奸大恶之徒。王充在其《论衡·正说篇》中反驳了对尧"试"和"观"舜的非真实化的解释，比如将"我其试哉"之"试"当作"用"，也就是在行政岗位上试用他，或将"观"（见下面引文）说成是"观示虞舜于天下"，即尧在测试舜之前已经知舜，此测试只是用来向天下之人展示舜的德能而已。总之，这"试"与"观"都不是真正的测试和观察，因为它们都已预设舜孝甚至其德能已经被知晓了。王充则认为，用这种"不须［真实］观试"的方式来抬高尧的先知先觉，并不合适，因为"佞难知，圣亦难知"，也就是说，要鉴别那种表面上很好而其实是恶人的恶处（佞）是困难的，同样，要鉴别表现得好、也确实是圣人的圣处同样亦是困难的，因为他们都各有其"奇"处。

尧试舜的方式，与耶和华以杀子献祭试亚伯拉罕不同，与周文王、秦穆公以对谈试姜子牙、百里奚也不同。王莽可杀子以邀买人心，大奸又大能者可善用对谈而得赏识（"佞难知"）。而尧面对如此困难而又如此重要的认知任务，采取了一个很不寻常的举措："女于时，观厥刑于二女［（尧）将自己的两个女儿（娥皇、女英）嫁给舜，以便通过二女就近观察舜在家中的表现］。"（《尚书·尧典》）这个举措与测试行政能力没有直接关系，而要观察舜的治家能力，也用不着同时嫁给舜两个女儿。何况，因没有得到舜父母的同意（按《孟子·万章上》的解释），如果必得其父母同意，就"不得娶"，尧嫁女还不能说是正式的完婚，所以《尧典》用"女于时"而非"妻于时"[1]。在这种情况下，一次投入

---

[1]　郑玄曰："不言妻，不告其父，不序其正。"孙星衍撰，陈抗、盛冬铃点校：《尚书今古文注疏》，中华书局 1986 年版，第 31 页。

两个女儿的测试就必有深意。

　　反复思之，可知尧之试似极温柔敦厚却又极原发老辣，以少女对鳏夫，阴阳相交而时中，日夜同居而偕行，让被试者无可掩饰而现其形（"厥刑"）。"夫微之显，诚不可掩如此夫！"（《礼记·中庸》）为苍生社稷，尧愿下此注。至于要以"二女"而非仅一女下注，可能是因为两女同观，有掎角之势，方可确知一男舜孝之真伪。《中庸》里的一段话似乎就在评议此事："君子之道费而隐。夫妇之愚，可以与知焉，及其至也，虽圣人亦有所不知焉。"此处乃夫妇、父子及社稷交接处，亦是尧之"时中"圣知处。因此，《尚书·尧典》前半阐述尧"钦若昊天，历象日月星辰，敬授人时"之"时"，与此求人而得人之时，本自贯通。此为尧"时"天人充分互融之特异处，与黄帝"迎日推策"之时、颛顼"载时以象天"之时、帝喾"其动也时"（《史记·五帝本纪》）之时，所以有不同者也。

三、舜孝之时性

（一）舜孝之真

　　尧凭二女得知舜孝之诚。其证据何在？"厘降二女于妫汭，嫔于虞［（舜）命二女回到妫水湾内，他的家族所在的虞地去，以尽妇道］"（《尚书·尧典》），单单这个行为并不能当作证据。如果脱离了"观厥刑于二女"的直观，这种治家能力可以是摆摆样子的。真正决定性的证据来自《孟子·万章上》首章，它记载了孔、曾、思、孟所传述的虞舜"内史"①，而情况似乎是，只有生活在舜身边的"内人"方可直观到此事实。"万章问曰：'舜往于田，号泣于旻天，何为其号泣也？'"万章（孟子弟子）问孟子："舜到田野里，对着苍天哭诉。他为何要那么做呢？"孟子答曰："怨慕也。"他是因为有怨慕才哭诉的。舜想得父母之爱而不能，郁积怨慕之情要倾诉，于是一人到田里号泣。于是万章又问："'父母爱之，喜而不忘；父母恶之，劳而不怨'，然则舜怨乎？"万章这里在引用曾子语（见《大戴礼记·曾子大孝》），实际上表达了儒家应该遵守的一个尽孝原则：父母爱我时，我欢喜而且总不忘怀；父母讨厌我时，我也尽心尽力地服侍父母，绝不抱怨。既然如此，那么我们伟大的榜样舜为什么还有怨呢？难道他不是那么完美的圣人吗？

这是颇有辩难力和思想激发力的问题。孟子有一段很长的回答。先引了曾子的一个学生公明高与他的弟子长息的对话。长息也问了类似的问题，公明高答道："是非尔所知也。"这不是你能知晓的。公明高和孟子要说的是："以孝子之心，为不若是恝，我竭力耕田，共为子职而已矣，父母之不我爱，于我何哉？"（《孟子·万章上》）意思是：怀着孝子之心的人可不会这么不在乎。怎么不在乎？就是上面引语"父母恶之，劳而不怨"的表面意思。我尽力耕田劳作，尽自己的责任，父母不爱我，跟我有什么关系呢？我已经尽了我作为孝子的责任了。如果是这样，那么舜的孝行就有问题，是不能让人完全相信的。康德以服从道德律而尽义务为道德根本的学说，其缺陷于此可见一斑。下面一段讲得好：

---

① 此章记载的事情，《尚书·大禹谟》有载。但此篇不见于今文本，其中某些内容或有不实之嫌，故暂不用。

　　帝将胥天下而迁之焉。为不顺于父母，如穷人无所归。天下
之士悦之，人之所欲也，而不足以解忧；好色，人之所欲，妻帝
之二女，而不足以解忧；富，人之所欲，富有天下，而不足以解
忧；贵，人之所欲，贵为天子，而不足以解忧。人悦之、好色、
富贵，无足以解忧者，惟顺于父母可以解忧。人少，则慕父母；
知好色，则慕少艾，有妻子，则慕妻子；仕则慕君，不得于君则
热中。大孝终身慕父母。五十而慕者，予于大舜见之矣。(《孟
子·万章上》)

　　舜不因任何"人之所欲"的满足为满足，而只以得父母之爱为解
忧，因为对于他，一切所欲以及他在家中遭遇的所不欲，或父母的虐
待，都是一类东西，都不足以代替他与父母的原本联系。这联系先于一
切得失是非，是他人生意义的发生结构。正是这结构使得那些依附于对
象的欲望和意愿得以可能，它是他的原欲和原意。所以，对于舜，"不
顺于父母"就永是他人生之大痛，不管这父母何等邪恶。他的怨慕正是
对"顺于父母"的渴望之不得的至情倾泻，势必以违背礼规，哪怕是儒
家礼规的方式涌现。此涌现可谓"发而中节"之"时中"(《礼记·中
庸》)，不拘于礼规而成就礼义，因这里不破戒舒怨就不足以发其诚，而
这种当时而发的怨慕恰是舜孝真实性的证据。所以，"礼，时为大，顺
次之"(《礼记·礼器》)，即儒礼以时中之发生为首要，而以遵循礼规
为次一等的原则。

　　基督教要求信徒"爱你的仇敌"。这可能吗？就人情而言，是不可
能的，而依据上帝或基督的命令去爱，也就是凭借这命令造成的意愿去

爱，会有真爱吗？舜并不视父母为仇敌，却也难于依据因果关系、契约关系、对应原则去爱父母，而只能凭借超功利、超眼前对象的长期回忆能力来爱父母，也就是凭借依恋父母的幼儿天性和深长时间意识导致的原初记忆来生出爱父母之感情，而非仅仅爱父母之意愿。要知道，按照古籍所载的事实，舜并非完全没有那种能使他生出爱父母之心的回忆。比如，舜的亲生母亲去世想必很早（舜三十岁左右娶娥皇、女英，舜的后母弟象能够觊觎嫂嫂，想出谋害舜的阴谋，说明两兄弟年纪相差不很大），而舜之所以能够成长为一位身心健全且德智超常的成年男子，没有小时父母的某种照顾乃至关爱是不可能的。说到底，此深长时间意识或历时的长期回忆能力[①]，正是孝心出现的天性前提。它超出一切对象化功利关系，但不超出人的生命结构和生存时间性。通过这个前提，孝心与人类的其他意识能力就有了耦合。

（二）舜孝之能

孝乃亲子时间中的回流反报意识，因而与人对原时间回旋结构的觉悟相关。但时识有二：一个是实践效用之时机意识，朝向当下目标和将来目的的回旋能力；另一个是可以生出道德感之天时意识，通过向过去的回流（与慈之顺流交织）而进入当下与将来的更大回旋能力。

从"原发的生存时间性乃人的本性"（海德格尔持此观点）的角度看，后者或天时意识是更原本的。它本身并不等于道德意识，而是一切

[①] 关于"历时记忆"（episodic memory）与"语义记忆"（semantic memory）的区别，可参见张祥龙：《想象力与历时记忆——内时间意识的分层》，《现代哲学》2013年第1期。

实践时机能力和道德意识之源。就此而言，孝与政治能力有内在的相关性，因为孝心或孝意识的出现需要并可反过来大大增强人的时间意识，包括时机意识。"夫孝者，善继［先］人之志，善述［先］人之事者也。"（《礼记·中庸》）可见孝的根本是一种时间回溯和历时保持的能力，能够在先人已经不在场或早已不在场时，仍然"继承"和"述现"其志其事。这"继"与"述"也可以表现于父母仍然在世时，也就是子女善于体会和实现父母之志之事。比如能赡养年老的父母、祖父母是为孝，而能体会他们的心意（"志"）并继述出来的，就是更真实意义上的孝了。这样看来，能敬事父母，就胜于单纯的赡养（《论语·为政》；《孟子·离娄上》"曾子养曾皙"），而能在不顶撞父母的前提下"几谏"（《论语·里仁》）父母，使父母避开不义、家族免除灾祸者，就像舜所做的，是更大的孝，因为它们涉及更深长的天时意识，也会造成更深远的生存后果。

因此，孝意识一旦比较明确和充沛地出现，势必改变人的整个意识的内在状况，引发和增强那些与时间感受力有关的意识能力，其中就有道德意识和学习意识。"夫孝，德之本也，教之所由生也。"（《孝经·开宗明义》）"孝"与"教"（教化）的字源和意思上的联系耐人寻味。孝为什么与人的可教性有内在联系呢？因为"可教"或"能学"与人的历时记忆能力或原发想象力有莫大关系，而孝依之又促之。

除此之外，孝意识也肯定会强化时机意识，而这正是政治活动所需要的。舜的超常孝意识激发出了超常的时机意识："欲杀，不可得；即求，尝在侧。"（《史记·五帝本纪》）当舜的家人要杀害他时，总不能得逞；但真有需要而求助于舜时，他又总能出现在家人的身旁。这是一种什么样的把握时机的中庸能力啊！能够时时活在生死的夹缝之中而得其时机，先知先觉。"子曰：'舜其大知也与！'"（《礼记·中庸》）但这"大知"或大智慧应该是来自他的孝诚意识，或起码与这种意识有甚深的关系。所以，"子曰：'舜其大孝也与！……诚者，不勉而中，不思而得，从容中道，圣人也。'"（《礼记·中庸》）舜把握时机的能力出自孝诚，所以其"不勉而中，不思而得"的时机化境界，与《孙子》、《韩非子》、黄老学派等讲究用势得时者又自不同。

政治行为需要的首先是时间意识，不同政治要的是不同的时态。越是美好的政治，越需要深长的时间意识。舜摄位后，马上在政治上表现出强烈的天人时间意识："在璇玑玉衡，以齐七政。"（《尚书·尧典》）"璇玑玉衡"，或视之为北斗七星，或认为是天文之器如浑天仪。《尚书大传》说得更微妙："琁〔璇〕者，还也。机〔玑〕者，幾也，微也。其变幾微，而所动者大，谓之琁机。是故琁机谓之北极。"[①]"七政"乃四时、天、地、人。通过天象天时的幾微来领会七政，来治理国家，这是舜初摄位时所展示者，与尧之"敬授人时"一脉相承。正式登帝位后，舜首先对官员们说："食哉，惟时！[②] 柔远能迩，惇德允元。"意思是："我们要努力呵，要以时为本！这样才能柔安远国、亲善近者，让我们的美德醇厚，将命运托付给元兴大化。"他施政中的诸举措，如沟通天地神人、四时巡守、封山浚川、象刑惩凶、选贤任能、礼乐教化、开通言路，的确是"敕天之命，惟时惟幾〔谨事天命，就在于'时'与'幾'呵〕"（《尚书·皋陶谟下》）的手笔。而他之所以能够将这些后世仰望而难及的举措成功地付诸实施，当然有赖于他那源自孝意识的超常

---

① 孙星衍撰，陈抗、盛冬铃点校：《尚书今古文注疏》，第 36 页。

② 此处据《尚书正义》与皮锡瑞《今文尚书考证》断句。参见皮锡瑞撰，盛冬铃、陈抗点校：《今文尚书考证》，中华书局 1989 年版，第 73—74 页。

时机化能力。他的成功就是尧的成功，也是孝道政治或天时化政治的成功。这种成功特别鲜明地体现在他的诗乐之教中。

"诗言志，歌永言，声依永，律和声"（《尚书·尧典》），四个分句次第粘黏，将诗之音声乐意表达得回旋而上。由此而使人进入"直而温，宽而栗，刚而无虐，简而无傲"的中和境界，于是"八音克谐，无相夺伦，神人以和"（《尚书·尧典》），"祖考来格……《箫韶》九成，凤凰来仪"（《尚书·皋陶谟下》），充满了尧舜时代的大美意境。无怪乎，"孔子谓颜渊曰：《尧典》可以观美"（《尚书大传》）；"子谓《韶》：尽美矣，又尽善也"（《论语·八佾》）。

四、"禅让"与"子继父"为何"其义一也"？

孔子和儒家一方面极力讴歌尧舜政治，包括其禅让（贤贤），另一方面又似乎完全认同周制或夏商周三代的父子或亲属继承制（亲亲），其中原因何在？既然本文论证尧舜政治以孝为本，那么孟子引述的孔子言"唐、虞禅，夏后、殷、周继，其义一也"（《孟子·万章上》），也必与孝道政治有关。但其中似乎有些委曲，还需仔细梳理方可现其义。

先来看唐虞禅让中的亲亲与孝道的位置。当尧亟需人才和继位者时，大臣推荐了尧的儿子朱，但尧一口回绝了，后来又选拔了不属自家亲属[①]且尚在民间的虞舜。由此看来，尧似乎用贤贤顶替了亲亲。但是，

---

① 按有的说法，比如《世本》，舜与尧一样都是黄帝后裔。但是，无论是出于什么原因，或者此说法本身不成立，或者是由于舜与尧的亲缘关系隔代已久，早已不复存在，舜当时肯定不属于可能的帝位继承人的范围。也正因如此，他娶尧的女儿就没有礼义上的问题。有关辨析可见《尚书正义》、《尚书今古文注疏》中的疏解。

如果我们承认亲亲原则中包含了孝道①，甚至以孝道为要义的话，那么尧就根本没有放弃亲亲，反倒是深刻意义上实现着亲亲。如上所引述，孝在于"善继"和"善述"先人之志、之事，而尧的先人，如《史纪·五帝本纪》所载，皆深愿本家族能够长久生存、繁荣兴旺，其事业无不是为此目标而创就。但尧发现自己的儿子朱不忠不信、顽凶争讼，如让他接位，"必将坏其宗庙，灭其社稷，而天下同贼之，故尧推尊舜而尚之"（《尚书大传》）②。也就是说，如果尧遵循表面上的亲亲原则，允朱登位，则必将毁灭真实的亲亲原则，因为此子将如后来的桀、纣那样，给整个家族和国家带来灭顶之灾，由此而陷自身于大不孝之罪责。

这时，对于尧来说，贤贤反倒是拯救亲亲的最佳选择，因为让大贤大圣接位，则不仅社稷保存、国家兴旺，而且本家族，包括朱本人都能得其所哉。朱于其封地丹③，得保家族统续。况且舜成为尧之婿，亦有外戚之谊。以这种方式，尧成为孝子、慈父和圣祖，在具体的情势中最有效地实现了亲亲。但其中的关键就是接位者必须是真贤者，所以尧不惜以二女嫁给这"侧陋"的鳏夫舜，以确认其孝行之真。此为深思熟虑之举。如舜孝为伪，则二女不得佳偶而已，尧将另行寻觅可接位者；如舜孝为真，则不仅存社稷，且旺家族，二女亦得其归宿。可见尧之思之行，自始至终皆不离孝道亲亲，贤贤只是此孝亲的一种方式而已。因此，"其义一也"，都是以孝道为源，以"亲亲而仁民"（《孟子·尽心上》）为宗旨。

---

① "仁者人也，亲亲为大"（《礼记·中庸》），"亲亲而仁民"（《孟子·尽心上》），"亲亲，仁也"（《孟子·告子下》），同时，"孝弟也者，其为仁之本与"（《论语·学而》），可见孝与亲亲内相关。

② 皮锡瑞撰，盛冬铃、陈抗点校：《今文尚书考证》，第28页。

③ 《史记·五帝本纪》："尧子丹朱，舜子商均，皆有疆土，以奉先祀。服其服，礼乐如之。以客见天子，天子弗臣，示不敢专也。"

　　按孟子在《万章上》里的讲法，尧本人是不能将天下私自给予舜的，此传位乃"天与之"，也就是说，尧只能向天推荐舜，而无言之天主要是通过百姓之民的接受与否来显示其意。《孟子·万章上》称："《太誓》曰：'天视自我民视，天听自我民听'，此之谓也。"上面的分析也暗合这个意思，即在尧面临的形势中，贤贤是最佳方案，或天意所在，不由尧的私意可改变。换言之，即便尧从形式上传位于朱，也不会成功。但孟子也意识到没有现成的民意和天意，似乎也就因此而没有像古希腊的某些城邦和近现代的不少西方国家那样，设计一套选举制度来构造出民意，也没有设计禅让制①，而是突出了天意与民意的生存时间性，由此而解释禅与继的关系。他首先将唐虞禅与夏后继的区别归为诸帝儿子的素质，尤其是被推荐者辅佐前帝的时间长短。《孟子·万章上》："丹朱之不肖，舜之子亦不肖，舜之相尧、禹之相舜也，历年多，施泽于民久；启［禹之子］贤，能敬承继禹之道，益［禹推荐的接位者］之相禹也，历年少，施泽于民未久。"而且，孟子认为儿子贤还是不贤，被推荐者相佐时帝的时间长短，都是天然，"皆天也，非人之所能为也"，所以尧舜就成功地禅位了，而禹就没有做到禅位，启却是按天意成功地继位了。"天与贤则与贤，天与子则与子"（《孟子·万章上》）。两者在"天与之"这一点上，乃至在接位者或初继位者皆贤者这一点上，"其义一也"（《孟子·万章上》）。

　　相佐的时间长短乃历史情势造就，并非当事人能操纵，所以可视为

---

① 　西方的个人投票选举制所表达出的民意，是不是天意？有没有更好的方法来体现民意和天意？这些都是可以再争论和思考的问题。关于中国历史上后来出现的禅让思潮和某种制度摸索，尤其是其中对民意的操纵，可参见杨永俊：《禅让政治研究》，学苑出版社2005年版。

天之所为（"莫之为而为者，天也"）的时间，而涉及儿子的贤与不贤，其天为性或天然性似乎也可以有隐约的时间性解释。比如尧与舜之子都是在父亲接重任或起码受到重用后成长起来的，而禹之子启出生后，禹一直在外辛劳治水多年，"劳身焦思，居外十三年，过家门不敢入"（《史记·夏本纪》）。前者的童年少年就有父辈的庇荫，而后者在很大程度上没有，以至于在一定程度上造成了"丹朱傲"而"启贤"的差异。

然而，"天与之"或"天时与之"之说还有进一步深化的必要，因为它还需能解释为什么孔子这样的圣人不能得位，而一些似乎算不上贤者的人却能在位的现象。于是孟子又说道："匹夫而有天下者，德必若舜、禹，而又有天子荐之者，故仲尼不有天下。"（《孟子·万章上》）孔子不得位，因为除了有圣贤之德外，还有一个"天子荐之"的必要条件。但孔子这样的圣人得不到荐选，说明这时的天子已经不是圣贤了。而非圣贤（但也并非大奸大恶者）能够做天子的合理性，就在于另一种天意，即"继世以有天下，天之所废，必若桀纣者也，故益、伊尹、周公不有天下"（《孟子·万章上》）。意思是：一旦继世或子继父的传位体制形成，那么依其历史惯性或历时传统造就的合法性，除了像桀、纣那样的极恶者，儿子就都有资格来继承父位，因此像伊尹就不能替代太甲，周公也不能替代年幼的成王而自立为王了。总之，天意和民意是与时偕行、随时而变的，天意就是原本的天时。

正因为这天意从根本上讲是天时，而不是天规天条，所以它可以有相当不寻常的，甚至是"非常异义可怪"[1]的天时呈现。比如对于那

---

① 公羊寿传，何休解诂，徐彦疏，浦卫忠整理，杨向奎审定：《春秋公羊传注疏》，北京大学出版社 1999 年版，第 4 页。

些在其位而又残暴的君主帝王，乃至他们代表的王朝，百姓有权奉天意而革其命。"闻诛一夫纣矣，未闻弑君也。"（《孟子·梁惠王下》）更惊人的是，按《春秋》公羊学的解释，像孔子这样的圣人不但可以甚至应该自立其王位。何休讲："孔子以《春秋》当新王，上黜杞，下新周而故宋。"[①] 而孟子也似乎早有此意思了："世衰道微，邪说暴行有作，臣弑其君者有之，子弑其父者有之，孔子惧，作《春秋》。《春秋》，天子之事也，是故孔子曰：'知我者其惟《春秋》乎，罪我者其惟《春秋》乎！'"（《孟子·滕文公下》）说孔子作的《春秋》乃"天子之事"，好像就是将孔子放到了一个"新王"或"天子"的地位上了；而记述孔子坦承"罪我者其惟《春秋》乎"，又摆明了一位民间圣者在非常的时刻——"世衰道微"之时——自作新王的困难情境。

　　总之，要理解孟子讲的禅位与继位"其义一也"的主张，只有将所有这些天时天意的表现方式，而且本质上还要将更多的历史化和时间化的方式考虑到，才会是恰当的，不然可能会误以为孟子是在为继位制辩护，而这对于他这样一位"言必称尧舜"，尤其是对于舜孝之义倾注了相当深入思考的伟大思想者，会是莫大的讽刺。

　　如果将这一节的讨论与以上诸节的内容结合起来看，就可知道，联系禅位与继位的那个"一"，是天时，而这天时之根，还是扎在孝道预设和加强的人类时间意识中。因此，"尧舜之知不遍物，急先务也；尧舜之仁不遍爱人，急亲贤 [亲亲而贤贤] 也"（《孟子·尽心下》）。

（原载《文史哲》2014 年第 2 期）

---

① 　公羊寿传，何休解诂，徐彦疏，浦卫忠整理，杨向奎审定：《春秋公羊传注疏》，第 363 页。

儒家乐教与德性圆满

彭　林

儒家倡导以道德立国，信守"人性本善"的理念，遵奉"建国君民，教育为先"的齐民要术。实现以德治国的目标有两个基本命题：一是在理论上如何界定完美的德性？二是通过怎样的途径使人获得完美的德性？乐教，则是儒家深思熟虑后提出的最佳良策。

一、善行与德性

以道德立国，始于武王克商之后周公推行的新政。钱穆先生说："意殷末周初，实产出春秋、战国时代之文化的渊源之涵养期也。决非枯澹寂寞，而郁勃有兴国之气象焉。周公者，又其时代思想之最好的代表人也。"[①] 王国维先生云，周公制礼作乐"其旨则在纳上下于道德，而

---

① 钱穆：《周公》，载《钱宾四先生全集》第 26 册，台湾联经出版事业公司 1998 年版，"弁言"第 4 页。

合天子、诸侯、卿、大夫、士、庶民以成一道德之团体"[①]。杨向奎先生说,"周公之造'德',在思想史上、政治史上,都是划时代的大事"[②],"他是以德政为操持政策的机柄,因而减少了上天的权威,提高了人的地位和人的尊严"[③]。赵光贤先生说,"把'明德''敬德'当作一个政治口号提出来,应当说是从周公开始",并归纳《尚书》周初诸诰所见周公提倡之德,"从积极方面说,是教育、孝友、勤劳;从消极方面说,是慎刑、无逸、戒酒"[④]。从殷纣暴政走向周代德教,无疑是一伟大的转折,但毋庸讳言,此时的道德论尚处于草创阶段,体系粗疏,尚未及于理论思维的层面,更未形成精细的理论架构。

　　进入春秋以后,王纲坠失,征伐四起,德治不再,世局丕变。受时势的刺激,思想界关于道德的讨论悄然兴起。就《国语》《左传》等文献所见,社会贤达提及的德目,不仅数量大增,而且每每伴有简略的论述,以此作为对人物、事件作道德评价之标尺。如周大夫富辰对襄王说,古之明王有"仁、义、祥"三德,欲使周室内外皆利,当遵奉"尊贵、明贤、庸勋、长老、爱亲、礼新、亲旧"(《国语·周语中》)等"七德";内史叔兴父奉襄王之命,与大宰文公同往锡晋文公命,归来后赞扬晋侯能恪守忠、信、仁、义,建议襄王善待之:"且礼所以观忠、信、仁、义也,忠所以分也,仁所以行也,信所以守也,义所以节也。"(《国语·周语上》)晋悼公十余岁时前往周朝国都洛邑,师事单襄公,其间"言敬必及天,言忠必及意,言信必及身,言仁必及人,言义

① 王国维:《殷周制度论》,载《观堂集林》,中华书局 1959 年版,第 454 页。
② 杨向奎:《宗周社会与礼乐文明》(修订本),人民出版社 1997 年版,第 340 页。
③ 杨向奎:《宗周社会与礼乐文明》(修订本),第 359 页。
④ 赵光贤:《周代社会辨析》,人民出版社 1980 年版,第 145 页。

必及利，言智必及事，言勇必及制，言教必及辩，言孝必及神，言惠必及和，言让必及敌"（《国语·周语下》），一身而兼十一德，显示了很高的素养。如此之类，不胜枚举。

　　及至战国，关于道德的讨论，已不再满足于就事论事或者简单的系联，而能深入腠理，开始探究道德偏颇的问题。《尚书·皋陶谟》记禹与皋陶的谈话，学界多认为此篇作于战国，至确。皋陶论帝王之责在知人与用人，"知人则哲，能官人"。人性有不同，但总括而言有九德。皋陶认为，"天命有德"，若能"日宣三德"，每日宣明其中三德，早晚谨慎奋勉，大夫就能保有其家（采邑）；若能"日严祗敬六德"，每日恭敬地践行其中六德，诸侯就能保有其邦；若能"九德咸事"，普遍推行九德，使有才德的俊秀都在官位，百僚互相效法，顺应天时，就能成就所有的政务。禹请问九德品例，皋陶云：

　　　　宽而栗，柔而立，愿而恭，乱而敬，扰而毅，直而温，简而廉，刚而塞，强而义。

　　上述九句，均以"而"字居中，前后各有一字。前九字之义，郑玄解释说，"宽谓度量宽弘，柔谓性行和柔，扰谓事理扰顺"，"愿谓容貌恭正，乱谓刚柔治理，直谓身行正直"，"简谓器量凝简，刚谓事理刚断，强谓性行坚强"。足见前九字均是美德。既是美德，为何还要在其后再各附一字？前九字与后九字是何关系？

　　郑玄认为，前九字与后九字是一德之两面、上下相兼的关系："凡人之性有异，有其上者不必有下；有其下者不必有上。上下相协，乃成其德。"孔颖达疏申述郑义："是言上下以相对，各令以相对兼而有之，乃为一德。此二者虽是本性，亦可以长短自矫。宽弘者失于缓慢，故性宽弘而能矜庄严栗，乃成一德。九者皆然也。"①注疏之说认为，前九字与后九字之义并立，两者互足，各成一德。但前九字与后九字区别何在，则语焉不详。

清儒孙星衍认为两者有轻重关系，前九字是行，后九字是德，并引《周礼·师氏》郑玄注"在心为德，施之为行"解之："行谓宽、柔、愿、乱、扰、直、简、刚、强之行。九德谓栗、立、恭、敬、毅、温、廉、塞、义之德，所以扶掖九行。"②孙氏对前后九字作整做区别，而以"行"与"德"分领之，前者属于正当行为，后者表明前者已进入道德层面，两者有精粗、高下之别。

孙说虽巧，然未必为是。其一，就《皋陶谟》文本而言，前九字与后九字并无一一对应的高下关系，如直而温，正直而温和；宽而栗，宽弘而庄栗；简而廉，刚毅而无虐等，是否就能说前者为行，后者为德？显然不能，其二，《周礼·地官·大司徒》以"乡三物"教民，一为"六德"，二为"六行"。六德即知、仁、圣、义、忠、和，六行即孝、友、睦、姻、任、恤。两者完全没有对应关系，无法如《皋陶谟》"九德"，以"而"字前后系联成对。其三，郭店楚简《五行》篇提及行与德之行：

　　仁形于内谓之德之行，不形于内谓之行。义形于内谓之德之行，不形于内谓之行。礼形于内谓之德之行，不形于内谓之行。智

① 孔安国传，孔颖达等正义：《尚书正义》，载阮元校刻：《十三经注疏》，中华书局1980年版，第138页。
② 孙星衍：《尚书今古文注疏》，中华书局1986年版，第80页。

> 形于内谓之德之行，不形于内谓之行。圣形于内谓之德之行，不形
> 于内谓之德之行。①

《五行》强调行有"形于内"与"不形于内"之别。形于内者，德
已内化为生命体之一部分，德与行浑然一体，堪称"德之行"。反之，
仅是行为符合道德要求，但非由心出，则称之为"行"。《五行》此说，
既未将德与行列为具有递进层面的关系，更未如《皋陶谟》用两组文字
说德行。故孙说不可从。

金履祥以上九字为资质，下九字则进修，而合为九德，并解释必以
二字合德的原因：

> 宽者易弛，宽而坚栗则为德。柔者易弱，柔而卓立则为德。谨
> 厚曰愿，愿者易同流合污而不庄，愿而严恭则为德。治乱曰乱，乱
> 者恃有治乱解纷之才则易忽，乱而敬谨则为德。扰者驯熟而易爽，
> 扰而刚毅则为德。直者径行而易讦，直而温和则为德。简者多率
> 略，简而有廉隅则德也。刚者多无蓄，刚而塞实则德也。强者恃勇
> 而不审宜，故以强而义乃为德也。②

资质乃是人的德性自发流露，具有先天属性。进修，则是认知主体在后
天的进德修身。从良好的资质出发，经过自身的修为而及于德性圆满的
境界，方是真正的"德"。其说与郑玄之说近似。

---

① 刘钊：《郭店楚简校释》，福建人民出版社 2005 年版，第 69 页。
② 金履祥：《尚书表注》，中华书局 1985 年版，第 14 页。

　　无独有偶，《左传》有一段话与《皋陶谟》九德句式相似，可资参验。鲁襄公二十九年，吴季札聘鲁观周乐，乐工为之歌各国之《风》及《小雅》、《大雅》，季札逐一评说。及至乐工歌《颂》，季札听后大为赞叹：

> 至矣哉！直而不倨，曲而不屈，迩而不偪，远而不携，迁而不淫，复而不厌，哀而不愁，乐而不荒，用而不匮，广而不宣，施而不费，取而不贪，处而不底，行而不流。

　　从"直而不倨"至"行而不流"凡十四句，皆是赞美王者的完美德行，每句"而"字之下均有一"不"字，孔颖达《左传正义》云："皆下字破上字。"此句式与《论语》"乐而不淫，哀而不伤"相若，旨在突出德行正而不失；而《皋陶谟》"某而某"句式意在强调正而不偏，有异曲同工之妙。孔颖达疏解道：人性直者易于倨傲，而"王者体性质直，虽富有四海，而不倨傲慢易"；在下之物多因曲而屈桡，而"王者曲降情意，以尊接下，恒守尊严，不有屈桡"；相近者失于相逼，而"王者虽为在下与之亲近，能执谦退，不陵逼在下"，相去远者失于乖离，"王者虽为在下与之疏远，而能不有携离倩疑在下"；数迁徙者失于淫佚，而"王者虽有迁动流去，能以德自守，不至淫荡"；去而复反则为人所厌，而"王者政教日新，虽反覆而行不为下之厌"；薄哀者近于忧愁，而"王者虽遇凶灾，知运命如此，不有忧愁"；乐者失于荒废，此"乐而能不荒废也"；用之不已，物将匮乏，此"用而不可匮也"；志宽大者多好自宣扬，"此虽广而不自宣扬也"。好施予者皆费损财物，"此能施而不费损也"。取人之物失于贪多，"此虽取而不为贪多也"。处而不动则失于留滞，此"虽久处而能不底滞也"，王者能相时而动，时未可行，虽复止处，意不底滞。行而不已则失于流放，"此虽常行而能不流放也"①，王者能量时可行，施布政教，制之以义，不妄流移。由孔颖达此疏，可知《皋陶谟》"九德"与季札所论相通，都是说德性圆满。

"颂"乃圣贤至治之极的乐曲，峻峭而圆融的德性与庄严的艺术形式兼具，用于宗庙，播之万世。此十四句所涵盖的内容，比《皋陶谟》"九德"更为严密与完备。由此足见，古人追求道德完满，几乎到了苛刻的程度，要求人们既要提炼自身先天的资质之美，又要以后天的修为克服先天美质的局限，走向理性而圆融的道德境界。

二、孔门论德性圆满

人是万物灵长，人性本善。但凡是人，总能具备某些与生俱来、自然而然的良善德性，如忠信为美德，而人多有之，孔子说"十室之邑，必有忠信如丘者焉"（《论语·公冶长》），便是明证。人虽有美德，若拘泥执一，则不免流入偏颇。如曾子天性孝纯，自是美德，然其一味行孝，不问是非，不知变通，即使为父母所殴亦不知躲避，以致身伤，而有愚孝之嫌，故孔子叹而责之。

孔子继承前代传统，以《诗》《书》《礼》《乐》《易》《春秋》等六经为教。即便对于自己手定之"六经"，孔子认为也不可陷入盲目性，

---

① 杜预注，孔颖达等正义：《春秋左传正义》，载阮元校刻：《十三经注疏》，第 2007—2008 页。

若一味拘泥，则适得其反，而致有偏颇之"失"。《礼记·经解》云：

> 入其国，其教可知也。其为人也温柔敦厚，《诗》教也；疏通
> 知远，《书》教也；广博易良，《乐》教也；絜静精微，《易》教也；
> 恭俭庄敬，《礼》教也；属辞比事，《春秋》教也。故《诗》之失，
> 愚；《书》之失，诬；《乐》之失，奢；《易》之失，贼；《礼》之
> 失，烦；《春秋》之失，乱。

孔颖达疏释《六经》大旨云："《诗》依违讽谏，不指切事情，故云温
柔敦厚是《诗》教也"；"《书》录帝王言诰，举其大纲，事非繁密是疏
通，上知帝皇之世是知远也"；"《乐》以和通为体，无所不用，是广
博，简易良善，使人从化，是易良"；"《易》之于人，正则获吉，邪则
获凶，不为淫滥是絜静，穷理尽性、言入秋毫是精微"；"《礼》以恭
逊、节俭、齐庄、敬慎为本，若人能恭敬节俭，是礼之教也"；"《春
秋》聚合会同之辞是属辞，比次褒贬之事是比事也"[1]。

　　六经之教，乃圣人之教，其主旨自无问题，但下文孔子又一一指
其失，岂非悖逆经旨？郑玄注云："失，谓不能节其教者也。"简单地
以六经教民，而不知有所节制，则绝非深知六经者，"言深者，既能以
教，又防其失"。孔颖达疏进一步解释以六经教民何以亦会出现偏颇之
疑惑，"《诗》主敦厚，若不节之，则失在于愚"；"《书》广知久远，
若不节制，则失在于诬"；"《乐》主广博和易，若不节制，则失在于
奢"；"《易》主絜静严正，远近相取，爱恶相攻，若不节制，则失在于

---

[1]　郑玄注，孔颖达等正义：《札记正义》，载阮元校刻：《十三经注疏》，第 1609 页。

贼害"；"《礼》主文物、恭俭、庄敬，若不能节制，则失在于烦苛"；"《春秋》习战争之事，若不能节制，失在于乱"①。如何方是深知六经者？《经解》云：

> 其为人也，温柔敦厚而不愚，则深于《诗》者也；疏通知远而不诬，则深于《书》者也，广博易良而不奢，则深于《乐》者也；絜静精微而不贼，则深于《易》者也；恭俭庄敬而不烦，则深于《礼》者也；属辞比事而不乱，则深于《春秋》者也。

任何真理都有其局限性，局部真理不能替代真理的全部，故必须客观分析利弊，既要明白真谛之所在，又要知晓其容易出现的偏颇。《经解》的"温柔敦厚而不愚""疏通知远而不诬""广博易良而不奢""絜静精微而不贼""恭俭庄敬而不烦""属辞比事而不乱"云云，与上举"宽而栗，柔而立，愿而恭，乱而敬，扰而毅，直而温，简而廉，刚而塞，强而义"等并无二致，均是为了纠道德偏颇之失。《经解》孔颖达疏最后以《诗》教为例加以总括："此一经以《诗》化民，虽用敦厚，能以义节之，欲使民虽敦厚不至于愚，则是在上深达于《诗》之义理，能以《诗》教民也，故云深于《诗》者也。"②

正是基于对德性的清醒认识，故孔子及其弟子，始终关注如何对人的良善本性进行规范的问题。如恭、慎、勇、直之类的德行，若无礼的约束，也会走向反面，孔子说："恭而无礼则劳，慎而无礼则葸，勇而

---

① 郑玄注，孔颖达等正义：《礼记正义》，载阮元校刻：《十三经注疏》，第1609—1610页。
② 郑玄注，孔颖达等正义：《礼记正义》，载阮元校刻：《十三经注疏》，第1610页。

无礼则乱，直而无礼则绞。"(《论语·泰伯》)又如"勇"，流血牺牲，在所不惜，并非尽人皆能，但若不加调控，则极易走向鲁莽行事、犯上作乱之道。春秋乱世，其中不乏"勇"者的推助之力。血气之勇只有与礼结合，才能成为理性之勇。孔子说："见义不为，无勇也。"(《论语·为政》)如此，勇始有正确的道德指向，方是真勇。子路好勇，而孔子对子路的批评甚多，《论语》中时有所见。

由此足见，孔子关注的重点在于，如何使本能的善行克服过或不及的偏颇，成为理性的美德。从 20 世纪 90 年代出土的郭店楚简《性自命出》等篇可知，孔子身后，子思学派对心性问题有极为细密的论述。《中庸》一篇，论人的喜怒哀乐之性，如何做到"发而皆中节"，无过无不及，始终保持中和状态，并以此为最高境界："中也者，天下之大本也。和也者，天下之达道也。"此篇可视为子思学派心性研究的结穴，《乐记》等论述音乐理论之作，无不受此影响。

三、乐教的学理

先哲既已洞知德性易入偏颇，又如何提出过解决之道？答案即在《尚书·舜典》之中：

> 帝曰："夔！命汝典乐，教胄子：直而温，宽而栗，刚而无虐，简而无傲。诗言志，歌永言，声依永，律和声，八音克谐，无相夺伦，神人以和。"夔曰："于！予击石拊石，百兽率舞。"

舜帝命夔"典乐"，职责是"教胄子"，即教育国子^①，使之具有"直而温，宽而栗，刚而无虐，简而无傲"等"四德"，马融依次解释为：正直而色温和；宽大而敬谨；刚毅而不害虐；简而无臭嫚^②。《舜典》"四德"均在前述《皋陶谟》"九德"之中，两者旨趣一致。"四德"为"九德"之要，乃胄子道德达标的基本要求，故舜帝特出言之。养成胄子"四德"之责，由"典乐"之官承担，亦即通过乐教来完成。以今人之观点视之，简直不可思议。然《皋陶谟》所说，绝非空穴来风，乐官教胄子之制度，确乎见存于先秦教育体系之中。如《礼记·王制》载，乐官之长乐正，以诗、书、礼、乐"四术"来"造士"（从王太子到元士的嫡子等贵族子弟）："崇四术，立四教，顺先王诗、书、礼、乐以造士，春秋教以礼、乐，冬夏教以诗、书"，是为乐正必须顺从的先王之道。又如《礼记·内则》载："十有三年，学乐、诵诗、舞《勺》，成童（十五岁）舞《象》，学射御，二十而冠，始学礼。"《礼记·文王世子》贵族子弟所学科目，乐教所占比重尤大：

> 凡学世子及学士，必时。春夏学干戈，秋冬学羽籥，皆于东序。小乐正学干，大胥赞之；籥师学戈，籥师丞赞之。胥鼓《南》，春诵夏弦，大师诏之。瞽宗秋学礼，执礼者诏之。冬读《书》，典《书》者诏之。

干戈是《万》舞的道具，羽籥是《籥》舞的道具。前者象武，后者象

---

① 参见王引之：《教胄子》，载《经义述闻》，江苏古籍出版社 2000 年版，第 74 页。
② 后二句今本不见，惠栋所见古本有之。江声：《尚书集注音疏》，载《清经解》，凤凰出版社 2005 年版，第 2991 页。

文。小乐正、大胥、龠师、龠师丞四者是乐官的下属。足见礼乐是先秦时期国子学习的主要课程。

乐何以能教人，其机理何在？一言以蔽之，在于乐能正面引导人的性情。人皆有喜怒哀乐之性，性存于内，外发则为情。外物感于心，心动则性起，性起则情发，故情由心出，音为心声。《礼记·乐记》云："凡音之起由人心生也。……感于物而动，故形于声。声相应故生变，变成方谓之音，比音而乐之及干戚羽旄谓之乐。"又云："夫乐者乐也，人情之所不能免也。乐必发于声音，形于动静，人之道也。"《乐记》对音乐发生的机理、功用以及社会影响，做了成体系的表述，而归宗于情。唐君毅先生说："《礼记》之论礼乐之原，皆直在人文之始创处立根，以见此礼乐之文之始创，乃纯出于人情之自然。"①

人皆有情，音是其表露形式。但人情殊万，高下不一，"有节有侈，有正有淫"（《吕氏春秋·古乐》），既有"正声"，亦有"奸声"，并非都合于道德理性。人是群居的动物，具有社会性，因此，音的外发不可简单视为个人行为，必须顾及对周边人群的影响。不同的音产生不同的社会效应，或积极，或消极。《礼记·乐记》孔颖达疏："乐声善恶，本由民心而生，所感善事则善声应，所感恶事则恶声起。"人心所感事物的善恶，决定应感者所出之声的善恶；万万不可忽视的是，乐又能"下感于人"，即反作用于人，"乐又下感于人，善乐感人，则人化之为善，恶乐感人，则人随之为恶。是乐出于人，而还感人，犹如雨出于山而还雨山，火出于木而还燔木"②。各色心声不断外发，闻者的心境难免受其

---

① 唐君毅：《中国哲学原论（原性篇）》，中国社会科学出版社 2005 年版，第 54 页。
② 郑玄注，孔颖达等正义：《礼记正义》，载阮元校刻：《十三经注疏》，第 1535 页。

左右，"凡奸声感人，而逆气应之。逆气成象，而淫乐兴焉。正声感人，而顺气应之。顺气成象，而和乐兴焉"（《礼记·乐记》）。善倡则善和，恶倡则恶和，《乐记》说"倡和有应"，是之谓也。由此引发出"心术"的问题。

心术，术犹言道路。心路端正与否，对人生极端重要。正确的心术并非与生俱来，而是在与外物的交互感应中，渐次而成形。《乐记》云："夫民有血气心知之性，而无哀乐喜怒之常，应感起物而动，然后心术形焉。"人性的禀赋千差万别，良莠不齐；外物更是形形色色，善恶不等，若长期为淫荡奸邪的外物所感，必然招致恶果，"土弊则草木不长，水烦则鱼鳖不大，世浊则礼繁而乐淫。郑卫之声，桑间之音，此乱国之所好，衰德之所说。流辟诐越慆滥之音出，则滔荡之气、邪慢之心感矣。感则百奸众辟从此产矣"（《吕氏春秋·音初》）。所以《乐记》说："声音动静，性术之变，尽于此矣。"心术的形成，与所感受的音乐的好坏直接有关，不可不慎重对待。

鉴于音乐品位的复杂性，《乐记》将今人所说的音乐分为声、音、乐三个层次，乐的层级最高，《乐记》说"德音之谓乐"。乐的作用是端正人情，使之及于中和之境。《乐记》说："乐统同，礼辨异，礼乐之说，管乎人情矣。"其意义在于用道德理性管控人情。徐复观先生说："性与情，是人生命中的一股强大力量，不能仅靠'制之于外'的礼的制约力，而须要由雅颂之声的功用，对性、情加以疏导、转化。"[1] 最得乐旨。

乐之所以能管控人情，首先涉及乐的结构。在儒家音乐理论中，乐

---

① 　徐复观：《中国艺术精神》，华东师范大学出版社 2001 年版，第 13 页。

之为体有三：志、声、容，其表现形式则为诗、歌、舞。《乐记》云："诗言其志，歌咏其声也，舞动其容也，三者皆本于心。"孔颖达疏："容从声生，声从志起，志从心发，三者相因，原本从心而来，故云'本于心'。先心而后志，先志而后声，先声而后舞。声须合于宫商，舞须应于节奏，乃成于乐。"① 甚是。

乐的三要素中，诗言志达情，是乐的灵魂。《尚书·舜典》孔颖达疏："作诗者自言己志，则诗是言志之书，习之可以生长志意，故教其诗言志以导胄子之志，使开悟也。作诗者直言不足以申意，故长歌之，教令歌咏其诗之义以长其言，谓声长续之。"② 《诗》乃是"言志之书"，能令人"生长志意"，习之可以"导志""开悟"，端正心志。此外，诗旨深远，"直言不足以申意"，所以要"歌咏其诗之义以长其言"，诗与歌浑然一体，不能分离。诗之可贵，在于"思无邪"，表达的心志中正不偏。

今人多将《诗》理解为单纯的文学作品，大失《诗》旨。在以德为本的上古中国，《诗》与《书》《礼》《乐》《易》《春秋》等都是德育教材，孔子说："小子何莫学夫《诗》？《诗》，可以兴，可以观，可以群，可以怨。迩之事父，远之事君。多识于鸟兽草木之名。"（《论语·阳货》）此处的兴、观、群、怨，在《诗经》学上非常著名，可谓尽人皆知，朱熹《集注》分别解释为"感发志意，考见得失，和而不流，怨而不怒"，又释"迩之事父，远之事君"为"人伦之道，《诗》无不备，二者举重而言"③，可见孔子以正性情、敦人伦为《诗》旨大要。

---

① 郑玄注，孔颖达等正义：《礼记正义》，载阮元校刻：《十三经注疏》，第 1536 页。
② 孔安国传，孔颖达等正义：《尚书正义》，载阮元校刻：《十三经注疏》，第 131 页。
③ 朱熹：《论语集注》，齐鲁书社 1992 年版，第 177 页。

诗言志，为有感而发，为礼乐的先导。孔子云："志之所至，诗亦至焉。诗之所至，礼亦至焉。礼之所至，乐亦至焉。"（《礼记·孔子闲居》）《乐记》则云"情见而义立，乐终而德尊"，唐君毅先生解释说："其情之见于乐，亦即其义之由此以立，其德之由此以尊。此乃纯为将君子之乐，视为君子之性情、志气、德之直接表现之论。"[①]

《诗》诉说情志的形式，往往衷肠百转，一唱而三叹，有很强的艺术感染力。《诗》所包含的曲式，杨荫浏先生归纳为如下十种：一个曲调的重复，如《周南·桃夭》；一个曲调的后面用副歌，如《召南·殷其雷》；一个曲调的前面用副歌，如《豳风·东山》；在一个曲调的重复中间，对某几节音乐的开始部分，做一些局部的变化，如《小雅·苕之华》；在一个曲调的几次重复之前，用一个总的引子，如《召南·行露》；在一个曲调的几次重复之后，用一个总的尾声，如《召南·野有死麕》；两个曲调各自重复，连接起来，构成一个歌曲，如《郑风·丰》；两个曲调有规则地交互轮流，联成一个歌曲，如《大雅·大明》；两个曲调不规则地交互轮流，联成一个歌曲，如《小雅·斯干》；在一个曲调的几次重复之前，用一个总的引子，在其后，又用一个总的

---

① 唐君毅：《中国哲学原论（原性篇）》，第56页。今所见《诗》三百，格调不一，是否都可以用于风教？历代学者持论不一。子夏批评说："郑音好滥淫志，宋音燕女溺志，卫音趋数烦志，齐音敖辟乔志，此四者皆淫于色而害于德，是以祭祀弗用也。"（《礼记·乐记》）朱熹将《诗》分为两类，《雅》、《颂》"是当时朝廷作者"，《国风》"乃采之民间，以见四方民情之美恶，二《南》亦是采民言而被乐章耳"，而变风不然。林子武问："《诗》者，中声之所止。"朱子回答说："这只是正风雅颂是中声，那变风不是。……若变风，又多是淫乱之诗。"（朱熹：《朱子语类》卷八十，文渊阁《四库全书》本）顾炎武认同朱子之说，并具体指出《国风》有入乐者、有不入乐者，《大雅》《小雅》也有入乐者与不入乐者。（顾炎武：《诗有入乐不入乐之分》，载《原抄本日知录》卷三，明伦出版社1970年版，第59页）马瑞辰持异说："《诗》三百篇，未有不可入乐者。"（马瑞辰：《杂考各说·诗入乐说》，《毛诗传笺通释》卷一，中华书局1989年版，第1页）

尾声，如《豳风·九罭》等①。其表现手法，极富变化。

通过善声影响民心，树立良善的民风，离不开诗。《毛诗序》云："故正得失，动天地，感鬼神，莫近于诗。先王以是经夫妇，成孝敬，厚人伦，美教化，移风俗。……《周南》《召南》，正始之道，王化之基。"诗教能齐一天下的民声，是成本最低、收效最快的教化方式，所以《乐记》说："礼节民心，乐和民声，政以行之，刑以防之。礼乐刑政，四达而不悖，则王道备矣。"

然"诗之感人，尤不如乐之直接"②，故又以乐器、舞蹈烘托，"文以琴瑟，动以干戚，饰以羽旄，从以箫管。奋至德之光，动四气之和，以著万物之理"（《礼记·乐记》）。以琴瑟美化其声音，以干戚振动其身体，以羽旄装饰其道具，以此奋动天地之至德，感动四时气序之和平，彰显亲疏、贵贱，长幼、男女等万物之道。是以"乐行而伦清，耳目聪明，血气和平，移风易俗，天下皆宁"（《礼记·乐记》）。其乐播行于世，则伦类清美、耳聪目明、血气和平，足以移易蛮风陋俗，使天下趋于安宁。

所有的艺术形式，都紧紧围绕"中和之德"的主题展开，不仅诗旨要中正，乐器的大小、音响的清浊，也要适度中正，不可对听觉造成不良刺激。乐器与乐器的配合，亦须协调，八音克谐。《吕氏春秋》认为"乐之务在于和心"，并论及乐器"适"人心的问题："夫音亦有适"，"太钜、太小、太清、太浊，皆非适也。何谓适？衷音之适也。何谓衷？大不出钧，重不过石，小大轻重之衷也"（《吕氏春秋·适音》）。

---

① 杨荫浏：《中国古代音乐史稿》上册，人民音乐出版社 1980 年版，第 57—61 页。
② 唐君毅：《中国哲学原论（原教篇）》，第 423 页。

《乐记》云："德者性之端也。乐者，德之华也。金石丝竹，乐之器也。诗言其志也，歌咏其声也，舞动其容也。三者本于心，然后乐器从之。是故情深而文明，气盛而化神。"孔颖达疏云："德在于内，乐在于外，乐所以发扬其德，故乐为德之光华也。"[①] 唐君毅先生说："诗之意义与韵律，与乐之节奏，固皆表现吾心之理"，"心之有所期、有所志，原于性，而性即性之理，故诗乐兼达情与显理"[②]。乐的终极目标是善化人心，故《乐记》云："致乐以治心。"

诗、歌、舞一体的乐，既有性情中正的主旨，又有强烈的艺术感染力，听者浸润其中，反复涵泳，陶然欲醉，自身心情不能不与之和同，感化的效果最为直接。《乐记》在纵论音乐的功用之后，感慨地说："乐观其深矣！"意思是说，"乐为道，人观之益大深"，孔颖达疏引皇侃之言称，"乐观其深"是"古语"。可见古人皆知乐之机理精致博厚，妙理湛深，可运之无穷。大雅之乐，可令人倾倒，季札观《韶》，为舜的大德之乐而由衷感叹："德至矣哉，大矣！如天之无不帱也，如地之无不载也。"（《左传·襄公二十九年》）《韶》以其强烈的艺术感染力，令孔子"三月不知肉味"，感慨"不图为乐之至于斯也"（《论语·述而》），赞扬其"尽美矣，又尽善也"（《论语·八佾》）。

乐与治道、风俗的关系，《吕氏春秋》亦多所论及，如"欲观至乐，必于至治。其治厚者其乐治厚，其治薄者其乐治薄。乱世则慢以乐矣"（《吕氏春秋·制乐》），"凡音乐通乎政，而移风平俗者也。俗定而音乐化之矣。故有道之世，观其音而知其俗矣，观其政而知其主矣。故先王

① 郑玄注，孔颖达等正义：《礼记正义》，载阮元校刻：《十三经注疏》，第1536页。
② 唐君毅：《中国哲学原论（原教篇）》，第420页。

必托于音乐以论其教"（《吕氏春秋·适音》）等，皆是。

唯其如此，故听乐可以知政。季札聘鲁观周乐[①]，乐工为之歌二《南》，季札赞其"勤而不怨"，不愧为王化之基；为之歌《邶》、《鄘》、《卫》，赞其"忧而不困"，而知康叔、武公德化深远；为之歌《王》，赞其"思而不惧"，犹有先王之遗风；为之歌《豳》，而赞其"乐而不淫"，猜测为周公之东所作，为之歌《齐》，赞其有泱泱大国之风，为东海表式，或将复兴；为之歌《唐》，赞其忧思深远，有尧之遗风。这些是较为正面的评论，季札也有较为负面的评价，如为之歌《郑》，感叹虽有治政之音，但为政琐细，民弗能堪，不久将亡；为之歌《陈》，而觉淫声放荡，无所畏忌，如国之无主，其亡不远（《左传·襄公二十九年》）。

夔教胄子，因其作为未来的治平之才，最初级的任务是修养自身的心性；终极目标则是成为一国或者天下的道德表率，提振万民的习俗与风气，而诗是贯通这一切的最直接的枢纽。为此，贵胄必须从接受诗教开始，从自身做起，而着眼于风教。《毛诗序》云："风，风也，教也。风以动之，教以化之。"是以诸侯风化天下的政教，必始于乐。

四、中西乐教思想异同

将音乐用于教化，并非中国所特有。在古希腊，约略与孔子同时的

---

① 《礼记·明堂位》云："成王以周公为有勋劳于天下，是以封周公于曲阜，命鲁公世世祀周公以天子之礼乐。"故鲁国得有周天子之乐。

杰出哲人毕达哥拉斯及其学派亦提出过类似的学说。毕达哥拉斯在音乐理论上有开创之功，可惜其著作多已亡佚，仅有零星片段散存于亚里士多德等学者的引述中。现将两者做一粗略的比较，以期引起学界对中西音乐理论异同的关注。

首先，关于音乐的起源。亚里士多德指出，在毕达哥拉斯学派看来，"数在整个自然中看来是居于第一位的东西"，所以"数的元素就是万物的元素"，"整个天就是一个和音，也是数"[①]，由此提出"万物皆数"的理论，认为整个宇宙是数及其关系的和谐的体系，万物背后都有数的法则在起作用，数决定了自然、神、心灵和宇宙的关系，上帝通过数来统治宇宙。他们进而用数学研究乐律，产生了"和谐"的概念。他们发现音的高低和振动的弦长之间存在比例关系，体现了数的和谐与均衡美，认为音乐源于数。

如前所述，以《乐记》为代表的中国音乐理论，更为强调音乐与人心的关系，关注音乐对人情的影响，与古希腊贤哲所见有明显差异。

其次，关于音乐的教育功能。毕达哥拉斯提出了节奏和旋律的概念，认为它们能对人的情绪产生不同影响，"他是第一个凭借节奏和旋律确立音乐教育的人。因为音乐能医治人类坏的品性，使人的心灵恢复到原来质朴的正常状态"[②]。毕达哥拉斯认为，节奏和旋律可以抑止不良情绪，有益于人的精神健康，因而提出了音乐治疗的理念。

亚里士多德进而提出求德性之中的理念："人之品质有三：（一）情

---

① 〔古希腊〕亚里士多德：《形而上学》，吴寿彭译，商务印书馆 1981 年版，985b，第 23—35 页。

② Guthrie, W. K. C., *A History of Greek Philosophy*, Vol. 1, Cambridge: Cambridge University Press, 1981, p.349.

感，（二）本能，（三）德态。然则三者之中，道德必居一焉。"严群先生解释说："情感为何？喜怒哀乐爱恶欲之谓也。何谓本能？所以发生情感之天然能力也。德态云者，乃吾人对于情感之趋向。"情感趋向，有适中及太过不及之分，亚里士多德认为，"成德之难，其有故哉！盖中最难求"，"夫怒之态度，对象，时会，与久暂，其适当处至为难定。应怒而不怒，人或以为温和；不应怒而怒，人或以为刚直"[①]。

儒家贤哲的音乐理论旨在求性情之中，追求道德的圆融。唐君毅先生说，《礼记》论礼乐，以《礼运》与《乐记》最为重要，"故《乐记》一方以人情必表现为乐，一方亦以唯君子为能知乐，圣人方能作礼乐。《礼运》溯礼之原于人情，而又以唯圣人能知人之喜怒哀乐爱恶欲之人情，而'礼义以为纪，人情以为田'，故曰'人情者，圣王之田也'"[②]。在这一层面，中西大哲的见解大致相近。

再次，关于礼乐关系。中西都有礼与乐，但在对两者关系的处理上有明显不同。毕达哥拉斯、亚里士多德论音乐至多而论礼绝少，两者不相侔，与儒家"礼外乐内"之说大相径庭。礼乐相将，不可分离之说，在《礼记》中可谓触目皆是，殊难枚陈。近年出土的郭店楚简《六德》篇也有"观诸礼，乐则亦在矣"，"仁，内也。义，外也。礼乐，共也"[③] 等语。钱穆先生说，"西方人生亦礼，亦有乐，但礼与乐必互相分别。中国人生贵和合，礼乐亦相和合"，中国人"礼中必有乐，乐中亦必有礼。和合凝成，融为一体。一分一合，此亦中西文化一大分别所

---

① 严群：《亚里士多德之伦理思想》，商务印书馆 2003 年版，第 38、37、45、46 页。
② 唐君毅：《中国哲学原论（原性篇）》，第 55 页。
③ 刘钊：《郭店楚简校释》，第 108—109 页。

在"①，至确。

再次，关于乐在文化中的地位。毕达哥拉斯高度重视音乐教育，认为"向感官灌输音乐，对于人类来讲，是头等重要的事情"②，欧洲政府与民众普遍重视音乐教育的作用，以之作为人格养成的重要手段，与毕达哥拉斯有直接关系。时至今日，西方中小学的学生都必须接受严格而完整的古典音乐的教育，可见其影响之深远。

儒家将乐教视为德性教育的最高境界。先王之乐完美纯熟，是为最好的教材，《乐记》云，"乐也者，圣人之所乐也，而可以善民心。其感人深，其移风易俗，故先王著其教焉"，以化万民。《乐记》屡屡用天地喻礼乐，视为至高至重之道。唐君毅先生说："《易传》以乾坤为天地之道，而《乐记》则以天地之道即礼乐之道。盖即谓此天地所表现之序别而分，即天地之大礼，其所表现之合同而化，即天地之大乐也。此就自然之天地，而视为人文之礼乐所弥沦，实为一儒家之礼乐思想之一最高之发展。"③

儒家又以乐为人生修养的最高境界。徐复观先生说："乐的规范性则表现为陶镕、陶冶。"认为孔子说"兴于诗，立于礼，成于乐"（《论语·泰伯》），"把乐安放在礼的上位，认定乐才是一个人格完成的境界，这是孔子立教的宗旨"；"到了孔子，才有对于音乐的最高艺术价值的自觉；而在最高艺术价值的自觉中，建立了'为人生而艺术'的典型"④。其说甚得乐理之旨。

---

① 钱穆：《礼乐人生》，载《新亚遗铎》，生活·读书·新知三联书店 2004 年版，第 520 页。
② Guthrie, W. K. C., *A History of Greek Philosophy*, Vol. 1, p. 349.
③ 唐君毅：《中国哲学原论（原性篇）》，第 57 页。
④ 徐复观：《中国艺术精神》，第 3 页。

在儒家学说中，成就完美的人格，离不开礼乐。《论语·宪问》中子路问成人，孔子回答说："若臧武仲之知，公绰之不欲，卞庄子之勇，冉求之艺，文之以礼乐，亦可以为成人矣。"钱穆先生诠释此语说：

> 孔子理想中之完人，则须于技能、智慧、德行之上，更有礼乐一项。唯有礼乐人生，始是经过文化教育文化陶冶的人生中之最高境界。礼乐，非技能，非智慧，亦非品德。乃在三者之上，而亦在三者之内。若使人类日常生活没有了礼乐，纵使各人都具备才艺、智慧与品德，仍不理想。未经礼乐陶冶的个人，不得为成人。无礼乐的社会，将是一个不安的社会。无礼乐的天下，将是一个不安的天下。[1]

在孔子看来，技能、智慧、德行三者备具，尚不能称为完人，三者之上还应加上礼乐一项，"唯有礼乐人生，始是经过文化教育文化陶冶的人生中之最高境界"，"未经礼乐陶冶的个人，不得为成人"[2]。

总之，中西方古先贤哲关于音乐教育的体系不同，切入的角度有别，但都极言音乐的教化功能，淡化其娱乐功能，以之为成人教育必不可缺的重要环节，则完全相同。儒家说乐，体大思精，多格言警句，尤为缜密深刻，对于改革我们今天的学校教育和社会教育，极富启迪意义。

（原载《文史哲》2013 年第 6 期）

---

[1]　钱穆：《第三期新校舍落成典礼讲演词》，载《新亚遗铎》，第 513 页。

[2]　钱穆：《礼乐人生》，载《新亚遗铎》，第 520 页。

论和同

刘梦溪

一、天下同归而殊途

本篇想追寻的一个问题是，人与人之间的差异，南方人和北方人的差异，中国人和外国人的差异，东方人和西方人的差异，真的有那么大吗？从学理上和心理上来分析，笔者认为差异是第二位的，相同之处是第一位的，所以《易传·系辞下》引孔子的话写道：

> 天下何思何虑？天下同归而殊途，一致而百虑。[①]

意思是说，尽管思考的方式和所选择的途径不同，人们终归要走到一起。原因是人类的本能会不自觉地追寻生存与安全，而在理性认知的层面，则会寻求精神的纯正和道德的升华。对此，《易传·系辞下》给出的解释是：

[①]　楼宇烈：《周易注校释》，中华书局 2012 年版，第 249 页。

　　　　日往则月来，月往则日来，日月相推而明生焉。寒往则暑来，
　　　　暑往则寒来，寒暑相推而岁成焉。往者屈也，来者信也，屈信相
　　　　感而利生焉。尺蠖之屈，以求信也；龙蛇之蛰，以存身也。精义入
　　　　神，以致用也；利用安身，以崇德也。过此以往，未之或知也。穷
　　　　神知化，德之盛也。①

　　以往注《易》者，对此段多以动静为说，固不失一边之理。但天下万
有，何物不是动中有静，静中有动？一切人情物事无不是在动与静的交
替之中存在和运行。《易》之易简、不易、变易"三义"，实即概括了天
地人三界的普遍生存状态，都是既不易又变易。因此以动静的观点来解
释《系辞》此段之理则意蕴，无异于解而未解。
　　笔者反复钻味斯文之《易》法，认为《易传·系辞下》此段之义
涵，应是在揭示人类的共同价值追求。"日月相推"是指昼夜交替，"寒
暑相推"是指岁时递嬗。"往者屈也，来者信也"是指岁时节候递嬗
中人的生存状况。人的建树与成就，无不是在"屈信相感"中实现的。
"利生"指的就是事功和业绩，亦即《易传·乾·文言》所说的"君
子进德修业，忠信所以进德也"。无信则无以进德，而德不进则无以
修业。尺蠖这种昆虫行走的特点，是先屈后伸，"屈"是为了"伸"，
"屈""伸"交错，所以行进也。人的"进德修业"必须以"忠信"为条
件，所谓"无信不立"。但人终归以生存为第一需要，因此除了"屈伸"
之姿，有时还需有"蛰伏"之态。"龙蛇之蛰，以存身也"一句，可谓
妙理入神。人如果不能"存身"，则德业事功也就无从说起了。"精义入

―――――――――

①　楼宇烈：《周易注校释》，第249页。

神"的"精义"，显系指"利生""求信""存身"这些人生的道理。"利
用安身"一语，是"利生"和"存身"的合义，"求信"则是"崇德"
的别称。《易传·系辞下》此段的"利用安身，以崇德也"，是上述"精
义"的总括语。从语式的逻辑来看，似将"崇德"置于最高的位置，当
作了终极的目标，所以最后复以"穷神知化，德之盛也"为结。因为中
间的"精义入神"四字是与"以致用也"相连接，涉及"精义"的致用
问题，而"致用"即"化"也。亦即"穷神"是对"精义"而言，"知
化"是对"致用"而言，"德之盛也"则是"穷神知化"的结果。换言
之，利生、存身、求信这样一些论理的价值"精义"，是所有人类都不
得不然的追寻目标，但实现的方法和途径，又是多元多途的，而非只有
一种固定不变的模式。所谓"天下同归而殊途，一致而百虑"的论理奥
义，无非在此也。由于此一命题的"精义"直接关乎人类自身的生存和
发展的问题，因此要说人类的"同"，或曰"大同"，恐怕莫过于斯义
之论了。

《易》理对"同"的义涵似独有所钟，《系辞》之外，还有多处都涉
及"同"之立义的问题。最突出的是上经第十三卦《同人》，可以看作
是直接演述"同""和"义理的专卦。此卦离下乾上，其卦辞为：

> 同人于野，亨。利涉大川。利君子贞。[1]

孔颖达《正义》明确认定，此卦所演是"与人和同"之义。其疏文
写道：

---

[1]　楼宇烈：《周易注校释》，第 53 页。

"同人"，谓和同于人。"于野，亨"者，野是广远之处，借其野名，喻其广远，言和同于人，必须宽广，无所不同。用心无私，处非近狭，远至于野，乃得亨进，故云"同人于野亨"。与人同心，足以涉难，故曰"利涉大川"也。与人和同，义涉邪僻，故"利君子贞"也。此"利涉大川"，假物象以明人事。[①]

孔颖达疏解"同人"为"和同于人"，可谓深明《易》理。开始的"和同于人"也就是义末的"与人和同"，整段疏解前后理义勾连通贯。卦辞"同人于野，亨"，是象喻与人和同，必须宽广无私，而不能小肚鸡肠，斤斤计较。有"私"，就会心胸狭窄，不利于亨进，对克服险阻没有好处。

但与人和同，宜乎有何所为作的问题，故《彖辞》又曰：

> 文明以健，中正而应，君子正也。唯君子为能通天下之志。

本来心胸广大地与人和同，非常利于携手同行，刚健有力地战胜艰难险阻，获得亨通的效果；但如此形成的"同人"的力量，准备干一番什么样的事业呢？会不会一不小心走到邪路上去呢？《彖辞》因此提醒蓄势待发的"同人"，此时所需要的是"文明以健，中正而应，君子正也"，因为只有"君子为能通天下之志"。清儒李光地等所撰《周易折中》写道：

---

① 王弼、韩康伯注，孔颖达疏：《周易正义》，《十三经注疏》标点本，北京大学出版社1999年版，第72页。

　　　　上专以"乾行"释"于野"，"涉川"者，但取刚健无私之义
也。下释"利贞"，则兼取明健中正之义。盖健德但主于无私而已，
必也有文明在于先，而所知无不明。有中正在于后，而所与无不
当。然后可以尽无私之义，而为君子之贞也。①

盖"君子之贞"，一要刚健无私，一要明健中正，此是与人和同的正确
指向。必如此方能"通天下之志"，必如此方能与人类的文明行为不相
违背。此正如朱子所说，"通天下之志"实是"大同"之意，否则容易
导致"私情之合"②。

　　而且还要防止因追求与人和同而导致拉帮结派。故此卦的《象辞》
又说：

　　　　天与火，同人。君子以类族辨物。

此处的"与"字，有两相亲和之意，因天体在上，火炎亦上趋，可成
"同人"之象。孔颖达《正义》以此写道："天体在上，火又炎上，取其
性同，故云'天与火，同人'。"③ 而"君子以类族辨物"云云，也是为了
求和同之义。朱子《周易本义》："'类族辨物'，所以审异而致同也。"④
其所阐释的和同义理甚明。爻辞"初九，同人于门，无咎"，也是斯义。
王弼注云："无应于上，心无系吝，通夫大同。出门皆同，故曰'同人

---

① 李光地编：《御纂周易折中》卷九，康熙五十四年（1715）内廷刊本。

② 朱熹撰，廖名春点校：《周易本义》，中华书局 2009 年版，第 79 页。

③ 王弼、韩康伯注，孔颖达疏：《周易正义》，第 73 页。

④ 朱熹撰，廖名春点校：《周易本义》，第 80 页。

于门'也。"王弼又说："出门同人，谁与为吝？"既然都是同人，也就无所谓鄙吝不鄙吝了。但如果"同人于宗"，就有分晓了。爻辞六二云："同人于宗，吝。"《象辞》也说："同人于宗，吝道也。"宗即宗族。如果仅仅跟自己的宗族和同，就失于偏狭了，自然应在"吝"字上。所以孔颖达疏云："系应在五，而和同于人在于宗族，不能弘阔，是鄙吝之道，故《象》云'吝道'也。"①孔氏"不能弘阔，是鄙吝之道"一语，可谓谛言。推而言之，即使不局限于家族之内，但拉帮结派，搞团团伙伙，同样是不宏阔的狭隘鄙吝之道，为君子所不取也。

　　然则不与人和同又将如何？《同人》爻辞九三云："伏戎于莽，升其高陵，三岁不兴。""莽"即草莽之意。"伏戎"者，暗伏杀机也。孔颖达《正义》写道：

　　　　九三处下卦之极，不能包弘上下，通夫大同，欲下据六二，上与九五相争也。但九五刚健，九三力不能敌，故伏潜兵戎于草莽之中。②

但兵伏草莽毕竟不是长久之计，因此便试图占据高点，以收居高临下之效。其结果呢？"升其高陵，三岁不兴"。居高并没有临下以兴，只不过是站在高处观望审势而已，很快过去了三年，也无法有所作为。《象辞》说，这是由于"敌刚也"，即敌体的势力强大，不敢轻举妄动。而《同人》爻九四的情形则是："乘其墉，弗克攻，吉。"墉即墙，也是可

---

① 王弼、韩康伯注，孔颖达疏：《周易正义》，第74页。
② 王弼、韩康伯注，孔颖达疏：《周易正义》，第74页。

以居高之象，但照样攻而无功。攻而弗克的好处，是逼使自己反躬自省，不莽撞为事。因此却反得其"吉"。王弼注申论此义最为允当，写道："处上攻下，力能乘墉者也。履非其位，以与人争，二自五应，三非犯己，攻三求二，尤而效之，违义伤理，众所不与，故虽乘墉而不克也。不克则反，反则得吉也。不克乃反，其所以得吉，困而反则者也。"[①] 实即遭遇困难而能自反，改弦更张，转而另觅与人和同之道，当然是吉而非凶了。

《同人》的爻辞九五为：

> 同人先号咷，而后笑，大师克相遇。

号咷也者，是为痛哭也，显然遭遇到了重大的困难。究其原因，则是与九五相应者为六二，虽六二仅和同于自己的宗族，未免失之于吝，但毕竟可以达致和同，思理有偏却不会立刻有险象出现。因此处身九五之尊，最所期待的是与六二亲和。但不幸的是，九三、九四将六二与九五隔开了，使得九五不能与六二和而相亲。所号咷者，即在此也。然而九五得刚健中正之象，大有所向无敌之势，一旦与阻挡亲和的势力交锋，就会毫不犹豫地投入重兵战而胜之，所以便由遭遇巨大困扰的号咷之状，一变而为胜利者的开怀大笑了。不是任何情况下都去亲和，强势阻隔致使和同的目标无法实现，势不得已也必须不惜一战，然后再以胜利者的姿态致力于人类的和同。王弼注云：

---

① 楼宇烈：《周易注校释》，第 55 页。

> 居中处尊，战必克胜，故后笑也。不能使物自归，而用其强
> 直，故必须大师而克之，然后相遇也。①

朱子《本义》也说：

> 五刚中正，二以柔中正，相应于下，同心者也。而为三四所
> 隔，不得其同，然义理所同，物不得而间之，故有此象。然六二柔
> 弱而三四刚强，故必用大师以胜之，然后得相遇也。②

王辅嗣、朱晦庵二巨子的诠解，《同人》一卦之九五爻辞，题无剩义了。

然《同人》最后的上九爻辞却是："同人于郊，无悔。"《易传·象辞》也说："同人于郊，志未得也。"此系何义？王弼注云：

> 郊者，外之极也。处同人之时，最在于外，不获同志，而远于
> 内争，故虽无悔吝，亦未得其志。③

处身于远离中心的郊野之地，要得到志同道合者的支持，显然是困难的。因此致力于和同的志愿便不容易实现。孔颖达《正义》延续王注的思想，进而申论说："同人于郊者，处同人之极，最在于外，虽欲同人，人必疏己，不获所同，其志未得。然虽阳在于外，远于内之争讼，

---

① 楼宇烈：《周易注校释》，第55页。
② 朱熹撰，廖名春点校：《周易本义》，第81页。
③ 楼宇烈：《周易注校释》，第55页。

故无悔吝也。"① 都是能得上九义理之正解。兹可见，欲申而未申之"志"非他，而是对与人和同之理念的追求与向往。处身郊远而未获同志，故使得其和同之志未申，但同时也远离了内部的争讼。换言之，外部虽未获得和同，内部却不失和同，悔吝之心情意绪也就荡然无存了。

盖《同人》一卦，纯是对"和同"理念的演绎，可谓穷追不舍，层层剥笋，曲尽其道。孔颖达对此《同人》一卦的归结最堪玩味，兹将其疏解全文引录如下：

> "凡处同人而不泰焉，则必用师矣"者，王氏注意非止上九一爻，乃总论同人一卦之义。去初上而言，二有同宗之吝。三有"伏戎"之祸，四有不克之困，五有"大师"之患，是处"同人"之世，无大通之志，则必用师矣。"楚人亡弓，不能亡楚。爱国愈甚，益为它灾"者，案《孔子家语·弟子好生篇》云："楚昭王出游，亡乌号之弓，左右请求之。王曰：'楚人亡弓，楚得之，又何求焉。'孔子闻之曰：'惜乎！其志不大也。不曰人亡弓，人得之，何必楚也。'"昭王名轸，哀六年，吴伐陈，楚救陈，在城父卒。此爱国而致它灾也。引此者，证同人不弘，皆至用师矣。②

孔颖达疏文第一句引号中的"凡处同人而不泰焉，则必用师矣"，所引用的，是王弼的注语，孔氏之用意则是想告诉我们，王弼此注是针对《同人》全卦所发，因此意义非同一般。《同人》的宗旨，本在与人

---

① 王弼、韩康伯注，孔颖达疏：《周易正义》，第 75—76 页。
② 王弼、韩康伯注，孔颖达疏：《周易正义》，第 76 页。

和同，但施行起来难免困难重重。除了初九为《同人》之始，心地单纯而无鄙吝，故大同之志，没遇到什么问题。其余六二有同宗之吝，九三有"伏戎"之祸，九四有不克之困，九五有"大师"之患，在在都是问题。如何解困？难道只有"用师"一途吗？孔颖达疏文的关键词是，欲处"同人"之世，就必须有"大通之志"。"大通"的概念是王弼提出来的，认为："不能大通，则各私其党而求利焉。"①而大通者，即大同也。兵戎，乃万不得已之手段，需要极其审慎，最好是不战而屈人之兵。因为人类总归是要走到一起的，争战、杀戮归根结底是反文明之道的野蛮行为。比一切纷争用智高明得多的大智慧，是生之为人，或人而主政治国，第一位的是要有和同于人的"大通之志"。

王辅嗣的注文还援引了楚人亡弓的典例，其说见《孔子家语·弟子好生篇》，其中记载道："楚昭王出游，亡乌号之弓，左右请求之。王曰：'楚人亡弓，楚得之，又何求焉。'"这位楚昭王看来很是豁达大度了。认为弓既然是在楚国丢失的，那么拾得弓的人必定是楚人，楚弓为楚人所得，何必还要到处去找寻呢。但孔子听说后，颇不以为然，认为楚王的志量未免太小，真正的豁达大度，应该这样说：弓是人丢失的，得到的也是人，人失人得，有何不好？这是试图将一事当中的价值理念和人的普遍价值联系起来，亦即"广者，人也"。而具体到《同人》一卦所彰显的价值义理，则是人类普遍和同的观念。如果不是这样，而是局限于仅仅维护一国之利益，甚至将"爱国"发挥至极点，那么其结果将是："楚人亡弓，不能亡楚。爱国愈甚，益为它灾。"这是王弼注文的原话。智哉，仅仅活了二十四岁的魏晋哲人！千古以还犹为自作聪明的

---

① 楼宇烈：《周易注校释》，第55页。

后来者所不及也。呜呼，国因爱国愈甚而亡国，楚其一例哉？孔颖达对楚之"益为它灾"做了发覆索隐，揭明系当哀公六年（前489），吴国伐陈国，楚驰兵救陈，结果楚昭王死于城父，是为"益为它灾"典故之所出。孔氏最后归结说："此爱国所致它灾也。"并强调："引此者，证同人不弘，皆至用师矣。"[①] 说到底，还是要以刚健文明的精神去和同于人，不要动不动就企图诉诸兵戎，以武力相威胁，那是无法通天下之志的。和则两全，战则两伤，是颠扑不破的真理。而所以诉诸兵戎，更多的情况是由于胸怀不够宏远阔大而陷入宗族之吝和党派之私的结果。

《睽》卦的《象辞》也提出："君子以同而异。"王弼注云："同于通理，异于取事。"[②] 盖事虽睽乖，理却是相通的。是故《彖辞》又云："天地睽而其事同也，男女睽而其志通也，万物睽而其事类也，睽之时用大矣哉。"孔颖达《正义》于此写道："'天地睽而其事同'，此以下历就天地男女万物，广明睽义体乖而用合也。"[③] "体乖而用合"，是为核心警示语。故孔颖达又说：

> 天高地卑，其体悬隔，是"天地睽"也。而生成品物，其事则同也。"男女睽而其志通"者，男外女内，分位有别，是男女睽也。而成家理事，其志则通也。万物殊形，各自为象，是"万物睽"也。而均于生长，其事即类，故曰"天地睽而其事同也，男女睽而其志通也，万物睽而其事类也，睽之时用大矣哉"。既明睽理合同之大，又叹能用睽之人，其德不小；睽离之时，能建其用使合其通

①　王弼、韩康伯注，孔颖达疏：《周易正义》，第76页。

②　楼宇烈：《周易注校释》，第140页。

③　王弼、韩康伯注，孔颖达疏：《周易正义》，第161页。

理，非大德之人，则不可也。故曰"睽之时用大矣哉"也。[①]

睽者，本是乖离之义，但在《睽》卦里面，无乖不能成合，无隔不能成同，无乖不能成通。此可见和、合、同、通，是为大德，其为用实具有普遍性。所谓"睽之时用大矣哉"，就是指此而言。

《易经》不愧人类进德之渊薮，文明观念之理窟。此《同人》一卦，又补之以反证之《睽》卦，中国文化的和同观念之义理，可谓境界全出矣。

二、君子和而不同

"六经"最初的文本系经孔子整理而定谳，因此六经的基本观念义理必为孔子所谙熟。特别因读《易》而"韦编三绝"，其对《易》道的和同观念亦必全部了然于胸。而按照向来的说法，包括《易》之《系辞》在内的"十翼"均为孔子所作，则《易》道与孔子的思想应是一而二、二而一的同化共融的关系。观《论语》所阐释的和同观念，可以说与易理完全若合符契。孔子对和同观念的最著名的论述，是"君子和而不同"（《论语·子路》），其比《同人》对和同的追寻，在理念上又跃升一步，即认为"和"是包含有诸种诸多不同的多样统一的状态。如果没有了不同，便无所谓"和"。也就是说，"不同"的存在是"和"的必要条件，不同物之间的交错相杂而又能和美共生才可以称之为"和"。

---

①　王弼、韩康伯注，孔颖达疏：《周易正义》，第161—162页。

孔子的这一思想，为先秦众多思想家所服膺，更为后世思想家所尊奉。《国语·郑语》记载有一段郑伯和史伯的对话，两个人探讨因周衰而各诸侯国纷纷谋以自立的形势，以确定自己的因应之策。郑伯即郑伯友，系周宣王的庶弟、周幽王的叔父，封于郑，谥号桓，后来成为郑国的开国之君，是为郑桓公。跟史伯的这次对话，时当周幽王八年（前774），当时他还是司徒。而史伯，相传为西周末期人，司天文历法、典籍书史之事，是一个被神化了的人物，相当于可以预知未来的智者，历史的真实身份反而不重要了。郑伯友考虑到自己的家庭和郑地子民的安全，想大规模的搬迁，因而找史伯商量，讨教此一行动的利弊得失。郑伯谈到，事情发展到这种地步，周王朝本身是不是也有值得检讨的地方呢？史伯回答说，周王朝沦落到如此地步，完全是由于自己的错误。他分析说：

> 《泰誓》曰："民之所欲，天必从之。"今王弃高明昭显，而好谗慝暗昧；恶角犀丰盈，而近顽童穷固。去和而取同。夫和实生物，同则不继。以他平他谓之和，故能丰长而物归之；若以同裨同，尽乃弃矣。故先王以土与金木水火杂，以成百物。是以和五味以调口，刚四支以卫体，和六律以聪耳，正七体以役心，平八索以成人，建九纪以立纯德，合十数以训百体。出千品，具万方，计亿事，材兆物，收经入，行姟极。故王者居九畡之田，收经入以食兆民，周训而能用之，和乐如一。夫如是，和之至也。于是乎先王聘后于异姓，求财于有方，择臣取谏工而讲以多物，务和同也。声一无听，物一无文，味一无果，物一不讲。王将弃是类也而与剸同。天夺之明，欲无弊，得乎？（《国语·郑语》）

史伯所指陈的衰周之弊，归结为一点，就是强不同以为同，而不肯和同。他使用了一个特殊的语词，叫"剸同"，"剸"字的读音作"团"，是割而断之的意思。"剸同"即专擅强制为同。其结果便走向了"和同"义理的反面。至于治国理政为什么不能剸同，只能和同，史伯做了详尽的阐述。

首先，史伯提出了关于和同观念的一个新的哲学命题，这就是"和实生物，同则不继"。其中的"生"和"继"两个动词至关重要。"生"，是指在原来的状态下生长出新的东西。"继"其实是"生"的置换词，而"不继"，则是不能新生的意思。简言之，就是"和"能生物，"同"不能生物。而"生"与"不生"，直接关系到事物的可延续和不可延续的生死攸关的问题。不能延续，就是"不继"，亦即自身陷入危机而不能调适自救，因此必然失去未来，没有前途。能够"生物"，则是可以延续生命，未来自当有继。而且"生物"一语，还思辨地揭示出生命延续的秘密，即此种延续不是旧状态的简单重复，而是旧状态下的事物发生了质的变化，诞生了新的生命或可以延续生命的新运新机。

其次，史伯给出了"和"为什么能够"生物"，"同"何以不能为继的形上理由。关键是对"和"的义理内涵需要有正确的诠解。史伯的解释是，当一种独立存在的东西和另一种独立存在的东西融合在一起的时候，这种状态可以称之为"和"，史伯称这种情形为"以他平他"。因此可以说，"和"是由不同的存在物的共存共融所达成的一种高度和谐的境界。不是指某个单一体，而是多种元素化分化合的综合体。由于内中有不同元素的交错互动，形成巨大的张力，才因彼此的相斥相激而产生新的生命体。《易传·系辞上》说的"易有太极，是生两仪，两仪生四象，四象生八卦"，此种"生生"情形下的"易"之太极，其实可以视作"和"的别称。故朱子认为：

> 太极只是一个浑沦底道理，里面包含阴阳、刚柔、奇耦，无所不有。①

朱子的解释，拉近了"和"与"太极"在释义学上的距离。而在张载那里，两者则变成了完全相重合的义理终极。不过他提出了一个新的和同的概念，曰"太和"。他写道：

> 太和所谓道，中涵浮沉、升降、动静、相感之性，是生细缊、相荡、胜负、屈伸之始。其来也几微易简，其究也广大坚固。起知于易者乾乎！效法于简者坤乎！散殊而可象为气，清通而不可象为神。不如野马、细缊，不足谓之太和。语道者知此，谓之知道；学《易》者见此，谓之见《易》。不如是，虽周公才美，其智不足称也已。②

张载的太和论，实际上是对"和"的价值论理做了更具哲学义涵的解释。在张载看来，易道即太极，太极即太和。"浮沉、升降、动静、相感之性，是生细缊、相荡、胜负、屈伸"等无尽藏的对立物，都包括在太和之中了。这和朱子论太极如出一辙。而所谓"太和"，其实就

---

① 黎靖德编，王星贤点校：《朱子语类》第 5 册，中华书局 1986 年版，第 1929 页。
② 张载：《正蒙》，载《张载集》，中华书局 1978 年版，第 7 页。

是一种新的和同论，只不过是升级了的更具有无限性的"和"的至境而已。

好了，既然"和"包含有那么多的、无限量的物的对立体，他们之间出现相感、相荡、相生，就是再自然不过的事情了。相感、相荡，必然相生。故史伯的"和实生物"的理论，可谓颠扑不破。说开来，"和"论、"和同"论、"太和"论，也就是"易"论。张载的理论本来即来自于《易》。"太和"里面的那些个相感、相荡的对立物，不过是《易传·系辞》之"一阴一阳之谓道"、"生生之谓易"的变项而已。

那么"同"呢？如何是"同"？为什么"同则不继"？同与不同，都是单一事物之间的事情。如果目标是达成"和"，则同与不同都不是障碍物。但如果是史伯所批评的"去和而取同"，试图"以同裨同"，亦即只想用"同"来给"同"提供助益，而弃置和同的大目标，就什么都得不到了。不仅"和"的局面不能实现，"同"也会因为自己重复自己而变得索然无味，从而导致与"和同"适得其反的"剸同"。最后的结果，便是史伯所预见的"尽乃弃矣"。试想，那是一种何等悲惨、落寞、无助的景象呵！"故先王以土与金木水火杂，以成百物"，史伯说。"是以和五味以调口，刚四支以卫体，和六律以聪耳，正七体以役心，平八索以成人，建九纪以立纯德，合十数以训百体"，史伯又说。总之是集多样于一体，寓杂多于统一。这是周朝的先王获得成功的诀窍。他们"出千品，具万方，计亿事，材兆物，收经入，行赂极"，"居九畡之田，收经入以食兆民"，繁复无尽数，道路万千条，然则"和乐如一"。史伯说，做到了这一地步，可以说是"和之至也"。他叹美先王为了"务和同"，可谓无所不用其极，包括"聘后于异姓，求财于有方，择臣取谏工而讲以多物"等。此可知和同的理念对于治国理政是多么至关重要，真可以说败亦由是，成亦由是。

本来至此史伯已经把"务和同"、"弃剿同"的原因、理据、前因、后果，讲得一清二楚了，但他仍然感到意犹未尽，又进而请来其立论所依据的哲学原理，曰："声一无听，物一无文，味一无果，物一不讲。"是的，这个世界，如果只有一种声音，就没法听了；所有的事物都是一样的，就单调得不能看了；用来果腹的食物都是一样的味道，还有什么吃头；世间的事物如果只有一种，没有彼此之间的比较对照，就没有什么道理好讲了。只有傻瓜、智障、低能、蠢物，才敢冒天下之大不韪，放弃大千世界的五彩缤纷，不顾人间世态的万种风情，而欲以剿同的淫威来统治丰富多彩的社会人生。

有意思的是，我们在《左传》里看到了与史伯之论义理全同的记载，那是在昭公二十年（前522），齐侯和晏子的一段对话。他们所探讨的恰好是和同问题。齐侯问晏婴："唯据这个人与我和吗？"晏子回答说："据与公只是同而已，哪里称得上和？"齐侯不解斯理，于是进一步追问："和与同异乎？"晏子直截了当地回答说："异。"随后又对"同"与"和"所以有区别的缘由，做了有物有则的大段阐论。晏子论述道：

> 和如羹焉，水火醯醢盐梅以烹鱼肉，燀之以薪。宰夫和之，齐之以味，济其不及，以泄其过。君子食之，以平其心。君臣亦然。君所谓可而有否焉，臣献其否以成其可。君所谓否而有可焉，臣献其可以去其否。是以政平而不干，民无争心。故《诗》曰："亦有和羹，既戒既平。鬷嘏无言，时靡有争。"先王之济五味，和五声也，以平其心，成其政也。声亦如味，一气，二体，三类，四物，

五声，六律，七音，八风，九歌，以相成也。清浊，小大，短长，
疾徐，哀乐，刚柔，迟速，高下，出入，周疏，以相济也。君子听
之，以平其心。心平，德和。故《诗》曰："德音不瑕。"今据不
然。君所谓可，据亦曰可；君所谓否，据亦曰否。若以水济水，谁
能食之？若琴瑟之专一，谁能听之？同之不可也如是。①

　　晏子说，"和"就如厨子所做的和羹一样，需要有水，需要掌握好火候，
还需要加之以盐梅，以使鱼肉更加鲜美，甚至用什么样的薪材来烹烧，
也很有讲究。而且还需要有专业人士调味，做到恰如其分，既无不够
味，也不味过重。如此这般地用多种不同的材料，通过不同的程序，最
后调制出美味的羹汤。由于是五味调和而成，所以《诗》三百称之为
"和羹"。食用此种和羹，可以收到"以平其心"的效果。

　　君臣的关系也是如此。晏子说，君主认为可行的事情，其实也有不
可行的部分在，经过臣僚们讲明那些不可行部分的理由，予以补充，然
后变成君臣共同完成的可行方案。同样，君主认为不可行的事情，内中
一定也有可行的部分，经过臣僚们献计献策，找出那些可行的部分，去
掉不可行的部分，施政就宽平而少周折了。所以一定要听不同的意见，
学习先王所采取的"济五味，和五声""平其心，成其政"的治国方略，
方可有成。可是那个叫据的臣僚不是如此，一切都唯上是从，您认为可
行的，他就说可行；您否定的，他也跟着否定。这等于是"以水济水"，
做出来的东西谁还能吃？也无异于琴瑟奏一个调，谁还肯前来一听？所
以"同"与"和"是不一样的，不应该认可这种人云亦云的所谓"同"

的态度，而应该是"济五味"，成"和羹"；"和五声""一气，二体，三类，四物，五声，六律，七音，八风，九歌，以相成""清浊，小大，短长，疾徐，哀乐，刚柔，迟速，高下，出入，周疏，以相济"。换言之，治国理政，如果臣僚们一律唯君主是从，谁也不出来补偏救弊，天下之人也整齐划一，没有不同的声音发出，先王所期待的"心平""德和"的局面，便无法实现了。

晏子的"和同论"所以完全例同于史伯的"和同论"，其实并不奇怪，因为他们的作者很可能是一个人，都是与孔子同时的那个目盲的史学天才左丘明。《国语》为左丘明所著，有司马迁的明文："左丘失明，厥有《国语》。"而《春秋左氏传》的作者即左丘明，更是史不绝书。虽然唐以后质疑《左传》作者为左氏丘明者不乏其人，但终觉说服力不足。如是则《国语》的"和同论"和《左传》的"和同"同出自左氏丘明之笔的可能性非常之大，两者著论相同，不用说乃是顺理成章之事。以此《国语》所引的史伯之论，正不必一定在孔子之前，毋宁说与孔子同时或在其后，更为合理。实际上，孔子一句"君子和而不同"，已将《国语》和《左传》的两个"和同论"的思想概括无遗。

《后汉书·文苑列传·刘梁传》载有刘梁的一篇《辩和同之论》，则是对先秦和同思想的一次更为系统的发挥和论说。因系专论，兹将全文抄录如下，以方便对此一题义感兴趣的读者参证阅读。

> 夫事有违而得道，有顺而失义，有爱而为害，有恶而为美。其故何乎？盖明智之所得，暗伪之所失也。是以君子之于事也，无适无莫，必考之以义焉。
>
> 得由和兴，失由同起，故以可济否谓之和，好恶不殊谓之同。

《春秋传》曰："和如羹焉，酸苦以剂其味，君子食之以平其心。同如水焉，若以水济水，谁能食之？琴瑟之专一，谁能听之？"是以君子之行，周而不比，和而不同；以救过为正，以匡恶为忠。经曰："将顺其美，匡救其恶，则上下和睦能相亲也。"

昔楚恭王有疾，召其大夫曰："不穀不德，少主社稷。失先君之绪，覆楚国之师，不穀之罪也。若以宗庙之灵，得保首领以殁，请为灵若厉。"大夫许诸。及其卒也，子囊曰："不然。夫事君者，从其善，不从其过。赫赫楚国，而君临之，抚正南海，训及诸夏，其宠大矣。有是宠也，而知其过，可不谓恭乎！"大夫从之。此违而得道者也。及灵王骄淫，暴虐无度，芋尹申亥从王之欲，以殡于乾溪，殉之二女。此顺而失义者也。鄢陵之役，晋楚对战，阳穀献酒，子反以毙。此爱而害之者也。臧武仲曰："孟孙之恶我，药石也；季孙之爱我，美疢也。疢毒滋厚，石犹生我。"此恶而为美者也。孔子曰："智之难也！有臧武仲之智，而不容于鲁国，抑有由也。作不顺而施不恕也。"盖善其知义，讥其违道也。

夫知而违之，伪也；不知而失之，暗也。暗与伪焉，其患一也。患之所在，非徒在智之不及，又在及而违之者矣。故曰"智及之，仁不能守之，虽得之，必失之"也。《夏书》曰："念兹在兹，庶事恕施。"忠智之谓矣。

故君子之行，动则思义，不为利回，不为义疚，进退周旋，唯道是务。苟失其道，则兄弟不阿；苟得其义，虽仇雠不废。故解狐蒙祁奚之荐，二叔被周公之害，勃鞮以逆文为成，傅瑕以顺厉为败，管苏以憎忤取进，申侯以爱从见退：考之以义也。故曰："不在逆顺，以义为断；不在憎爱，以道为贵。"《礼记》曰："爱而知其恶，憎而知其善。"考义之谓也。[1]

刘梁字曼山，一名岑，东平宁阳人。《后汉书·文苑列传》称梁为宗室的子孙，但"少孤贫，卖书于市以自资"[2]。尝撰《破群论》，对世俗之"利交"和"邪曲相党"颇多讥刺，致使评者比之为"仲尼作《春秋》，乱臣知惧"，称《破群》之作当令"俗士愧心"，可惜其文未传。然此篇《辩和同之论》则完好无缺。全文结构严谨，思理清晰，比之史伯、晏婴之论，更具有论理系统完整的特点。文中所引《春秋传》一段，是为晏子的论述，不过其发明处，在于对和同概念所做的学理分疏。

刘梁给出的"和"的定义，是"可济"，即彼此之间因坦荡无私、补偏救弊而获得助益，不是一味"顺"之而不问道义原则，所以他说："君子之行，周而不比，和而不同，以救过为正，以匡恶为忠。"他给出的"同"的定义，是"好恶不殊"，即不管是非，一味投其所好。如是的结果，必然走向"和而不同"的反面，就立国施政而言，罪莫大焉。刘梁以楚国的政事作为例证，一个例证是楚恭王病笃之时召大夫自陈所失，表示谥号请为"灵"或"厉"。《左传》杜预注云："乱而不损曰灵，戮杀不辜曰厉。"[3]两者同为恶谥，连请五次，大夫方同意。待到恭王病殁将葬，令尹子囊提出谥号的问题，大夫说，不是已有成命在先吗？子囊表示不应照遗言来办，因历数恭王的荣光，又加之能"知其过"，因

---

① 范晔：《后汉书》，《中华国学文库》本，中华书局 2012 年版，第 2118—2121 页。

② 范晔：《后汉书》，第 2118 页。

③ 杜预注，孔颖达疏：《春秋左传正义》中册，《十三经注疏》标点本，北京大学出版社 1999 年版，第 911 页。

此谥为"恭"是合适的。至于有成命一事,子囊认为:"事君者,从其善,不从其过。"大夫最后被说服。刘梁说,这种情况,属于"违而得道者"。虽然违背了恭王的成命,但却符合道义。

　　楚国政事的第二个例证,是楚灵王骄奢淫逸、暴虐不德,而申亥一意听任王之所欲,当其殡于乾溪的时候,还让自己的两个女儿殉葬。刘梁说,这是"顺而失义者也"。第三个例证,是晋楚鄢陵之战,经由楚卿子反的运筹策划,楚已掌握了主动权。但关键时刻,子反的通令官阳谷却前去献酒,忘乎所以的子反喝得酩酊大醉,楚王招谋战事而不能应,致使楚军大败。子反最后自尽而死。刘梁说,这是"爱而害之者也"。第四个例证,是臧武仲不容于鲁国的故事。孟庄子和季武子是两个有势力的人物,季氏喜欢臧武仲,孟氏却讨厌他。但当孟氏死的时候,臧武仲前往吊唁,哭得十分悲伤。他的御者不解,说如果季氏过世,你又该如何呢。臧武仲回答道:"孟孙之恶我,药石也;季孙之爱我,美疢也。疢毒滋厚,石犹生我。"刘梁认为这是"恶而为美者也"。但其所为作,属于"知而违之",因此难免有"伪"的嫌疑。故孔子认为此人是使"智",其"不容于鲁国,抑有由也"。

　　刘梁《辩和同之论》的主旨,是强调"得由和兴,失由同起"。因此对于不分"好恶",不管是非,一律以"同"还是"不同"作为取舍标准的态度和行事方式,给予严厉警示。他反复说明,问题不在于"同"还是"不同",而是要看是否合乎道义。文中以此明示:"故君子之行,动则思义,不为利回,不为义疚,进退周旋,唯道是务。苟失其道,则兄弟不阿;苟得其义,虽仇雠不废。"为了使所论具有不可动摇的说服力,作者引楚国和鲁国共四个案例作为证言:一为"违而得道者",二为"顺而失义者",三为"爱而害之者",四为"恶而为美者"。

此四案例，都见于《左传》以及《国语》的记载，并非僻典，难为刘梁之读史得问，使当时后世得读其"和同论"者，能生出会心默契的义理认同感。

噫！"好恶不殊"的所谓"同"，其昧心害政、伤天悖理者也大矣，而"和"则是以"可济"为标尺，所以他最后得出一个结论："君子之行，周而不比，和而不同，以救过为正，以匡恶为忠。"而千古不磨的警世之语则是："得由和兴，失由同起。"大矣哉，此鲜为人知的刘梁之《辩和同之论》也。

总之，此题义的关键词是两个：一个是"和"，人人都乐于接受而向往的境界；另一个是"同"以及"不同"。"不同"是"和"的条件。承认不同，容许不同，欣赏不同，才能走向和同。如果一切都相同，声音相同，味道相同，穿衣相同，走路相同，思维相同，说话相同，这个世界就令人窒息了。孟子说："充实之谓美，充实而有光辉之谓大。"（《孟子·尽心下》）试想，能够使之充实起来的东西，能够都是完全相同的东西吗？不同物的组合，才能称之为"充实"。不同的合乎审美规则的组合，才能创造美。所以《易传·系辞下》说："物相杂，故曰文。"《国语·郑语》说："物一无文。"朱熹用哲学的语言讲得更清晰，他说："是两物相对待在这里，故有文；若相离去不相干，便不成文矣。"[①] 不同的物，相互对待的东西，并不因不同而彼此分离，这样才能"成文"，否则"便不成文"。此处的"文"，可以视为文化一词的同义语。可见"和而不同"是中国文化思想的一个本质规定，是世界本来的样子，是人类的创意的源泉，是美的出发，是充实而有光辉的起点。

---

① 黎靖德编，王星贤点校：《朱子语类》第 5 册，第 1958 页。

三、"先圣后圣，其揆一也"

写到这里我们可以说，以《周易》为代表的先秦经典的和同论，是中国古圣先哲的伟大的哲学思维，孔子的"和而不同"的思想可以看作是中国文化贡献给人类的大智慧。但其中隐含有一个无法不予深究的学理问题：即不同为什么可以而且能够走向"和同"？说到底，是人类以及天下之物，虽然存在有种种不同，但相同之处也是有的，甚至是更加根本的规定，所以才能共处共生。正是人类和物类的相同之处，决定他们总归会走到一起，趋向大同，以至于达至张载所说的太和之境。

然则人类的相同之处是什么呢？我们且看孟子的论述。孟子就此一题义讲过的一段最著名的话是：

> 口之于味也，有同耆焉；耳之于声也，有同听焉；目之于色也，有同美焉。至于心，独无所同然乎？心之所同然者何也？谓理也，义也。圣人先得我心之所同然耳。故理义之悦我心，犹刍豢之悦我口。（《孟子·告子上》）

孟子所说的人类的相同之处，首先是"性"同。本来食物的味道应该是不同的，声音也应该是不一样的，颜色应该是丰富多彩的，这方面，智者史伯和齐国的谋士晏婴已经有话在先了，可我们的孟夫子为什么还说人们对于味有"同耆"，对于声有"同听"，对于色有"同美"呢？此无他，盖喜欢好吃的，爱听美妙的音乐，喜爱色彩之美，是人类的本性使然。告子所说的"食色性也"（《孟子·告子上》），亦为斯意。此即同为生人，其人类的本性总会有相同之处，原因在于都是"人"。

　　荀子对生之为人的相同之处的阐述也极为系统透辟。今存《荀子》一书中，有多篇涉及此一议题。《王霸》篇云："故人之情，口好味而臭味莫美焉，耳好声而声乐莫大焉，目好色而文章致繁妇女莫众焉，形体好佚而安重闲静莫愉焉，心好利而谷禄莫厚焉，合天下之所同愿兼而有之，皋牢天下而制之若制子孙，人苟不狂惑戆陋者，其谁能睹是而不乐也哉。"《荣辱》篇写道："凡人有所一同：饥而欲食，寒而欲暖，劳而欲息，好利而恶害，是人之所生而有也，是无待而然者也，是禹、桀之所同也。目辨白黑美恶，耳辨音声清浊，口辨酸咸甘苦，鼻辨芬芳腥臊，骨体肤理辨寒暑疾养，是又人之所常生而有也，是无待而然者也，是禹、桀之所同也。"又说："材性知能，君子小人一也。好荣恶辱，好利恶害，是君子小人之所同也，若其所以求之之道则异矣。"《非相》篇也说："人之所以为人者，何已也？曰：以其有辨也。饥而欲食，寒而欲暖，劳而欲息，好利而恶害，是人之所生而有也，是无待而然者也，是禹、桀之所同也。"质而言之，饮食男女、避寒取暖、趋利远害的生存需求，能使人的心理保持平衡的自性尊严如好荣恶辱等，人与人之间并无不同，即使是君子和小人、圣人和常人，亦无不同，只是获得和保持的取径有所区别而已。此即"性同"之义。荀子对和同思想的结论是："斩而齐，枉而顺。不同而一。"（《荀子·荣辱》）此与《易》道"天下同归而殊途"完全若合符契。

　　人之所同然者，其次是"理"同。人所不同于动物者，在人类有理性思维，故孟子说，"心之所同然者"，是"理也"。而圣人所以成为我们心目中的圣人，是由于圣人所阐发的道德义理，能够深获我心，说出了我们想说而未能说出的话。此即孟子所说的"圣人先得我心之所同然"的含义。人们常说的所谓人同此心，心同此理，即为斯义。实际

上，人类原初的情感和理想期待，本来都是这个样子。只不过由于意向
与行为的交错，造成了诸般的矛盾。古今贤哲启示我们，应该透过人类
生活的矛盾交错的困扰，看到心理期许的一致性原理，看到不同背后的
相同。这也就是孟子所说的："舜生于诸冯，迁于负夏，卒于鸣条，东
夷之人也。文王生于岐周，卒于毕郢，西夷之人也。地之相去也，千
有余里；世之相后也，千有余岁。得志行乎中国，若合符节，先圣后
圣，其揆一也。"（《孟子·离娄下》）"揆"，是规矩、轨则、法度的意
思，引申可以解释为原理、原则，亦即古代的大师巨子和后世的大师巨
子，他们提出和遵循的思想义理、道德理念的规则，在本质上有相似或
相同之处。此即二程子所说："天地之间，万物之理，无有不同。"[1] 斯又
言："天下万古，人心物理，皆所同然，有一无二，虽前圣后圣，若合
符节。"[2] 再言之则云："吾生所有，既一于理，则理之所有，皆吾性也。
人受天地之中，其生也，具有天地之德，柔强昏明之质虽异，其心之所
同者皆然。特蔽有浅深，故别而为昏明；禀有多寡，故分而为强柔；至
于理之所同然，虽圣愚有所不异。"[3] 兹可知程子是将"性"与"理"合
一来看待和同之论的。宋代另一位思想家陆九渊也说："千万世之前有
圣人出焉，同此心，同此理也；千万世之后，有圣人出焉，同此心，同
此理也；东、南、西、北海有圣人出焉，同此心，同此理也。"[4] 故人之
所同然者，是"性"也，"理"也。故孟子所说的"理义之悦我心，犹
刍豢之悦我口"，确为不易之论。

[1]　程颢、程颐：《二程集》下册，中华书局1981年版，第1029页。
[2]　程颢、程颐：《二程集》下册，第1158页。
[3]　程颢、程颐：《二程集》下册，第1159页。
[4]　陆九渊：《陆九渊集》，中华书局1980年版，第273页。

　　然则在承认生之为人的性与理有所同然者的同时，如何看待就中的"同"和"不同"，亦即"同"与"异"的关系？墨子有言："其然也，有所以然也；其然也同，其所以然不必同。其取之也，有所以取之。其取之也同，其所以取之不必同。"（《墨子·小取》）此即所谓现象同，理由不必相同；目标相同，途径和手段不必相同。宋代的思想家程颢和程颐，他们把为人处世致力于"求同"还是"立异"，看作一个人是秉持"公心"，还是守持"私心"的分水岭。他们说："公则同，私则异。"①并说"同者"是"天心"，即上天的旨意。在另一处他们还说："圣贤之处世，莫不于大同之中有不同焉。不能大同者，是乱常拂理而已；不能不同者，是随俗习污而已。"②不承认人和事的不同，二程子认为是没有修养的人的胡言乱语，但如果否认"大同"，就是"乱常拂理"。就其两者的错误程度而言，显然二程子认为不能求大同的性质更为严重。斯又有"大同"和"小同"的分别，"大同"不可违，"小同"可存异。语云："求大同，存小异。"信不诬也。

　　那么，对做学问的人须有自己独立的见解，既不能因袭前人，又不能跟在他人的后面人云亦云，又如何理解？学者如何处理"同"、"异"的问题？早在清代的乾隆时期，大学者章学诚就给出了答案。他的名著《文史通义》中有一篇专论曰《砭异》，针针见血地论述了此一题义的义理内涵。由于所论真切省净，毫无枝蔓烦言，特全文录载，以飨读者。其文云：

---

① 程颢、程颐：《二程集》下册，第1256页。
② 程颢、程颐：《二程集》下册，第1264页。

古人于学求其是，未尝求异于人也。学之至者，人望之而不能至，乃觉其异耳，非其自有所异也。夫子曰："俭，吾从众。泰也，虽违众，吾从下。"圣人方且求同于人也。有时而异于众，圣人之不得已也。天下有公是，成于众人之不知其然而然也，圣人莫能异也。贤智之士，深求其故，而信其然。庸愚未尝有知，而亦安于然。而负其才者，耻与庸愚同其然也，则故矫其说以谓不然。譬如善割烹者，甘旨得人同嗜，不知味者，未尝不以谓甘也。今耻与不知味者同嗜好，则必啜糟弃醨，去脍炙而寻藜藿，乃可异于庸俗矣。

语云："后世苟不公，至今无圣贤。"万世取信者，夫子一人而已矣。夫子之可以取信，又从何人定之哉？公是之不容有违也。夫子论列古之神圣贤人，众矣。伯夷求仁得仁，泰伯以天下让，非夫子阐幽表微，人则无由知尔。尧、舜、禹、汤、文、武、周公，虽无夫子之称述，人岂有不知者哉？以夫子之圣，而称述尧、舜、禹、汤、文、武、周公，不闻去取有异于众也，则天下真无可以求异者矣。

是非之心，人皆有之。至于声色臭味，天下之耳目口鼻，皆相似也。心之所同然者，理也，义也。然天下歧趋，皆由争理义，而是非之心，亦从而易焉。岂心之同然，不如耳目口鼻哉？声色臭味有据而理义无形。有据则庸愚皆知率循，无形则贤智不免于自用也。故求异于人，未有不出于自用者也。治自用之弊，莫如以有据之学，实其无形之理义，而后趋不入于歧途也。夫内重则外轻，实至则名忘。凡求异于人者，由于内不足也。自知不足，而又不胜其好名之心，斯欲求异以加人，而人亦卒莫为所加也。内不足，不得不矜于外，实不至，不得不骛于名，又人情之大抵类然也。以人情之大抵类然，而求异者固亦不免于出此，则求异者何尝异人哉？特异于坦荡之君子尔。

夫马，毛鬣相同也，龁草饮水，秣刍饲粟，且加之鞍鞯而施以箝勒，无不相同也，或一日而百里，或一日而千里；从同之中而有独异者，圣贤豪杰，所以异于常人也。不从众之所同，而先求其异，是必诡衔窃辔，踶跳噬龁，不可备驰驱之用者也。①

章氏此篇重申孟子之论，曰"心之所同然者，理也，义也"。学者之所追寻在于求其是，而不是要与人不同。所以如此，在于天下只有公是，把"众人之不知其然"也不知其所以然的理义，予以揭示证明，就是学者之能事。考据学的目的即在于"以有据之学，实其无形之理义"，使之明理而不入于歧途。然而理义是无形的，难免因争理义而各是其是，各非其非。因此"求异"和"自用"的情形便出现了。故章氏说："求异于人，未有不出于自用者也。"

该篇的题目是"砭异"，其对为学而标新立异者，可谓痛下针砭。"凡求异于人者，由于内不足也。自知不足，而又不胜其好名之心，斯欲求异以加人，而人亦卒莫为所加也。内不足，不得不矜于外，实不至，不得不骛于名，又人情之大抵类然也。"这些话是将求异、骛名的人性之劣点，反实事求是的学术风气，真真概括无遗了。至于那些学问做得到家的俊杰翘楚，看起来好像是与众不同，其实是他们的境界你达不到，所以感到不同。正如孟子所说："麒麟之于走兽，凤凰之于飞鸟，

---

① 章学诚撰，叶瑛校注：《文史通义》上册，中华书局 1985 年版，第 449—450 页。

泰山之于丘垤，河海之于行潦，类也。圣人之于民，亦类也。"（《孟子·公孙丑上》）就是说，圣人也是人，只不过他是"出于其类，拔乎其萃"的人。故章氏写道："从同之中而有独异者，圣贤豪杰，所以异于常人也。"而"求异者何尝异人哉？特异于坦荡之君子尔"。盖章氏此篇不愧为匡正学风世风的惊世骇俗之作，实可为先秦以来的"和同论"又添一异彩。

我国当代已故的大学问家钱锺书先生，当 1948 年他的《谈艺录》在上海出版的时候，其所撰之序言中有两句本人经常引证的话，曰："东海西海，心理攸同；南学北学，道术未裂。"此即在钱锺书先生看来，东西方文化虽有不同，但不论东方人还是西方人，其心理的反应特征和指向常常是相同的。而所以如此的缘故，是由于反应作用于人的主体精神世界的事物，普遍存在着物之理相同的现象。所以钱锺书先生得出一个结论："心同理同，正缘物同理同。"[①]"心同理同"是孟夫子的经典名言，而为宋儒以及章学诚等后世学者所服膺。"物同理同"则是钱先生的掘发。他援引《淮南子·修务训》的一段文字云："若夫水之用舟，沙之用鸠，泥之用辀，山之用蔂，夏渎而冬陂，因高为田，因下为池，此非吾所谓为之。圣人之从事也，殊体而合于理，其所由异路而同归。"[②] 文中的"殊体而合于理"，正是所谓"理同"也。他还征引西典作为参证："思辨之当然（Laws of thought），出于事物之必然（Laws of things），物格知至，斯所以百虑一致、殊途同归耳。"[③] 钱先生对《易传·系辞下》"天下同归而殊途，一致而百虑"的诠解，可

---

① 钱锺书：《管锥编》第 1 册，生活·读书·新知三联书店 2007 年版，第 85 页。
② 钱锺书：《管锥编》第 1 册，第 84 页。
③ 钱锺书：《管锥编》第 1 册，第 85 页。

谓恰切到无须增减。钱先生的贡献在于，除了人的"性同""理同"之外，还增加了物的"理同"，即物理之所同然者。故钱先生结而论之曰："心之同然，本乎理之当然，而理之当然，本乎物之必然，亦即合乎物之本然也。"[①]

要之，"和"是以不同为前提的，没有不同，就无所谓和。最要不得的是"以同裨同"，其结果必然导致"剗同"。而不同何以能够走向和同？盖由于人之性、心之理、物之理，有所同然者。心同理同是为关键，无视人类的"同"，夸大人类的"不同"，以不同为由拒绝走向和同之境，不仅是学术的误区，更是思想的陷阱。

四、"仇必和而解"

现在的问题是，人类在走向和同的路上，是否也有可能由于彼此的不同所引起的分歧、歧见、争议，而激化自己的态度，从而因"争理义"，而发生"是非之心"的易位，一变而为颠倒是非，积非成是，罔顾天下的"公是"和人类本有的心同理同，最终走向和同之路的反面，而又不知迷途自省。应该说，这种情况是现实的存在的。揆诸历史，此方面的案例比之和同之案例，可以说有过之而无不及。幸好，中国文化的精神义理里面，有比较现成的"解药"，这就是宋代思想家张载的"哲学四句教"。

张载，字子厚，号横渠，生于宋真宗天禧四年（1020），卒于宋神

---

① 钱锺书：《管锥编》第 1 册，第 85 页。

宗熙宁十年（1077），活了五十七岁。籍河南开封，后长期栖居在陕西凤翔县，成为关学的代表人物。宋代濂、洛、关、闽四大家中，以张载为最长。他的有名的四句教是："为天地立心，为生民立命，为往圣继绝学，为万世开太平。"这四句话气象大得不得了。试想，"为天地立心""为生民立命"，这是何等宏阔的怀抱。中国文化中历来有"民本"的思想传统，关注生民的利益，是每个知识人士，每个为官的人必须做的。所以过去的县官叫作"父母官"，以民为父母，他当然要关心"民"的利益。张载讲的"为生民立命"，直接来源于孟子的思想，因为孟子讲过"正命"，即人要正常的生，正常的活，正常的死，不要让民众过不正常的生活。"为生民立命"的意思在此。最后的指向，是"为万世开太平"。

但是张载还有另外的四句话，见于他的代表著作《正蒙》一书，笔者称之为"哲学四句教"。这四句话是：

有象斯有对，对必反其为，有反斯有仇，仇必和而解。[1]

这四句话使用的纯是哲学语言，讲的是一种宇宙观，是对整个宇宙世界发为言说。这个世界上，有无穷无尽的一个个的生命个体，可以称作"象"，这些"象"，有动物的，有植物的，每个"象"都不同。正所谓万象纷呈。此正如张载在《正蒙》中所说的："盈天地之间者，法象而已。"[2]张载在哲学上秉持"气"一元论的思想，认为无形之气因

---

[1]　张载：《正蒙》，载《张载集》，第10页。
[2]　张载：《张载集》，第8页。

"感而生则聚"，于是便有象形成。第一句"有象斯有对"，是说所有这些个"象"，都是以不同的姿态，不同的规定性，存在于这个世界上。不同是显然的，即使是美丽的女性，也有不同的美，所以古人很早就有"佳人不同体，美人不同面"的说法（《淮南子·说林训》）。西方也讲，世界上没有完全相同的两个生命个体。用张载的原话说，则是"天下无两物一般，是以不同"，以及"造化所成，无一物相肖者"。总之宇宙间的万象，是互不相同的，这才成其为世界。

第二句"对必反其为"，是说一个一个的"象"，不是静止的，而是流动的。由于各个象的不同，其运行流动的方向也不相同，甚至有时候会背道而驰，所以会出现第三句标称的"有反斯有仇"的情况，发生互相间的对立和纠结。这个"仇"字，古写作"雠"，左边一个"佳"，右边一个"佳"，中间是言论的"言"。"佳"是一种尾巴很短的鸟，"雠"字的本义是指两只短尾巴鸟在叽叽喳喳地说话、讨论、争论、辩论。人有人言，鸟有鸟语。这个"雠"字，就是"校雠"的"雠"。我们都有过校书的经历，那是很难的事情，所谓无错不成书，很难一个字都不错。古人的"校雠"，更是一件大事。你拿这个本子，我拿那个本子，一点一点地校，互相讨论、争论、辩难，难免面红耳赤。但两只短尾巴鸟互相讨论、争论、辩论的结果，并不是这只鸟把那只鸟吃掉，而是或取得共识，或达成妥协，或求同存异，最后走向"和而解"。所以张载哲学四句教的第四句"仇必和而解"是关键的关键。不怕不同，不怕歧见，不怕争论，甚至也不怕因误读而产生的仇雠相对，最后的结局，相信终归会"和而解"，而不是"仇而亡"。这是有智慧的中国古代哲人的殷切期待。

但商讨对话需要文化智慧。中国文化的"和同论"的思想，也就是孔子的"和而不同"的思想，是人类对话的智慧源泉。这个世界有差异，但差异不必然发展为冲突，冲突不必然变成你死我活，而是可以"和而解"的。你想，用这个思想来看待世界，不是可以减少很多不必要的麻烦吗？当然，不是一方的问题，而是彼此双方乃至多方的问题，所以需要沟通对话，需要多边商量。"有反斯有仇"，就是沟通、对话、商量、研讨、互相校正的过程。

20世纪末，我有一段时间在哈佛大学做研究，有幸与可以称之为西方的大儒的史华慈教授进行了两个半天的访谈对话。他是一位法裔犹太人，懂七八种文字，早年研究日本，后来研究中国。他的一个重要学术理念是"跨文化沟通"，主张人和人之间，不同的文化之间，不同的族群之间，是可以沟通的。他跟我谈话中，提出一个理论，他说语言对于思维的作用，并不像人们想象的那样大。这个我以前从没有听说过，因为语言是思维的工具，没有语言，人还能思维吗？当然我们了解，不会讲话的小孩子，会画图画，画图画也是一种思维。史华慈教授为了倡导跨文化沟通，试图在理论上有新的建构。他的这个理论想证明一个问题，即语言不通，也不见得是人们交流的完全不可逾越的障碍。其实，不同的文化可以沟通，不一定那样对立，这是中国文化一向的主张。

然而人类如何走向和解？伟大的思想家孔子给出了另一条思想定律，就是大家都知道的"己所不欲，勿施于人"（《论语·颜渊》）。"己所不欲，勿施于人"代表的是儒家的"恕"道精神，反映出中国文化的异量之美。此一定律，给出了人类的理性相处之道，提倡将心比心，换位思考，自己不喜欢的绝不强加于人。"己所不欲，勿施于人"是处理人类的不同的最合乎人类本性的理性方式，实际上是追寻不同之中的大同。

一个是"和而不同"，一个是"己所不欲，勿施于人"，这两句话都是孔子在世时讲的，时间在公元前 5 世纪，当时正是世界文化历史的轴心时代。我们有理由把孔子这两句话所含蕴的哲学思想，看作是中华文化解决人类生存之道的一种大智慧。

（原载《文史哲》2016 年第 3 期）

天下文明

——论儒家的国际政治原则

盛　洪

在当今世界，占据主流地位的西方国际关系准则及其背后的价值观，仍然没有摆脱实质上的民族主义和社会达尔文主义的影响。实际决定国际关系的，仍然是实力。而面对与周边国家的关系，以及重大国际问题，中国政府基本上处于一种进不得也退不得的矛盾状态。在互为抵牾的表态和政策背后，缺乏的是一种基本价值准则。因此，我们需要探讨符合天道正义的国际政治规则。在诸多思想资源中，也许儒家的相关资源最为丰富，因为在世界历史中，中国是罕见地实际实行过"天下主义"的文明，这不能不归功于儒家传统。在今天，挖掘儒家的国际政治原则的思想资源，或许不仅为中国，也能为世界提供一个具有道德价值的国际关系准则。

一、儒家的"世界观"

梁漱溟先生曾说，相对于西方人，中国人重天下而轻国家[①]。在儒

---

① 梁漱溟：《中国文化要义》，载《梁漱溟学术自选集》，北京师范学院出版社 1992 年版，第 331 页。

家看来，人类社会不应该有一个边界，所以用"天下"来形容所有人类社会的存在。"天下"一词有其特点。第一，天下即"天之下"。"天"是一个广阔无垠的概念，天之下必然涵盖了所有的人类社会，无一遗漏。第二，天下没有边界，其规模是未知的，所以观念中的"天下"会随着人们对已存在的人类社会的了解而变化。古代中国人并不知道某些人类社会的存在，如美洲社会，但并不会将这些未知社会排除在天下之外。所以"天下"概念是一个适用于古今的具有永恒意义的概念。

那么，儒家对"天下"的态度是怎样的呢？《礼记·礼运》说，"以天下为一家，以中国为一人"。意思是说，天下所有的人都像一家人一样。笔者曾在《论家庭主义》一文中指出，从经济学的概念去理解，在所谓"一家人"之间，在成本和收益的计算上并不互相独立，即一个家庭成员的效用会给另一个家庭成员带来效用，因而他们之间的利益并不直接地互相对立。经济学假定的个人主义的个人却是在成本和收益上互相独立，他们之间的利益存在着互相对立的一面①。

这种区别导致了截然不同的两种态度。一种是，一个社会的人将其他社会的人看作是自己在争夺既定资源时的竞争对手，自己的福利取决于竞争的结果。而竞争的手段并不排除武力手段。最极端的，是将竞争对手消灭。一种是，一个社会的人将别的社会的人看作是自己的家庭成员，这个社会的存在本身就对他们自己的福利有所增益，所以他们愿意牺牲一部分自己的利益以维护这另一个社会的福利。即使在资源既定的情况下，一个家庭内部也会采取共同减少福利，以及更倾向于后代的方式分配资源。因而这种态度不倾向于诉诸武力。

① 盛洪：《论家庭主义》，载汪丁丁主编：《新政治经济学评论》第四卷第2期，浙江大学出版社2008年版。

概括来看，儒家的"世界"在哲学层次上是一个没有边界的世界，也就是一个没有"外人"的世界，也就没有"我们"和"你们"之分；所有的人都被按人来对待，而不是"我们的人"提高自己福利的工具或障碍，从而不会被当作"物"来对待。

二、儒家的"民族观"

然而在现实中，儒家仍然把"人"分成不同的类。只是划分的标准，既不是肤色，也不是财富，而是道德。

儒家的这种分类充分体现在夷夏之辨中："夷夏之辨的标准在野蛮文明，而野蛮文明的标准即在仁义道德。""凡符合仁义道德的，《春秋》则中国之；凡不符合仁义道德的，《春秋》则夷狄之。"[①] 所以夷夏之辨的性质"是道德之辨，而非种族之辨"[②]。例如在春秋时期，楚国本是南方蛮族，但楚庄王做了一些符合仁义道德的事情，《春秋》就加以肯定，而中原的晋国做了一些不符合仁义道德的事情，因此被《春秋》贬为夷狄[③]。

这种分类的特殊之处，在于夷和夏的区分并不构成人群之间利益冲突的基础。对于华夏来说，夷夏之分并不意味着华夏民族与夷狄之间必然的利益对立。用经济学来解释，对仁义道德的理解和施行，是因为有较长的时间视野所致，其中一个重要的含义是，不用损害别人的手段去增进自己的利益；不理解和不施行仁义道德的夷狄因为没有较长的时间

---

① 蒋庆：《公羊学引论》，辽宁教育出版社 1995 年版，第 222 页。
② 蒋庆：《公羊学引论》，第 223 页。
③ 转引自蒋庆：《公羊学引论》，第 223 页。

视野，则可能用损害别人的手段去增进自己的利益。这与一个社会的发展时间以及是否出现过足够多的文化精英有关。华夏民族强调夷夏之分主要是提防夷狄只图当下利益，不按仁义道德的规则行事，从而会损害华夏民族的利益，但不意味着华夏民族在生存上比夷狄更为优越，从而可以侵夺夷狄的土地和财产，甚至奴役他们。

因此，夷夏之辨与上节所说"天下一家"的主张并不冲突，却同西方人的文明与野蛮之辨有着本质的区别。他们认为，"文明人"可以发动征服"野蛮人"的战争，奴役他们，并将他们的财富据为己有。例如尼孚指出，"在战争中可以获得的财富是由野蛮人及其财富构成的，因为（正如亚里士多德所说）对于希腊人和拉丁人而言……野蛮人是天生的奴隶……野蛮人及其物品都是供所有希腊人和拉丁人共同使用的"[①]。在这里，"文明人"与儒家所谓的"夏"有所不同，是指在技术上较领先，其道德规则只适用于本社会范围内的一群人。这种观念一直持续到现代，它为欧洲殖民者征服、屠杀、掠夺和奴役美洲印第安人的行为提供了合法性的解释。

而儒家从来没有相似的观念。对于夷狄，儒家只有被动的防御观念，即《春秋公羊传》所说，"不与夷狄之执中国"。最重要的目的是保护华夏文化。所以华夏民族与夷狄之间的武力对抗，主要是为了"尊王攘夷"。当然儒家也强调只能"以夏变夷"，绝不能"以夷变夏"。但这一"变"的方法，只能用和平的教化方法，而不能用武力的战争方法。这符合儒家更一般的主张，即只能"以德服人"，而不能"以力服人"。

---

① 转引自〔美〕理查德·塔克：《战争与和平的权利：从格劳秀斯到康德的政治思想与国际秩序》，罗炯等译，译林出版社 2009 年版，第 51—52 页。

最经典的个案就是三国时期蜀相诸葛亮"七擒孟获",它充分体现了儒家的一种理想,即不能凭借武力让夷狄归化。

三、儒家"天下"的文化性质

在儒家看来,天下不单单是一个物质的天下,因而也不单单是一个仅以物质为主要价值的人的天下。只有当出现了仁义道德的文化价值,天下才开始成其为"天下"。正如顾炎武的名句所表明的那样:"有亡国,有亡天下。亡国与亡天下奚辨?曰:易姓改号,谓之亡国;仁义充塞,而至于率兽食人,人将相食,谓之亡天下。"[1]这再清楚不过地表明,儒家的天下是具有文化价值的天下。

也就是说,只有出现了文明,人类才从其他动物中脱颖而出,成为在本质上不同的物种,这个世界才变得有意义。当这种文化价值不复存在时,虽然存在着生理意义上的人,但他们只按照与其他动物相同的趋利避害的判断行事,这在总体上与只存在非人类的动物的世界没有区别。这种情形,就如同王阳明说"山中花"的例子,当有美的观念的人到了山中之后,"则此花颜色一时明白起来"[2],而如果是一只蜜蜂,花只是获得其生存资源的场所;当心中有文明价值的人睁开眼睛看到这个世界后,它就变成了"天下",如果只有没有文化价值的人,世界则只是获得物质利益的场所。

---

① 顾炎武:《日知录》卷十三《正始》,甘肃民族出版社1997年版,第583页。

② 王阳明:《传习录下》,载吴光等编校:《王阳明全集》卷三,上海古籍出版社1992年版,第107—108页。

这种文化价值不仅存在于人的观念。孟子说："人之所以异于禽兽者几希，庶民去之，君子存之。舜明于庶物，察于人伦，由仁义行，非行仁义也。"（《孟子·离娄下》）文化价值本身就是由人与人之间的多次互动逐渐形成的，它反过来也是人与人之间互动的行为规范。因此文化价值的存在还要体现为在社会秩序或制度结构中的存在，文化价值还必须由政治领袖（如舜）在公共治理中去推行（"由仁义行"），天下才能是有文化价值的"天下"。

这种在其制度中蕴含文化价值的"天下"观，不言而喻地有一种"天下"理想，即《易经》中所说的"天下文明"。赵汀阳指出，这"指向一种世界一家的理想或乌托邦（所谓四海一家）"，"意味着一种哲学、一种世界观，它是理解世界、事物、人民、文化的基础"。"'天下'所指的世界是一个'有制度的世界'。"[1] 很显然，这是一组包含着文化价值的制度。与之相对照，赵汀阳指出，尽管在一些民族国家内部有了民主政治和自由市场的现代制度，但至今由西方主导的世界仍是一个处于"霍布斯状态"的世界，从而不是一个"有秩序的"或"有制度的"世界。而在总体上来讲，西方思想传统中基本上没有与"天下文明"相近的世界理想。

四、天下应该"定于一"吗？

世界上既然存在着众多人民以及由他们组成的多个社会，解决人与人之间，社会与社会之间的利益冲突就是一个非常重要的问题。

① 赵汀阳：《天下体系：世界制度哲学导论》，江苏教育出版社2005年版，第41—42页。

解决冲突大致有两种进路。一是人与人之间、社会与社会之间通过平等谈判，一是整个世界要形成一个统一的政治体，由这个政治体的公共权力机构来公正裁判。儒家虽然倾向于前一种选择，但清醒地不排除后一种选择。最著名的就是孟子与梁襄王的对话。面对梁襄王"怎样解决和安定世界上的诸多纠纷"的问题时，孟子答曰"定于一"（《孟子·梁惠王上》）。这个"一"，应该是指政治上的"一"，即政治统一，在世界上有一个最高的公共权力机构，它能裁定冲突各方的是非曲直。

那么，这是一种唯一的进路吗？另一种进路，即冲突各方之间的直接谈判是否也可以完全解决冲突呢？实际上，经济学对这个问题已经有了明确的答案。经济学虽然强调平等谈判的有效性和普遍性，但早已有"市场失灵"这个概念，其哲学含义是，两人之间的平等谈判不是在任何时候都能达成一致。由于存在外部侵害问题，公共物品的非排他性质，集体行动的搭便车问题，平等的谈判可能会失败。在出现纠纷的场合，谈判也经常会失败。所以在我们能够观察到的成功的社会，都有公共机构对纠纷进行判决，并强制性执行。

这样的逻辑并不会在世界层次失灵。如果两个国家出现纠纷，也并不一定全都能通过谈判解决。至少有文字记载的世界数千年的历史证明，国家之间经常采用战争方式来解决纠纷。孟子生活在中国的战国时代，他目睹了国家间的连年征战。他从对基本人性的思考开始，得出只有"定于一"才能最终消灭"用武力解决纠纷"的结论，应是经得住考验的，具有永恒意义。直到今天，世界仍在为国家间的军事力量的竞赛和对抗所困扰，人类仍然生活在战争随时有可能爆发的阴影之下，"定于一"，即世界的政治统一仍是可以理解、也可以操作的消除战争的唯一途径。

　　关键问题并不在于是否"定于一"，而在于"怎样定于一"，和"谁能一之"。孟子的答案是，"不嗜杀人者能一之"（《孟子·梁惠王上》）。这与儒家的"天下文明"的理想相一致。不喜欢杀人又能够实现政治统一，即是"以德服人"，而不是"以力服人"。统一的方法不是战争。而只有在世界上推行以仁义道德为基础的制度结构，才能使全世界的人都获得福利、公正和尊严，他们才会心悦诚服地拥护这一政治统一。在这里，"不嗜杀人者"不是指一个或一群人，而是指遵循仁义道德文化原则的任何人；也是在说，这样一个政治统一是以仁义道德为原则的，也就是儒家理想的文明的天下。

　　在西方，同样问题的解决方案，比较经典的是康德的《论永久和平》。文中，他认为只有通过战争，而不是道德的提升，才能形成一个公正的互相制衡的民族国家权利结构，最终实现世界永久和平。至多，这个权利结构并不是一个平面，而可能由一个"强大而开明的民族"作为"中心"的"伟大的各民族联盟"[1]。即使出现过有关世界政府的设想，也从来无法想象，如果不凭借武力，将如何实现政治统一[2]。

　　然而，一个民族国家的权利结构也有其积极的一面，即它为国家间的平等谈判提供了一个制度环境，使得更多的纠纷可以通过谈判解决。其实，儒家主张的"定于一"的解决方法，即靠一个公权力机构裁决国家间纠纷的方法，与平等谈判的方法并不冲突。按照儒家的一贯主张，即强调"自然秩序"，强调"一之"之人是"不嗜杀人者"，即是在说，

---

[1]　〔德〕康德：《历史理性批判文集》，何兆武译，商务印书馆1996年版，第12、113页。

[2]　〔英〕阿诺德·约瑟夫·汤因比、〔日〕池田大作：《展望二十一世纪：汤因比与池田大作对话录》，荀春生、朱继征、陈国梁等译，国际文化出版公司1985年版，第306页。

平等谈判是应优先选择的手段，公权力裁决只是平等谈判失败后的不得已的最后手段。

五、如何确定现实的国家对外关系准则？

虽然儒家有"天下文明"的理想，但同时也面对现实中的国家或"民族国家"；儒家既有着超越的文化价值，又寄寓在特定的社会之中，如果一个国家的政治领导人间，根据儒家的文化价值，一个国家对外关系的准则是什么，儒家将如何回答呢？

在儒家看来，一个国家既是一个天下之中有着既定边界和人民的政治体，又有可能是走向"天下文明"的起点。无论是前者还是后者，都应在与其他国家的交往中，实行在人与人之间实行的仁义道德。这包括诚信、谦让、尊重和怜惜别国人民的财产与生命。这些主张最初主要体现在《春秋》对当时国际事件的褒贬中。如比较著名的"退避三舍"的故事；楚庄王战胜郑国，而不夺走郑国的土地的故事；还有一次楚国包围宋国城池时，楚国大夫司马子反发现城内已"易子相食"，则劝楚王退兵，也被称为"发于恻隐之心，不忍一国相食"[1]。这种传统在后来的以儒家思想为主导的中国王朝中得到了继承。例如汉代拒绝乘匈奴国内大乱或句丽国王去世之机发兵[2]，宋代因"示人以仁义"而从针对西夏收复失地的行动中撤军[3]。

---

① 转引自蒋庆：《公羊学引论》，第 241—243 页。
② 黎虎：《汉唐外交制度史》，兰州大学出版社 1998 年版，第 22、36 页。
③ 李华瑞：《宋夏关系史》，河北人民出版社 1998 年版，第 85—90 页。

　　这种遵循道德的国家间关系准则，一般而言会给实行一方的国家带来好处，可以获得更为和睦的国家间关系，甚至可以获得其他国家的尊敬和拥戴。这又会使儒家的仁义道德价值向其他国家传播，推动世界走向天下文明。如春秋五霸不仅因国家实力，而且由道德感召力而称霸。这正说明，"以德服人"，"不嗜杀人者能一之"，有着现实的、可操作的一面。在其后中国出现的后帝国体制，如汉、唐、宋、明、清，虽然领土广阔、国家强大，但所依赖的军事力量却是不成比例地小，被后人称之为"无兵的国家"。如唐朝本身的军队很少，更多地依赖于少数民族的武装①。这是因为这些后帝国主要奉行了儒家的国家间的道德准则。

　　国家有大有小，较大国家因其较强实力倾向于扩张和欺凌较小国家。但是按照仁义道德原则，大国就不应该恃强凌弱。孟子说："惟仁者为能以大事小，惟智者为能以小事大。"（《孟子·梁惠王下》）这符合儒家的国家间关系要遵循道德的一般原则，也给出了特殊情境下的道德建议。一个没有道德约束的经济人，会因自己在物质和武力上的优势而膨胀，不能平等对待甚至欺凌弱小者；但这样一来，他就破坏了人与人之间的道德准则，使社会、包括他自己失去一个有道德准则的社会所能带来的好处。同样，一个大国最容易犯的错误，就是因为自己的强大而忘乎所以，穷兵黩武，四处侵略，最后耗尽国力，激起周边国家的仇恨和反抗，最后导致帝国的垮台。

　　因此，儒家的仁义道德原则对于大国有着特殊要求，即应该有平衡其强大经济和军事实力的强大的道德能力。《吕氏春秋》中的一篇文章叫《慎大》，开篇就说，"贤主愈大愈惧，愈强愈恐"。其中讲了一个

---

① 雷海宗：《中国文化与中国的兵》，商务印书馆 2001 年版，第 23—49 页。

赵襄子的故事。赵襄子一天上午攻下两座城池，却面有忧色，别人问他为什么？他说："今赵氏之德行，无所施于积，一朝而两城下，亡其及我乎！"很直接地担忧自己的道德能力赶不上军事能力。所以孔子听说后称赞说："赵氏其昌乎？"所谓"慎大"，所谓"惟仁者为能以大事小"，都是在强调，大国的民众及其领导人要修炼心性、提升道德，才能尊重小国，也才能维护大国的长久昌盛。

当然，儒家的最终目标并不是国家昌盛，而是天下一之。"慎大"的大国，"以大事小"的大国，如果再有道德自觉，就会最终成为一统天下的道德核心力量。

六、如何对待其他国家的国内事务？

一般而言，儒家在坚持仁义道德原则上并不区分国内还是国外。因为在儒家的概念中，"国"是一个比"天下"弱得多的概念，而天下本身就包含着仁义道德之义。然而在现实中，天下被划分为不同的国家。对在其他国家中发生的违反仁义道德的事情，儒家应怎样做呢？

首先，对违反仁义道德的事情加以贬抑。既然儒家坚持最高的天道，任何人间的事务都要用天道来衡量。这比较经典地体现在《春秋》中。蒋庆说："按照《春秋》义法，成周可新，天子可贬，诸侯可退，大夫可讨。"[1] 既然天子违反天道都可以贬斥，各诸侯国出现的违反仁义道德的事情更可斥责。因为仁义道德没有国界。

---

[1]　蒋庆：《公羊学引论》，第334页。

　　那么，对于其他国家出现的违背天道之事是否要采取行动呢？如果发生这样的事情不是该国政治统治集团所为，就首先要期待这个政府依据天道去处理此事；如果该国政府不能履行自己的职责，甚至它本身就是违反天道的主角，还要期待天子的处理。如果还不存在一个天子，或者天子本身也昏庸无道，无法履行职责，别的诸侯国可代行征伐。如孔子所说："天下有道，则礼乐征伐自天子出，天下无道，则礼乐征伐自诸侯出。"（《论语·季氏》）但"礼乐征伐自诸侯出"不是常规的制度，时间长了会出问题，所以"自诸侯出，盖十世希不失矣"（《论语·季氏》）。

　　在春秋时期，我们能看到很多这方面的例子。如一个合法的君主被杀，一个无道君主暴虐，一个君主无理杀害大臣，等等，都可能招致别国的行动。如卫国的州吁弑君，后被卫国的大臣石碏借陈国杀了，同时也杀了他自己与州吁同谋的儿子石厚，被称为"大义灭亲"。如果君主以至天子无道，一国诸侯也可征伐，最著名的莫过汤武革命。在当时，成汤或周武王都只是天下中的一国之君，但当天子违背仁义道德，不能再履行天子的职责时，成汤周武就有权利替天行道。另一个例子就是伍子胥带领吴国军队，攻打楚国，替父报仇的故事。这在儒家看来也是正义的。"子胥之父无罪被楚平王所杀，这是一种极不公平的滥刑与政治上的暴虐，楚平王已经是一无道义之君，伍子胥与楚平王之间的君臣关系……已自动消失。在这种情况下，伍子胥面对的只是一个赤裸裸的仇人……为父亲报仇已是天经地义义不容辞。"[1]

　　当然，对于在别国发生的违反天道的事情，即使采取干预行动，

---

[1]　蒋庆：《公羊学引论》，第326页。

也要尽量避免使用武力。这是因为，尽管征讨别国乃至天下的无道之
君是替天行道，但究竟是动用了武力。这不可避免地要带来人的生命
的损失，而且这种手段本身也为儒家所贬抑。所以孔子评论武王伐纣
说："尽美矣，未尽善也。"（《论语·八佾》）所谓"未尽善"，就是指
动用了武力。有人据此而问王阳明，如果文王在，将会如何做？王阳
明回答说："文王在时，天下三分已有其二。若到武王伐商之时，文王
若在，或者不致兴兵。必然这一分亦来归了文王。只善处纣，使不得
纵恶而已。"①

　　总体而言，儒家是正心诚意，以别国人民或天下人民的最高利益为
出发点。在处理与别国关系或国际问题时，不应出于自己一国的利益，
而是要为别国人民和天下人民着想，以此决定自己的行动。

七、如何对待宗教冲突？

　　儒家是一种文化传统，它与其他文化传统有着竞争关系，所以不可
避免地与其他文化传统存在紧张关系。如孔子曾说，对背叛儒家原则的
人"鸣鼓而攻之"（《论语·先进》）。对于其他宗教，儒家也有不少批
判。如韩愈的《论佛骨表》，即反对皇帝迎佛骨入宫供奉。

　　然而，儒家对其他宗教或文化传统，一般只限于口头上的批判；即
使批判，也只是批判其过分的地方，如韩愈只是反对皇帝过分崇尚佛
教，并不反对老百姓信佛，也不反对皇帝一般地信佛。比起世界上许多

---

① 　王阳明：《传习录上》，载吴光等编校：《王阳明全集》卷一，第19页。

其他宗教来，儒家对待其他文化传统的态度是最温和的，远远没有达到要利用政治强力禁止其他宗教或文化传统的程度，更不会强迫改宗。因此马克斯·韦伯说，儒教"较之不宽容，起码较之加尔文清教的不宽容，有远为博大的宗教宽容"[①]。

儒家的宽容部分地来源于儒家作为一种文化传统的特殊形式。一般的宗教具有很强的神秘主义色彩，有专职的神职人员，有有形的组织，靠向信徒募捐聚集资源，有比较成熟的宗教仪式以及相应的场所。儒家则不同，神秘主义成分较少，没有专职的神职人员，也没有专门的宗教组织。儒家的文庙不同于其他宗教的寺庙或教堂，只是为知识分子所设立，儒家的另一个组织形式是书院，只是一种学习组织。儒家的"商业模式"也很不同，主要是向家族和国家筹资。对于前者，采取家族祠堂的形式；对于后者，采用科举制的形式。因而，儒家与其他宗教没有直接的竞争关系，相对而言也更宽容。

所以，虽说自汉以后儒家在政治上占主导地位，但一直并没有排斥其他宗教的传播。佛教的传播就是一个明证。其他宗教，如犹太教、基督教、伊斯兰教，甚至摩尼教，也都在中国有过自由的传播。在汉以后的两千多年中，有些宗教还在某些时候占据主导地位，如佛教在魏晋南北朝和唐代都有着很高的地位。到了宋代，士大夫阶层也是非常崇尚佛教的。朱熹等当时大儒，也是最先受到佛教熏陶的。所以在宋儒革命时，他们将大量佛教和道教的思想资源融入儒学。

清代发生的礼仪之争，是儒家传统与基督教的直接冲突，也就非常清楚地体现出哪一种文化传统更为排他，哪一种更为宽容。当时在

---

① 〔德〕马克斯·韦伯：《儒教与道教》，王容芬译，商务印书馆1995年版，第295页。

中国传教的基督教多明我会认为，中国的基督徒不应同时祭孔子和祖先，并向罗马教廷控告。1704 年，罗马教皇发出禁令，禁止中国的基督教徒同时祭孔子和祖先。只是在这种情况下，康熙皇帝才下令禁止基督教的传教活动。综观整个事件，是基督教的罗马教廷提出，信基督教具有排他性，即不能再信其他宗教，也不能崇拜其他偶像；而儒家并没有相应的规定，即如果信儒家的话，就不能再信其他宗教。进一步，罗马教廷又把对孔子和祖先的崇拜升格为偶像崇拜加以禁止[①]。孰宽孰严，一目了然。

儒家传统的这种特点，不仅降低了它自身与其他宗教之间冲突的可能性，而且可能为其他不同宗教间的冲突，如基督教和伊斯兰教之间的冲突，提供一个文化缓冲或沟通的中介，为解决世界上的文化冲突提供帮助。

八、如何处理与其他国家的纠纷和冲突，国家间使用武力应遵循何种原则？

在一个社会中，儒家的基本原则是尽量不要与其他人发生纠纷和冲突，要"克己复礼"，要"和为贵"。这在国家间也是一样。如果由于别人或他国的挑衅和侵犯，不得不加以面对，也要采取恰当的对策。

第一个层次是保卫自己。儒家当然主张要用武力去抵抗入侵，保护华夏文明。孔子说："以不教民战，是谓弃之。"（《论语·子路》）即不

---

① 百度百科"礼仪之争"（http://baike.baidu.com/view/242157.htm）。

教民众保卫自己的战争技术，就相当于抛弃民众。孔子又说："微管仲，吾其被发左衽也。"（《论语·宪问》）意思是说，管仲辅佐齐桓公"尊王攘夷"，用武力保了了华夏诸国，也就保卫了华夏文明。如果没有管仲，华夏文明也就不复存在了。所以儒家并不排除使用武力。

在第二个层次上，儒家也是非常注意要慎重地使用武力，而不能滥用武力。这里包含了对使用武力的负面结果的深刻认识。武力只是一个不得不使用的最后手段。孔子盛赞管仲的仁德："桓公九合诸侯，不以兵车，管仲之力也。如其仁！如其仁！"（《论语·宪问》）老子说："兵者不祥之器，非君子之器，不得已而用之。"（《老子·第三十一章》）儒家在这一方面与道家相同。一方面，轻易用兵，则要牺牲百姓，耗费国力；另一方面，如果不用武力也能达到攘夷的目的，就更为值得称道。

这也会引出儒家解决与别国冲突的第三个层次，即通过与他们的互动，最终影响和引导他们走上和平共处、共同遵循仁义道德规范的道路。在这个意义上，即使用武力打败敌国，也不能达到儒家的最终目的——"以德服人"。从长远看，儒家的目的是扩展仁义道德的领域，不仅自己与邻国共享和平，还能向天下文明的目标迈进。

这样的基本原则，一直贯穿于从汉到清的重要朝代之中。一个比较典型的例子，就是匈奴与中原王朝的关系。比如在汉朝时，匈奴经常因风雪导致牲畜死亡，而侵掠中原内地。如汉初文景时期，汉文帝说，"边民父子荷兵日久，朕常为动心伤痛，无日忘之"，所以采取和亲政策。于是"百姓无内外之徭，得息肩于田亩，天下殷富"[1]。

唐太宗被认为是英勇善战的开国帝王，但《贞观政要·论征伐》记

---

[1]　司马迁：《史记》卷二十五《律书》，中华书局1982年版，第1242页。

录了不少他拒绝用兵的事例。如贞观四年（630），有司上言："林邑国蛮，表疏不顺，请发兵讨击之。"唐太宗说："兵者凶器，不得已而用之。故汉光武云：'每一发兵，不觉头须为白。'自古以来穷兵极武，未有不亡者也"，所以"竟不讨之"[1]。如此类似的事例还有若干。

即使是被认为是正当的征伐，也要遵循基本的礼义原则。如不在敌国内乱或发丧时进攻。汉宣帝时匈奴大乱，有人提议乘机出兵匈奴，御史大夫萧望之说，"不以义动兵，恐劳而无功"。反而建议派使者慰问。认为这样做将会使"四夷闻之，咸贵中国之仁义"[2]。另一个唐朝的故事是说，"贞观十四年，兵部尚书侯君集伐高昌"，正值"高昌王麴文泰死，克日将葬，国人咸集"，有人建议乘机袭之。侯君集说："乃于墟墓间以袭其葬，不足称武，此非问罪之师也。"[3] 于是按兵不动，待葬礼结束后，再进军攻击。

反观西方世界，基本上没有类似儒家的主张。一个国家与周边国家之间的关系，主要基于安全的考虑。如果发现邻国发展军备对本国有重大威胁，甚至可以采取先发制人的军事行动。就如同今天以色列和美国为了制止伊朗获得核武器，准备采取先发制人的攻击一样。更进一步，西方的相关理论还认为，"为了帝国的荣誉"，进行征服野蛮人或异教徒的战争也是正当的[4]。这种源远流长的传统决定了西方世界更倾向于动用武力解决国家间或民族间争端。

与西方相比较，儒家这种尽量少用武力的主张，也可能导致疏于军

---

[1] 吴兢：《贞观政要》卷九，上海古籍出版社 1978 年版，第 261 页。

[2] 班固：《汉书》卷七十八《萧望之传》，中华书局 1962 年版，第 3279—3280 页。

[3] 吴兢：《贞观政要》卷九，第 262 页。

[4] 〔美〕理查德·塔克：《战争与和平的权利：从格劳秀斯到康德的政治思想与国际秩序》，罗炯等译，第 20—36 页。

备，这是近代以来中国知识分子检讨中国相对于西方的军事劣势时强烈感受到的。然而，导致这种结果的，可能不是儒家的教条，而是由儒家传统影响的中国历史的结果。由于近代中国的统一和较周边国家的强大，使得中国可能以较少的军事力量维系一个幅员辽阔的国家，也较少改进武器的压力。所以当近代与奉行西方传统的国家经过武力竞争涌现出的佼佼者相比，显然要处于劣势。但也正是当时的儒家士大夫，从曾国藩到张之洞，依据儒家要保卫华夏文明的基本原则，发动了旨在富国强兵的洋务运动，以增强中国的军事力量。这与儒家的原则毫无冲突。

九、"天下文明"的现代意义

到了今天，中国已经成为世界上第二大经济体，一个在军事上强大（包括拥有核武器）的国家。然而，由于经近代以来历次的批儒反孔，儒家传统，包括有关"天下文明"的传统已经丧失。反之，中国为了救亡，开始遵循以西方传统主导的国际秩序，也基本上接受了在这之后的基本原则，即社会达尔文主义的原则。在早期，中国贫弱，在国际上没有地位和影响，所以在对待与周边国家的纠纷和冲突时，采取向后推的策略，然而当中国已经对世界有着举足轻重的影响时，这些做法就不适宜了。中国不得不面对这些问题。

与周边国家的纠纷，比较典型的事例就是南海问题。这一问题到近年来变得越来越无法回避。中国依据现代的国际秩序原则和法理依据，拥有对南海诸岛及相关海域的主权。但有些国家非法占据我南沙群岛部分岛礁，中国并没有依照西方列强曾经的方式，用强力维护和伸张自己的主权主张。我国以维护南海和平稳定大局出发，在坚定维护中国在南海的领土主权和海洋权益的同时，保持了高度克制，坚持和平解决有关争议共促发展的方针，坚持通过规则机制管控分歧，坚持通过谈判协商解决争议，并为此作了不懈的努力。

对于那些国内存在问题的国家，在该国出现政治动荡时，中国首先应通过国际组织，尤其是联合国，对该国采取和平的政治解决方案；只有在该国合法政府的邀请时，或者由该国人民投票邀请时，才能通过联合国出兵干预。即使在该国的政治条件下，民众无法真正举行投票，也可以请在海外的该国公民举行投票，来决定联合国是否武力干预。只有在极为特殊的情况下，中国才应在各种条件都具备的情况下，包括该国政府和人民的邀请，联合国的同意，向该国派维和部队。总之，中国对于一个国家事务的介入，首先应不干涉该国内政，以该国人民的最大利益为标准，以决定中国的行动。

用天下文明的价值来评价，对于南海问题，中国既要作为领土纠纷的一方，以充足的证据和合法的手段维护自己的正当权利，又要超越当下利益，以"天下"的视野考虑问题。首先应正心诚意地思考，中国与南海周边国家的共同的最大利益是什么，它们之间的利益平衡在哪里。总而言之，中国应该采取一种相关各方都能受益的立场与方案，而不是单纯凭借武力来实现谈判桌上所实现不了的国家利益。更重要的是，中国的最高目标，除了维护中国的国家主权，还应是通过在国家间关系中奉行道德原则，并逐渐形成一种公正且和平的国际规则，进而影响其他国家乃至全世界，走向天下文明。

要达到这一目的，首先要复兴儒家有关"天下文明"的传统，并加以讨论和传播，使之成为人类社会有关世界规则的重要传统，并与目前占主导地位的西方国际规则的价值标准互动与竞争，最后成为世界的主流价值观。这样，人类社会终将实现天下文明。

（原载《文史哲》2013 年第 5 期）

忠恕与金律：地球村未来之共同原则

田辰山

导　论

西方基督教传统讲"金律"（the Golden Rule），中国儒学讲"忠恕"之道（道家和墨家亦提倡此道），西方有人把"忠恕"之道与"金律"视为同一原则。本文意在探讨"金律"与"忠恕"究竟在什么意义上存在差别以及是否可视为同一原则，并提出：在人文意义上，"金律"与"忠恕"可谓中西思想传统中最为接近、最具备构和之可能性的理念，有着成为人类发展地球村共享哲理的基础。

为证明以上论点，本文将逐层次对下列问题进行分析：（一）"金律"是个什么概念及为什么西方视"忠恕"与"金律"为同一原则？（二）为什么说"金律"（"忠恕"）是人类最普遍享有的伦理原则？（三）"金律"在西方思想传统中占有什么地位？（四）"忠恕"在中国思想传统中占有什么地位？（五）"金律"的西方传统结构是什么？（六）"忠恕"之中国传统结构是什么？（七）"金律"与"忠恕"发生构和的可能性是什么？（八）"金律"和"忠恕"面对哪些挑战？

一、什么是"金律"？

西语"金律"有泛指和特指两种含义。泛指是某一领域或事业所奉行的一种重要哲理、指导性原则或理想行为，比如，示威者已达成一致，他们的"金律"是"不采用暴力"。特指是基督教《新约·马太福音（7：12）》规定的伦理行为戒律："无论何事，你们愿意人怎样待你们，你们也要怎样待人。"① 这条戒律是西方文化中最著名的"金律"，它的消极句式是："你不希望别人那样对待你，你就不要那样对待别人。"②

"金律"并非基督教文献的一家之言。公元 1 世纪初耶路撒冷犹太教圣经注释家希勒尔和斐洛曾用过其消极句式，古希腊柏拉图③、亚里士多德、伊索克拉底④和塞内加⑤也都曾说过。"金律"甚至作为人们的俗

---

① "In everything, do to others what you would have them do to you..." Dictionary, http://dictionary. reference.com/browse/golden+rule? qsrc=2446, 2010 年 8 月 21 日。

② "Do not do to others what you would not like done to yourselves." 雅里斯底德（Aristides）于公元 140 年上书皇帝 Antoninus the Pius。

③ If Plato had ever explicitly discussed a generally formulated golden rule, his basic objection would have been expressed in a remark Socrates makes in the Republic: "Nothing imperfect is the measure of anything." Unregulated wants are no measure at all. It is striking, however, that all occurrences of golden rule thinking in http://www.personal.kent.edu/~jwattles/GRquotes. htm, 2010 年 8 月 24 日。

④ Isocrates was born in Athens to a wealthy family and studied both under Socrates and Plato, who mentioned him in Phaedrus. He was the head of a rhetoric school in Chios during the reign of the thirty tyrants in Athens, and returned there at the age of 33. Back in Athens he wrote speeches for lawyers, and founded a school of oratory and essay writing. http://www. in2greece.com/english/ historymyth/history/ancient/isocrates.htm, 2010 年 8 月 24 日。

⑤ Lucius Annaeus Seneca, Latin Stoic philosopher, son of Marcus Annaeus Seneca, born at Cordoba, Spain in 65 AD. He was brought to Rome when still a child, and early on devoted himself to the study of rhetoric. Seneca was one of the first Roman exponents of Greek Stoicism, a philosophy advocating peaceful acceptance of both the pleasure and the pain imposed on man by fate, http:// hubpages.com/hub/seneca.

语出现："设想你在那种情况下，你会怎么感觉？""金律"也可以说是一种中国传统所言的"推己及人"，或在牵涉与他人关系的事务上基于"设身处地"考虑的行事方式。西方传统将"金律"称为"互应伦理"（Ethic of Reciprocy），即根本的道德价值是"互应性"（Reciprocy）："你自己希望如何被对待，就那样去对待别人。"[1]

　　这里有两个"金律"（或"互应伦理"）的例子。一个是美国总统肯尼迪曾在 1963 年一次反种族隔离政策的演讲中使用"金律"。针对的事情是阿拉巴马大学第一次招收黑人学生。肯尼迪提请美国白种人考虑，由于肤色不同而被当作第二等公民对待是一种什么心情：如果有人告诉他，他不能参加选举，不能进入美国最好的学校读书，不能到为公众开放的饭店买饭吃，不能在公交车前排就座，作为白种人受到这样的对待会高兴吗？肯尼迪用肯定的口吻说白种人是不会高兴的，但他们正是这样对待别人的。他说："这个问题的关键是：我们希望自己被对待的方法，要不要同样地去对待我们的美国同胞？"[2] 不愿意别人用自己对待别人的方式来对待自己，是违反逻辑一致性的。另一个是日常生活中的例子。幼儿园老师质问一个孩子："你为什么抢那位小朋友的玩具？"得到的回答是："我比他个子大、力气大啊！"老师又问："那么我找一个比你个子更大、力气更大的孩子来抢你手里的玩具，你觉得怎么样？"这个孩子无言答对了。人们在日常生活中运用着"金律"（或"互应性伦理"），"我们要怎样对待别人，必须是希望自己也是那样被人对待的"似乎是个最基本、最容易、从孩童时起就受到熏陶的、规定人们自己在牵涉他人的事务上的行事准则。

---

① "Treat others as you would like to be treated." http://en.wikiquote.org/wiki/The_Golden_Rule.

② http://www.jcu.edu/philosophy/gensler/goldrule.htm.

"金律"（或"互应性伦理"）的中国传统理解和说法是"推己及人"或"设身处地"地考虑。但是在西方学者的述说话语（例如哈里·根斯勒）中，它首先被视为逻辑，是追求一致性的有效推理形式，是将自己放到他人所处地位的假定，即目前所采取的态度依据于一种假定的状况。"金律"（或"互应性伦理"）是一种要求知识、想象和理性化的欲望方式的运用。

需要说明的是，对中国人相对简单、可以一通百通的"推己及人"和"设身处地"，在西方却因理性思考而变成复杂的概念，其基本表现是"金律"或者"互应性伦理"被分为四种形式：第一种称"积极、被动形式"，即"你对待他人，应该是你希望别人怎样对待你那样"；第二种称"积极、主动形式"，即"对待他人就像你自己希望的那样"；第三种是"禁止、被动形式"，即"你不应该那样对待别人，因为你不希望别人那样对待你"；第四种是"禁令、主动形式"（亦称"银律"），即"不要那样对待别人，因为你不愿意别人那样对待你"[①]。根据这样一种形式分类，人们会发现，孔子的"恕"（即"己所不欲，勿施于人"）被译为西语后变为"Never do to others what you would not like them to do to you"（in Arthur Waley） 或"What you do not want done to yourself, do not do to others"，所以被当作"消极形式"（negative form）或"禁令、主动形式"而成为西方概念的"金律"或者"互应性伦理"的。

---

① One should treat others according to how one would like others to treat one's self（positive, passive form）; Treat others as you would like to be treated（positive, active form）; One should not treat others in ways one would not like to be treated（prohibitive, passive form）; And Do not treat others in ways you would not like to be treated（prohibitive, active form）.

其实，中国的"己所不欲，勿施于人"是不能被这样归类的。理由是中国语言不对事物进行严格的肯定与否定、实感与虚拟状态的区别：在中国思维模式中，事物的两个方面被视为是存在内在联系、不严格分界和处于变化之中的，而中国语言充分反映这一思维特点。"己所不欲，勿施于人"包含实感与虚拟两种范畴，也通指肯定与否定情况；也就是说，它涵盖"施于人者，己亦所欲也"，同时指过去、现在与将来。中国"恕"与西方"金律"在这方面的差别，下文还将有所涉及并进行分析。

无论无何，孔子的"恕"道——"己所不欲，勿施于人"，在西方是被归入"金律"，而且得到了积极的评价。应该说，以基督教为主发展而来的西方核心伦理原则"金律"（或曰"互应伦理"），与中国文化的"己所不欲，勿施于人"的"恕"道，由于被视为不同文化传统的不同"金律"版本，二者之间早已存在认同性。

二、历史上最普遍的人类共同伦理准则

孔子的"忠恕"与西方的"金律"，二者之间虽早已存在认同性，但仅限于这种认同性，还是无从谈及整个"地球共同体"对"金律"的认同、今后的共识和共享哲理。

我们发现，在基督教与儒学的范围之外，"金律"同样获得了广泛的认同。迈克尔·舍尔曼指出："没有人会出于任何角度对'金律'感到陌生，人类大多数人群的互动和交流行为可以说都是以'金律'为基本理念。我们发现'金律'被记录在全世界数不清的历史经典中，证明着它可

以普遍运用。"① "金律"是世界各大宗教伦理教律的精义箴言，也作为重要的道德真理遍及世界，以多元文化形式影响人类。"金律"的核心价值表述在"你们愿意人怎样待你们，你们也要怎样待人"一句话之中，能够激励人们进行周游全球的探索发现，将自己的生命与人类历史最普遍的道德理念联系在一起。"金律"在众多宗教文化之中，在伦理思想体系之中，在遍及世界的本土文化之中，在世俗哲理之中，都获得了体现②。

　　世界宗教议会于 1993 年发表的《全球伦理宣言》，将积极形式和消极形式的"金律"皆视为全球多宗教的共同原则加以宣布。《宣言》是根据世界上众多宗教和信仰传统起草的，发表时，不同信仰和教义宗教团体的 143 位领导人签了字，此后又有数千位世界宗教领导人及个人在《宣言》上签字。《宣言》从一切人的福祉出发，为信仰不同宗教的人们创建了一个可达成一致与合作的共同基础③。巴哈伊信仰的巴哈欧拉和阿卜度巴哈的神学著作、佛教《法句经》、印度教《摩诃般若多》、伊斯兰、苏非派、婆罗门教、耆那教（印度非婆罗门教的一派）、锡克教、犹太教……众多宗教经文都有"金律"内容的体现。

　　值得注意的是犹太教经文所反映的"金律"思想。《妥拉》经中说，"你不要向自己的亲族复仇或发泄怨恨"，"爱你的邻居像爱你自己：我是主"④，这两句很流行的话被认为反映了"金律"思想。这一谚语式的

---

① Michael Shermer, *Science of Good and Evil*, 2004, p. 25.

② http://www.scarboromissions.ca/Golden_rule/animating.gold.php.

③ There have been several meetings referred to as a Parliament of the World's Religions, most notably the World's Parliament of Religions of 1893, the first attempt to create a global dialogue of faiths. The event was celebrated by another conference on its centenary in 1993.

④ 《妥拉》经《利未纪》19：18-34，http://en.wikipedia.org/wiki/The_Galden_Rule# Summary_table_of_four_forms。

"金律"提出了这样的要求：自己希望受到平等对待与尊重，就要平等对待与尊重他人[1]。

希勒尔是公元 1 世纪初耶路撒冷犹太教圣经注释家、犹太教领袖和最重要的犹太历史人物，他提出一种"金律"的本地版本："如果我不为己，谁为我？我在为己之时，'我'是谁？现在不为己，更待何时？"这是将自己作为与他人隔离、独立的"我"。他还说："你怨恨的事情，不要施于你的同类。这就是全部《妥拉》，其余的都是对它的解释，学去吧！"[2] 这被认为是表达了"互应伦理"（或"金律"）思想。

我们还可以在美洲土著文化、罗马非基督教文化、日本神道、上帝一位论宇宙神教、尤罗巴文化、现代巫术和琐罗亚斯德教找到"金律"精神。此外，古代希腊以来，如亚里士多德、塞涅卡、康德、大卫·弗格森、霍布斯、密尔、斯宾诺莎、亨利·西德威克等西方哲学家，以及科学论派[3] 等，都曾表达过"金律"思想。

许多不同来源的人文主义思想也将"金律"作为人文原则[4]。按照"金律"生活意味着努力获得与他人的感通共鸣，包括与我们自己十分不同的人们。感通共鸣是友善、同情、理解和尊重的根源——我们所

[1]　http://en.wikipedia.org/wiki/Great_Commandment, 2010 年 8 月 28 日。

[2]　"If I am not for myself, who will be for me? And when I am for myself, what am 'I'? And if not now, when?" Pirkei Avot 1:14 and "That which is hateful to you, do not do to your fellow. That is the whole Torah; the rest is the explanation; go and learn", Babylonian Talmud, tractate Shabbat 31a. See also the ethic of reciprocity or "The Golden rule." See http://en.wikipedia.org/wiki/Hillel_the_Elder.

[3]　"20: *Try to treat others as you would want them to treat you.*"（对待别人要像你希望别人对待你那样）This is one of the 21 moral precepts that form the moral code explained in L. Ron Hubbard's booklet "*The Way to Happiness*". http://www.religioustolerance.org/reciproc3.htm.

[4]　"Don't do things you wouldn't want to have done to you."（不要做你不希望对你做的事情）British Humanist Society. See http://www.religioustolerance.org/reciproc3.htm.

珍视的品质的表露，不管我们是谁，我们意愿如何，我们来自什么地方。虽然有时我们想象不到，与我们不同的人、生活在不同环境中的人、有着不同生活经验的人，有着什么样的感受，但是我们大多数人都可以通过想象知道，什么是造成我们痛苦的来源，从而设法避免给别人造成痛苦。正因此许多人发现了"金律"的推论——"不要用你不希望自己被对待的方法去对待别人"，并且找到了更多的可以实行的方法①。

由上所述可以看到：与任何其他真理原则相比，"金律"最具有普遍意义。这个最普遍意义不是因为只有一个上帝，不是因为它是这个唯一正确的上帝说出的，也不是他说过之后，不同人群才有了这一意识，而恰恰是因为：不管世界有多少信仰，人信仰的有多少不同神，不管有多少文化传统，不管是信仰还是哲学，是宗教还是世俗，人从自己不同的地域、不同的经验、不同的文化习惯，都总结出同一条有效的生活经验——"己所不欲，勿施于人"。这条生活经验，其最大普遍性是由不同宗教与文化殊途同归而造成的。

三、基督教"金律"思想的历史发展

基督教是一神宗教，其教义基于拿撒勒耶稣的入世和布道，其文献为《新约》。基督教采用的"金律"是两条教令，一条是《利未记》19：18，也即"不要以复仇和怨恨对待你的人们，而是爱你的邻居如同

---

① http://www.thinkhumanism.com/index.php? option = com_content & view=article&id=59&Itemid=69.

爱自己"，此条还见于《大戒令》；另一条是《利未记》19：34，"与你同住的陌生人对于你如同出生在你们中间，你要爱他如同自己，因为倘若你在埃及的土地你也是陌生人：我是主，你的上帝"。二者比较，《利未记》19：34 将"你的人们"扩大到"所有人类"①，从而使《利未记》19：18 的教令获得普遍意义。

耶稣的"金律"在《新约》中有多处记载，除了前引《马太福音》7：12②，还有《路加福音》6：31："你希望别人怎么对待你，你就怎么对待别人。"③ 在《路加福音》10：25—28 中，还记载着耶稣与一位律法师的对话，其中，耶稣再次对"金律"加以肯定，那位律法师问耶稣："我必须如何做才能获得永恒的生命？"耶稣反问："你怎么理解？"他回答，"全心全意爱主你的上帝，竭尽全力全心爱他"（《续经》6：5），"爱你的邻居如同爱你自己"，耶稣则说，"你回答得对"，"照着去做，你会得到永恒生命"④。

接着上述《路加福音》的这一段，是耶稣对于谁是"我的邻居"这个问题的回答。耶稣用"慈善的撒马利亚人"这个寓言，来喻示"你的邻居"其实是任何人。这里耶稣的教导已经超越"对别人不要做你不希望别人对你做的事情"的消极形式，变成"主动地对别人做善事 —— 做你期待别人会为你做的事情"。这种形式已经变成主动对别人做善事的积极形式：这个撒马利亚人的寓言告诉人们，要对给别人带去好处的积极行动加以强调，而不是简单地对伤害别人的消极行为加以限制。作

---

① http://cn.wikipedia.org/wiki/The_Golden_Rule # Summary_table_of_our_forms.

② Matthew 7: 12: "In everything, do to others what you would want them to do to you. This is what is written in the Law and in the Prophets." Ibid.

③ Luke 6: 31: "Do to others as you want them to do to you." Ibid.

④ Ibid.

为一种判断规则，"金律"的两种形式，无论消极还是积极形式，都可以同样适用[①]。

　　由于在基督教中的精神权威性、在各处流行的普遍性，"金律"似乎可以在西方社会思想传统中居于统领地位，但事实并非如此。部分原因，如杰福瑞·华特勒斯所指出的，是由于人们对"金律"的理解可以停留在不同层次上[②]。如果一个人在实行"你们愿意人怎样待你们，你们也要怎样待人"的时候，计较的是自己的得失，思考的是如何既避免惩罚，又可让自己受益，那么这其实只是"伪金律"。

　　"金律"牵涉到的第二个层次的问题是"邻居"的范围。"你们愿意人怎样待你们，你们也要怎样待人"这个"金律"所适用的"邻居"范围，一定是没有种族和宗教差别的"邻居"。如果你的"邻居"是敌人怎么办？华特勒斯的逻辑是，这还需要更高层次 —— "超常"之爱，也即"父爱"的更高层次 —— 不排除严厉处罚的爱。"父爱"真义来自耶稣的教导和行为之中：爱你的敌人，慷慨的给予、推行和平、忍受迫害等。但这也仍有难以分清的层次，那就是既体现上帝父母之爱，又要避免高人一等[③]。

　　"金律"在宗教和哲学领域，一直享受着伦理崇高原则的美誉，但是数百年前，蜜月终于结束，因为哲学家要行使自由批评的权利，要重新表述传统哲学，而新的表述则需迎合理性。近代欧洲伦理在回应哲学批判之中出现了三种声音：1. 保持和修改"金律"，批判地阐明

---

① Luke 6:31: "Do to others as you want them to do to you." http://cn.wikipedia.org/wiki/The_Golden_Rule # Summary_table_of_our_forms.

② Jeffrey Wattles, The Golden Rule, Oxford University Press, 1996, p. 67. also see "Quotes from The Golden Rule," http://www.personal.kent.edu/~jwattles/GRquotes. htm.

③ Ibid.

"金律"的意义；2. 以新的表述形式保留"金律"；3. 放弃"金律"或以新建立的原则代替它，新建原则须反映"金律"的一切有价值元素、回避其有碍元素①，所谓"批评自由"与"迎合理性"是"金律"失败的表现。宗教家、哲学家和普通民众现在都向"金律"附加了超绝性和二元性。反映这种超绝性、二元性的，是把"金律"作为单线理解，就是我与别人是割裂的，"金律"是以我为主、从我对他的单线关系；思考点在于我，是为了我才提起与他的关系。这种附会于"金律"的二元、单线性质，最大的问题就是实际社会生活操作层次对"邻居"（或者"我们"）的狭隘理解。可以说，"金律"出现以来，迄今为止，最大的失败和失败的最大原因，就在于力量强大的宗教集团和社会组织集团，在执行"邻居"（或者"我们"）概念上的局限性：历史上一些占据社会统治地位的宗教和各种组织集团，都不能说服自己的成员相信"互应伦理"（"金律"）不是只适用于这些组织集团成员自己，而是适用于所有人类。

　　凡将"金律"作为道德原则的，本应认识到以"互应伦理"对待别人，这个别人应该适用于其他宗教、其他性别、其他文化的人们。只有这一条解决了，任何"我们"与"他们"之间的二元对立才会消失。人类的存活依赖"互应伦理"（"金律"），不是因为它是"上帝"说的，也不是因为人作为个人要活，而是因为它是人们活生生的经验，是因为所有人都要存活，只有不分的你、我、他，互应的你、我、他，"大家"才能存活、发展。在这里，是"大家"，而不是"everybody"，人类本

---

① Jeffrey Wattles, The Golden Rule, Oxford University Press, 1996, p. 67. Also see "Quotes from The Golden Rule," http://www.personal.kent.edu/~jwattles/GRquotes. htm.

质上就是"大家"，而不是"everybody"。没有关系的"everybody"、不进行"互应"的"everybody"，是不存在的，是想象，是对世界的错误认识。所以，承认"everybody"，不承认"互应伦理"，或者承认"互应伦理"，但只是按照单纯"everybody"的概念去理解和执行"互应伦理"，这便是"互应伦理"或"金律"失败的原因，是"金律"不占统领地位的原因。

"金律"数千年来在西方思想传统中延续流传，但却不占据主流地位；"金律"被认为是西方少有的最容易受到削弱的理念，但它的生命力又似乎很顽强，并且越来越被人们建议推举为"全球性伦理"的基础。此种情况使得对"金律"未来地位的提升充满变数。

四、"忠恕"在中国传统中的核心地位

中国的"忠恕"思想在西方是被承认为"金律"的地位的。西方列举"金律"的文献总是少不了将"忠恕"放在里边。值得注意的是，中国思想资源一般都被列为"宗教"条目之下。这影响到中国"忠恕"概念在西方的理解。《论语》的"己所不欲，勿施于人"被翻译为"Never impose on others what you would not choose for yourself"①。这里"不欲"被译为"not choose"（不选），"施"被译为"impose"（强加），中文的意思已经起了结构性的变化，"不选"并非可以包括在"不欲"的意思之中，"impose"（强加）在中文中作为"施"的意思，也只有微乎其微

---

① Analects XV. 24（tr. David Hinton）.

的概率。在汉语中"不欲"和"施"都不含主体对客体的明显二元性与单线关系，但是一变成"not choose"（不选）和"impose"（强加），这种二元性与单线关系便跃然纸上。这就是笔者指的结构变化。《论语》有许多译本，所以"恕"道也有许多译法。但是不管什么译本，都存在这种结构性变化的问题。

被西方列为"金律"的中国思想一般包括以下几条。1.《论语·卫灵公》："子贡问曰：'有一言而可终身行之者乎？'子曰：'其恕乎！己所不欲，勿施于人。'"2.《论语·公冶长》："子贡曰：'我不欲人之加诸我也，吾亦欲无加诸人。'子曰：'赐也，非尔所及也。'"3.《论语·雍也》："子贡曰：'如有博施于民而能济众，何如？可谓仁乎？'子曰：'何事于仁？必也圣乎！尧舜其犹病诸。夫仁者，己欲立而立人，己欲达而达人。能近取譬，可谓仁之方也已。'"4.《论语·里仁》："子曰：'参乎！吾道一以贯之。'曾子曰：'唯。'子出。门人问曰：'何谓也？'曾子曰：'夫子之道，忠恕而已矣。'"5.《礼记·中庸》："忠恕违道不远，施诸己而不愿，亦勿施于人。"除儒家被引入"金律"类之外，还包括《墨子·兼爱下》之"为人之家，若为其家，夫谁独举其家以乱人之家者哉？为彼犹为己也"，《道德经·第四十八章》之"圣人常无心，以百姓之心为心。善者，吾善之；不善者，吾亦善之，德善。信者，吾信之；不信者，吾亦信之，德信。圣人在天下，歙歙焉为天下浑其心，百姓皆注其耳目，圣人皆孩之"，以及《太上感应篇》的相关内容等①。

---

① http://en.wikipedia.org/wiki/The_Golden_Rule # Summary_table_of_four_forms; http://en.wikiquote.org/wiki/The_Golden_Rule.

如果说"金律"就是"忠恕"，那么它在西方与在中国的命运是不同的："金律"在西方没有成为主流，没有主导社会思想的潮流，而"忠恕"则一直是中国儒家思想乃至整个中国思想传统的核心和主流。这种差别在思想逻辑方面的深层原因是，"金律"在西方整个思想传统之中，偏重于人己关系，对人己分裂的主流来说是一种异化，所以进入主流，变成主导地位有天然的困难；这种天然困难正是根深蒂固的超绝性与二元性思维方式所造成的；"忠恕"思想的支撑则在于以《周易》所奠定的中华"通变"宇宙观、思维方式为源头活水的哲理思考，思维中绝少超绝性与二元性方式，而是以天人不分、人己不分为思想主流，这一点为"忠恕"成为中国思想传统的核心、主流及主导，提供了合理的天然条件[①]。

中国的思想传统，不管哪家哪派，在历史上，在现代所展开的一切话语，都离不开"忠恕"思想的核心。仅从《论语》看，仅从西方将中国思想归入"金律"之类引述的几条来看，都还是过分简单的。从中国角度看什么是"忠恕"？什么是"金律"？就是联系性思维，处理人与人之间关系的原则；是推己及人或"互应伦理"。它是基于人己不分的推己及人，而不是人与人独立分隔的推及或互应；人与人独立、分隔，推及和互应是推及不过去、互应不起来的，必须是人己不分才行。在中国不仅仅是"己所不欲，勿施于人"孤单单的一则条律，或者由于积极、消极等简单逻辑所变种的形式，而是一个系统的丰富观念。"忠恕"思想，忠者，心无二心、意无二意之谓，恕者，了己了人、明始明终之

[①]　http://en.wikipedia.org/wiki/The_Golden_Rule # Summary_table_of_four_forms; http://en.wikiquote.org/wiki/The_Golden_Rule.

意，是人己不分。"忠恕"是"仁"观念的最简洁表达，是与仁一起构成一整套的延展开来的多重观念体系。从历史到现在，都可以找到它一脉相承的巨大身影：严于律己、宽以待人、反躬自省、"责己严，责人宽"、设身处地，乃至观世、正己、待人、处事，全心全意为人民服务，都是"金律"，都是"忠恕"。

西方的"金律"之所以饱受曲解、削弱，不能成为主流，就是因为它滋生于一个人己相分的土壤，而中国传统思维则以人己不分为特征，故"忠恕"思想占据主导地位。"忠恕"之道成为主流贯穿中国思想发展史，可为全球伦理的建立发挥主动积极的作用。

五、"金律"的西方传统结构

说西方"金律"具有超绝性和二元性，是说"金律"是与创造宇宙一切的上帝有必然的联系，"金律"作为设定的必然法则，是超越于人而独立、绝对、本体真理性的，它是上帝规定下的人与人关系的原则，此谓超绝性；人作为独立、分隔的个体，经碰撞构成对立、相反而非相辅相成的关系，此谓二元性。"金律"是作为一种预设伦理，以这种独立、分隔的个体的人为前提来施行的。人是被动的，是听从上帝安排的；人与人的分隔，也造成人建立这种关系之时的被动。

在这样的超绝性和二元性中，我们可以说"金律"是在一种金字塔的结构中被提出和实行的。金字塔的顶端是上帝，是"金律"价值的超绝性，至高无上，金字塔的底部则是分散、独立、只构成对立和相反关系的个人，顶端的上帝对于底部的人具有绝对支配的二元关系，人与人之间是二元对立关系。在西方文化中，"金律"最流行的是基督耶稣的版本，它告诉人们：无论何事，你们愿意人怎样待你们，你们也要怎样待人，因为这是写入法典，载入《先知书》的[①]。这就是说，西方基督教的"金律"不是由己而出，而是一种超乎人之外的法，是由人去服从的，这样，人就处在了被动地位。"金律"不是人的由己而出，也即它不是人与人的本身状态；既然人与人是彼此隔绝、独立，"金律"则等于是无中生有，因此也构成人的被动。人只是被动地被告知，"像你希望在类似情况下被别人对待那样去对待他人，这是真理，是法，最终，这个法会给你自己带来幸福。将它作为你生活的法吧"，"这是一切真正正义的总和"，是法，是福音，是人的职责。另外，在希勒尔那里，"金律"被提升为最高的道德原则，也是对其权威性（同时也是超绝性）的加强；道德总是与上帝在一起，不相信上帝的人，在道德上是不可想象的。对邻居的爱是由于对上帝的信仰，对邻居的爱是要像对自己那样的爱；没有这爱，谈不上对上帝的信仰。因为人的尊严来自对每个人都是充满爱的上帝出于爱创造出来的个体，人的尊严和尊重要按照平等原则扩展到男人和女人。

　　当然，"金律"到底是超绝的还是经验的，界限是模糊的，人们也不一定对它深想，但在一个以超绝性为主流的思想传统中，哪怕本来是人经验的东西（就像在人文主义被认识的那样），也沾染了超绝性、外来性，因为它总被认为是客观的存在，从与客观相割裂的主观地位（或科学地）看它，"由己而出"的意识会十分微弱。霍布斯的例子可以说

---

① Matthew 7: 12: "In everything, do to others what you would want them to do to you. This is what is written in the Law and in the Prophets", http://en.wikipedia.org/wiki/The_Golden_Rule # Summary_table_of_four_forms.

明这一点。他指出，人们进入了契约，是一笔简单生意，哪怕对具有最低微能力的人也是明白易懂的：不要对别人做那种你对你自己不会做的事情①。这已不是上帝的"金律"，而是文艺复兴、启蒙的"金律"，是理性的"金律"，但它仍然是金字塔的结构，仍然是外在于人的，它的理性建立，仍然是以人与人之间的二元关系为前提，超绝性和二元性仍然根深蒂固。在超越性方面，其实霍布斯一句话又将理性与上帝联系在一起：就是《福音》的法！②

　　正是超绝性和二元性，使"金律"不能真正具有最高权威，不能在思想传统上成为主流和登上支配社会生活的地位。究其根本原因，则在于人与人之间分散、隔绝，人己独立与差异的不可融合性。这一特点所造成的逻辑结果，就是"金律"不是人的而是外在于人的，它是施加于人的，不是人主动的、出于人自己意识的、人自己情愿的。于是，人对"金律"就产生了各种不同层次的理解，对付"金律"就有了数不尽的应付策略。比如：1．"全心全意爱主你的上帝。竭尽全力全心爱他"；2．"爱你的邻居如同爱你自己"；3．"照着去做，你会得到永恒生命"。这样，思考的重点变成了据"金律"行事所获得的回报以及所可能付出的代价，想要达到的目的就成了既要避免惩罚又可让自己获得回报，而"你们愿意人怎样待你们，你们也要怎样待人"，也就变成了为自己利益

---

① "They have been contracted into one easy sum, intelligible even to the meanest capacity; and that is: Do not that to another which thou wouldest not have done to thyself, which showeth him that he has no more to do in learning the laws of nature but, when weighing the actions of other men with his own they seem too heavy, to put them into the other part of the balance, and his own into their place, that his own passions and self — love may add nothing to the weight; and then there is none of these laws of nature that will not appear unto him very reasonable." Chapter V. Ibid.

② "This is that law of the gospel..."

而采取的"伪金律"。

综上所述，西方"金律"具有一个上帝（或曰超绝）结构。这个结构是在与中国的人与人互系不分的经验中总结出来的无超绝性、无二元性"忠恕"思想相比较之中得出的。作为外于人的先验法则施加于人，这是"金律"区别于"忠恕"的鲜明特点，因此，"金律"一方面被视为具有普世性，另一方面又由于二元性而最容易受到削弱。只有经过在理念上的去超绝性与二元性，以及经过由人与人相分到人与人相通的转化，"金律"才能成为全球性伦理。

六、"己所不欲，勿施于人"的中国传统结构

如果说"金律"是金字塔结构，则可用圆形来表示"恕"的结构。为什么是圆形呢？因为"恕"的思维没有超绝性和二元性；圆表示"恕"所发生的范畴是个万物互系不分的宇宙；"恕"的前提不是别的，就是"一多不分"。要注意："一"不是西方传统结构的那个高高在上、超绝万物上帝式的"一"，而是中国传统观念因为万物的互系不分而呈现的一种浑然而"一"。

浑然而一意味着有着中心和开放的周边，表示任何一个人或一群人与其所处环境中的其他个人或其他人群的互系不分关系。此关系由于互系不分而不是二元的单向单线的；"恕"的发生就是在这样多重、重叠、复杂的相互关系之中。这里没有以"我"为中心、为开始，"我"只是焦点（focus）而已；是焦点就必须有场（field），没有场的焦点不存在，无数焦点构成场，焦点时时刻刻在运动、在不停地变换；焦点和场是互

为必然条件，互相制约的。

　　朱熹《论语集注》释"忠恕"云："尽己之谓忠，推己之谓恕。"又引程子曰："以己及物，仁也；推己及物，恕也。"[①] 实以"尽己"为"己欲立而立人，己欲达而达人"，以"推己"为"己所不欲，勿施于人"。另有疏注如皇侃引王弼云："忠者，情之尽也。恕者，反情以同物者也。未有反诸身而不得物之情，未有能全其恕而不尽理之极也。"[②] "尽己"与"推己"实又一阴阳而已。"尽己之谓忠"，"忠"实亦是"推其（己）所欲以及于人"；"推己之谓恕"，"恕"之"推己"实亦是"尽己"之意[③]。"忠恕"是一个观念，本是一道，是不分家的，是对待他人的一全面幅度。

　　"忠恕"似乎是手段，以"仁"为目的，但也是二者之互为与理想统一。"仁"是儒家思想也是中国传统的核心观念，即在那样一个圆的、太极图形或心场结构的人与人关系之中追求一种适当性，不缺欠也不过分。通过"尽己"与"推己"而及他人他物，设身处地，达到适当或者"仁"。

　　"忠恕"是个复杂的人、己与环境条件问题，以二者互系不分为前提；不分就有亲密性，在更多了解基础上"己所不欲，勿施于人"；况且，相互了解和理解的态度本身也是"己所不欲，勿施于人"的过程——"我希望别人了解我，所以我也积极去了解别人"。"己所不欲，勿施于人"不是一个可以无人性、无感觉去执行的简单原则，而是立体式、全方位待人接物的人生哲理；它是由人而出，是人的精血、心

---

① 朱熹：《论语集注》，齐鲁书社 1992 年版，第 34—35 页。

② 程树德：《论语集释》，中华书局 1990 年版，第 265 页。

③ 参见 http://baike.baidu.com/view/122718.htm, 2010 年 8 月 31 日。

灵、情感、生活的共同需要，是感同身受，是互系不分的复杂关系。所以"忠"是心无二心、意无二意之谓，恕是了己了人、明始明终之意；同时也是：尽力为人谋，中人之心，谓忠；将心比心、推己及人，如人之心，谓恕。这个"恕"，实在不能只是简单地翻译为英语的"Never impose on others what you would not choose for yourself"（绝不要把不愿意为自己选择的强加给别人）[1]。

本杰明·富兰克林用过一个寓言，大意是有个人死了，想看看天堂和地狱的差别，他发现地狱和天堂都有美味佳肴，就餐用具都是三英尺长的筷子。每个在地狱的人都在挨饿，因为他用筷子根本不能将食物送进自己的口中；而天堂里每个人都吃到精美的食品，因为他们用超长的筷子将食品送进别人口中。这则寓言将"忠恕"的中国"金律"精神形象地表达出来。"天堂"里的一双筷子将人的互系不分关系和盘托出，将人的"尽己"与"推己"表现得淋漓尽致，人己互相构成存在的必然条件。为什么"地狱"做不到？为什么"天堂"可以做到？就是因为在对人与人关系认知上的差别："地狱"里把人与人之间看成是互不认同、分散、隔绝的关系，没有感同身受；而"天堂"恰是把人作为是互系不分、人可以情尽、可以反情以同物者，将别人作为自己对待；"己欲立而立人，己欲达而达人"。"天堂"是一个人与人互为生活生存必然条件的浑然一体，"地狱"则是一群对上帝"金律"搞不懂、不执行、互相视为异己的悲惨状况。这个故事揭示的是，真正可以造成所谓"天堂故事"的，是那些将人与人之间关系作为由人己出的"己所不欲，勿施于人"的人们。没有天堂，没有地狱，只有

---

[1]　http://en.wikipedia.org/wiki/The_Golden_Rule# Summary_table_of_four_forms.

现在，只在于我们的选择。人可以改变自己，也可以改变世界；改变自己，就是改变世界。

"金律"或"忠恕"精神的最终来源，是人的直接经验，是周围活生生的事情。人类确有性别不同、肤色不同、长相不同、能力不同、文化不同、语言不同、信仰不同、经济与社会生活方式不同，但这丝毫改变不了的是互系不分、命运相连。人本来就是"己所不欲，勿施于人"地生活，我们今天越来越达成共识："己所不欲，勿施于人"是人之所以得以延续生存和发展的重要原则。"忠恕"之道中国传统结构的非超绝性、非二元性，它"一多不分"或"心场"的圆形结构，它所基于的人的浑然而一的互系和依存不分性，它忠恕之心的由己而出、对与他人构成适当关系场之中的融洽地位的追求，这一套哲理的逻辑在实用性上不仅不排斥，而且可以张开双臂接纳带有或不带有超绝、二元性的"金律"，并能消解"金律"所面临的各种挑战性逻辑，创造与"金律"构和的局面。

七、"金律"与"忠恕"发生构和的可能性

为探讨"金律"与"忠恕"发生构和的可能性，首先需要将什么是构和与为什么是构和而不是融合加以说明。这要从中西两大思想传统的结构上说。西方基本上是个金字塔结构，中国是个圆形心场结构，由于两个结构相去甚远，走到一起只能发生一种结构强加于另一种的局面，谈不上什么和，而被强加了另一种结构的文化，必然面目全非，发生解构或肢解。只有同属一种结构的文化才能发生融合，而

只有文化结构根源基本不同，但由于传统产生与本结构变异的结构而与另一种文化发生趋同状况下发生的相遇才算是构和。马克思主义就属于可以与中国文化传统构和的西方思想。西方"金律"，特别是人文主义的"金律"，可以算是另一种可以与中国文化传统结构构和的思想。

上节已经分析，基督教"金律"与中国"忠恕"存在超绝性与二元性的结构差异，但由于"金律"是互应性伦理，互应性本身是一种去二元化思维，突出的是二者之间的互相联系性，它又对超绝性构成一种内在逻辑矛盾性，趋向产生与本结构变异的结构而与另一种文化发生趋同状况，所以它与中国"忠恕"相遇可能实现构和。中国文化是东方文化之中最突出的一种重生活哲学、轻神学信仰的传统。"金律"虽然在有神论的结构中提出，但由于本身的互应性而减弱了有神论特点，使它更向世俗性、人文性和伦理性文化开放，从而使得"金律"更获得在几乎所有宗教、伦理思想体系和哲学之中的共识性地位。因此，中国的非超绝性、非二元性的"忠恕"思想就有了与西方"金律"交流与构和的充分可能性。

很多人接受"金律"是因为它具有简易性与实用性。人有倾向简易的本能，简易性反映经验性，并具有生活感，而凡具有经验性和具有生活感的，又多具有非超绝性和非二元性。非超绝性、非二元性的东西才是自然、实在和具普遍性的。许多人发现"不要用你自己不希望受到对待的方式对待别人"的推论更容易理解和更实用，自然的、不靠强加的，因而这也是"金律"成为信仰人群、不同信仰人群与非信仰人群共同开发的原则的原因。

如果将"金律"作为现代人权概念的最实质的基础，那就是每一个个体人都有受到正当对待的权利和有保障别人被正当对待的责任①。"权利"如果真的从超绝性那里解放出来，就应当寻找上帝之外的来源，也就是说，它的非绝对化进而非二元化应在权利的相对关系性中去找来源。这样，你的权利里面包含着别人的权利，也即你的权利本身不应当包含侵犯别人的权利。单个个人的权利是不能与别人的权利孤立、隔绝的。每个个人的权利都必须包括不侵犯别人权利的内容，只有与别人的权利不相分别，才是符合逻辑的非超绝化和非二元化，才能真正成为自然、简易、实用的"金律"。

"金律"真正具有普遍性在于它的非绝对化和非二元化，而实现非绝对化和非二元化，它必然是"设身处地"的，人与人相通，人与人的相互性就在于人具有"设身处地"的能力（也即互应性的能力）。如果运用到个人自由主义的现代人权概念上，那就是任何人的人权都必须是设身处地而考虑的人权，与别人生存、幸福有互应权衡性的人权，这样人权就不是绝对概念和孤立本质性的人权了，而是你中有我、我中有你的互系性人权了，超绝性、二元性都没有了，也自然变简易且具有实用性了。

根斯特认为，"金律"最好的解释意义是"只按照你在同种情况下同意被对待的方法去对待别人"；运用这个"金律"，你得把自己设想为完全是处在另一个人的接受对待的另一端（包括你要具有另一个人的好恶

---

① "The Golden Rule is arguably the most essential basis for the modern concept of human rights, in which each individual has a right to just treatment, and a responsibility to ensure justice for others." See http://en.wikipedia.org/wiki/The_Golden_Rule # Summary_table_of_four_forms. Also, defined another way, it *"refers to the balance in an interactive system such that each party has both rights and duties, and the subordinate norm of complementarity states that one's rights are the other's obligation."* Born-stein, Marc H.（2002）. Handbook of Parenting. Lawrence Erlbaum Associates. p. 5. See also: Paden, William E.（2003）. *Interpreting the Sacred: Ways of Viewing Religion*. Beacon Press, pp. 131-132.

感）；如果你按照一种方式对待别人，而又不愿意在同样境遇中接受同种对待方式，那么你就违反了"金律"①。读者可以将注释中的英文与笔者在此呈献的汉语翻译比对。如果它与英语的意思基本上符合，那么我们多半可以说，"金律"在这里表示它似乎是唯一可以与中国传统相提并论的哲理，也是说，"金律"在这里成为中西方思想走到一起的会合处。

对"金律"最适当的解读还在于它所包含的互系性。它不具有判断对和错的绝对真理性，不具备回答一切问题的普遍性，不能被当作道德法则概念来看待，而只提供关于互系性的一种处方作用 —— 我们对待别人的行为，如果设身处地的话，不能违反自己的意愿，这是对我们道德感的考验②。

在汉语语境中，道德感具有一种互系性，互系性产生于互应性，也即"设身处地"。实行"设身处地"，才有可能对别人的感受滋发同感，对处于痛苦之中的人才会有同情与尊重。"金律"在这里成为中西方思想走到一起的会合点，不是"道德"作为一种原则，不是道德感由什么圣父或主教教导的，而是基于道德和道德感由人己出，基于人己相系不分，基于"老吾老以及人之老，幼吾幼以及人之幼"的这种典型的"设

---

① "The golden rule is best interpreted as saying: 'Treat others only as you consent to being treated in the same situation.' To apply it, you'd imagine yourself on the receiving end of the action in the exact place of the other person（which includes having the other person's likes and dislikes）. If you act in a given way toward another, and yet are unwilling to be treated that way in the same circumstances, then you violate the rule." http://www.jcu.edu/philosophy/gensler/goldrule.htm.

② "The golden rule is best seen as a consistency principle. It doesn't replace regular moral norms. It isn't an infallible guide on which actions are right or wrong; it doesn't give all the answers. It only prescribes consistency—that we not have our actions（toward another）be out of harmony with our desires（toward a reversed situation action）. It tests our moral coherence. If we violate the golden rule, then we're violating the spirit of fairness and concern that lie at the heart of morality." http://www.jcu.edu/philosophy/gensler/goldrule.htm.

身处地"。

"设身处地""互应伦理"，"金律"让人类有了处于"共同立场"（common position）的感觉。"共同立场"没有绝对性，也没有二元性，只是人性化的感觉，感同身受，而不管反映这种人性化的说教来源于何处。对于儒家乃至中国传统来讲，尽管同西方各种宗教对待宇宙自然事物有不同的认识道路，中国人仍然与西方乃至各种宗教有"共同立场"，那就是"设身处地，互相尊重"，以为天下人类是一家，凡人类就互不相争、互相爱护、互相帮助；另一个"共同立场"也是与"互应伦理"或"金律"一致的感同身受，对处于痛苦与贫穷中的人们，出于感通地同情、尊重与无私援助。

综上所述，可以说"金律"与"忠恕"构和局面的可能性在于：1. "金律"的去超绝化和去二元化；2. "金律"和"忠恕"思想在全球宗教和文化中的最广泛共性发展；3. 人的权利和人人平等的承认越来越不必通过超绝性与二元性；4. "金律"与"忠恕"施行的简易性，也即"设身处地"的实用性；5. "金律"将"设身处地"扩大到非传统本族群成员的必要性；6. "设身处地"是使"金律"与"忠恕"成为唯一可相提并论的哲理和中西方文化的真正会合点；7. "设身处地"是对中西方思想文化传统道德感的共同考验；8. 不在于绝对性，而在于相对性，"设身处地"具有普遍适用性。

八、"金律"和"忠恕"面对哪些挑战？

"金律"数千年来在西方思想传统中延续流传，但不居主流；"忠恕"之道数千年一直作为主流，凝聚中华民族精神，引领社会生活渗透于治国之道。"金律"若立于超绝性与二元性之上，必然在逻辑上失去普遍适用性，无法应对种种对其超绝性的挑战，而如果它建立在非二元性相对性之上，它在逻辑上的贯通就会使它在种种非难和挑战面前坚立挺拔，从容不迫。在全球越来越趋于融为一体的今天，"金律"和"忠恕"的构和就是实现其逻辑贯通的条件，它将有利于应对西方现在和未来出现的挑战。"金律"在未来世界地位的提升虽仍充满着变数，但也因此而显露了一线曙光。

对"金律"的挑战历来可分为两种，一种是面对面的公开挑战，另一种是钻进铁扇公主肚子的策略，从"金律"内部攻克，让它变种，以"金律"作掩护，实则反其道而行之。似乎有些对"金律"的反对十分坚挺，而且总是有论据可以打破"金律"的绝对性，从而将"金律"打得落花流水。这些从绝对性出发攻击"金律"所取得的胜利，如果遇上在"金律"非二元相对性之上获得的普世性，它们就会疲软不堪，败下阵来。下面是几个以"金律"非二元相对性的逻辑针对某些挑战做出回应的例子。

1. "金律"不构成客观标准？

实用主义说：是这种理念，即在可以采用的做事方法上，没有什么真正客观的标准；一件事情或一项政策好不好，由结果而定，有效果的就是正确的。

回应：这种对客观标准所提出来的观点是对的。所谓客观标准就是外来的绝对性标准，当然没有。要不要按同一种经验做事，人应当根据实际情况自己做出判断。傻子才固执地用一把尺子测量一切。还是那句话，"互应伦理"不是客观标准，而是经验，经验不是绝对性的。但须指出，如果把不会有什么真正客观的标准，说成是没有任何可公认的标准，就又堕入绝对性，走向二元性相对性了。二元性相对性承认二者之间是联系的、相对的，但不承认二者之间是互系不分的。这等于说一切经验都没有价值，每一次的都是绝对的新经验，都是推倒过去的重新而来。这是另一种从绝对性角度反对"金律"，否定"金律"在大多数情况下的可行性。毫无必要地认为每一次都只有 50% 的失败概率，这也可能成为施行"金律"的一种阻碍。

2. 人权才是最高原则？

人文主义者在观点上会很不一样，但大多数都同意"个人幸福、美好生活、属于个人或与他人共享的生活、创造性地发挥人的需要和欲望、人的潜力与价值的完全实现，在此基础上的人权话语：人的自由是至上重要的，任何对人处以极刑、干涉宗教自由、对为个人幸福追求的限制，都是法定不容许的"。人权话语要么面对面直接向"金律"挑战，要么钻进铁扇公主肚子，从内部攻克，让"金律"变种，反其道而行之，"金律"被誉为"现代人权概念的最实质的基础；即每一个个体人都有受到正当对待的权利和有保障别人被正当对待的责任"[①]。

回应：人权是最高原则，明显是上帝为第一原则的替代，是把上帝的位置让给个人，或把上帝的角色转为服务于个人，是从一个绝对走向另一个绝对，或者原来绝对的位置并没有变化。从人权是上帝赋予的逻辑看，绝对性来源仍然是同一个。这种话语之所以对"金律"具有杀伤力，是因为表面上它否定上帝、符合理性，似乎是历史进步；但是在个人具有的绝对性上是替代上帝的绝对性逻辑，充满着同样的绝对性。它

[①] "The Golden Rule is arguably the most essential basis for the modern concept of human rights, in which each individual has a right to just treatment, and a responsibility to ensure justice for others." See http://en.wikipedia.org/wiki/The_Golden_Rule # Summary_table_of_four_forms.

完全可以因为"金律"是宗教信条而将它排斥。同时，比起"金律"，它有更极端的超越性和二元性，表现在它直接公开提出，不管谁做了什么违反"金律"之事，哪怕杀人越货，伤天害理，也不能处以死刑。在这个逻辑上，它是实现霍布斯自然状态那个概念上的自由，也即自由包括拥有别人的身体（生命）：哪怕牺牲大多数人的生命，也要保护少数个人的人权。这样，人权话语便打破了自己的逻辑：少数个人要享受自己杀人的自由，多数人要实行保护自己不被杀害的权利，现在人权话语把权利给了少数人，牺牲了多数人的权利，人权还是最高原则吗？

人权的逻辑是过分的绝对性和二元性，是直接反"金律"逻辑的。"金律"的逻辑是"伦理互应"，是"设身处地"；人权的极端逻辑恰恰是，对别人不管如何为所欲为都是个人自由。假如人权不应包括个人自由名义下的杀人行为，那么就需要界定什么自由可归入人权，什么不可称为人权，那样，人权就不是绝对性的了，人权话语逻辑就又是失败的了。恐怕这时候"金律"的"己所不欲，勿施于人"，倒是实际区分人权的最可行方法。这样，违反人权就是违反个人意愿，也即违反"金律"，就是对待别人的不仅不是别人愿意的方式，而且也不是自己愿意被对待的方式。而用这个方法衡量，恰恰很多人权话语的"人权"都是违反人权，因为它把许多违反别人接受意愿的行为和情况都归入"个人自由"，硬是贴上"人权"标签。按照霍布斯的自然状态概念，所有对个人幸福、美好生活、属于个人或与他人共享的生活、创造性发挥人的需要和欲望、人的潜力与价值的完全实现等，都会以违反别人接受意愿的行为和情况，与对别人为所欲为构成同一种事实或同一种内容，是只有利于某些个人的利益的"人权"话语表达，而没有将受害于这种"人权"的人们的真正人权归入"人权"范畴，这确定无疑地是违反了"金律”的性质。

　　自由主义人权出现的严重逻辑错误，其根本原因在于极端绝对性和二元性，一走向极端，就伤及自己本身的逻辑。同时，二元性是人权逻辑的致命缺陷，它建立在人生活经验中不存在的人与人之间的绝对独立、严格分裂的假设之上。按照这种空想假设，个人的自由与他人毫无关系，可以是没有界限的，而在经验现实中，每个人都处于自己所处的心场⊙之中，任何所谓自由行为都会对场之中的他人发生影响，都可能是以他人的不自由为代价，因此，以绝对二元性为思考前提的“人权”话语在逻辑上是没有真实性的。“金律”是“现代人权概念最实质的基础”，本来是毫无逻辑的无稽之谈。在逻辑上，人权的出发点是 1% 都不到的个人，而“金律”的出发点是 99% 以上的多数人。为什么是这么一个比例？就因为“金律”是互应性、相对性、基于人与人之间关系的，而人权逻辑的出发点是绝对二元、孤立“个人”概念的。这时有人会说“个人”概念具有普世性，一切“个人”就是包括“你、我、他”；这是错误逻辑，因为“个人”概念在形而上学设想上可以成立，但在经验上，“个人”已经不是概念，任何个人都不可复制。你在形而上学假设的个人概念可以有无限自由，但在现实经验中它必须是相对自由，否则，绝对自由与绝对不自由就是同一件事情。

　　3. “金律”只适用于本族群？

　　所有组织性宗教都有“互应伦理”，本来是为了推行到整个人类；可不幸的是，只推行到自己教友的人群中 [①]。

[①]　"The Golden Rule is arguably the most essential basis for the modern concept of human rights, in which each individual has a right to just treatment, and a responsibility to ensure justice for others." See http://en.wikipedia.org/wiki/The_Golden_Rule # Summary_table_of_four_forms.

回应：这是如何对待 99% 和 1% 的问题。"互应伦理"是在所有人类之中适用的。但在适用过程中，总遇到 1% 的人出于各种不同原因，不同时以"互应伦理"回馈。这时会产生两种态度，一种是仍然理性、不懈地继续努力，正确对待 1% 与 99%，不因为 1% 的人不回应，就将 99% 的人按照 1% 的人的方法对待，而是仍对待 99% 的人实行，对 1% 的人，要调查清楚原因，对真正不实行"互应伦理"的，以其人之道还治其身；另一种态度，则是放弃"金律"，乃至将"金律"当作区别"我们"与"他们"的原则和标准，除对"自己"圈子的人适用"互应伦理"之外，采取排斥、敌视异己的态度，乃至制造仇恨、冲突和战争，这种情况当然违背了"金律"的精神。"金律"精神应成为人的内在需求，而不是被当成外来绝对原则，人应在经验层面体用"设身处地"精神，认识到别人尽管有不同信仰或没有信仰，并非是下等人类，而是通向至善另有他途，要善于理解，因为通向至善，并非只有自己唯一一途。

以上涉及对"金律"的挑战，其逻辑造成对"金律"的消极影响，应该说都是出于思维的超绝性与二元性倾向，它们难以看到"金律"作为一种设身处地的相对性伦理所具有的普遍适用性。

结　论

本文叙述了西方以基督教为主的"金律"思想传统和以儒学为主的中国"忠恕"之道（道家和墨家亦提倡此道）传统。在"金律"与"忠恕"之间可实现构和、成为世界发展"地球村"共享哲理的立论证明过程中，本文按推理步骤得出以下观点：

1.作为"互应伦理"的"金律"，有"积极、被动""积极、主动""禁止、被动""禁令、主动"等四种句式。孔子"己所不欲，勿施于人"之语被译为西语之后，与"禁令、主动"形式雷同，被视为中国的"金律"，由此二者之间有了认同的可能性。

2."金律"的"推己"角度伦理为包括儒家、道家、墨家等中国思想传统在内的世界众多宗教与文化所共享和发展，因此，"金律"或"忠恕"已有共识基础，构成其间可进行构和的有利条件。

3."金律"在西方思想传统中不居主流地位，且是最易受到削弱的理念，然而"金律"仍然延续流传，并被举为"全球性伦理"基础，因此未来"金律"地位之提升，仍充满变数。

4."忠恕"之道贯穿中国思想史之主线，在中国思想传统中享有主导地位，将来可为全球伦理的建立发挥主动积极作用。

5."金律"区别于"忠恕"之鲜明特点为超绝性与二元性；一方面被视为具普遍适用性，另一方面则因其二元性而屡经削弱。因此，"金律"走向全球性伦理地位需经过去超绝性与去二元性的转化。

6."忠恕"的鲜明特质是非超绝性与非二元性，也即"一多不分"或"心场"结构。"一"为互系与依存不分性；心是由己而出、追求自己所在之与他人构成不分关系场的融洽地位。在实用性上接纳、包容具超绝性、二元性的"金律"，消解其挑战性逻辑，创造与"金律"的构和局面。

7."金律"与"忠恕"的构和局面之可能性在于（1）"金律"去超绝化、去二元化；（2）二者在全球宗教与文化中的最广泛共性发展；（3）对人权与平等的合法性越来越不依赖超绝性与二元性；（4）二者的便易性，也即"设身处地"的实用性；（5）将"金律"之"设身处地"原则扩大到超越传统本族群范畴；（6）"设身处地"使"金律"与"忠恕"成为唯一一对可相提并论的哲理，可作为中西方文化之真正会合点；（7）"设身处地"之伦理性是对中西传统道德感的共同考验；（8）不是绝对性，而是相对性，导致"设身处地"伦理成为真正之共同价值。

8. "金律"在西方传统不居主导地位，是因为超绝性与二元性于逻辑上不能回应对其具削弱力的逻辑。"设身处地"的相对性则可消解此种削弱力。因为给"金律"带来威胁或削弱的逻辑，都是超绝性与二元性的，都不具备理解"金律"作为设身处地伦理的相对性与普遍适用性。

基于上述分析可以见出，"忠恕"与"金律"有异曲同工之妙，虽来源殊途，却可九九归一，实行构和；二者可以作为西方基督教、中国儒家传统在未来达成共识的基础，并发展成为世界发展"地球村"的共享哲理；"金律"与"忠恕"在人文意义上实属中西思想传统中难得的可相提并论的哲理，为中西文化真正的会合之点。

（原载《文史哲》2012 年第 1 期，略有删节）

后　记

　　《文史哲丛刊》主要收选改革开放四十年来发表在《文史哲》杂志上的精品佳作（个别专集兼收 20 世纪五六十年代以来的文章），按专题的形式结集出版。2010—2015 年先期推出第一辑，包括《国家与社会：构建怎样的公域秩序？》、《知识论与后形而上学：西方哲学新趋向》、《儒学：历史、思想与信仰》、《道玄佛：历史、思想与信仰》、《早期中国的政治与文明》、《门阀、庄园与政治：中古社会变迁研究》、《"疑古"与"走出疑古"》、《考据与思辨：文史治学经验谈》、《文学：批评与审美》、《中国古代文学：作家·作品·文学现象》、《文学与社会：明清小说名著探微》、《文学：走向现代的履印》、《左翼文学研究》十三个专集。

　　丛刊出版后，受到广大读者的欢迎和喜爱，多数专集一版再版，在学界产生了较大的影响。为满足读者诸君的阅读和研究需要，我们又着手编选了第二辑，包括《现状、走向与大势：当代学术纵览》、《轴心时代的中国思想：先秦诸子研究》、《传统与现代：重估儒学价值》、《道玄佛：历史、思想与信仰（续编）》、《制度、文化与地方社会：中国古代史新探》、《结构与道路：秦至清社会形态研究》、《农耕社会与市场：中国古代经济史研究》、《近代的曙光：明清时代的社会经济》、《步履维艰：中国近代化的起步》、《史海钩沉：中国古史新考》、《文府索隐：中国古代文学新考》、《文史交融：中国古代文学创作论》、《风雅流韵：中国辞赋艺术发微》、《情·味·境：本土视野下的中国古代文论》、《权力的限度：西方宪制史研究》、《公平与正义：永恒的伦理秩序》十六个专集，力求把《文史哲》数十年发表的最优秀的文章以专题的形式奉献给广大读者，为大家阅读和研究提供便利。

需要说明的是，在六十多年的办刊过程中，期刊编辑规范几经演变，敝刊的编辑格式、体例也几经变化，加之汉语文字规范亦经历了一个曲折的历程，从而给丛刊编辑工作带来了一定的困难。为使全书体例统一，我们在编辑过程中，对个别文字作了必要的规范和改动，对文献注释等亦作了相对的统一。其余则一仍其旧，基本上保持了原文的本来面貌。

由于我们水平有限，本丛刊无论是文章的遴选，抑或具体的编校，都难免存在这样那样的不足，讹误舛错在所难免，敬祈方家读者不吝赐教。

还应特别说明的是，在当前市场经济大潮下，学术著作尤其是论文集的出版，因其经济效益微薄，面临一定的困难。但商务印书馆以社会效益为重，欣然接受出版《文史哲丛刊》，这种强烈的社会责任感、高远的学术眼光和无私精神，实在令人钦佩。丁波先生还就丛刊的总体设计提出了许多宝贵的建议，诸位责编先生冒着严冬酷暑认真地编校书稿。在此，我们表示衷心的感谢！

文史哲编辑部

2018 年 6 月